伦理学原理（第四版）

王海明 著

Principia Ethica

北京大学出版社
PEKING UNIVERSITY PRESS

图书在版编目(CIP)数据

伦理学原理 / 王海明著. —— 4 版. —— 北京：北京大学出版社，2023.10
（博雅大学堂. 哲学）
ISBN 978-7-301-34523-8

Ⅰ. ①伦… Ⅱ. ①王… Ⅲ. ①伦理学—高等学校—教材 Ⅳ. ①B82

中国国家版本馆 CIP 数据核字（2023）第 189797 号

书　　　名	伦理学原理（第四版） LUNLIXUE YUANLI（DI-SI BAN）
著作责任者	王海明　著
责 任 编 辑	张晋旗　田　炜
标 准 书 号	ISBN 978-7-301-34523-8
出 版 发 行	北京大学出版社
地　　　址	北京市海淀区成府路 205 号　100871
网　　　址	http://www.pup.cn　新浪微博：@北京大学出版社
电 子 邮 箱	编辑部 wsz@pup.cn　总编室 zpup@pup.cn
电　　　话	邮购部 010-62752015　发行部 010-62750672　编辑部 010-62750577
印 刷 者	三河市博文印刷有限公司
经 销 者	新华书店
	650 毫米×980 毫米　16 开本　28.75 印张　474 千字 2023 年 10 月第 1 版　2023 年 10 月第 1 次印刷
定　　　价	96.00 元

未经许可，不得以任何方式复制或抄袭本书之部分或全部内容。
版权所有，侵权必究
举报电话：010-62752024；电子邮箱：fd@pup.cn
图书如有印装质量问题，请与出版部联系，电话：010-62756370

内容简介

一直到 19 世纪末,伦理学与规范伦理学几乎还是同一概念。1903 年摩尔发表《伦理学原理》,宣告了另一种伦理学——元伦理学——的诞生。尔后半个多世纪,元伦理学在西方伦理学领域一直居于主导地位。20 世纪 60 年代以来,脱离规范伦理学而企图独撑伦理学大厦的元伦理学开始走下坡路。代之而起的,一方面是以罗尔斯《正义论》为代表的传统规范伦理学的复兴;另一方面则是否定规范伦理学的美德伦理学之崛起。本教材试图在马克思主义基础上融会贯通古今中外伦理学成果,通过构建伦理学公理化体系,使相互排斥的元伦理学、规范伦理学和美德伦理学结合起来而成为伦理学体系结构的三部分,进而解析两千年来一直争论不休的一系列伦理学难题。

作者简介

王海明,北京大学哲学系教授。曾在北京大学出版社和复旦大学出版社出版《伦理学原理》(北京高等教育精品教材)等独著教材 6 本;在《中国社会科学》等刊物发表论文 300 余篇;在商务印书馆和生活·读书·新知三联书店出版《新伦理学原理》《国家学原理》和《中国经济特色》等学术专著 10 余部。《新伦理学原理》获 2018 年国家社科基金中华学术外译项目立项,并于 2020 年在英国劳特利奇(Routledge)出版社出版英译本(全四册)。邮箱 wanghaimingw@sina.cn

我们应该努力寻求一种具有几何学全部严密性的道德几何学。

——约翰·罗尔斯

目 录

绪 论 ··· 001
  一 伦理学界说:关于优良道德的科学 ···························· 002
  二 伦理学对象:伦理学公设 ·· 003
  三 伦理学意义:价值最大的科学 ··································· 007

上卷　元伦理学

第一章　元伦理范畴:伦理学初始概念 ························· 013
  一 价 值 ··· 014
    1 主体与客体:主体性亦即自主性 ······························· 014
    2 价值:客体对主体需要的效用 ··································· 015
    3 效用论价值定义的困境:商品价值不是商品的效用 ········ 017
  二 善 ··· 020
    1 善的定义:可欲之谓善 ··· 020
    2 善的类型:内在善、手段善和至善 ···························· 021
    3 恶的类型:纯粹恶与必要恶 ····································· 022
  三 应该与正当 ··· 023
    1 应该:行为的善 ··· 023
    2 正当:行为的道德善 ··· 025
    3 正当与应该:道德应该的可普遍化性 ························· 027
  四 事实与是 ·· 028
    1 事实:广义事实概念 ··· 028
    2 是:狭义事实概念 ·· 030
    3 结论:两种事实概念 ··· 031

第二章　元伦理证明：伦理学公理与公设 ……………………… 034
一　伦理学的存在公理与公设 …………………………………… 035
1　伦理学的价值存在本质公理与道德价值存在
本质公设 ……………………………………………………… 035
2　伦理学的价值存在结构公理和道德价值存在结构公设 …… 038
3　关于伦理学的价值存在公理和道德价值存在
公设的理论 …………………………………………………… 041
二　伦理学的推导公理和道德的推导公设 ……………………… 045
1　"休谟难题"答案：伦理学的价值推导公理和道德价值推导
公设 …………………………………………………………… 046
2　伦理学的评价推导公理和道德评价推导公设 ……………… 049
3　伦理学的评价真假对错推导公理和道德评价真假对错
推导公设 ……………………………………………………… 055
4　伦理学的优良规范推导公理和优良道德规范推导公设 …… 059
三　关于伦理学的推导公理和公设的理论 ……………………… 065
1　自然主义 …………………………………………………… 067
2　元伦理直觉主义 …………………………………………… 069
3　情感主义 …………………………………………………… 072
4　规定主义 …………………………………………………… 075
5　描述主义 …………………………………………………… 077

中卷　规范伦理学

第一篇　道德价值标准：道德目的

第三章　道德的概念 ……………………………………………… 087
一　"道德"界说 ………………………………………………… 088
1　道德与伦理 ………………………………………………… 088
2　道德与应该 ………………………………………………… 090
3　道德与法 …………………………………………………… 091
二　道德的结构 …………………………………………………… 092
1　道德基本结构：道德规范与道德价值 …………………… 092

2　道德完整结构：道德价值、道德价值判断与道德规范 …… 094
　　3　道德深层结构：行为事实与道德目的 …………………… 095
　三　道德的类型 ………………………………………………… 096
　　1　普遍道德与特殊道德 ……………………………………… 096
　　2　绝对道德与相对道德 ……………………………………… 098
　　3　优良道德与恶劣道德 ……………………………………… 100
　四　关于道德的概念的理论 …………………………………… 102
　　1　伦理相对主义 ……………………………………………… 102
　　2　伦理绝对主义：境遇伦理学 ……………………………… 104
　　3　道德主观主义与道德怀疑论 ……………………………… 106
　　4　道德客观主义与道德实在论 ……………………………… 108

第四章　道德的起源和目的 ……………………………………… 111
　一　道德的起源和目的：从道德共同体看 …………………… 112
　　1　道德共同体的概念：道德代理者与道德顾客 …………… 112
　　2　道德共同体的界限：有利于人类的一切生物 …………… 113
　　3　道德的起源和目的：保障利益共同体与增进人类利益 … 115
　二　道德的起源和目的：从社会道德需要看 ………………… 119
　　1　社会道德需要：道德的起源和目的 ……………………… 119
　　2　道德的全部源泉和目的 …………………………………… 122
　三　道德的起源和目的：从个人道德需要看 ………………… 125
　　1　个人道德需要：道德实现的途径和手段 ………………… 125
　　2　道德和美德：一种必要的恶 ……………………………… 127
　　3　道德的起源和目的之他律本性 …………………………… 130
　四　道德的起源和目的之理论 ………………………………… 132
　　1　人类中心主义与非人类中心主义 ………………………… 132
　　2　道德他律论与道德自律论 ………………………………… 133

第五章　道德的终极标准：国家制度好坏的终极价值标准 ………… 138
　一　道德的终极标准体系 ……………………………………… 139
　　1　增进每个人的利益总量：道德终极总标准和国家制度
　　　　价值终极总标准 …………………………………………… 139
　　2　最大利益净余额：利益冲突的终极标准 ………………… 142

3　最大多数人最大利益：优先于最大利益净余额标准 ········ 143
　　4　无害一人地增进利益总量：利益不相冲突条件下的终极
　　　　标准 ·· 146
　二　道德的终极标准理论·· 149
　　1　义务论与功利主义 ··· 149
　　2　功利主义与义务论之是非 ·· 151
　　3　以往功利主义：缺憾与诘难 ·· 152

第二篇　道德价值实体：伦理行为事实如何

第六章　人　性 ·· 159
　一　人性的概念·· 160
　　1　"人性"界说：人生而固有的普遍本性 ······························ 160
　　2　人性的结构：人性的体与用 ·· 161
　　3　人性的类型：人的特性与人的动物性 ······························ 162
　二　伦理行为的概念：伦理学的人性概念 ····························· 163
　　1　"伦理行为"界说 ·· 164
　　2　伦理行为的结构 ·· 165
　　3　伦理行为的类型 ·· 166
　三　伦理行为的原动力规律：人性定质分析 ························· 169
　　1　爱与恨：直接引发一切伦理行为的原动力 ······················ 169
　　2　爱人之心、同情心与报恩心：目的利人行为的原动力 ····· 171
　　3　恨人之心、嫉妒心与复仇心：目的害人行为的原动力 ····· 173
　　4　自恨心、罪恶感与自卑感：目的害己行为的原动力 ········ 175
　　5　自爱心、求生欲与自尊心：目的利己行为的原动力 ········ 177
　　6　结论：伦理行为的原动力规律 ·· 180
　四　伦理行为的目的、手段、类型的相对数量规律：人性定量
　　　分析··· 181
　　1　伦理行为目的的相对数量规律：爱有差等 ······················ 181
　　2　伦理行为手段的相对数量规律 ·· 184
　　3　伦理行为类型的相对数量规律 ·· 186

第三篇　道德价值与道德规范：与道德价值相符之优良道德

第七章　善：道德总原则 …………………………………… 191
一　善与恶 ……………………………………………………… 192
1　人性之善恶：16 种伦理行为的道德价值 ………… 192
2　善恶六原则之确立 ………………………………… 195
3　道德总原则：善恶两原则与善恶六原则 ………… 197
二　人性善恶学说 ……………………………………………… 198
1　性无善恶论 ………………………………………… 198
2　性善论 ……………………………………………… 199
3　性恶论 ……………………………………………… 201
4　性有善有恶论 ……………………………………… 202
三　道德总原则理论 …………………………………………… 205
1　利他主义 …………………………………………… 205
2　利己主义：合理利己主义与个人主义 …………… 207
3　利己主义：心理利己主义与伦理利己主义 ……… 210
4　己他两利主义：利他主义与利己主义之统一 …… 212
5　利他主义与利己主义以及己他两利主义真谬之比较 ……… 213

第八章　正义：国家制度好坏的根本价值标准 …………… 216
一　正　义 ……………………………………………………… 217
1　等利害交换：正义总原则 ………………………… 217
2　权利与义务相等：正义根本原则 ………………… 223
3　贡献原则：社会正义根本原则 …………………… 228
二　平等：最主要的正义 ……………………………………… 232
1　平等的概念 ………………………………………… 232
2　完全平等与比例平等：平等总原则 ……………… 234
3　政治平等原则 ……………………………………… 239
4　经济平等原则 ……………………………………… 241
5　机会平等原则 ……………………………………… 242
6　结论：平等是国家制度好坏最主要的根本价值标准 ……… 245
三　社会正义理论 ……………………………………………… 245

1　贡献论 ………………………………………………… 246
　　2　需要论 ………………………………………………… 247
　　3　平等主义 ……………………………………………… 248

第九章　人道：国家制度好坏的最高价值标准 ……………… 252
　一　人　道 …………………………………………………… 253
　　1　人道主义：将人当作最高价值的国家制度和思想体系 …… 253
　　2　人道主义：将人的创造性潜能实现当作最高价值的国家
　　　　制度和思想体系 …………………………………… 256
　　3　人道：国家治理和国家制度好坏的最高价值标准 ……… 258
　二　自由：最根本的人道 …………………………………… 261
　　1　自由的概念 ………………………………………… 261
　　2　自由的价值 ………………………………………… 262
　　3　自由的普遍原则 …………………………………… 267
　　4　自由的具体原则 …………………………………… 271
　三　异化：最根本的不人道 ………………………………… 277
　　1　异化的概念 ………………………………………… 277
　　2　异化的价值 ………………………………………… 280

第十章　幸福：善待自我的道德原则 ……………………… 284
　一　幸福的概念 ……………………………………………… 285
　　1　"幸福"界说：人生重大需要、欲望和目的得到实现
　　　　的心理体验 ………………………………………… 285
　　2　幸福的结构：幸福的主观形式、客观标准与客观实质 … 287
　　3　幸福的类型 ………………………………………… 288
　二　幸福的规律 ……………………………………………… 292
　　1　事实律 ……………………………………………… 292
　　2　价值律 ……………………………………………… 296
　　3　实现律 ……………………………………………… 299
　三　幸福的原则 ……………………………………………… 311
　　1　认识原则：对幸福的认识与幸福的客观本性相符 …… 311
　　2　选择原则：对幸福的选择与自己的才、力、命、德一致 … 312
　　3　行动原则：追求幸福的努力与修养自己品德相结合 …… 313

第十一章　道德规则体系 ·· 316
一　诚　实 ··· 317
1　诚实的概念 ··· 317
2　诚实的道德价值 ··· 318
3　诚实的适用范围 ··· 320
二　贵　生 ··· 322
1　贵生的概念 ··· 322
2　贵生的价值 ··· 323
3　贵生之道 ··· 324
三　自　尊 ··· 325
1　自尊的概念 ··· 325
2　自尊的价值 ··· 327
3　自尊的原则 ··· 328
四　谦　虚 ··· 329
1　谦虚的概念 ··· 329
2　谦虚的价值 ··· 330
3　谦虚的修养 ··· 331
五　智　慧 ··· 331
1　智慧的概念 ··· 331
2　智慧的规律 ··· 333
3　智慧之获得 ··· 335
六　节　制 ··· 336
1　节制的概念 ··· 336
2　节制的价值 ··· 337
3　节制的原则 ··· 339
七　勇　敢 ··· 340
1　勇敢的概念 ··· 340
2　勇敢的分类 ··· 341
3　勇敢的价值 ··· 342
八　中　庸 ··· 344
1　中庸的概念 ··· 344
2　中庸的价值 ··· 345
3　中庸的方法 ··· 346

下卷　美德伦理学

第十二章　良心与名誉：优良道德实现途径 … 351
一　良心与名誉概念 … 352
1　良　心 … 352
2　名　誉 … 354
二　良心和名誉的客观本性 … 357
1　良心的起源：良心的目的与原动力 … 357
2　名誉的起源：外在根源与内在根源 … 360
3　良心的作用 … 364
4　良心与名誉的作用之比较 … 368
三　对良心与名誉的主观评价 … 371
1　动机与效果概念 … 371
2　行为本身与行为者品德：动机效果分别论 … 372
3　良心与名誉评价依据的理论 … 374

第十三章　品德：优良道德之实现 … 381
一　品德的概念 … 382
1　品德的定义 … 382
2　品德的结构 … 384
3　品德的类型 … 390
二　品德的本性 … 392
1　品德的价值：美德与恶德的效用 … 392
2　一个人究竟为什么是道德的？ … 393
3　品德的境界 … 396
三　品德的规律 … 398
1　德富律：国民品德与经济的内在联系 … 399
2　德福律：国民品德与政治的内在联系 … 401
3　德识律：国民品德与文化的内在联系 … 404
4　德道律：国民品德与道德的内在联系 … 407
5　品德四规律：绝大多数国民品德高低变化的统计性规律 … 409

四 品德的培养 410
  1 品德培养目标 410
  2 制度建设：国民总体品德培养方法 413
  3 道德教育：国民个体品德培养外在方法 420
  4 道德修养：国民个体品德培养内在方法 427
  5 两种品德培养方法——道德教养与制度建设——之关系 436

后　记 439
博雅大学堂·哲学书目 441

绪 论

提 要

伦理学，就其主要研究对象来说，是关于国家制度好坏价值标准的科学；就其全部研究对象来说，是关于道德好坏的价值科学，是关于优良道德的科学。伦理学分为元伦理学、规范伦理学以及美德伦理学。元伦理学研究"价值""善""应该""正当"以及"是"或"事实"及其相互关系，从而解决"休谟难题"——能否从"事实"推导出"应该"——提出优良道德规范制定之方法：元伦理学是关于优良道德制定方法的科学。规范伦理学研究如何通过道德最终目的，从行为事实如何，推导出行为应该如何的优良道德规范：规范伦理学是关于优良道德规范制定过程的科学。美德伦理学研究"良心""名誉"和"品德"，解决优良道德如何由社会的外在规范转化为个人内在美德：美德伦理学是关于优良道德实现途径的科学。

习总书记在中国共产党第二十次全国代表大会上的报告中指出："马克思主义是我们立党立国、兴党兴国的根本指导思想。实践告诉我们，中国共产党为什么能，中国特色社会主义为什么好，归根到底是马克思主义行，是中国化时代化的马克思主义行。拥有马克思主义科学理论指导是我们党坚定信仰信念、把握历史主动的根本所在。""实践没有止境，理论创新也没有止境。不断谱写马克思主义中国化时代化新篇章，是当代中国共产党人的庄严历史责任。"本书试图以马克思主义为指导，融会贯通古今中外伦理学成果，实现理论创新，谱写伦理学新篇章。

一　伦理学界说：关于优良道德的科学

道德对于人类的重要性，只要指出一点就足够了：有道德，社会才能存在发展；没有道德，社会势必崩溃瓦解。小到家庭，大到国家，皆是如此。道德既然如此重要，必有科学来研究它。那么，关于道德的科学是什么？无疑是伦理学：伦理学就是关于道德的科学。

然而，细究起来，界定伦理学为关于道德的科学，是不够精确的。因为道德是一种社会制定、约定或认可的关于行为应该如何的规范：道德与道德规范是同一概念。这样，道德便正如伊壁鸠鲁和休谟等哲学家所说，无非是人们所制定的一种契约："正义起源于人类契约。"[①] 因此，道德具有主观任意性，虽然无所谓真假，却具有好坏、优劣和对错之分。举例说，我们显然不能判断"应该自缢殉夫"的贞洁道德规范是真理还是谬误，而只能说它是好的、优良的、正确的还是坏的、恶劣的、错误的：它无疑是坏的、恶劣的、错误的。鲁迅在《狂人日记》中，曾借狂人之口，断言儒家道德是一种"吃人"的极端恶劣的坏道德。

鲁迅此言是不是真理，大可争议；但有一点确凿无疑，道德有好坏优劣之分。伦理学的意义显然全在于此：避免坏的、恶劣的、错误的道德，制定好的、优良的、正确的道德。那么，究竟怎样的道德才是好的、优良的？这是个十分复杂的问题：它牵连两个密不可分而又根本不同的重要概念："道德"与"道德价值"。然而，古今中外，几乎所有伦理学家都以为"道德"与"道德价值"是同一概念。殊不知，二者

[①] David Hume, *A Treatise of Human Nature* (Oxford: Clarendon Press, 1949), p. 494.

根本不同。因为"道德"亦即"道德规范",是人制定、约定的。但道德价值却不是人制定、约定的。一切价值——无论道德价值还是非道德价值——显然都不是人制定或约定的。试想,玉米、鸡蛋、猪肉的营养价值怎么能是人制定或约定出来的呢?

不难看出,玉米、鸡蛋、猪肉的营养价值不是人制定的,人只能制定应该如何吃玉米、鸡蛋和猪肉的行为规范。记得幼时,家父曾告诉我:"肥肉和猪油最有营养价值,吃得越多越好。"如今不言而喻,家父当初告诉我的"猪油吃得越多越好",是坏的、恶劣的行为规范;相反地,洪昭光等养生家们主张的"应该少吃一点猪油"的行为规范则是好的、优良的。为什么?因为"猪油吃得越多越好"的行为规范与猪油的营养价值不符:猪油多了具有"负价值",因而多吃猪油是不好的。相反地,"应该少吃猪油"的行为规范与猪油的营养价值相符:猪油少一点具有"正价值",因而少吃一点猪油是好的。

可见,规范与价值根本不同:与价值相符的规范就是优良规范,与价值不相符的规范就是恶劣规范。这意味着优良道德就是与道德价值相符的道德规范,恶劣道德则是与道德价值不符的道德规范。

问题的关键在于,行为的道德价值极难确定。就拿"为己利他"的道德价值来说,从古到今,一直争论不休:儒家认为它具有负道德价值,是不应该的;法家则认为它具有正道德价值,是应该的。因此,伦理学是关于优良道德的科学,实际上蕴含着伦理学是寻找行为道德价值真理的科学,是关于道德价值的科学的。

二 伦理学对象:伦理学公设

伦理学是关于优良道德或道德价值的科学,意味着伦理学就其根本特征来说,是一种规范科学、价值科学,而不是描述科学、事实科学。这样,在科学的王国里,伦理学便属于规范科学而与事实科学相对立。那么,这是否意味着伦理学只研究应该、价值、规范而不研究是、事实?"行为应该如何"与"行为事实如何"究竟是什么关系?这就是所谓的"休谟难题"或"休谟法则",因为休谟首次提出了这个问题:能否从"是"推导出"应当"?这是关于道德价值的产生和存在的来源、依据问题,是如何确定行为的道德价值的问题,是如何科学地确定伦理学的研究对象的问题,是元伦理学的核心问题。元伦理学对于这个问题的研究表明:

"行为应该如何"的道德价值，是"行为事实如何"对于道德目的之相符与否的效用。因此，"行为应该如何"的道德价值，是通过道德目的，从"行为事实如何"中产生和推导出来的："行为应该如何"就是"行为事实如何"符合道德目的之效用，全等于"行为事实如何"对道德目的之相符；"行为不应该如何"就是"行为事实如何"不符合道德目的之效用，全等于"行为事实如何"对道德目的之相违。举例说，"张三不该杀人"就是张三杀人事实对道德目的之效用。因此，张三不该杀人，便是通过道德目的，从张三杀人事实中产生和推导出来的："张三不该杀人"全等于"张三杀人事实不符合道德目的——保障社会存在发展——之效用"。

这就是所谓"休谟难题"——能否从"事实如何"推导出"应该如何"——之答案，就是道德价值的发现和证明方法，就是优良道德规范的推导和制定之方法，就是"伦理学公设"，因此可以归结为一个公式：

前提1：行为事实如何（道德价值实体）
前提2：道德目的如何（道德价值标准）
——————————————————
结论1：行为应该如何（道德价值）
结论2：优良道德规范（与道德价值相符的道德规范）

这个"优良道德规范推导公式"及其所由以构成的四个命题，之所以叫作"伦理学公设"，只是因为由其可以推导出仅伦理学的全部对象、全部内容、全部命题。[①] 首先，从这个公式可以推演出规范伦理学的全部对象、全部内容、全部命题由如下三部分组成：

第一部分是对于这个公式的前提2"道德目的如何（道德价值标准）"的研究。道德目的是衡量伦理行为事实如何的道德价值标准，只有借助它，我们才能从伦理行为事实如何推导出伦理行为应该如何的优良道德规范。但是，要证明何为道德目的，就必须证明道德究竟是什么：它的定义、结构、类型、基本性质等。因此，该部分首先研究道德概念；其次研究道德起源和目的；最后研究道德最终目的之量

---

① 按照亚里士多德和欧几里得古典公理法理论，公设只对一门科学有效，只能推演出一门科学的全部对象、全部命题；公理则对一切同类科学普遍有效，可以推演出该类一切科学的全部对象、全部命题。

化，亦即道德价值终极标准。

第二部分是对于这个公式的前提 1 "行为事实如何（道德价值实体）"的研究，亦即所谓的"人性论"。因为伦理学所研究的人性，仅仅是可以言善恶从而进行道德评价的人性，因而只能是可以进行道德评价的人的行为事实如何之本性。它是行为应该如何的优良道德规范所由以产生和推导出来的实体，亦即道德价值实体。这一部分主要研究行为结构（行为目的、行为手段和行为原动力）、类型（如"为己利他"等十六种行为）和规律（如"每个人必定恒久为自己，而只能偶尔为他人"等行为发展变化的四大规律）。

第三部分是对于这个公式的结论 1 "行为应该如何（道德价值）"和结论 2 "优良道德规范（与道德价值相符的道德规范）"的研究。首先，运用道德最终目的、道德终极标准——增进每个人的利益总量——来衡量行为事实如何的十六种类型及其四大规律：符合这个标准的行为事实，就是一切行为应该如何的优良道德总原则"善"。其次，从道德总原则"善"出发，一方面，推导出善待自我的优良道德原则"幸福"；另一方面，推导出善待他人的优良道德原则——主要是国家制度与国家治理好坏的价值标准——"正义""平等""人道""自由"和"异化"。正义是国家制度好坏的根本价值标准，平等是最重要的正义，人道（亦即视人的创造性潜能的实现为最高价值而使人实现自己的创造性潜能的行为）是国家制度好坏的最高价值标准，自由是最根本的人道，异化是最根本的不人道。最后，从善、正义、平等、人道、自由、异化和幸福七大优良道德原则出发，进一步推导出"诚实""贵生""自尊""节制""谦虚""勇敢""智慧""中庸"等八大优良道德规则。

这三大部分就是规范伦理学的全部研究对象。规范伦理学主要研究如何通过"道德最终目的"（亦即"道德终极标准"），从"行为事实如何"，推导出"行为应该如何"的优良道德规范：规范伦理学就是关于优良道德规范制定过程的伦理学。

那么，如何才能使人们遵守优良道德，从而使其得以实现？通过良心、名誉和品德：良心与名誉的道德评价是道德规范实现的途径；良好的品德则是道德规范的真正实现。"良心""名誉"和"品德"三个范畴构成美德伦理学的全部研究对象：美德伦理学就是关于优良道德实现途径的伦理学，因而也就是对于"优良道德规范推导公式"的结论 2

"优良道德规范"的实践性的研究。

对于这个"优良道德规范推导公式"或"道德价值推导公式"本身如何能够成立的研究,则是元伦理学的核心:元伦理学就是关于道德价值推导方法的伦理学,就是关于优良道德规范制定方法的伦理学。因此,元伦理学就是规范伦理学的方法,它一方面研究"价值""善""应该""正当"以及"是"或"事实"六个伦理学初始概念;另一方面则揭示这些初始概念相互关系,特别是"应该"与"事实"的关系所蕴含的伦理学公理和公设:元伦理学就是伦理学的公理和公设系统。

元伦理学和规范伦理学以及美德伦理学构成了伦理学的全部学科。因为伦理学就是关于优良道德的科学,就是关于优良道德的制定方法(元伦理学)和制定过程(规范伦理学)以及实现途径(美德伦理学)的科学。于是,伦理学的对象最终可以归结如下(图1):

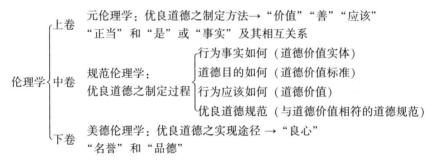

图1

可见,从"优良道德规范推导公式"及其四个命题,可以推演出仅伦理学的全部对象、全部内容和全部命题,因而也就可以称之为伦理学公设:伦理学是一门可以公理化的科学。诚然,伦理学的公理化体系与几何学、数学、力学的公理化体系有所不同。几何学是从若干公理和公设直接推出,或通过定理间接推出该门科学的全部命题;伦理学则是从若干公理和公设直接推出构成伦理学全部对象、全部内容的各个部分,而间接推出伦理学的全部命题。无疑,这是伦理学公理化体系的缺憾。

但是,这恰恰也是伦理学公理化体系优于几何学等数学公理化体系之处。因为伦理学是从若干公理和公设,通过直接推出构成伦理学全部对象、全部内容的各个部分,而间接推出伦理学的全部命题,因而伦理学公理化体系具有绝对的完全性:任何伦理学的命题都逃不出伦理学公理和公设。试想,有什么伦理学命题能够逃出"优良道德规范推导公式"及其四个命题？反之，几何学等数学的公理化体系，是从若干公理和公设直接推出或通过定理间接推出该门科学的全部命题，因而它所具有的完全性总是相对的、不完全的：总是存在着这样一些命题，这些命题是该门科学的公理和公设所不能推出来的，因而游离于该公理化体系之外。①

三 伦理学意义：价值最大的科学

伦理学对象表明，伦理学的中心是道德规范；规范伦理学是伦理学的中心学科。道德规范分为道德原则和道德规则；道德规则不过是道德原则的引申和实现，道德原则无疑比道德规则远为重要和复杂。因此，伦理学主要是关于道德原则的科学。伦理学所研究的道德原则，如上所述，可以归结为七条，亦即善、正义、平等、人道、自由、异化和幸福：善是一切伦理行为应该如何的道德总原则；幸福是善待自我的道德原则；正义与平等以及人道、自由、异化五大道德原则主要是国家制度好坏的价值标准。

这样，一方面，从量上看，伦理学所研究的道德原则绝大多数都属于国家制度好坏的价值标准范畴；另一方面，从质上看，正义与平等以及人道与自由等国家制度好坏的价值标准，无疑远远比善和仁爱重要，远远重要于其他一切道德原则。因此，亚里士多德一再说："在各种德性中，人们认为公正是最主要的。"②

因此，伦理学，就其最重要和最主要的部分来说，亦即就其核心与基础来说，乃是一种关于国家制度好坏的价值标准的科学。不仅如此，如果就伦理学的全部研究对象——伦理学是关于优良道德的科学——来看，那么，伦理学不但主要研究国家制度好坏的价值标准，而且还包括对国家制度好坏的研究。因为国家制度就是行为规范体系，就是法和道德的规范体系；如果抛开规范所依靠的力量而仅就规范本身来讲，"法"与"最低的具体的道德"乃是同一规范，因而一切国家制度都属于"道德规范"范畴。这恐怕就是为什么亚里士多德在《尼各马科伦理学》一开篇就一再说，伦理学"这门科学就是政治科

---

① Howard Kahane, *Logic and Philosophy A Modern Introduction (5th Edition)* (San Francisco: Wadsworth Publishing Comping, 1987), p. 436.
② 苗力田主编：《亚里士多德全集》（第八卷），中国人民大学出版社，1994年，第96页。

学……政治学考察高尚和正义"①。

这样一来，伦理学不但是一门可以公理化的精密科学，而且堪称价值最大的科学，至少是价值最大的科学之一。因为国家制度的好坏，乃是每个国民最大利益之所在，对于每个人具有最大价值。特别是，国家制度无疑是人们在国家制度好坏价值标准的指导下创造的。这意味着，人们所创造的国家制度的好坏，直接说来，取决于人们所信奉的国家制度好坏的价值标准之好坏：如果人们所信奉的国家制度价值标准是优良的，在其指导下所创造的国家制度就是好的、优良的，因而对每个国民具有最大正价值；如果人们所信奉的国家制度价值标准是恶劣的，在其指导下所创造的国家制度就是坏的、恶劣的，因而对每个国民具有最大负价值。这就是伦理学——主要是关于国家制度好坏的价值标准的科学——是价值最大科学的主要缘故。这个道理，只要简单比较一下中西社会发展之异同就更清楚了。

为什么春秋战国时期中西同样繁荣进步？根本说来，岂不就是因为，那时的中国和西方同样崇尚思想自由原则？西方有普罗泰戈拉、苏格拉底、柏拉图、亚里士多德等百花齐放；中国有孔孟、老庄、墨子、韩非子、公孙龙子等百家争鸣。为什么中世纪时期中西同样萧条停滞？岂不就是因为，那时中西同样丧失了自由而受专制主义道德支配？为什么到了近代，西方突飞猛进，中国却极大地落伍了？岂不就是因为西方摆脱了专制主义而发扬光大了科学民主，而中国的封建专制甚至变本加厉？

这就是为什么陈独秀1916年在《青年杂志》第一卷第六号的《吾人最后之觉悟》一文中曾这样总结道："自西洋文明输入我国，最初促吾人之觉悟者为学术，相形见绌，举国所知矣；其次为政治，年来政象所证明，已有不克守缺抱残之势。继今以往，国人所怀疑莫决者，当为伦理问题。此而不能觉悟，则前之所谓觉悟者，非彻底之觉悟，盖犹在倘恍迷离之境。吾敢断言曰：伦理的觉悟，为吾人最后觉悟之最后觉悟。"

独秀此语真乃无比深刻之洞见也！吾人的伦理觉悟——抛弃恶劣道德而奉行**优良道德**——**实乃吾人最后觉悟之最后觉悟**，说到底，推行优良道德从而实行好国家制度是国家繁荣进步和每个国民利益最大

---

① 苗力田主编：《亚里士多德全集》（第八卷），第4—5页。

化的最根本原因及最终目的；推行恶劣道德从而实行坏国家制度是国家停滞不前和每个国民利益最小化的最根本原因及最终结果。伦理学是关于优良道德的科学，因而对于每个国民用处莫大焉，是价值最大的科学。

思考题

1　伦理学诞生之前，道德早已存在；正如语言学诞生之前，语言早已存在一样。那么，伦理学究竟是干什么用的？达尔文论及人类道德的荒谬时曾这样写道："极为离奇怪诞的风俗和迷信，尽管与人类的真正福利与幸福完全背道而驰，却变得比什么都强大有力地通行于全世界。"试由此解析和比较伦理学的三种定义：伦理学是关于道德的科学；伦理学是关于优良道德的科学；伦理学是关于道德价值的科学。

2　无论是经济学、法学、政治学、人类学，还是美学、社会学、语言学等，从来没有人提出公理化的问题。唯有伦理学，自笛卡尔以来，先后有霍布斯、斯宾诺莎、休谟、爱尔维修、摩尔等划时代大师，都极力倡导伦理学的科学化、公理化或几何学化。如今，罗尔斯在他那部影响深远的巨著《正义论》中仍然热诚地呼喊："我们应当努力于一种道德几何学：它将具有几何学的全部严密性。"那么，道德价值和优良道德规范推导公式是伦理学的公理吗？一些人，如爱因斯坦，把诸如基督教的"黄金律"和儒家的"己所不欲勿施于人"等命题当作伦理学公理。他们的观点对吗？试确立一些伦理学公理，然后看看，从你所确立的伦理学公理能否推导出伦理学的全部内容、全部对象？

3　陈独秀1916年在《新青年》第二卷第三号的《宪法与孔教》中说："盖伦理问题不解决，则政治学术，皆枝叶问题，纵一时舍旧谋新，而根本思想，未尝变更，不旋踵而仍复旧观者，此自然必然之事也。"试运用所学解析独秀此语。

阅读书目

马克思：《资本论》（第一卷），人民出版社，1975年。
包尔生：《伦理学体系》，中国社会科学出版社，1988年。

王海明:《新伦理学(第三版)》上册,商务印书馆,2023年。

William K. Frankena, *Ethics* (New Jersey: Prentice-Hall, 1973).

A. C. Ewing, *Ethics*, 1st ed. (New York: The Free Press, 1965).

Wang Haiming, *The Principles of New Ethics I: Meta-ethics* (London; NewYork: Routledge, 2020).

上 卷
元 伦 理 学

第一章　元伦理范畴：伦理学初始概念

提　要

价值是客体对于主体需要（及其经过意识的各种转化形态，如欲望和目的）的效用：客体有利于满足主体需要（欲望和目的）的效用，叫作正价值，亦即所谓"善"；客体有害于满足主体需要（欲望和目的）的效用，叫作负价值，亦即所谓的"恶"。"行为的善"亦即所谓"应该"：善是一切事物对于主体目的的效用，应该则仅仅是行为对于主体目的的效用。应该是行为善，是行为对于一切目的的效用，是行为符合其目的的效用性；正当则是行为的道德善，是行为对于道德目的的效用，是行为的符合道德目的的效用性。"正当""应该"和"善"都是客体对于主体需要、欲望、目的之效用，因而都属于价值范畴，都是客体的依赖主体的需要、欲望、目的而存在的事物；反之，"事实"或"是"，则是价值的对立范畴，是客体的不依赖主体的需要、欲望、目的而独立存在的事物。事实与价值构成客体的全部外延而与主体相对立——主体与客体是构成一切事物的两大对立面——主体及其需要、欲望、目的既不是价值也不是事实，而是联接二者的中介物。

一 价值

粗略看来,价值似乎是个不言自明的概念:价值不就是好坏吗?谁不知道好坏是什么呢?确实,价值与好坏是同一概念,价值就是好坏:好亦即正价值,坏亦即负价值。可是,细究起来,正如波吉曼所称的"'价值'是一个极为含糊、暧昧、模棱两可的概念"①,这种困难,恐怕首先表现在:给价值或好坏下定义,必须用"客体和主体"这些本身就相当复杂、一直争论不休的概念。

1 主体与客体:主体性亦即自主性

作为价值科学范畴的"主体",众所周知,乃是相对"客体"而言的主体。不难看出,相对客体而言的主体,是指活动者、主动者;而客体是活动对象,是被动者。但是,这并不是对于主体和客体的定义。因为反过来,活动者、主动者并不都是主体;活动对象、被动者也并不都是客体。举例说,火山有活动期,活动期的火山,处于活动状态,是一种活动的东西,是活动者。活动着的火山吞没了一座村子,村子是火山吞没的对象,是火山活动的对象:火山是主动者,村子是被动者。但是,我们显然不能说火山是主体,也不能说村子是被火山所吞没的客体。可见,主体虽然都是活动者、主动者,但是,活动者、主动者却未必都是主体。那么,主体究竟是什么样的活动者、主动者?

原来,主体是一种能够自主的东西,是能够自主的主动者、活动者。所谓自主,众所周知,亦即选择之自主、自主之选择。这种选择与达尔文的"自然选择"不同。自然选择是一种自动机械式的自在的选择,是不具有分辨好坏利害能力的选择,是不具有"为了什么"属性的选择,是不能够趋利避害的选择。反之,自主的选择则是具有分辨好坏利害能力的选择,是具有"为了什么"属性的选择,是一种为了保持自己存在而趋利避害的选择,是一种自为的选择。因此,主体是能够自主的活动者便意味着:主体就是能够自主选择的活动者,就是具有分辨好坏利害能力的活动者,就是具有"为了什么"属性的活动者,就是能够为了保持自己存在而趋利避害的活动者。

试想,为什么吞没村子的活动者、主动者——比如火山——不是

---

① Louis P. Pojman, *Ethical Theory: Classical and Contemporary Readings* (San Franciseo: Wadsworth Publishing Company, 1995), p.145.

主体，然而洗劫村子的活动者、主动者——比如土匪——却是主体？岂不就是因为土匪具有自主的能力，而火山不具有自主能力？不就是因为土匪是能够自主的活动者，而火山是不能够自主的活动者？不就是因为土匪具有分辨好坏利害的能力，而火山不具有分辨好坏利害的能力？不就是因为土匪具有"为了什么"的属性，能够为了保持自己存在而趋利避害，而火山则不具有"为了什么"的属性，不能够趋利避害？所以，自主性就是主体之为主体的特性，就是所谓的主体性：它一方面表现为"分辨好坏利害的能力"，另一方面则表现为"为了保持自己存在而趋利避害的选择能力"。这样，相对客体而言的主体便具有实体、本体的一切内涵，因为能够自主的活动者无疑属于实体、本体范畴。但是，主体同实体、本体是种属关系：实体、本体是一切属性的物质承担者；主体则仅仅是"自主"属性的物质承担者，是"分辨好坏利害的能力"和"为了保持自己存在而趋利避害的选择能力"的属性的物质承担者。

随着主体的界定，何谓客体的问题也就迎刃而解了。因为所谓客体，显然就是主体的活动对象，是能够自主的活动者的活动对象，是活动者的自主活动所指向的对象。这样，客体范畴就比主体范畴广泛和简单多了。因为一切东西——日月、星球、山河、湖泊、飞禽、走兽、人类、社会、思想、观念、实体、属性等——都可以是主体的活动对象，因而也就都可以是客体：客体既可能是实体，也可能是属性。甚至主体自身也可以是主体的活动对象，因而可以同时既为主体，又为客体。因为主体自身的活动也可以指向自身：自我认识、自我改造——作为认识者、改造者的自我是主体；作为认识对象、改造对象的自我则是客体。

2 价值：客体对主体需要的效用

从主体和客体的基本含义——主体是能够分辨好坏利害的自主的活动者，客体是主体的活动所指向的对象——可以看出，主体的活动之所以指向客体，显然是因为客体具有某种属性，这种属性对主体具有好坏之效用，因而引起主体指向它的活动，以便获得有好处的东西，而避免坏处的东西。然而，究竟何谓好坏？

李德顺说："'好'和'坏'合起来，正是包含了正负两种可能的一般'价值'的具体表现。"① 是的，好坏合起来，便构成了所谓的价值概念。价值或好坏，就其最广泛的意义来说，无疑是主体和客体的一种相互作用、相互关系。② 但是，正如培里所说，价值不是主体对于客体的作用或关系，而是客体对于主体的作用或关系："价值可以定义为客体对于评价主体的关系。"③

然而，价值是客体对于主体的一切东西的作用或关系吗？否！那么，价值是客体对于主体的什么东西的作用或关系？培里著名的"兴趣说"对此做了极为精辟的回答："现在可以承认，客体的价值在于它对于兴趣的关系。"④ "价值可以定义为兴趣的函数。"⑤ 问题的关键在于，培里的兴趣概念外延极为广泛："兴趣是一连串由对结果的期望所决定的事件。"⑥ 它包括"'欲望''意愿'或'目的'"⑦。

可见，培里所说的"兴趣"之真谛，乃是"需要"经过意识的各种转化形态；更确切些说，也就是需要及其意识形态，如欲望、意愿、目的、兴趣、喜欢等。因此，我们可以进一步说：价值是客体对于主体的需要及其各种转化形态，如欲望、目的、兴趣等的作用。因为不言而喻，客体能够满足主体需要的作用，对于该主体来说，便叫作好、正价值；客体阻碍满足主体需要的作用，便叫作坏、负价值；客体无关主体需要的作用，对于该主体来说，便叫作非好非坏，亦即所谓无价值。客体对于主体的好坏、非好非坏，无疑都是客体对主体需要的某种作用，亦即所谓的效用：效用显然属于作用范畴，是对于需要的作用。所以，牧口常三郎说："价值可以定义为人的生活与其客体之间的关系，它与经济学家所使用的'效用'和'有效'这些术语没有什么不同。"⑧

于是，价值便是客体对于主体需要及其各种转化形态，如欲望、目

---

① 李德顺：《价值论》，中国人民大学出版社，1987年，第12页。
② 李连科：《哲学价值论》，中国人民大学出版社，1991年，第88页。
③ Ralph Barton Perry, *General Theory of Value: Its Meaning and Basic Principles Construed in Terms of Interest* (New York: Longmans, Green and co. 1926), p. 122.
④ Ibid. p. 52.
⑤ Ibid. p. 40.
⑥ 培里等：《价值和评价》，中国人民大学出版社，1989年，第45页。
⑦ Ralph Barton Perry, *General Theory of Value: Its Meaning and Basic Principles Construed in Terms of Interest*, p. 27.
⑧ Tsunesaburo Makiguchi, *Philosophy of Value* (Tokyo: Seikyo Press, 1964), p. 75.

的、兴趣等的效用性，简言之，便是客体对主体需要的效用。从价值的词源上看，也是此义。因为价值一词，正如马克思所指出的，源于梵文的 Wer（掩盖、保护）和 Wal（掩盖、加固）以及拉丁文 vallo（用堤围住、加固、保护）和 valeo（成为有力的、坚固的、健康的），引申为"有用"。所以，马克思说："贝利和其他人指出，'value, valeur'这两个词表示物的一种属性。的确，它们最初无非是表示物对于人的使用价值，表示物的对人有用或使人愉快等等的属性。按事物的性质来说，'value, valeur, Wert'这些词在词源学上不可能有其他的来源。"①

3 效用论价值定义的困境：商品价值不是商品的效用

价值是客体对主体需要的效用。这一定义，不妨称之为"效用论价值定义"。这个定义，虽然大体得到公认，但能否成立，仍然很成问题。因为经济学关于商品价值是不是商品效用的问题，正如维克塞尔所说，"曾争论了一个世纪以上"②。如果商品价值不是商品对人的需要的效用，那么，从"商品价值不是商品效用"命题之真，便可以推知它的矛盾命题"价值是效用"之假，效用价值论便被证伪了。这就是为什么，价值的效用论定义实际上虽已得到公认，但许多学者却极力避免以"效用"来界定价值。因此，商品价值是不是商品效用，乃是攸关效用论价值定义之真假的大问题。那么，商品价值究竟是不是商品的效用呢？

商品价值或交换价值不是商品效用的观点，主要源于这样一种"事实"：水的效用极大，却不具有任何交换价值；钻石的效用很小，却具有很大的交换价值。这就是令斯密等经济学家困惑不解的所谓"价值悖论"：

> 使用价值极大的东西，往往具有极小的交换价值，甚或没有；反之，交换价值极大的东西，往往具有极小的使用价值，甚或没有。没有什么东西比水更有用，但用水不能购买任何物品，也不会拿任何物品与水交换。相反，钻石几乎没有任何使用价值可言，却须要用大量其他物品才能与之交换。③

---

① 《马克思恩格斯全集》（第三十五卷·第三册），人民出版社，2013 年，第 277 页。
② 维克塞尔：《国民经济学讲义》，上海译文出版社，1983 年，第 21 页。
③ 参见 Adam Smith, *The Wealth of Nations* (London: Penguin Books, 1970), pp. 131-132。

这意味着：效用论价值的定义内含着悖论。因为根据效用论价值的定义，商品价值或交换价值亦即商品满足人的需要的效用。照此说来，"水的效用大，但交换价值小"，也就无异于说"水的交换价值大，却又交换价值小"，亦即"水的交换价值大又不大"，这就是所谓的"价值悖论"，即"价值定义悖论"，说到底，亦即"效用论价值定义悖论"。效用论价值定义内含着悖论，意味着效用论价值定义是谬论。

然而，边际效用论科学地破解了这个困惑思想家们两千余年的"价值悖论"。因为边际效用论发现，商品使用价值是商品对于人的消费需要和欲望的边际效用。所谓商品边际效用，就是最后增加的那个单位商品的效用。原来，商品使用价值是商品满足人的消费需要和欲望的效用，也就等于说，商品使用价值是对人还没有满足的消费需要和欲望的效用，而不是对已经满足的消费需要和欲望的效用。因为需要和欲望一旦得到满足，便不再是需要和欲望。只有尚未满足的需要才是需要，而已被满足的需要不再是需要。只有对未被满足的需要的心理体验才是欲望，而对于已被满足的需要的心理体验不再是欲望；欲望是需要不满足而求满足的心理体验。商品使用价值是对人的还没有满足的需要的效用，而不是对已经满足的需要的效用——意味着商品使用价值也就是对人的剩余需要的效用，是对人的剩余需要的满足。

因此，每个单位商品的使用价值也就同样都是对人的"减去其他商品已经满足的需要"之后所剩余的需要的满足，是对人的减去其他商品已经满足的需要之后所"剩余的需要"的效用，因而也就是最后增加的那个单位商品对人的需要的满足效用，也就是单位商品的边际效用：边际效用就是最后增加的那个单位商品的效用。单位商品使用价值是单位商品边际效用，商品总使用价值则是每个商品的边际效用之和。

举例说，假设现有十个暖瓶，每个暖瓶的使用价值都同样是对人的还没有满足的需要的效用，都同样是对人的剩余需要的效用，说到底，也就都同样是对减去其他9个暖瓶已经满足的需要之后所剩余的需要的满足，因而也就是最后的那个暖瓶——第10个暖瓶——的效用，亦即暖瓶的边际效用。10个暖瓶各自的边际效用之和，构成10个暖瓶的总使用价值。

那么，商品交换价值是什么？正如李嘉图所说，商品之所以能够进行交换，从而具有交换价值，只是因为商品具有使用价值；不具有使用价值的东西不可能具有交换价值。因此，所谓商品交换价值，不过是商品使用价值对人的交换需要的效用,而商品使用价值则是交换价值的原因、实体和物质承担者。

这样一来,商品使用价值是商品的边际效用,便意味着商品交换价值就是商品的边际效用对于换取其他商品的效用。因此,商品有多少边际效用量,就有多少交换价值量:商品的交换价值量与其边际效用量相等。

因此,商品价值(使用价值与交换价值)必定随着商品的增多而递减。因为商品越多,人得到满足的需要和欲望便越多,而没有得到满足的需要和欲望便越少且越不重要,最后的单位增量所能够满足的需要和欲望也就最少且最不重要,商品的边际效用也就最小,单位商品的使用价值和交换价值也就最小。这个定律堪称商品价值(使用价值与交换价值)递减定律;该定律的核心内容无疑是商品边际效用递减,因而被叫作边际效用递减定律:"边际效用递减规律可以归结为:当一种消费品的量增加时,该消费品的边际效用趋于递减。"[①]

这样一来,钻石交换价值大,绝不是因其效用和使用价值小;恰恰相反,钻石交换价值大,只是因其数量小,因而边际效用大,从而使用价值大。水交换价值小,绝不是因其效用大,而是因其数量多,因而边际效用小,从而使用价值小。因此,交换价值与使用价值成正比:价值悖论不能成立。

因此,事实上并不存在什么"价值悖论""效用论价值定义悖论",也不存在与商品价值效用论定义——商品价值是商品对人的需要的效用——相矛盾的所谓"事实",说到底,"水的效用大却无交换价值,而钻石无用却有极大交换价值"并不是事实而是假象:它不但没有证伪,反倒证实了效用论价值定义。因为对这种假象的破解表明,水和钻石等一切商品的使用价值和交换价值都是商品的某种效用:使用价值是商品对于消费需要的边际效用;交换价值则是使用价值——边际效用——对于交换需要的效用。

[①] Paul A. Samuelson and William D. Nordhaus, *Microeconomics*, 16th ed. (New York: McGraw-Hill, 1998), p. 81.

二 善

1 善的定义：可欲之谓善

作为元伦理学对象和概念的"善与恶"，跟"好与坏""正价值与负价值"是同一概念。这一点，冯友兰说得很清楚："所谓善恶，即是所谓好坏。"① 这就是说，善与恶原本属于价值范畴，是价值概念的分类，说到底，善与恶也就是客体对于主体的需要及其经过意识的各种转化形态，如欲望与目的的效用性；而主体的需要、欲望、目的则是善与恶的标准：客体有利于满足主体需要、欲望、目的的效用性，叫作正价值，因而也就是所谓的善；客体有害于满足主体需要、欲望、目的的效用性，叫作负价值，亦即所谓的恶。

孟子早就看到了善恶以主体的需要、欲望、目的为标准。他将这个道理概括为五个字："可欲之谓善。"与孟子同时代的亚里士多德也曾这样写道："善的定义揭示的是，具有自身由于自身而值得向往的这类性质的东西，都是一般的善。"② 两千年后，罗素以更为科学的语言复述了亚里士多德和孟子的定义："我们可以把善定义为愿望的满足。"③

可是，这一定义能成立吗？试想，如果一个人的欲望——如偷盗欲望——是恶的，那么，这个欲望的满足岂不是恶的吗？确实，偷盗的欲望是恶的，它的满足更是恶的。但是，我们根据什么说偷盗欲望及其满足是恶？显然是根据社会和他人的需要、欲望、目的。偷盗欲望及其满足，有害于社会和他人"不被偷盗"的需要、欲望、目的之满足和实现，因而是恶的。偷盗愿望的满足是恶，只是因为它阻碍、损害了社会和他人的愿望，而并不是因为它满足了偷盗者的愿望；就它满足了偷盗者的愿望来说，它并不是恶，而是善。

更确切些说，偷盗愿望的满足既是恶又是善：对于偷盗者来说是善；对于社会和他人来说是恶。它对偷盗者来说之所以是善，只是因为它满足了偷盗者偷盗的欲望；它对社会和他人来说之所以是恶，只是因为它损害、阻碍了社会和他人不被偷盗的欲望。所以，说到底，任何欲望的满足都是善，任何欲望的压抑和损害都是恶。

---

① 冯友兰：《三松堂全集》（第四卷），河南人民出版社，1986 年，第 91 页。
② 苗力田主编：《亚里士多德全集》（第八卷），中国人民大学出版社，1994 年，第 244 页。
③ 伯特兰·罗素：《伦理学和政治学中的人类社会》，肖巍译，中国社会科学出版社，1992 年，第 66 页。

可见，无论某些欲望（如偷盗）及其满足是恶，还是某些欲望（如求生欲）的压抑和损害（自我牺牲）是善，都不能否定"善是欲望的满足、恶是欲望的压抑"之定义。"善是欲望的满足"说的无疑是客体对于主体欲望的满足，亦即客体对主体欲望的满足效用："善是欲望的满足"与"客体对主体欲望的满足效用"是同一概念。因此，"善是欲望的满足、恶是欲望的压抑"便意味着，善与恶都是客体对于主体的需要及其经过意识的各种转化形态，如欲望与目的的效用性："善"亦即"好""正价值"，是客体有利于满足主体需要、欲望、目的的效用性；"恶"亦即"坏""负价值"，是客体有害于满足主体需要、欲望、目的的效用性。

2　善的类型：内在善、手段善和至善

"内在善""手段善""至善"之分，源于亚里士多德。他写道："善显然有双重含义，其一是事物自身就是善，其二是事物作为达到自身善的手段而是善。"① 于是，所谓"内在善"（intrinsic good）也可以称之为"目的善"（good as an end）或"自身善"（good-in-itself），是"其自身而非其结果就是可欲的、就能够满足需要、就是人们追求的目的"的善。例如，健康长寿能够产生很多善的结果，如更多的成就、更多的快乐等。但是，即使没有这些善结果，仅仅健康长寿自身就是可欲的，就是人们追求的目的，就是善。因此，健康长寿乃是内在善。所以，罗斯说："内在善最好定义为不是它所产生的任何结果而是它自身就是善的东西。"②

反之，所谓"手段善"（instrumental good）也可以称之为"外在善"（extrinsic good）或"结果善"，乃是"其结果是可欲的、能够满足需要、从而是人们追求的目的"的善，是"能够产生某种善的结果"的善，是"其结果而非自身成为人们追求的目的"的善，是"其自身作为人们追求的手段、而其结果才是人们所追求的目的"的善。例如，冬泳的结果是可以延年益寿，所以，冬泳的结果是可欲的，是一种善，是人们所追求的目的；而冬泳则是达到这种善的手段，因而也是一种善。但是，冬泳这种善与它的结果——延年益寿——不同，它不是人

---

① 亚里士多德：《尼各马科伦理学》，苗力田译，中国社会科学出版社，1999年，第8页。
② W. D. Ross, *The Right and Good* (Oxford: Clarendon Press, 1930), p.198.

们追求的目的，而是人们用来达到这种目的的手段：是"手段善"。

不难看出，内在善与手段善的区分往往是相对的。因为内在善往往同时也可以是手段善，反之亦然。健康是内在善；同时，健康也可以使人建功立业，从而成为建功立业的手段，成为手段善。自由可以使人实现自己的创造潜能，是达成自我实现的善的手段，因而是手段善；同时，自由自身就是可欲的，就是善，因而又是内在善。

那么，有没有绝对的内在善？有的。所谓绝对的内在善，亦即至善、最高善、终极善，也就是"绝对不可能是手段善而只能是目的善"的内在善。这种善，正如亚里士多德所说，就是幸福；因为幸福只能是人们所追求的目的，而不可能是用来达到任何目的的手段："我们说，为其自身而追求的东西，比为它物而追求的东西更加靠后。……看起来，只有幸福才有资格称作绝对最后的，我们永远只是为了它本身而选取它，而绝不是因为其他别的什么。"①

3 恶的类型：纯粹恶与必要恶

恶是善的反面，因而可以分为"自身恶""结果恶"与"至恶"。"至善"亦即幸福，因而"至恶"也就是不幸：这是不言而喻之理。但是，"自身恶"与"结果恶"的含义却十分复杂：它们究竟意味着什么？

原来，结果与自身都是恶的东西，如癌症，可以名之为"纯粹恶"。结果是恶而自身是善的东西，一般说来，其善小而其恶大，其净余额是恶，因而也属于"纯粹恶"范畴。举例说，吸毒、放纵、懒惰、奢侈、好色、贪杯等绝大多数恶德，就其自身来说，都是一种需要的满足，欲望的实现，目的的达成，因而都是善；但就其结果来说，却阻碍满足或实现更为重大的需要、欲望、目的，因而是更为巨大的恶：其净余额是恶，因而也是一种纯粹的恶。

反之，自身是恶的东西，其结果既可能是恶，也可能是善：前者如癌症，因而属于"纯粹恶"范畴；后者如阑尾炎手术，因而可以称之为"必要恶"。必要恶既极为重要，又十分复杂，可以把它定义为"自身为恶而结果为善，并且结果与自身的善恶净余额是善的东西"。这种东西就其自身来说，完全是对需要和欲望的压抑、阻碍，因而是一种

---

① 亚里士多德：《尼各马科伦理学》，第10页。

恶。但是，这种恶却能够防止更大的恶或求得更大的善，因而其结果的净余额是善，所以叫作"必要恶"。

举例来说，阑尾炎手术，就其自身来说，开刀流血、大伤元气，完全是一种恶。但是，它能够防止更大的恶：死亡。因此，阑尾炎手术的净余额是善，是一种必要恶。冬泳，就其自身来说，冰水刺骨，苦不堪言，完全是一种恶。但是，它却能带来更大的善：延年益寿。所以，冬泳的净余额是善，是一种必要恶。

显然，必要恶的净余额是善，因而实质上仍然属于善的范畴。只不过它属于手段善、外在善、结果善范畴。并且，它的善既然仅仅存在于结果，而不在自身，其自身完全是恶，那么，它便不可能是内在善，而只可能是手段善、外在善、结果善：它是绝对的手段善、外在善、结果善，亦即是绝对不可能成为"内在善"和"自身善"的手段善和外在善。所以，如果说绝对的内在善只有"幸福"一种事物，那么，绝对的手段善或必要恶则不胜枚举，如手术、疼痛、政治、法律、监狱、刑罚等。因为这些东西就其自身来说，无不是对于人的某些欲望和自由的限制、压抑、侵犯、损害，因而是一种恶；但是，这些恶却能够防止更大的恶（个人的死亡或社会的崩溃）和求得更大的善（生命的保存或社会的发展），因而其结果的净余额是善，是必要恶，是绝对的手段善。

三　应该与正当

1　应该：行为的善

善是客体有利于满足主体需要、实现主体欲望、符合主体目的的效用，这意味着善乃是人或主体的一切活动或行为所追求的目标。因为人或主体的一切活动或行为的目的，无疑都是为了满足其需要和欲望。所以，亚里士多德的《尼各马科伦理学》一开篇便这样写道："一切技术，一切规划以及一切实践和选择，都以某种善为目标。"①

不过，无论是谁，他追求善的行为都既可能达到也可能达不到预期目标。一个人的能够达到其目的从而能够满足其需要和欲望的行为，与他所追求的善一样，无疑也因其符合善的定义而属于善的范畴，叫作善的行为；反之，阻碍达到目的、阻碍满足需要和欲望的行为，则符合恶

---

① 亚里士多德：《尼各马科伦理学》，第3页。

的定义，属于恶的范畴，叫作恶的行为。

举例来说，如果我想健康长寿，那么，饮食有节、起居有常便因其能够实现健康长寿的欲望和目的，而是善的行为；反之，饮食无度、起居无常则因其阻碍实现健康长寿的欲望和目的，而是恶的行为。

但是，正如摩尔和罗斯所说，"善行为"和善行为的"善"有所不同。善行为的善（Good）或善性（Goodness），则是行为所具有的能够达到目的、满足需要、实现欲望的效用性，简言之，也就是行为的能够实现其目的的效用。行为的这种善或善性，便是所谓的"应该"或"应当"："应该"与"应当"无疑是同一概念。反之，恶行为的恶或恶性，则是行为所具有的不能够达到目的、不能满足需要、不能实现欲望的效用性，简言之，也就是行为的不能够实现其目的的效用。行为的这种恶性，便是所谓的"不应该""不应当"。

试想，为了健康长寿，应该饮食有节，那么，应该饮食有节的"应该"是什么意思？意思显然是：饮食有节具有能够达到其目的——健康长寿——的效用性。反之，不应该饮食无度的"不应该"是什么意思？意思岂不是饮食无度具有达不到其目的——健康长寿——的效用性吗？所以，"应该"和"不应该"并不一定具有道德含义，它们只是行为对于目的的效用性。一个人的目的不论如何邪恶，他的某种行为如果能够达到其邪恶目的，那么，对于他来说，这种行为便是他应该做的；他的某种行为如果不能够达到其邪恶目的，那么，对于他来说，这种行为便是他不应该做的。因此，艾温说：

> "应该"有时仅仅用来表示达到某种目的的最好手段，而不管这种目的究竟是善还是恶的。例如，"凶手不应该把自己的指纹留在凶器上"。①

可见，应该是行为的善，是行为对于目的的效用性。那么，应该是否仅仅是行为的善？善存在的领域，无疑可以分为两类："意识、目的领域的善"与"无意识、无目的领域的善"。无意识、无目的领域的善，仅仅是善而无所谓应该。我们只能说"水到零度结冰对人有利还是有害，是善还是恶"，却不能说"水应该还是不应该零度结冰"。只能说"金刚石坚硬有用，是一种善"，却不能说"金刚石应该坚硬"。所

---

① A. C. Ewing, *Ethics*, 1st ed. (New York: The Free Press 1965), p. 15.

以，康德说："问到自然应该是什么，其荒谬正如去问一个圆应该具有什么性质一样。"①

因此，"应该"这种善，一定仅仅存在于意识、目的领域，它仅仅是意识、目的领域的善。可是，它究竟是意识、目的领域的什么东西的善呢？是人或主体的血肉之躯吗？不是。因为我们不能说"一个人生得美是应该的，而生得丑是不应该的"。为什么不能说"天生的美丑是应该或不应该的"？因为它们是不自由的、不可选择的。所以，只有自由的、可以选择的东西，才可以言"应该不应该"。那么，在意识、目的领域，究竟什么东西才是自由的、可以选择的？

显然只有行为及其所表现和形成的品质才是自由的、可以选择的，说到底，只有行为才是自由的、可以选择的。因为行为是有机体受意识支配的实际活动，因而包括行为所表现和形成的品质：行为所表现和形成的品质乃是构成行为的内在因素，而它所支配的实际活动则是行为的外在因素。因此，艾温说："'应该'不同于'善'之处在于，它主要与行为有关。"② 只有行为的善才是所谓"应该"："应该"是并且仅仅是行为的善，是行为对于目的的效用性，是行为的能够实现其目的的效用性，是行为所具有的能够达到目的、满足需要、实现欲望的效用性。

2 正当：行为的道德善

所谓正当（Right）和不正当（Wrong）亦即道德善恶。界定道德善恶或正当不正当概念的首要问题无疑是：究竟什么东西可以言道德善恶或正当不正当？几乎所有东西都可以言善恶，如晨风夕月、阶柳亭花、民主自由、科学艺术等皆有用于人，因而都是善的；地震飓风、山洪暴发、专制奴役、愚昧迷信等皆有害于人，因而都是恶的。然而，可以言道德善恶或正当不正当的东西却极其有限。弗兰克纳说：

> 可以言道德善或恶的东西是人、人群、品质、性情、情感、动机、意图——总之，人、人群和人格诸要素。③

其实，这些东西也并不是都可以言道德善恶，如人的自然躯体、人

---

① 约翰·华特生编选：《康德哲学原著选读》，韦卓民译，商务印书馆，1963 年，第 161 页。
② Ewing, *Ethics*, 1st ed., p. 15.
③ William K. Frankena, *Ethics* (New Jersey: Prentice-Hall, 1973), p. 62.

格的先天遗传的气质、类型、特质等。可以言道德善恶或正当不正当的东西，细细想来，无疑只是具有意识的、可以自由选择的东西，只是行为及其所表现和形成的品质，说到底，只是行为：行为所表现和形成的品质是构成行为的内在因素。那么，究竟什么行为是道德善或道德恶？

道德善恶或正当不正当，正如石里克所说，从属于善恶，二者是种与属、个别与一般的关系："道德上的善只是更一般的善的特殊情形。"① 二者的区别，显然表现为两方面。一方面，它们的善恶客体根本不同。善恶的客体是一切客体、一切事物。反之，道德善恶的客体则仅仅是一种特殊的客体：每个人的行为及其所表现的品德。另一方面，它们的主体根本不同。善恶的主体是任何主体，是任何主体的任何需要、欲望、目的，说到底，是任何目的。反之，道德善恶的主体则是一种特殊的主体"社会"，是社会创造道德的需要、欲望、目的，说到底，是道德目的。

依据这两方面的区别，便可以——如弗兰克纳所说——将"道德善恶"从"善恶"中分离出来，从而使善恶分为道德善恶与非道德善恶两大类型。② 所谓道德善恶，亦即正当不正当，乃是行为对于社会创造道德的需要、欲望、目的的效用性，是行为对于道德目的的效用性：相符即为道德善或正当；相违即为道德恶或不正当。反之，非道德善恶，则是一切事物对于其他（亦即社会创造道德的需要、欲望、目的之外）需要、欲望、目的的效用性，主要是一切事物对于个人目的之效用性：相符即为非道德善，相违即为非道德恶。这样，道德善恶与非道德善恶便既可能一致，也可能不一致。

举例来说，"为己利他"能够满足我的欲望、实现我的目的，因而对我来说，是一种善，亦即"非道德善"；同时，"为己利他"又有利于社会存在发展，符合道德目的，因此又是正当的，又是一种"道德善"。偷盗成功符合盗贼目的，是一种非道德善；同时却有害于社会存在发展，违背道德目的，因而是一种道德恶，是不正当的。自我牺牲有利于社会存在发展，符合道德目的，是一种道德善，是正当的；同时却

---

① 石里克：《伦理学问题》，张国珍、赵又春译，商务印书馆，1997年，第22、29、79页。

② Frankena, *Ethics*, p. 62.

有害于自我牺牲者，牺牲了他的求生欲，因而是一种非道德恶。

3　正当与应该：道德应该的可普遍化性

学者们往往把"应该""应当"与"正当"等同起来。波特说："凡是正当的，都是应该的；反之，凡是应该的，都是正当的。"① 照此说来，"凶手作案不留指纹是应该的"也就全等于"凶手作案不留指纹是正当的"。这说得通吗？

原来，"应该"也可以分为"道德应该"与"非道德应该"两大类型。所谓道德应该与道德不应该，或者说正当与不正当，亦即道德善恶，是行为对于社会创造道德的需要、欲望、目的的效用性，说到底，也就是行为对于道德目的的效用性：相符即为道德应该，即为正当，即为道德善；相违即为道德不应该，即为不正当，即为道德恶。

举例来说，凶手作案无论如何符合自己的目的，却都有害于社会存在发展，违背道德目的，因而都是道德的不应该，都是不正当，都是道德恶。反之，自我牺牲无论如何有害于自我保存之目的，却都有利于社会存在发展，符合道德目的，因而都是道德的应该，都是道德善，都是正当。

但是，"非道德应该不应该"与"非道德善恶"不同。善恶是一切事物的效用性，所以"非道德善恶"是一切事物对于道德目的之外的目的的效用性，是一切事物对于非道德目的之目的——如个人目的——的效用性。而应当仅仅是行为的效用性。所以，"非道德应该"便仅仅是行为对于道德目的之外的目的的效用性，是行为对于非道德目的之目的——如个人目的——的效用性：相符即为非道德应该，相违即为非道德不应该。

例如，凶手杀人不留指纹，符合凶手逃逸的目的，因而对于凶手来说是应该的；反之，留下指纹则不符合凶手逃逸的目的，因而对于凶手来说是不应该的。这些都是"非道德应该不应该"，因为它们符合还是不符合的目的，都是凶手的个人目的，而不是道德目的。

可见，道德应该与非道德应该都是行为的效用性，二者的区别仅仅在于：前者是行为对于道德目的之效用性；后者是行为对于非道德目的之目的——如个人目的——的效用性。因此，一方面，道德应该与非道

---

① Burton F. Porter, *The Good Life: Alternatives in Ethics* (New York: Macmillan, 1980), p.33.

德应该既可能是一致的,又可能是不一致的。举例说,"为己利他"既符合我的利己目的,因而是非道德应该;又有利于社会存在发展,符合道德目的,因而又是道德应该。反之,不一致者如:凶手杀人不留指纹,符合凶手逃逸目的,是非道德应该;同时却有害社会存在发展,违背道德目的,因而是道德不应该。

另一方面,道德应该具有"可普遍化性",非道德应该则不具有"可普遍化性"。道德应该的"可普遍化性"(universalizability)概念源于康德而确立于黑尔。黑尔认为,道德应该具有两个特性:"第二个特性通常被叫作可普遍化性。可普遍化性的意思是,一个人说'我应该',他就使他自己同意,处于他的环境下,任何人都同样应该。"①

道德应该为什么具有可普遍化性?显然只是因为,道德最终目的是普遍的、一般的、任何社会都一样的:都是为了保障社会存在发展和增进每个人的利益。反之,个人目的却是千差万别的。这样,非道德应该便因其是行为对于千差万别的个人目的的效用,而不具有可普遍化性:它是张三的应该,却不是李四的应该。反之,道德应该则因其是行为对于任何社会都一样的道德最终目的的效用,而具有可普遍化性:它是每个人的应该。

综上可知,"应该"比"正当"广泛,从而成为"善"与"正当"之中介:善是客体即一切事物对于主体目的之效用;应当与正当则都仅仅是行为对于主体目的之效用——应当是行为善,是行为对于一切目的之效用;正当是行为的道德善,是行为对于道德目的之效用。这样,正当、应当、善便都是客体对主体需要的某种效用,因而都属于价值范畴。那么,正当、应当、善、价值究竟从何而来?它们的根源究竟是什么?说到底,如何回答"休谟难题":能否从"事实"或"是"推导出"应该"?因此,对于价值、善、应当、正当诸范畴的分析,势必导致对"是"或"事实"的研究:"是"与"事实"是元伦理范畴系统的终结范畴。

四 事实与是

1 事实:广义事实概念

一切事物,据其存在性质,无疑可以分为两类:"事实"与"非事

---

① R. M. Hare, *Essays in Ethical Theory* (Oxford: Clarendon Press, 1989), p. 179.

实"。所谓事实，不言而喻，就是"在思想认识之外实际存在的事物"，是"不依赖思想意识而实际存在的事物"；非事实则是"仅仅存在于思想之中而在思想之外并不存在的事物"，是"实际上不存在而只存在于思想中的事物"。例如，一个人得了癌症，不论他怎样想，是承认还是不承认，他都一样患了癌症。所以，他患癌症是事实。反之，如果在他的思想中，他否认患了癌症，他认为他根本没有得什么癌症，那么，他未患癌症，便是所谓的"非事实"。

由此观之，价值无疑属于事实范畴。因为价值显然是"不依赖思想意识而实际存在的"东西。试想，鸡蛋的营养价值岂不是"不依赖我们怎样思想它而实际存在"的吗？不管你认为鸡蛋有没有营养价值，鸡蛋都同样具有营养价值。鸡蛋有没有营养价值"不依赖思想意识而实际存在"，因而是一种事实，可以称之为"价值事实"。

但是，这种外延包括"价值"的"事实"概念，乃是"广义事实"概念：它只适用于认识论等非价值科学，而不适用于伦理学等一切价值科学。因为伦理学等一切价值科学的根本问题，无疑是"应该"或"价值"产生和存在的来源和依据问题，无疑是"'应该''价值''应该如何'"与"'是''事实''事实如何'"的关系问题，说到底，亦即著名的"休谟难题"：能否从"是""事实""事实如何"推导出"价值""应该""应该如何"？

这一难题的存在，或者当你试图解析这一难题从而证明"价值能否从事实推出"的时候，显然就已经蕴含着，价值不是事实，事实不包括价值：事实与价值是外延毫不相干的对立概念。否则，如果事实是"不依赖思想意识而实际存在的事物"，从而事实之中包含价值，那么，"从事实中推导出价值"与"从事实中推导出事实"就是一回事，因而也就不可能存在"从事实中能否推导出价值"的难题了。

这就是为什么，自"休谟难题"问世以来，价值与事实属于外延毫不相干的两大对立领域已经近乎共识。这就是为什么，罗素一方面在《人类的知识》和《我们关于外间世界的知识》中，将"事实"定义为"不依赖思想意识而实际存在的事物"——因而"价值"属于"事实"范畴——另一方面却又在《宗教与科学》中，自相矛盾地否认价值是事实："当我们断言这个或那个具有'价值'时，我们是在表达我们自己的感情，而不是在表达一个即使我们个人的感情各不相同但却仍然是可靠的事实。"①

罗素并非自相矛盾。因为当罗素在《人类的知识》和《我们关于外间世界的知识》中，断言事实是"不依赖思想意识而实际存在的事物"——因而包括价值——的时候，他说的是认识论等非价值科学的事实概念，亦即"广义事实概念"；而当他在《宗教与科学》中，断言价值不是事实——事实不包括价值——的时候，他说的是价值科学中的事实概念，亦即"狭义事实概念"。

这种不包括价值的"狭义事实概念"，之所以是伦理学等价值科学的事实概念，源于"价值能否从事实中推导出来"的"休谟难题"之为价值科学的根本问题。因此，事实概念的广义与狭义之分，主要缘于是否包括价值。认识论等非价值科学的、包括价值的"广义事实概念"，是"不依赖思想意识而实际存在的事物"。那么，伦理学等价值科学中的、不包括价值的"狭义事实概念"究竟是什么？

2 是：狭义事实概念

原来，广义的事实——不依赖思想意识而实际存在的事物——可以分为"价值事实"与"非价值事实"。"价值事实"就是"价值"这种类型的事实，也就是"价值"，也就是客体中所存在的对主体的需要、欲望和目的具有效用的属性，即客体对主体需要、欲望、目的的效用性，因而是客体的依赖于主体的需要欲望和目的而存在的东西。可是，为什么"价值"可以叫作"价值事实"呢？因为价值虽然依赖于主体的需要欲望和目的而存在，却是不依赖思想意识而实际存在的事物：价值是一种事实。"价值事实"属于广义事实——不依赖思想意识而实际存在的事物——范畴，适用于认识论等非价值科学。

相反地，"非价值事实"则不但不依赖思想意识而实际存在，而且是客体的不依赖主体的需要、欲望和目的而实际存在的东西，也就是客体中实际存在的非价值属性，这种属性是价值之外的客体性事实，就是客体的不包括"价值"而与"价值"是对立关系的"事实"。这就是伦理学等一切价值科学的"事实"概念，亦即"狭义事实概念"：事实是客体不依赖主体的需要、欲望和目的而实际存在的东西。因为伦理学等一切价值科学的根本问题——能否从"是""事实""事实如何"推导

---

① 罗素：《宗教与科学》，徐奕春、林国夫译，商务印书馆，1982年，第123页。

出"价值""应该""应该如何"——意味着：价值不是事实，事实不包括价值，事实与价值是外延毫不相干的对立概念关系。

这样一来，便在与"非事实"对立的"广义事实"概念的基础上，因价值科学的根本问题——能否从"事实"推导出"价值"——而形成了与"价值"对立的"狭义事实"概念：广义的事实是"不依赖思想意识而实际存在的事物"，包括价值，适用于认识论等非价值科学；狭义的事实是"不依赖主体的需要、欲望和目的而实际存在的事物"，不包括价值，适用于伦理学等一切价值科学。

举例来说，猪肉有营养，是不是事实？当然是事实，因为猪肉有没有营养是"不依赖我们怎样思想它而实际存在"的。只不过，"猪肉的营养"是一种价值，可以称之为"价值事实"；其为事实，虽然不依赖思想意识而实际存在，却依赖于人的需要而存在，是猪肉对人的需要的效用，因而属于"广义事实"概念，适用于认识论等非价值科学。反之，"猪肉有重量"，也是事实，但不是猪肉对人的需要的效用，不是价值，不是价值事实；而是非价值事实，是价值之外的事实，不但不依赖于思想而实际存在，而且"不依赖主体的需要"而实际存在，因而属于"狭义事实"概念，适用于伦理学等一切价值科学。

正如休谟所发现的，在伦理学等一切价值科学中，这种不包括价值而与价值对立的狭义的事实，往往通过以"是"或"不是"为系词的判断（"是什么"和"不是什么"）反映出来；而以"应该"或"不应该"为系词的判断（"应该是什么"和"不应该是什么"）所反映的则是价值。① 所以，在伦理学等一切价值科学中，一方面，"事实"与"是"被当作同一概念来使用，因而所谓"是"也就是不包括价值而与价值对立的事实，就是不依赖主体的需要、欲望、目的而独立存在的事物；另一方面，只有与"应该"相对而言的事实才叫作"是"，而与"价值"相对而言的事实大都叫作事实，因而在伦理学等价值科学中便出现两个对子："事实与价值""是与应该"。

3　结论：两种事实概念

综上可知，首先，一切事物，依据其存在性质，可以分为两类：事实与非事实。但是，存在着两种事实：广义事实与狭义事实。广义事实

---

① 休谟：《人性论》（下册），关文运译，商务印书馆，1983年，第509页。

概念适用于认识论等一些非价值科学，它是一切在思想认识之外实际存在的事物，是一切不依赖思想意识而实际存在的事物，因而包括"价值"：价值是不依赖思想而实际存在的事物，可以称之为"价值事实"。

其次，狭义的事实也可以称之为"是"，不包括价值而与价值是外延毫不相干的对立概念关系："是"或"狭义事实"是客体不依赖主体需要、欲望、目的而独立存在的事物；价值则是客体对主体需要、欲望、目的的效用，依赖主体需要、欲望、目的而存在。狭义的事实概念主要因伦理学等价值科学的根本问题——能否从"事实"推导出"价值"——而诞生，说到底，则是因自然科学的事实概念而诞生，适用于伦理学等一切价值科学和自然科学。

最后，主体及其需要、欲望、目的等则是客体的对立物——主体与客体是构成一切事物的两大对立面——因而既不是价值也不是事实，而是划分"客体"为"价值"与"事实"的依据，是联接价值与事实的中介物（如图1.1）。

$$
事物\begin{cases} 事实\text{（亦即广义事实，不依赖思想意识而实际存在的事物）}\begin{cases} 主体：需要、欲望、目的 \\ 客体\begin{cases} 价值\text{（客体依赖主体的需要、欲望、目的而存在的事物）} \\ 事实\text{（亦即狭义事实，客体不依赖主体的需要、欲望和目的而实际存在的事物）} \end{cases} \end{cases} \\ 非事实\text{（实际上不存在而只存在于思想中的事物）} \end{cases}
$$

图 1.1

现在，我们完成了对于元伦理范畴或伦理学初始概念——"价值""善""应该""正当"以及"是"或"事实"——的分析。当我们将这些概念联系起来，进一步探寻它们——特别是"应该"与"事实"的关系——的普遍本性时，不难发现这些初始概念所蕴含的初始命题及其初始推演规则。这些伦理学的初始命题及其初始推演规则可以归结为两大系列公理和公设，亦即"伦理学的存在公理和公设"与"伦理学的推导公理和公设"，二者就是下一章"元伦理证明"的研究对象。

思 考 题

1 为什么说，边际效用论破解了困惑思想家们两千余年的"价值悖论"？

2 偷盗欲望及其满足是恶，否定了"可欲之谓善"吗？"善是欲望的满足"与"偷盗欲望的满足是恶"矛盾吗？

3 为什么"必要恶"不可能是"内在善",而只可能是"手段善"?"必要恶"与"手段善"是同一概念吗?政治与法律以及道德与美德都是一种"必要恶"吗?

4 艾温说:"正当的行为与应当的行为是同义的。"[A. C. Ewing, *The Definition of Good* (Westport, Connecticut: Hyperion Press, 1979), p.123]照此说来,"凶手作案不留指纹是应当的"也就全等于"凶手作案不留指纹是正当的",这说得通吗?试析应该与正当之同异。

5 爱因斯坦说,自然科学只研究事实而不研究应该:"科学只能断言'是什么',而不能断言'应该是什么'。"(《爱因斯坦文集》[第3卷],商务印书馆,1976年,第182页)这是否意味着:自然科学的"事实"概念与伦理学等价值科学的"事实"概念一样,是不包括"价值",而与"价值"相对立的狭义的事实概念?

6 是否对于一切科学来说,价值与事实都是对立概念?是否对于一切科学来说,"价值事实"概念都如同"圆的方"一样荒唐?

7 在元伦理学或其他价值科学中,主体及其需要、欲望和目的究竟是事实还是价值?"道德目的"是事实还是价值?"道德目的"属于"道德应该"或"道德价值范畴"吗?

阅读书目

亚里士多德:《尼各马科伦理学》,苗力田译,中国社会科学出版社,1999年。

G. E. 摩尔:《伦理学原理》,陈德中译,商务印书馆,1983年。

王海明:《伦理学方法》,商务印书馆,2003年。

W. D. Hudson, *The Is-Ought Question: A Ccollection of Papers on the Central Problem in Moral Philosophy* (London: Palgrave Macmillan UK, 1969).

Louis P. Pojman, *Ethical Theory: Classical and Contemporary Readings* (San Fransisco: Wadsworth Publishing Company, 1995).

M. C. Doeser and J. N. Kraay, *Facts and Values* (Dordrecht: Martinus Nijhoff Publishers, 1986).

第二章　元伦理证明：伦理学公理与公设

提　要

优良的道德规范是与行为道德价值相符的道德规范；恶劣的道德规范是与行为道德价值不相符的道德规范。道德规范虽然都是人制定的，但是，随意制定的一定是恶劣的道德规范，因为优良的道德规范绝非可以随意制定，它只能根据"行为应该如何的道德价值"——"行为事实如何"对于"道德目的"的效用——推导、制定出来，说到底，只能通过道德目的，从行为事实如何中推导、制定出来。因此，所制定的行为应该如何的道德规范之优劣，直接说来，取决于对行为应该如何的道德价值判断之真假；根本说来，则一方面取决于行为事实如何的事实判断之真假，另一方面取决于道德目的的判断之真假。这就是能够推导出伦理学全部命题的伦理学的"优良道德规范推导公设"，可以归结为一个公式：

前提1：行为事实如何（道德价值实体）
前提2：道德目的如何（道德价值标准）

结论1：行为应该如何（道德价值）
结论2：优良道德规范（与道德价值相符的道德规范）

一 伦理学的存在公理与公设

1 伦理学的价值存在本质公理与道德价值存在本质公设

价值、善、应该和正当,如前所述,都是客体对于主体需要(及其经过意识的各种转化形态,如欲望和目的)的效用性,都是客体的效用性,都是客体的属性。那么,它们究竟如同电磁波一样,是客体的固有属性,还是如同颜色一样,是客体的关系属性?这是元伦理学家们一直争论不休的难题。破解这一难题的起点,正如图尔闵所指出,乃是对于"属性"(Property)类型的研究。

属性最重要的类型,无疑是固有属性和关系属性。固有属性是事物独自具有的属性:一事物无论是自身独处,还是与他物发生关系,该物都同样具有固有属性。反之,关系属性则是事物与他物发生关系时所产生的属性。因此,一事物自身不具有关系属性;只有该物与他物发生关系,才具有关系属性。电磁波长短是物体独自具有的属性:无论就物体自身还是就物体与眼睛的关系来说,物体都同样具有一定长短的电磁波。所以,电磁波长短是物体固有属性。反之,颜色则是物体的电磁波与眼睛发生关系时所产生的属性,如波长 590~560nm 的电磁波,经过人眼的作用生成黄色。物体自身仅仅具有电磁波而不具有颜色;只有当电磁波与眼睛发生关系时物体才有颜色。所以,颜色是物体的关系属性。

显然,价值与颜色一样,都是客体的关系属性,而不是客体的固有属性。但是,红、黄等颜色是客体不依主体的需要欲望而转移的关系属性,是客体的事实关系属性。反之,应该、善、价值则是客体依主体的需要欲望而转移的关系属性,是客体的价值关系属性。于是,客体的一切属性实际上便分为三类:①固有属性,如质量多少、电磁波长短;②事实关系属性,如红黄颜色;③价值关系属性,如应该、善。如图:

$$\text{属性}\begin{cases}\text{固有属性}\\ \text{关系属性}\begin{cases}\text{事实关系属性}\\ \text{价值关系属性}\end{cases}\end{cases}$$

不难看出,这三种属性的客观性和基本性是有所不同而递减的。因为**固有属性**,如电磁波长短,是一事物完全不依赖他物和主体而存在的东西,是完全客观的和独立的东西,因而我们可以像洛克那样,称之为

"第一性质"(primary qualities)。**事实关系属性**,如颜色,是客体的固有属性或第一性质与主体的某种客观的器官——如眼睛——发生关系的产物,是在固有属性或第一性质基础上产生同时又依赖主体的某种器官而存在的东西,因而是不能独立存在的和不完全客观的东西;它们正如洛克所言,是"第二性质"(secondary qualities)。**价值关系属性**,如应该、善等,是客体的事实属性——亦即第一性质和第二性质——与主体的某种主观的东西,如欲望、愿望、目的等,发生关系的产物,是在第一性质和第二性质基础上产生且依赖主体的某种主观的东西——如欲望——而存在的东西,因而是更加不能独立、更加不基本和更少客观性的东西,我们可以像现代英美哲学家亚力山大(S. Alexander)和桑塔亚纳(George Santayana)那样,称之为"第三性质"(tertiary qualities)。因此,颜色与电磁波虽有"第一性质"和"第二性质"之别,却同样属于事实范畴,是构成事实的两部分(颜色是客体的事实关系属性;电磁波是客体的固有事实属性)而与价值相对立(如图2.1):

```
       ┌ 事实 ┌ 固有事实属性(亦即"第一性质",如电磁波)
属性 ┤      └ 事实关系属性(亦即"第二性质",如颜色)
       └ 价值(亦即"第三性质",如善、应该、正当)
```

图 2.1

综上可知,"价值、善、应该、应该如何"与"是、事实、事实如何"都是存在于客体之中的客体的属性。只不过,"是、事实、事实如何"是客体不依赖主体需要而具有的属性,是客体无论与主体的需要发生还是不发生关系都具有的属性,是客体的固有属性或事实关系属性,是客体的"第一性质"和"第二性质"。反之,**"价值、善、应该、应该如何"则是客体依赖主体需要而具有的属性,是客体的"是、事实、事实如何"与主体的需要、欲望、目的发生关系时所产生的属性,是"是、事实、事实如何"对主体的需要、欲望、目的的效用,是客体的价值关系属性,是客体的"第三性质"**。这就是应该、善、价值的存在本质,这就是普遍适用于一切应该、善和价值领域的"伦理学的价值存在本质公理"。

举例来说,牡丹花的"形状和颜色"与牡丹花的"美",都是牡丹花的属性。只不过,牡丹花的"形状和颜色"是牡丹花的"是、事实、事实如何",是牡丹花不依赖人的需要而具有的属性,是牡丹花无论与人的需要发生还是不发生关系都具有的属性，是牡丹花的固有属性和事实关系属性，是牡丹花体的"第一性质"和"第二性质"。反之，牡丹花的"美"，则是牡丹花依赖人的需要而具有的属性，是牡丹花的"形状和颜色"与人的需要、欲望、目的发生关系时所产生的属性，是牡丹花的"形状和颜色"对人的需要、欲望、目的之效用，是牡丹花的价值关系属性，是牡丹花的"第三性质"。

伦理学的价值存在本质公理所反映的是一切应该、善、价值的普遍的存在本质，适用于一切价值科学，如国家学（关于国家制度好坏的价值科学）和中国学（关于中国国家制度好坏的价值科学）等。因此，"伦理学的价值存在本质公理"也是"国家学的价值存在本质公理"，也是"中国学的价值存在本质公理"，说到底，乃是一切"价值科学的价值存在本质公理"。那么，只对伦理学有效的"道德价值存在本质公设"究竟是怎样的？

在道德价值领域，社会是活动者，亦即制定道德的活动者，因而是主体；社会制定道德的目的，亦即道德目的，是主体活动目的；客体则是社会制定的道德所规范的对象，是可以进行道德评价的一切行为。这样，如果将普遍适用于一切应该、善和价值领域的"伦理学存在本质公理"，推演于道德应该、道德善、道德价值领域，便可以得出结论说：

行为应该如何的道德应该、道德善和道德价值，与行为事实如何，都是存在于行为之中的属性。只不过，行为事实如何是行为独自具有的属性，是行为不依赖道德目的而具有的属性，是行为不论与道德目的发生还是不发生关系都具有的属性，是行为的固有属性或事实关系属性，是行为的"第一性质"或"第二性质"。反之，**行为应该如何的道德应该、道德善和道德价值，则不是行为独自具有的属性，而是行为依赖道德目的而具有的属性，是行为事实如何与道德目的发生关系时所产生的属性，是行为事实如何对于道德目的的效用，是行为的关系属性，亦即行为的价值关系属性，说到底，是行为的"第三性质"**。这就是道德应该、道德善、道德价值的存在本质，这就是伦理学的道德价值存在本质公设。

举例来说，"应该诚实"与"诚实"都是诚实行为的属性。只不过，"诚实"是诚实行为独自具有的属性，是诚实行为不依赖道德目的而具有的属性，是诚实行为不论与道德目的发生还是不发生关系都具有的属性，是诚实行为的固有属性或事实关系属性，是行为的"第一性质"或"第二性质"。反之,"应该诚实",则不是诚实行为独自具有的属性,而是诚实行为依赖道德目的而具有的属性,是诚实行为与道德目的发生关系时所产生的属性,是诚实行为符合道德目的——保障社会存在发展和增进每个人利益——之效用,是诚实行为的价值关系属性,是诚实行为的"第三性质"。

2 伦理学的价值存在结构公理和道德价值存在结构公设

价值的存在本质("价值、善、应该、应该如何"是客体依赖主体的需要而具有的属性,是客体的"是、事实、事实如何"与主体的需要、欲望、目的发生关系时所产生的属性,是客体的"是、事实、事实如何"对主体的需要、欲望、目的的效用,是客体的关系属性)表明,离开主体需要、欲望、目的,客体自身便不具有应该、善、价值;只有当客体事实属性与主体需要、欲望、目的发生关系时,客体才具有应该、善、价值。因此,"应该""善""价值"的存在便由客体事实属性与主体需要、欲望、目的两方面构成:客体事实属性是"应该""善""价值"产生的源泉和存在的载体、本体、实体,可以名之为"应该的实体""善的实体""价值实体"或"善事物""价值物";主体需要、欲望、目的则是"应该""善""价值"从客体事实属性中产生和存在的条件,是衡量客体事实属性的价值或善之有无、大小、正负的标准,可以名之为"应该的标准""善的标准""价值标准"。

举例来说,牡丹花的"美"是牡丹花对人的审美需要的效用。所以,离开人的审美需要,牡丹花自身并不存在美;只有牡丹花的形状、颜色等事实属性与人的审美需要发生关系时,牡丹花才具有美。因此,牡丹花的"美"是由牡丹花的形状、颜色等事实属性与人的审美需要构成:牡丹花的形状、颜色等事实属性是牡丹花的美产生的源泉和存在的载体、本体、实体,可以名之为"牡丹花的美的实体";人的审美需要则是牡丹花的美从牡丹花的事实属性中产生和存在的条件,是衡量牡丹花的形状、颜色等事实属性是否美的标准,可以名之为"牡丹花的美的标准"。

当我们进一步审视应该、善、价值的存在结构时,可以看出:客体的事实属性,有些已为主体所认识,有些则尚未被主体认识。已被主体认识的客体事实属性,对于主体需要的效用,是现实的、实际存在的,因而可以称之为"实在价值实体""实在善实体""实在应该实体"。尚未被主体认识的客体事实属性,对于主体需要的效用,则处于可能的、潜在的状态,因而可以称之为"潜在价值实体""潜在善实体""潜在应该实体"。

举例来说,一个铁矿,一片油田,尚未被人发现时,对人的效用便处于潜在的、可能的状态,所以是潜在价值实体、潜在善实体。而当它们被人发现时,对于人的效用,便是现实的、实际存在的,所以是实在价值实体、实在善实体。

同理,应该、善、价值之标准也有潜在与实在之分。因为主体的一切目的,众所周知,都产生于主体的需要和欲望:凡是主体的行为目的,都是为了满足主体的需要和欲望;反之,凡是为了满足的主体的需要和欲望,也都是主体的行为目的。因此,"目的"与"为了满足的需要和欲望"是同一概念。这意味着,主体的一切需要和欲望并不都引发行为、产生目的。已引发行为、产生目的的需要和欲望,便是为了满足的需要和欲望,便是目的,可以名之为实在需要和欲望,也不妨称之为"有效需求";未引发行为、产生目的的需要和欲望,便不是为了满足的需要和欲望,不是目的,可以称之为潜在的需要和欲望,亦不妨称之为"无效需求"。

举例说,一个专心备考博士而不交女友的男青年,其交结女友的需要和欲望便未引发行为、产生目的,因而不是为了满足的需要和欲望,不是目的,所以是潜在的需要和欲望,不妨称之为"无效需求";而当他终于考上博士而结交女友时,则其结交女友的需要和欲望便已引发行为、产生目的,是为了满足的需要和欲望,是目的,所以是实在需要和欲望,不妨称之为"有效需求"。

目的是实在需要和欲望,因而也就是衡量客体事实属性价值如何、应该与否的现实的、实在的标准,是应该的实在标准、善的实在标准、价值的实在标准;非目的需要和欲望是潜在需要和欲望,因而也就是衡量客体事实属性价值如何、应该与否的潜在的、可能的标准,是应该的潜在标准、善的潜在标准、价值的潜在标准。

刚刚说到的那位青年,原本既有结交女友的两性需要和欲望,又有考取博士的需要和欲望。但是,专心备考博士的那些年月,他的目的是考取博士而不是交女朋友;交女朋友的需要和欲望受到压抑而处于潜在状态。这样,交女朋友对于他,一方面,实在说来,便因其花费时间违背他考取博士的目的而是不应该的;另一方面,潜在说来,则因其符合他交女朋友的非目的需要而是应该的。所以，他考取博士的目的，亦即实在的需要和欲望，是衡量他行为应该与否的实在价值标准；而他交女朋友的非目的需要，亦即潜在的需要和欲望，则是衡量他的行为应该与否的潜在价值标准。

总而言之，"应该""善""价值"是客体的"是、事实、事实如何"对主体的需要、欲望、目的的效用，因而由客体事实属性与主体需要、欲望、目的两方面构成：客体事实属性是"应该""善""价值"产生的源泉和存在的载体、本体、实体，叫作"应该的实体""善的实体""价值实体"；主体需要、欲望、目的则是"应该""善""价值"从客体事实属性中产生和存在的条件，是衡量客体事实属性的价值或善之有无、大小、正负的标准，叫作"应该的标准""善的标准""价值标准"——目的是"实在价值标准"；非目的需要和欲望是"潜在价值标准"。

这就是应当、善与价值的存在结构，这就是普遍适用于一切应该、善和价值领域的"伦理学的价值存在结构公理"，说到底，亦即普遍适用于伦理学和国家学以及中国学等一切"价值科学的价值存在结构公理"。如果将其推演于道德应该、道德善、道德价值领域，便可以得出结论说：

行为应该如何的道德应该、道德善、道德价值，是行为事实如何对于道德目的的效用，因而由"行为事实如何"与"道德目的"两方面构成：行为之事实如何是行为应该如何产生的源泉和存在的载体、本体、实体，可以名之为"道德应该的实体"或"道德善的实体"，说到底，亦即"道德价值实体"；道德目的是行为应该如何从行为事实如何中产生和存在的条件，是衡量行为事实如何的道德价值之有无、大小、正负的标准，可以名之为"道德应该的标准"或"道德善的标准"，说到底，亦即"道德价值标准"。

这就是道德应该、道德善和道德价值存在之结构，这就是仅仅适用于伦理学的"道德价值存在结构公设"。

举例来说，"应该诚实"是诚实行为之事实如何符合道德目的——保障社会存在发展和增进每个人利益——之效用，因而由诚实行为之事实与道德目的两方面构成：诚实行为之事实如何是"应该诚实"产生的源泉和存在的载体、本体、实体，说到底，是"应该诚实"的道德价值实体；道德目的是"应该诚实"从诚实行为事实如何中产生和存在的条件,是衡量诚实行为事实如何的道德价值之有无、大小、正负的标准,说到底,是"应该诚实"的道德价值标准。

诚实行为事实如何只是"应该诚实"的道德价值实体;而道德目的才是"应该诚实"的道德价值标准。这意味着,诚实未必都是应该的:只有当诚实在符合道德目的的条件下,诚实才是应该的;如果诚实违背道德目的,那么,就不应该诚实,而应该说谎。就拿康德曾举过的案例来说:当凶手询问被他追杀而逃到我家的无辜者是否在我家,我应该诚实相告而不该谎称他不在家吗?否!

因为当凶手询问被他追杀而逃到我家的无辜者是否在我家时,"诚实"这种善便与"救人"这种善发生了冲突:要诚实便救不了人,要救人便不能诚实;不说谎就得害人性命,不害人性命便得说谎。当此际,诚实是小善,救人是大善;说谎是小恶,害命是大恶。因此,如果诚实就会害人性命,其净余额是害人,违背道德目的——保障社会存在发展和增进每个人利益——因而是不应该的;相反地,只有说谎才能救人性命,其净余额是利人,符合道德目的,因而应该说谎。孟子曰:"大人者,言不必信,行不必果,惟义所在。"此之谓也!否则,避小恶(说谎)而就大恶(害命)、得小善(诚实)而失大善(救人),净余额是害人,违背道德目的,实乃不道德的小人之举:"言必信,行必果,硁硁然小人哉!"

3 关于伦理学的价值存在公理和道德价值存在公设的理论

伦理学的价值存在公理和道德价值存在公设,之所以叫作公理与公设,完全因其是破解"休谟难题"——能否从"事实(是)"推导出"应该"——的理论前提,从而推演出"伦理学价值推导公理和道德价值推导公设",最终推演出伦理学全部对象和全部命题:这是本章第二节"伦理学的推导公理和道德的推导公设"的内容。因此,伦理学的价值存在公理和道德价值存在公设极端重要,以致围绕它们形成了四大元伦理学理论:"客观论""实在论""主观论""关系论"。

客观论和实在论 元伦理学的客观论,亦即"元伦理客观论"(Metaethical Objectivism),乃是认为应该、善和价值存在于客体之中的元伦理证明理论,说到底,也就是一种关于伦理学价值存在公理和道德价值存在公设的证明理论。持有客观论观点的思想家甚多,如柏拉图、亚里士多德、托马斯·阿奎那、夏夫兹博里、赫起逊、爱德华·柏克

（Edmund Burke）、康德、歌德、黑格尔、摩尔、邦德（E. J. Bond）、戴维·布云克（David O. Brink）、乔德（C. E. M. Joad）、罗尔斯顿，等等。不过，客观论可以分为两派。绝大多数客观论者的观点属于所谓"温和客观论"，认为应该、善和价值不能离开主体而独立存在于客体之中；极少数客观论者的观点属于极端客观论，认为应该、善和价值可以离开主体而独立存在于客体之中。

在温和客观论看来，"应该""善""价值"存在于客体之中；但是，离开主体，客体自身并不存在"应该""善""价值"：客体是其存在的源泉，主体是其存在的条件。这一点，罗尔斯顿说得最清楚："观赏建构了花的价值，这种价值不是某种与人的观赏无关的、早就存在于花中的价值。但它仍然是这样一种价值：它们虽然表现为人的主观意识的产物，却仍然是客观地附丽在绽开于草丛中的鲜花身上的。"①

反之，极端客观论则认为应该、善和价值是客体的一种可以离开主体而独立存在的事实，因而叫作"实在论"，亦即"元伦理实在论"（Metaethical Realism）：元伦理实在论是认为应该、善和价值是客体的可以离开主体而独立存在的事实的元伦理证明理论。邦德、布云克、大卫·威根斯（David Wiggins）、约翰·麦克道尔（John McDowell）、理查德·博伊德（Richard N. Boyd）、尼古拉斯·斯图尔根（Nicholas L. Sturgeon）、杰弗里·麦考德（Geoffrey Sayre-McCord）、马克·普赖斯（Mark Platts）以及乔德和中国美学家蔡仪的观点，都属于元伦理实在论。诚然，他们正确地看到应该、善、美、价值存在于客体中；但是，他们却否认主体的需要及其转化形态是应该、善、美存在的条件，认为应该、善、美、价值并不依赖主体的需要、欲望、目的而为客体独自具有，是客体的一种可以离开主体而独立存在的事实，是一种实在，是客体固有或事实属性。这一点，邦德讲得最清楚：

> 对于欲望某物的人来说，欲望和目的并不是该物实际具有价值的条件：既不是必要条件，更不是充分条件。②
>
> 一切价值都是客观的，也就是说，它们是独立于欲望和意志而存在的。……价值是一种独立的存在。在这个世界上，即使没有

---

① 霍尔姆斯·罗尔斯顿：《环境伦理学——大自然的价值及人对大自然的义务》，杨通进译，中国社会科学出版社，2000年，第153页。

② E. J. Bond, *Reason and Value* (Cambridge: Cambridge University Press, 1983), p.59.

人，即使没有有意识、有食欲的力量，价值也能够独立存在。①

可见，温和客观论与实在论的共同点是都认为应该、善、美、价值完全存在于客体中，因而都属于客观论。但是，温和客观论认为应该、善、美、价值是客体与主体发生关系时所产生的属性，依赖主体而存在于客体中，是客体的一种不能独自具有的属性，是客体的关系属性；反之，实在论则以为应该、善、美、价值并不依赖主体需要而为客体独自具有，是客体的一种可以离开主体需要而独立存在的事实，是一种实在，是客体的固有或事实属性。所以，实在论是一种极端的客观论。

不难看出，温和客观论是真理，而实在论是谬误。因为，如前所述，应该、善、美、价值是客体的关系属性，是客体的事实属性与主体的需要、欲望、目的发生关系时所产生的属性：客体事实属性是应该、善、美、价值产生的源泉和存在的实体，主体需要、欲望、目的则是应该、善、美、价值从客体事实属性中产生、存在的条件与标准。实在论的错误就在于，它只看到客体是应该、善、美、价值产生的源泉和存在的实体，却看不到主体是应该、善、美、价值产生的条件和存在的标准；只看到应该、善、美、价值产生和存在于客体之中，却看不到应该、善、美、价值只有在客体与主体发生关系的条件下，才能从客体中产生，才能存在于客体。于是，实在论便误以为不论有无主体，客体都具有应该、善、美、价值，因而应该、善、美、价值也就不是客体的价值关系属性，而是客体的固有属性或事实属性了。因此，元伦理实在论的错误，说到底，就在于：把客体的关系属性，当作客体的固有属性；把客体的价值关系属性，当作客体的事实关系属性；把应该、善、美、价值的源泉和实体，当作应该、善、美、价值本身。

主观论 元伦理学的"主观论"，亦即"元伦理主观论"（Metaethical Subjectivism），乃是认为善和价值存在于主体中的元伦理证明理论，说到底，也是一种关于伦理学价值存在公理和道德价值存在公设的证明理论。主观论观点的代表当推培里（R. B. Perry）、詹姆斯（W. James）、马奇（J. L. Mackie）以及凯姆斯勋爵（Lord Kames）和高尔泰。主观论比实在论离真理更远。诚然，虽然它正确地看到了客体自身不存在应该、善、美、价值：主体的需要、欲望、目的存在，应该、

---

① Bond, *Reason and Value*, pp. 84–85.

善、美、价值才存在；主体的需要、欲望、目的不存在，应该、善、美、价值便不存在。但是，它却由此得出错误结论：主体的需要、欲望、目的是应该、善、美、价值产生和存在的源泉，应该、善、美、价值存在于主体的需要、欲望、目的之中，是主体的需要、欲望、目的之机能和属性；因而也就没有什么客观的应该、善、美、价值，应该、善、美、价值是一种完全主观的东西。高尔泰便这样写道："有没有客观的美呢？我的回答是否定的。"① 因为"美，只要人感受到它，它就存在；不被人感受到，它就不存在"②。凯姆斯勋爵亦如是说："美并不存在于被爱者身上，而存在于爱者的眼睛里。"③

确实，客体自身不存在应该、善、美、价值：它们是客体与主体的需要、欲望、目的发生关系时产生的。因此，离开主体的需要、欲望、目的，它们便不存在；有了主体的需要、欲望、目的，它们才存在。但是，由此并不能说它们存在于主体的需要、欲望、目的中，而只能说它们存在于客体中。因为它们是在客体事实属性与主体的需要、欲望、目的发生关系时，从客体的事实属性中——而不是从主体的需要、欲望、目的中——产生的属性：主体的需要、欲望、目的只是它们从客事实属性中产生的条件，只是它们存在的条件；客体事实属性才是它们产生的源泉、存在的源泉。主观论的错误就在于把应该、善、美、价值产生和存在的条件，当作了应该、善、美、价值产生和存在的源泉。

关系论 元伦理学的关系论，亦即元伦理主客关系论或主客统一论，是认为善和价值存在于客体与主体的关系之中的元伦理证明理论，说到底，也是一种关于伦理学价值存在公理和道德价值存在公设的证明理论。关系论的代表，有文德尔班、兰菲尔德（H. S. Langfeld）、朱光潜、李德顺等。关系论貌似真理，因为它正确地看到"在孤立的主体或客体身上都不存在着价值"④，于是便得出结论说：应该、善、美、价值必产生于、存在于客体与主体的关系之中，是一种主客关系。李德顺便这样写道："价值存在于主客体之间的关系之中。"⑤

关系论虽然得到我国学术界很多学者认可，却并非真理。因为价值

---

① 高尔泰：《论美》，甘肃人民出版社，1982年，第1页。
② 同上书，第4页。
③ 转引自朱狄：《当代西方美学》，人民出版社，1984年，第172页。
④ 李德顺：《价值论》，中国人民大学出版社，1987年，第124页。
⑤ 李德顺：《价值新论》，中国青年出版社，1993年，第68页。

是"客体与主体需要发生关系时所产生的属性",而不是"在客体与主体的关系中产生的属性";价值是"客体的关系属性",而不是"客体与主体的关系":它们根本不同。价值是"客体与主体需要发生关系时所产生的属性",是"客体的关系属性",意味着:价值产生于、存在于客体,是客体的关系属性。反之,价值是"在客体与主体的关系中产生的属性",是"客体与主体的关系",则意味着:价值产生于、存在于主客关系,是一种主客关系。

关系论的错误就在于把价值是"客体的关系属性"说成是价值是"客体与主体的关系",把价值是"客体与主体需要发生关系时所产生的"说成是价值是"在客体与主体的关系中产生的",从而以为价值产生于、存在于主客关系,是一种主客关系。照此说来,面包的营养价值并不存在于面包里,而存在于面包与人的关系里;并不是面包有营养,而是面包与人的关系有营养;我享用的并不是面包的营养,而是面包与我的关系:岂不荒谬绝伦?

纵观伦理学存在公理和公设的四大元伦理证明理论,可知唯有温和客观论是真理:"应该""善""价值"存在于客体之中;但是,离开主体,客体自身并不存在"应该""善""价值"——客体是其存在的源泉,主体是其存在的条件。实在论,亦即极端客观论,和主观论以及关系论都是夸大客观论这一真理的某些方面而导致的错误。实在论夸大应该、善、价值产生的源泉和存在的实体方面,只看到客体是应该、善、美、价值产生的源泉和存在的实体,而抹杀主体是应该、善、美、价值产生的条件和存在的标准,从而误以为善和价值是客体的一种可以离开主体而独立存在的事实;主观论则夸大应该、善、价值产生和存在的条件方面,因而把应该、善、价值产生和存在的条件当作其产生和存在的源泉,从而误以为应该、善、价值存在于主体中;关系论则把"价值是客体的关系属性"夸大成"价值是客体与主体的关系",把"价值是客体在与主体发生关系时产生的"夸大成"价值是在客体与主体的关系中产生的",从而误以为应该、善、价值产生于、存在于主客关系,是一种主客关系。

二 伦理学的推导公理和道德的推导公设

对伦理学的价值存在公理与道德价值存在公设的分析,使我们弄清了"价值""善""应该"与"正当"产生的"源泉和条件"及其存在的"实体和标准"。从此出发,便可以解析它们的产生和推导的过程了。它们的产生和推导过程,也就是元伦理学家所说的"价值"与"善"以及"应该"与"正当"的"推导逻辑",说到底,亦即对所谓"休谟难题"——能否从"事实(是)"推导出"应该"——的解析和破解,而这便形成了"伦理学的价值推导公理和道德价值推导公设"。

1 "休谟难题"答案:伦理学的价值推导公理和道德价值推导公设

1735年,年方24岁的休谟英姿勃发,在其《人性论》中写出了被后人认为是伦理学等一切价值科学史上最伟大的"发现":

> 在我所遇到的每一个道德学体系中,我一向注意到,作者在一个时期中是照平常的推理方式进行的,确定了上帝的存在,或是对人事作一番议论;可是突然之间,我却大吃一惊地发现,我所遇到的不再是命题中通常的"是"与"不是"等连系词,而是没有一个命题不是由一个"应该"或一个"不应该"联系起来的。这个变化虽是不知不觉的,却是有极其重大的关系的。因为这个应该或不应该既然表示一种新的关系或肯定,所以就必需加以论述和说明;同时对于这种似乎完全不可思议的事情,即这个新关系如何能由完全不同的另外一些关系推出来的,也应当举出理由加以说明。不过作者们通常既然不是这样谨慎从事,所以我倒想向读者们建议要留神提防;而且我相信,这样一点点的注意就会推翻一切通俗的道德学体系。①

这就是所谓"休谟难题"或"休谟法则":"应该"能否从"事实(是)"产生和推导出来?它是元伦理学最重要、最基本的问题,是伦理学能否成为科学的关键,也是伦理学等一切价值科学的根本问题。赫德森(W. D. Hudson)说:"道德哲学的中心问题,乃是那著名的**是-应该**问题。"② 这一难题是如此之难,虽有康德等巨匠进行过解析,却至今未能破解。那么,"应该"究竟能否从"事实"产生和推导出来?答案是能。

因为"伦理学的价值存在公理"表明:"是、事实、事实如何"与

---

① 休谟:《人性论》下册,商务印书馆1983年,第509—510页。
② W. D. Hudson, *The Is-Ought Question: A Collection of Papers on the Central Problem in Moral Philosophy* (New York: St. Martin's Press, 1969), p. 11.

"价值、善、应该如何"都是客体的属性。只不过,"是、事实、事实如何"是客体不依赖"主体需要、欲望、目的"而具有的属性,是客体无论与"主体需要、欲望、目的"发不发生关系都具有的属性,是客体的事实属性。反之,"价值、善、应该如何"则是客体依赖主体需要而具有的属性,是客体的"是、事实、事实如何"与主体的需要、欲望、目的发生关系时所产生的属性,是客体的"是、事实、事实如何"对主体的需要、欲望、目的的效用,是客体的关系属性:客体事实属性是"价值""善""应该"产生的源泉和存在的实体;主体需要、欲望、目的则是"价值""善""应该"从客体事实属性中产生和存在的条件,是衡量客体事实属性的价值或善之有无、大小、正负的标准。

因此,"价值、善、应该如何"产生于"是、事实、事实如何",是从"是、事实、事实如何"推导出来的。不过,仅仅"是、事实、事实如何"自身绝不能产生"价值、善、应该如何";因而仅仅从"是、事实、事实如何"绝不能推导出"价值、善、应该如何"。只有当"是、事实、事实如何"与"主体需要、欲望、目的"发生关系时,从"是、事实、事实如何"才能产生和推导出"价值、善、应该如何",说到底,"价值、善、应该如何"是通过主体的需要、欲望、目的,而从"是、事实、事实如何"产生和推导出来的:"正价值、善、应该"就是"事实"符合"主体需要、欲望、目的"之效用,全等于"事实"对"主体需要、欲望、目的"之符合;"负价值、恶、不应该"就是"事实"不符合"主体需要、欲望、目的"之效用,全等于"事实"对"主体需要、欲望、目的"之不符合。

举例来说,人类是主体,燕子是客体。于是,"燕子吃虫子"与"燕子是具有正价值的善的鸟"都是客体燕子的属性。只不过,"燕子吃虫子"是燕子独自具有的属性,是无论是否与人的需要、欲望、目的发生关系都具有的属性,是燕子的事实属性。反之,"燕子是具有正价值的善的鸟"则不是燕子独自具有的属性,而是"燕子吃虫子"的事实属性与人的需要、欲望、目的发生关系时所产生的属性,是"燕子吃虫子"的事实属性对人的需要、欲望、目的之效用,是燕子的关系属性:"燕子吃虫子"的事实属性是"燕子是具有正价值的善的鸟"产生的源泉和存在的实体;"人类有消除虫子的需要、欲望、目的"则是"燕子是具有正价值的善的鸟"从"燕子吃虫子"的事实属性中产生和存在的条件,是衡量"燕子吃虫子"的事实属性好坏的价值标准。因此,"燕子是具有正价值的善的鸟",便是通过"人类有消除虫子的需要、欲望、目的",从"燕子吃虫子"事实中产生和推导出来的:"燕子是具有正价值的善的"就是"燕子吃虫子"事实符合"人类有消除虫子的需要、欲望、目的"之效用。这个案例可以归结为一个公式:

前提1:燕子吃虫子(事实如何:价值实体)
前提2:人类有消除虫子的需要(主体需要、欲望、目的如何:价值标准)

结论:燕子是具有正价值的善的鸟(价值)

可见,"价值、善、应该如何",是客体的"是、事实、事实如何"对主体的需要、欲望、目的之效用。因此,"价值、善、应该如何",是通过主体的需要、欲望、目的,而从"是、事实、事实如何"产生和推导出来的:"正价值、善、应该"就是"事实"符合"主体需要、欲望、目的"之效用,全等于"事实"对"主体需要、欲望、目的"之符合;"负价值、恶、不应该"就是"事实"不符合"主体需要、欲望、目的"之效用,全等于"事实"对"主体需要、欲望、目的"之不符合。

这就是"休谟难题"——"应该"能否从"事实(是)"产生和推导出来——之答案,这就是"价值、善、应该如何"的产生和推导的过程,这就是"价值、善、应该如何"的推导方法,这就是"价值、善、应该如何"的发现和证明方法,这就是"伦理学的价值推导公理",这就是普遍适用于伦理学和国家学以及中国学等一切"价值科学的价值推导公理"。这一公理可以归结为一个公式:

前提1:事实如何(价值实体)
前提2:主体需要、欲望、目的如何(价值标准)

结论:应该如何(价值)

该价值推导公理是一切应该、善和价值的普遍的推导方法,如果将其推演于道德应该、道德善和道德价值领域,便可以得出结论说:

行为应该如何的道德价值,是行为事实如何对于道德目的之效用。因此,行为应该如何的道德价值,是通过道德目的,从行为事实如何中产生和推导出来的:行为应该如何就是行为事实如何符合道德目的之效用,全等于行为事实如何对道德目的之相符;行为不应该如何就是行为事实如何不符合道德目的之效用，全等于行为事实如何对道德目的之相违。

这就是行为应该如何从行为事实如何之中产生和推导出来的过程，这就是道德应该、道德善和道德价值所特有的推导方法，这就是道德应该、道德善和道德价值所特有的发现和证明方法，这就是只对伦理学有效的"伦理学的道德价值推导公设"，可以归结为一个公式：

前提1：行为事实如何（道德价值实体）
前提2：道德目的如何（道德价值标准）
——————————————————
结论：行为应该如何（道德价值）

举例说，"张三不该杀人"是张三杀人事实对道德目的的效用。因此，张三不该杀人，便是通过道德目的，从张三杀人事实中产生和推导出来的："张三不该杀人"全等于"张三杀人事实不符合道德目的——保障社会存在发展和增进每个人利益——之效用"。这就是伦理学的道德价值推导公设的一个实例，可以归结为一个公式：

前提1：张三杀人了（行为事实如何：道德价值实体）
前提2：道德目的是保障社会存在发展和增进每个人利益
　　　（道德目的如何：道德价值标准）
——————————————————
结论：张三不应该杀人（行为应该如何：道德价值）

2　伦理学的评价推导公理和道德评价推导公设

对"价值、应该如何"从"是、事实如何"之中产生和推导过程的考察，使价值判断是如何从事实判断中产生和推导出的过程一目了然。因为事实判断的对象是"是""事实""事实如何"，也就是客体的事实属性，是客体的不依赖主体需要、欲望、目的而存在的属性，是客体不论与主体需要、欲望、目的发生关系还是不发生关系都具有的属性；反之，价值判断的对象则是"价值""善""应该""应该如何"，也就是客体事实属性与主体需要、欲望、目的发生关系时所产生的关系属性，是客体的依赖主体需要、欲望、目的而存在的属性，是客体的事实属性对主体需要、欲望、目的相符与否的效用。

因此，价值判断便产生于事实判断，是从事实判断中推导出来的。只不过，仅事实判断自身绝不能产生和推导出价值判断；只有当事实判断与关于主体需要、欲望、目的的判断发生关系时，从事实判断才能产生和推导出价值判断,说到底,价值判断是通过主体需要、欲望、目的的判断,而从事实判断产生和推导出来的:肯定的价值判断等于事实判断与主体需要、欲望、目的判断之相符,否定的价值判断等于事实判断与主体需要、欲望、目的判断之相违。

举例说,"张三杀人了"是事实判断,它所反映的对象,便是张三杀人的行为事实,是张三杀人的行为(客体)不依赖社会创造道德的目的(主体的目的)而独自具有的属性,是张三杀人的行为无论与道德目的发生关系还是不发生关系都具有的属性。反之,"张三不该杀人"是道德价值判断,它所反映的对象则是张三杀人的道德价值,是张三杀人的行为独自不具有的属性,是张三杀人的行为事实与道德目的发生关系时所产生的关系属性,是张三杀人的行为事实对道德目的相符与否的效用。

因此,"张三不应该杀人"的价值判断便产生于"张三杀人"的事实判断,是从"张三杀人"的事实判断推导出来的。只不过,仅仅从"张三杀人"事实判断自身绝不能产生和推导出"张三不应该杀人"的道德价值判断;只有当"张三杀人"的事实判断与道德目的判断发生关系时,从"张三杀人"的事实判断才能产生和推导出"张三不应该杀人"的道德价值判断,说到底,"张三不应该杀人"的道德价值判断是通过道德目的判断,而从"张三杀人"的事实判断产生和推导出来的:"张三不应该杀人"的价值判断等于"张三杀人"的事实判断与道德目的判断之相违。

可见,**价值判断所反映的对象是价值,说到底,亦即客体的事实属性对主体需要、欲望、目的的相符与否之效用。于是,价值判断(认知评价)便是通过主体需要、欲望、目的判断,而从事实判断产生和推导出来的:肯定的价值判断(认知评价)等于事实判断与主体需要、欲望、目的判断之相符;否定的价值判断(认知评价)等于事实判断与主体需要、欲望、目的判断之相违。**这就是价值判断(认知评价)的产生和推导的过程,这就是价值判断(认知评价)的推导方法,这就是价值判断(认知评价)的发现和证明方法,这就是应该、善和价值的认识论发现、证明和推导方法。我们可以把它归结为一个公式而名之为"价值判断(认知评价)的推导公式":

前提1：事实判断
前提2：主体需要、欲望、目的判断
————————————————
结论：价值判断（认知评价）

情感评价、意志评价和行为评价，与价值判断、认知评价一样，可以通过关于主体的需要、欲望、目的判断，从事实判断产生和推导出来吗？是的。因为现代心理学表明，认知是感情和意志的基础，因而认知评价是情感评价、意志评价和行为评价的基础：情感评价、意志评价和行为评价是从认知评价或价值判断产生和推导出来的。

这是千真万确的。因为情感无疑是伴随感觉（感性认知）而发生的，没有感觉、认知，显然就没有情感。天生的盲人不可能有观赏夕阳西下之情怀，天生的聋子不可能有聆听贝多芬交响乐之激情。我们对什么事物的价值进行情感评价、意志评价和行为评价，显然首先必须知道它是什么，必须看到它、嗅到它、听到它、摸到它、感知到它，进而理解它：必须先有认知和认知评价、价值判断，而后才能有情感评价、意志评价和行为评价。

我们岂不只有先看到狼，知道它能吃人，在这种认知和认知评价、价值判断的基础上，才会产生"恐惧"的情感评价和"决定逃跑"的意志评价以及"逃跑"的行为评价？初生牛犊不怕虎，岂不正是因为它不知道虎的厉害？认知评价、价值判断是情感评价、意志评价和行为评价的基础，其理至明矣！所以，情感评价和意志评价以及行为评价跟价值判断是一致的，是以价值判断或认知评价为基础而从中产生和推导出来的。这样一来，一切评价，说到底，便与价值判断一样，最终都是通过关于主体的需要、欲望、目的判断，从事实判断产生和推导出来。

试想，我们看见苍蝇，为什么不禁有一种厌恶之情（情感评价）、思量着打死它（意志评价）、最终将它打死（行为评价）？岂不就是因为我们知道健康是人类基本需要（主体需要、欲望、目的判断），而苍蝇传播细菌（事实判断），具有不符合人类健康需要的效用，是坏的、恶的（认知评价、价值判断）。所以，一切评价最终便都是通过主体的需要、欲望、目的判断，而从苍蝇传播细菌的事实判断产生和推导出来的。

可见，情感评价、意志评价和行为评价都是从价值判断（认知评价）产生和推导出来；而价值判断所反映的对象是价值，亦即客体的事实属性对主体需要、欲望、目的相符与否的效用。于是，一切评价最终都是通过关于主体的需要、欲望、目的判断，从事实判断产生和推导出来：肯定的评价，说到底，等于事实判断与主体需要、欲望、目的判断之相符；否定的评价，说到底，等于事实判断与主体需要、欲望、目的判断之相违。这就是评价的产生和推导过程 A，这就是评价的发现和证明方法 A，这就是应该、善和价值的评价论发现、证明和推导方法 A，可以归结为一个公式而名之为"评价推导公式 A"：

前提1：苍蝇传播细菌（事实判断）
前提2：健康是人类的基本需要（主体需要、欲望、目的判断）

结论1：苍蝇传播细菌，不符合人类的健康需要，是坏的、恶的（认知评价、价值判断）
结论2：见到苍蝇会有一种厌恶之情（情感评价）、不禁想打死它（意志评价）、最终打死它了（行为评价）

可是，为什么称之为"评价推导公式 A"，而不称之为"评价推导公式"？原来，评价的两个前提——事实判断和主体的需要、欲望、目的判断——都是非价值判断、非评价性认识，有学者名之为"认知"，以与评价对立，这是不妥的。因为评价与认知并非对立或矛盾概念关系，而是交叉概念关系。这可以从两方面看。一方面，在评价的外延中包括一部分认知——认知评价；因为如上所述，评价分为"认知评价""情感评价""意志评价"和"行为评价"。另一方面，在认知的外延中也包括一部分评价——评价性认知；因为众所周知，认知也分为评价性认知与非评价性认知。例如，"花是美的"便是评价性认知；"花是红的"则是非评价性认知。

可见，评价与认知是交叉关系而不是矛盾或对立关系。因此，不可以把非评价性认识、非价值判断叫作认知，以与评价对立。显然，我们应该沿用西方元伦理学术语把非评价性认识叫作"描述"，以与评价对立。这样，所谓描述便是非评价性认识、非价值判断：它一方面是对客体事实如何的描述，也就是事实判断、事实认识，是对客体事实如何的反映；另一方面则是主体描述，也就是主体判断、主体认识，是对主体的需要、欲望、目的的反映。

于是，虽然从事实判断不能直接产生和推导出评价，但是，从描述却可以直接产生和推导出评价：一个评价是由两个描述——客体事实如何之描述和主体需要、欲望、目的之描述——产生和推导出来的：肯定的评价等于事实描述与主体需要、欲望、目的描述之相符；否定的评价等于事实描述与主体需要、欲望、目的描述之相违。这就是评价的产生和推导的过程 B，这就是评价的推导方法 B，这就是评价的发现和证明方法 B，这就是应该、善和价值的评价论发现、证明和推导方法 B，可以把它归结为一个公式而名之为"评价的推导公式 B"：

前提1：苍蝇传播细菌（事实描述）
前提2：健康是人类的基本需要（主体需要、欲望、目的描述）
——————————————————————————
结论1：苍蝇传播细菌，不符合人类的健康需要，是坏的、恶的（认知评价、价值判断）
结论2：见到苍蝇会有一种厌恶之情（情感评价）、不禁想打死它（意志评价）、最终打死它了（行为评价）

综上可知，**情感评价、意志评价和行为评价都是从价值判断（认知评价）产生和推导出来的；而价值判断所反映的对象是价值，亦即客体的事实属性对主体需要、欲望、目的相符与否的效用。于是，一切评价最终都是通过关于主体的需要、欲望、目的判断，从事实判断产生和推导出来：肯定的评价，说到底，等于事实判断与主体需要、欲望、目的判断之相符；否定的评价，说到底，等于事实判断与主体需要、欲望、目的判断之相违。换言之，一种评价是从两种描述——客体事实描述和主体需要描述——产生和推导出来的：肯定的评价等于事实描述与主体需要、欲望、目的描述之相符；否定的评价等于事实描述与主体需要、欲望、目的描述之相违。**

这就是评价的产生和推导的过程，这就是评价的推导方法，这就是评价的发现和证明方法，这就是应该、善和价值的评价论发现、证明和推导方法，这就伦理学的评价推导公理，说到底，亦即普遍适用于伦理学和国家学以及中国学等一切"价值科学的评价推导公理"，可以归结为两个公式：

评价的推导公式 A

前提1：事实判断
前提2：主体需要、欲望、目的判断
——————————————————————————
结论1：认知评价、价值判断
结论2：情感评价、意志评价和行为评价

评价的推导公式 B

前提 1：事实描述
前提 2：主体需要、欲望、目的描述

结论 1：认知评价、价值判断
结论 2：情感评价、意志评价和行为评价

在道德价值领域，社会是制定道德的活动者，是主体；社会制定道德的目的，亦即道德目的，是主体活动目的；客体则是社会制定的道德所规范的对象，是可以进行道德评价的一切行为。这样一来，如果将普遍适用于一切应该、善和价值的伦理学评价推导公理，推演于道德应该、道德善、道德价值领域，便可以得出结论说：

情感道德评价、意志道德评价和行为道德评价都是从道德价值判断（认知道德评价）中产生和推导出来的；而道德价值判断所反映的对象是道德价值，亦即行为事实如何对道德目的相符与否的效用。因此，一切行为应该如何的道德评价，最终都是通过道德目的判断，而从行为事实如何的判断产生和推导出来的：肯定的道德评价等于行为事实判断与道德目的判断之相符；否定的道德评价等于行为事实判断与道德目的判断之相违。换言之，一种道德评价是从两种描述——行为事实的描述和道德目的的描述——产生和推导出来的：肯定的道德评价等于行为事实描述与道德目的描述之相符；否定的道德评价等于行为事实描述与道德目的描述之相违。 这就是道德评价的产生和推导过程，这就是道德评价的推导方法，这就是道德评价的发现和证明方法，这就是仅仅适用于伦理学的道德评价推导公设，可以归结为两个公式：

道德评价推导公式 A

前提 1：行为事实判断
前提 2：道德目的判断

结论 1：认知道德评价、道德价值判断
结论 2：情感道德评价、意志道德评价和行为道德评价

道德评价推导公式 B

前提1：行为事实描述
前提2：道德目的描述
―――――――――――――――――――
结论1：认知道德评价、道德价值判断
结论2：情感道德评价、意志道德评价和行为道德评价

举例说，我们知道张三虐待父母确凿无疑（事实判断、事实描述），为什么会有一种鄙视愤恨之情（情感道德评价）、不禁想狠狠教训他一番（意志道德评价）、最终狠狠地教训了他一番（行为道德评价）？岂不就是因为，道德目的是保障社会存在发展和增进每个人利益（道德目的判断、道德目的描述）；而虐待父母违背道德目的，是不应该、不道德的、是缺德的、恶的（认知道德评价、道德价值判断）。所以，这一切道德评价最终便都是通过"道德目的判断"，而从"张三虐待父母"的事实判断产生和推导出来的：

前提1：张三虐待父母（事实判断、事实描述）
前提2：道德目的是保障社会存在发展和增进每个人利益
　　　　（道德目的判断、道德目的描述）
―――――――――――――――――――
结论1：张三虐待父母违背道德目的，是恶的、不道德的
　　　　（认知道德评价、价值判断）
结论2：见到张三虐待父母会有一种鄙视之情（情感道德评价）、不禁想狠狠教训他一番（意志道德评价）、最终狠狠地教训了他一番（行为道德评价）

3　伦理学的评价真假对错推导公理和道德评价真假对错推导公设

对元伦理学范畴"评价"的研究表明，评价有真假对错之分。一方面，认知评价、价值判断有真假，有所谓真理性：相符为真，不符为假。另一方面，感情评价、意志评价和行为评价则无所谓真假，无所谓真理性，而只有所谓效用性，只有所谓对错好坏——有利于满足主体需要的效用，叫作"对""好""应该""正确"；不利于满足主体需要的效用，叫作"错""坏""不应该""不正确"："对错"与"好坏""应该不应该"以及"正确不正确"是同一概念。

那么，评价究竟如何才能是真的、对的而不是假的、错的？首先，如前所述，价值判断也就是对"价值"——"客体事实如何对主

体需要、欲望、目的的效用"——的判断，因而是通过"主体需要、欲望、目的"的判断，而从"事实判断"产生和推导出的："肯定的价值判断"等于"事实判断与主体需要、欲望、目的判断之相符"；"否定的价值判断"等于"事实判断与主体需要、欲望、目的判断之相违"。

因此，"价值判断之真假"，直接说来，取决于"价值判断"与"价值"是否相符；但是，根本说来，则一方面取决于"事实判断"之真假，另一方面取决于"主体需要、欲望、目的判断"之真假——如果二者都是真的，则由二者合乎逻辑地推导出的"价值判断"必真；如果所推导出的"价值判断"是假的，则它所由以推导出的"事实判断"和"主体需要、欲望、目的"判断必假：或者其一是假的，或者二者都是假的。

举例来说，"鸡蛋有营养"的价值判断是真理，直接说来，是因为它符合鸡蛋的价值；根本说来，则一方面是因为"鸡蛋具有蛋白质"的事实判断是真理，另一方面则是因为"人体需要蛋白质"的主体需要判断是真理：二者都是真理，所以由二者合乎逻辑地推导出的"鸡蛋具有营养"的价值判断必定是真理。反之，如果关于鸡蛋的价值判断是谬误（比如说，认为鸡蛋没有营养价值），那么，直接说来，是因为它不符合鸡蛋的价值；根本说来，岂不是因为它所由以推导出的关于鸡蛋的"事实判断"和"主体需要判断"发生了错误（比如说，误以为鸡蛋没有蛋白质，或误以为人体不需要蛋白质）？

这就是应该、善和价值判断之真假的产生和推导过程，这就是价值判断、认知评价的真理性推导方法，这就是价值判断、认知评价的真理性的发现和证明方法，这就是应该、善和价值的真理论的发现、证明和推导方法，可以归结为一个公式：

前提1：事实判断之真假
前提2：主体需要、欲望、目的判断之真假
_____
结论：价值判断之真假

情感评价、意志评价和行为评价，如上所述，与认知评价或价值判断是一致的，是以认知评价、价值判断为基础而从中产生和推导出来的。因此，情感评价和意志评价之对错以及行为评价对错，也就决定于价值判断或认知评价之真假，而必定与之一致：价值判断或认知评价为真（亦即与价值相符），情感评价和意志评价以及行为评价必对（亦即必定有利于满足主体需要、欲望、目的);价值判断或认知评价为假(亦即与价值不符),情感评价和意志评价以及行为评价必错(亦即必定不利于满足主体、需要、欲望目的)。

这样一来,一切评价之真假对错,便都取决于价值判断之真假,最终都取决于事实判断和主体需要、欲望、目的判断之真假——二者都是真的,则由二者合乎逻辑地产生和推导出的价值判断或认知评价必真(亦即必定与价值相符)、情感评价和意志评价以及行为评价必对(亦即必定有利于满足主体的需要、欲望、目的);如果所推导出的价值判断或认知评价是假的(亦即与价值不相符)、情感评价和意志评价以及行为评价是错的(亦即有害于满足主体的需要、欲望、目的),则它们所由以推导出的事实判断和主体需要、欲望、目的判断必假:或者其一是假的,或者二者都是假的。

这就是评价真假对错的推导方法,这就是评价真假对错的发现和证明方法,这就是应该、善和价值的评价之真假对错的发现、证明和推导方法,这就是伦理学的评价真假对错的推导公理,说到底,亦即普遍适用于伦理学和国家学以及中国学等一切"价值科学的评价真假对错推导公理",可以归结为一个公式:

前提1:事实判断之真假
前提2:主体需要判断之真假
——————————————
结论1:价值判断或认知评价之真假
结论2:感情评价、意志评价和行为评价之对错

举例说,如果我们一方面对某一食物的事实判断是真的(亦即与该食物事实如何相符),另一方面对人体需要的主体判断是真的(亦即与人体需要相符);那么,由二者合乎逻辑地推导出该食物是否有益健康的价值判断或认知评价显然也必是真的(亦即与该食物的价值相符);由此而来的对于该食物的偏爱或厌弃之情(感情评价)和经常食用或拒之不食之意(意志评价)以及经常食用或拒之不食(行为评价)必定是对的(亦即必定有利于满足人体健康需要)。

相反地,一个送礼者误以为某礼品对某官员有用(价值判断、认知评价是假的),于是他对某礼品的价值误生兴趣(感情评价是错的),遂错打主意、意欲买下该礼品送某官员(意志评价是错的),最终买下该礼品送某官员(行为评价是错的)。察其原因,岂不都是由于

对某官员需要的"主体判断是假的"？诸葛亮"认为马谡是大将之才"的价值判断是假的，他对马谡的爱（情感评价）和重用之意（意志评价）以及重用之行为（行为评价）是错的，原因岂不都在于对马谡才能的"事实判断是假的"？

在道德价值领域，社会是活动者，亦即制定道德的活动者，因而是主体；社会制定道德的目的，亦即道德目的，是主体活动目的；客体则是社会制定的道德所规范的对象，是可以进行道德评价的一切行为。这样一来，如果将普遍适用于一切价值领域的"评价真假对错推导公理"，推演于道德价值领域，便可以得出结论说：

情感道德评价、意志道德评价和行为道德评价都是从道德价值判断（认知道德评价）产生和推导出来的。因此，一切道德评价之真假对错，都取决于道德价值判断之真假，最终都取决于行为事实判断和道德目的判断之真假——二者都是真的，则由二者合乎逻辑地产生和推导出的道德价值判断或认知道德评价必真（亦即必定与道德价值相符），情感道德评价和意志道德评价以及行为道德评价必对、必好、必正确（亦即必定符合道德目的）；如果所推导出的道德价值判断或认知评价是假的（亦即与道德价值不相符）、情感道德评价和意志道德评价以及行为道德评价是错的、坏的、不正确的（亦即不符合道德目的），则它们所由以推导出的行为事实判断和道德目的判断必假：或者其一是假的，或者二者都是假的。

这就是道德评价的真假之产生和推导过程，这就是道德评价真假对错的推导方法，这就是道德评价真假对错的发现和证明方法，这就是道德应该、道德善和道德价值评价之真假对错的发现、证明和推导方法，这就是只对伦理学有效的"伦理学的道德评价真假对错的推导公设"，可以归结为一个公式：

前提1：行为事实判断之真假
前提2：道德目的判断之真假

结论1：道德价值判断或认知道德评价之真假
结论2：感情道德评价、意志道德评价和行为道德评价之对错

举例说，儒家学者、康德、布拉德雷（F. H. Bradley）和基督教伦理学家等利他主义论者，之所以鄙薄"为己利他"（情感道德评价错误），动辄就想将它作为魔鬼拉出来批判一通（意志道德评价错

误),经常口诛笔伐之(行为道德评价错误),就是因为他们误以为"为己利他"具有负道德价值(道德价值判断或认知道德评价错误)。这种道德价值判断是错误的,直接说来,是因其不符合为己利他实际的道德价值。但是,根本说来,则是因为,一方面,他们误以为道德目的就是为了道德自身,就是为了完善每个人的品德,"道德以本身为目的"①(道德目的判断错误);另一方面,他们片面地以为"为己"事实上势必损人利己,"鸡鸣而起,孳孳为利者,跖之徒也"(行为事实判断错误)。

相反地,老子、韩非、爱尔维修和霍尔巴赫等合理利己主义论者断言"为己利他是最大的道德善"的道德价值判断,堪称真理,直接说来,因其符合为己利他的道德价值(为己利他比任何行为的正道德价值都远为巨大)。但是,根本讲来,其原因一方面在于,"为己利他能够最大限度地增进全社会和每个人利益"的行为事实判断是真理;另一方面在于,"道德目的是增进每个人利益"的道德目的判断是真理:二者都是真理,所以由二者合乎逻辑地推导出的"为己利他极其符合道德目的,具有最大的正道德价值"的道德价值判断必定是真理。这样一来,我们怎么会鄙薄和批判"为己利他"呢?我们必定会像合理利己主义论者那样,对它肃然起敬(正确的情感道德评价),必定会有为这个功勋无比而忍辱负重的魔鬼正名之意(正确的意志道德评价),必定会为这个功勋无比而忍辱负重的魔鬼正名(正确的行为道德评价)。

4 伦理学的优良规范推导公理和优良道德规范推导公设

伦理学的"评价真假对错推导公理"和"道德评价真假对错推导公设"是确证道德价值判断的真理的方法,因而似乎是伦理学的终极公理和公设。其实不然,因为伦理学是关于优良道德的科学:它探究道德价值判断之真理,目的全在于制定优良道德规范;它探究"评价真假对错推导公理"和"道德评价真假对错推导公设",目的全在于确证"优良规范推导公理"和"优良道德规范推导公设"。

---

① 布拉德雷:《伦理学研究》(上册),商务印书馆,谢幼伟译,1946年,第84页。如果道德目的,确如布拉德雷等利他主义论者所言,就是为了道德自身,就是为了完善每个人的品德;那么,为己利他当然就因其不是品德和道德的完善境界而不符合道德目的,因而也就是不道德的、具有负道德价值的行为了。

原来，优良规范之制定，牵连三个密不可分而又根本不同的重要概念："规范""价值"和"价值判断"。然而，古今中外，伦理学家们大都不区别"规范"与"价值"，几乎皆将"道德"（"道德"属于"规范"范畴，因而"道德"与"道德规范"是同一概念）与"道德价值"当作同一概念。殊不知，价值与规范根本不同。因为规范都是人制定或约定的，但是价值却不是人制定或约定的。试想，玉米、小麦、大豆的营养价值怎么能是人制定或约定出来的呢？那么，价值与规范是何关系？

不难看出，价值是制定或约定规范的根据，规范则是根据价值制定或约定出来的。试想，为什么养生家将"每天应该吃一个鸡蛋"奉为如何吃鸡蛋的行为规范？岂不就是因为，在他们看来，每天吃一个鸡蛋具有正营养价值，而鸡蛋吃多了则具有负营养价值？道德规范亦然：行为应该如何的道德规范是根据行为的道德价值制定或约定出来的。

试想，为什么老子、韩非、爱尔维修、霍尔巴赫等合理利己主义论者，将"为己利他"奉为道德规范？岂不就是因为，在他们看来，为己利他具有正道德价值？相反地，孔子、墨子、康德、基督教伦理学家却反对将"为己利他"奉为道德规范，岂不就是因为，在他们看来，为己利他具有负道德价值？

这样一来，规范便与价值判断一样，皆以价值为内容，都是价值的表现形式。只不过，价值判断是价值在大脑中的反映，是价值的思想形式；而规范则是价值在行为中的反应，是价值的规范形式。因此，价值判断有真假之分：与价值相符的判断，便是真理；与价值不符的判断，便是谬误。规范则没有真假而只有对错优劣好坏之分：与价值相符的规范，就是优良的、好的、对的、正确的规范；与价值不符的道德规范，就是恶劣的、坏的、不对的、不正确的规范。

举例来说，如果"每天吃一个鸡蛋"确如养生家们所言，具有正营养价值，那么，一方面，他们断言"每天应该吃一个鸡蛋"的价值判断，便与鸡蛋的营养价值相符，因而是真理；另一方面，他们把"每天应该吃一个鸡蛋"奉为如何吃鸡蛋的行为规范，也与鸡蛋的营养价值相符，因而是一种优良的好的行为规范。

然而，究竟怎样才能制定与价值相符的优良的、好的、对的、正确的规范呢？人们制定任何规范，无疑都是在一定的价值判断的指导下进行的。显而易见，只有在关于价值的判断是真理的条件下，所制定的规范，才能够与价值相符，从而才能够是优良的、好的、对的、正确的规范；反之，如果关于价值的判断是谬误，那么，在其指导下所制定的规范，必定与价值不相符，因而必定是恶劣的、坏的、不对的、不正确的规范。

举例来说，如果每天吃 10 个鸡蛋具有正营养价值，因而"每天应该吃 10 个鸡蛋"的价值判断是真理，那么，把"每天应该吃 10 个鸡蛋"奉为如何吃鸡蛋的行为规范，便与每天吃 10 个鸡蛋的营养价值相符，因而是一种优良规范。反之，如果"每天应该吃 10 个鸡蛋"的价值判断是谬误，每天吃 10 个鸡蛋实际上具有负营养价值，那么，把"每天应该吃 10 个鸡蛋"奉为如何吃鸡蛋的行为规范，便与每天吃 10 个鸡蛋的营养价值不相符，因而便是一种恶劣规范。

可见，价值判断之真理，乃是达成制定优良规范的目的之手段，是制定优良规范的充分且必要条件：当且仅当我们的价值判断是真理，我们才能够制定与价值相符的优良的、好的、对的、正确的规范，而避免制定与价值不符的恶劣的、坏的、不对的、不正确的规范。道德价值判断之真理，则是达成制定优良道德规范的目的之手段，是制定优良道德的充分且必要条件：当且仅当我们的道德价值判断是真理，我们才能够制定与道德价值相符的优良的、好的、对的、正确的道德，而避免制定与道德价值不符的恶劣的、坏的、不对的、不正确的道德。

综上所述，首先，优良的、好的、对的、正确的行为规范是与行为价值相符的行为规范；恶劣的、坏的、不对的、不正确的行为规范则是与行为价值不相符的行为规范；其次，价值判断之真理，乃是达成制定优良规范的目的之手段，是制定优良规范的充分且必要条件；最后，伦理学的评价真假对错推导公理表明，"价值判断之真假"，直接说来，取决于"价值判断"与"价值"是否相符；根本说来，则一方面取决于"事实判断"之真假，另一方面取决于"主体需要、欲望、目的判断"之真假。于是，合而言之，可以得出结论说：

优良的、好的、对的、正确的行为规范是与行为价值相符的行为规范；恶劣的、坏的、不对的、不正确的行为规范则是与行为价值不相符的行为规范。因此，行为应该如何的规范虽然都是人制定的、约定的，但是，只有恶劣的、坏的、不对的、不正确的行为规范才可以随意制定、约定。反之，优良的、好的、对的、正确的行为规范绝非可以随意制定，而只能根据"行为价值"——"行为事实如何"对于"主体需要、欲望和目的"之效用——推导、制定出来，说到底，只能通过"主体的需要、欲望和目的"，从"行为事实如何"中推导、制定出来。因此，所制定的行为规范之优劣，直接说来，取决于对行为应该如何的"价值判断"之真假；根本说来，则一方面取决于对行为事实如何的"事实判断"之真假，另一方面取决于对"主体的需要、欲望、目的判断"之真假：二者皆真，则由二者合乎逻辑地推导出的行为应该如何的价值判断必真，因而在其指导下所制定的行为规范必定与行为价值相符，必定是优良行为规范；如果所制定的行为规范与行为价值不相符，是恶劣的行为规范，那么，关于行为应该如何的"价值判断"必假，因而它所由以推导出的行为"事实判断"和主体需要的"价值标准"判断必假：或者其一假，或者二者皆假。

举例说，养生家洪绍光制定的"每天应该吃一个鸡蛋"的行为规范，之所以是优良的，直接说来，取决于"每天应该吃一个鸡蛋"的价值判断之真；根本说来，则一方面取决于"一个鸡蛋具有 X 量蛋白质"的事实判断之真，另一方面则取决于"人体每天需要 X 量蛋白质"的主体需要判断之真：二者皆真，则由二者合乎逻辑地推导出的"每天应该吃一个鸡蛋"的价值判断必真，因而在其指导下所制定的"每天应该吃一个鸡蛋"的行为规范，必定与"每天吃一个鸡蛋"的行为价值相符而是优良行为规范。

相反地，在我少年时代，我父亲教导我的"每天应该吃尽可能多的鸡蛋"的行为规范，之所以是恶劣的，直接说来，取决于"每天吃鸡蛋越多越好"的价值判断之假；根本说来，取决于它所由以推导出的关于鸡蛋的"事实判断"和"人体需要判断"之假：或者其一假（误以为一个鸡蛋具有远远少于 X 量的蛋白质，或误以为人体每天需要远远大于 X 量的大量蛋白质），或者二者皆假（既误以为一个鸡蛋具有远远少于 X 量的蛋白质，又误以为人体每天需要远远大于 X 量的大量蛋白质）。

这就是"优良规范"直接依据"价值判断"——最终依据"事实判断"和"主体需要判断"——之真理的推导和制定的过程，这就是优良规范的推导和制定之方法，这就是优良规范的发现和证明之方法，这就是应该、善和价值的规范论的发现、证明和推导方法，这就是伦理学的优良规范推导公理，这就是伦理学和国家学以及中国学等一切价值科学的优良规范推导公理。我们可以将该公理归结为一个公式：

前提 1：事实如何（**价值实体**）判断之真假
前提 2：主体需要、欲望、目的如何（**价值标准**）判断之真假
―――――――――――――――――――――――
结论 1：应该如何的**价值判断**之真假
结论 2：**规范之优劣**(规范是否与价值相符)

该公式可以简化如下：

前提 1：事实如何（**价值实体**）
前提 2：主体需要、欲望、目的如何（**价值标准**）
―――――――――――――――――――――
结论 1：应该如何（**价值**）
结论 2：**规范之优劣**(规范是否与价值相符)

在道德规范领域，社会是活动者，亦即制定道德的活动者，因而是主体；社会制定道德的目的，亦即道德目的，是主体活动目的；客体则是社会制定的道德所规范的对象，是可以进行道德评价的一切行为：道德价值就是这种行为事实如何对于道德目的之效用。这样一来，如果将普遍适用于一切规范领域的"优良规范推导公理"，推演于道德规范领域，便可以得出结论说：

优良的、好的、对的、正确的道德规范是与行为道德价值相符的道德规范；恶劣的、坏的、不对的、不正确的道德规范是与行为道德价值不相符的道德规范。因此，道德规范虽然都是人制定的、约定的，但是，只有恶劣的、坏的、不对的、不正确的的道德规范才可以随意制定、约定；反之，优良的、好的、对的、正确的道德规范绝非可以随意制定，而只能根据"行为应该如何的道德价值"——"行为事实如何"对于"道德目的"的效用——推导、制定出来，说到底，只能通过道德目的，从行为事实如何中推导、制定出来。因此，所制定的行为应该如何的道德规范之优劣，直接说来，取决于对行为应该如何的"道德价值判断"之真假；根本说来，则一方面取决于对行为事实如何的"事实判断"之真假，另一方面取决于对"道德目的判断"之真假：二者皆真，则由二者合乎逻辑地推导出的行为应该如何的道德价值判断必真，因而在其指导下所制定的行为应该如何的道德规范必定优良；如果所制定的行为应该如何的道德规范恶劣，则关于行为应该如何的道德价值判断必假，因而它所由以推导出的行

为事实判断和道德目的判断必假：或者其一假，或者二者皆假。

举例来说，老子、韩非、爱尔维修和霍尔巴赫等合理利己主义论者，所制定的"应该为己利他"是优良道德规范，直接说来，取决于"为己利他具有正道德价值"的道德价值判断之真；根本说来，则一方面取决于"为己利他事实上既利己又利他、己他双赢"的事实判断之真，另一方面则取决于"道德目的是增进每个人利益"的价值标准判断之真：二者皆真，则由二者推导出的"为己利他能够增进每个人利益，符合道德目的，因而具有正道德价值"的道德价值判断必真，因而在这种道德价值判断真理指导下所制定的"应该为己利他"的道德规范必定优良。反之，儒家和墨家以及康德和基督教伦理学家等利他主义论者，所制定的"不应该为己利他"是恶劣的道德规范，直接说来，取决于"为己利他具有负道德价值"的道德价值判断之假；根本说来，则取决于有关为己利他的事实判断之假和道德目的判断之假：或者其一假（误以为"为己利他事实上势必损人利己"；或者误以为道德目的是使每个人的品德达于完善境界，而为己利他不是品德完善境界，因而不符合道德目的），或者二者皆假（既误以为为己利他事实上势必损人利己，又误以为道德目的是使每个人的品德达于完善境界）。

这就是优良道德规范直接依据道德价值判断——最终依据行为事实判断和道德目的判断——之真理的推导和制定的过程，这就是优良道德规范的推导和制定之方法，这就是优良道德规范的发现和证明之方法，这就是道德应该、道德善和道德价值的规范论的发现、证明和推导方法，这就是仅仅适用于伦理学的优良道德规范推导公设，可以归结为一个公式：

前提1：行为事实（道德价值实体）判断之真假
前提2：道德目的（道德价值标准）判断之真假

结论1：行为应该如何（道德价值）判断之真假
结论2：道德规范之优劣（道德规范是否与道德价值相符）

该公式可以简化如下：

前提1：行为事实如何（道德价值实体）
前提2：道德目的（道德价值标准）

结论1：行为应该如何（道德价值）
结论2：道德规范之优劣（道德规范是否与道德价值相符）

三 关于伦理学的推导公理和公设的理论

不难看出，"伦理学的优良规范推导公理和优良道德规范推导公设"，乃是"伦理学的公理和公设系统"推演的终极目标。因为伦理学是关于优良道德的科学：它探究道德价值判断之真理，目的全在于制定和实现与道德价值相符的优良道德。但是，要获得和确证道德价值判断之真理，就必须运用"伦理学的评价真假对错推导公理和道德评价真假对错推导公设"：它们是探究和确证道德价值判断之真理的推导方法。然而，要获得伦理学的评价真假对错推导公理和道德评价真假对错推导公设，显然必须获得"伦理学的评价推导公理和道德评价推导公设"，因而又必须获得"伦理学的价值推导公理和道德价值推导公设"。这就是为什么，伦理学的推导公理和公设会有八个之多。

不但此也！要发现伦理学的价值推导公理和道德价值推导公设，显然必须知道应该、善和价值存在何处，因而必须求得那四个"伦理学的存在公理和公设"。这就是为什么，伦理学的全部公理公设可以归结为十二个：八个推导公理和推导公设以及四个存在公理和存在公设。它们相互间存在着由此及彼的推导关系，最终目的则是为了制定和实现优良道德规范，是为了推演出"伦理学的优良规范推导公理和优良道德规范推导公设"："伦理学的优良规范推导公理和优良道德规范推导公设"乃是伦理学公理体系的终极目的。

那么，伦理学的"优良规范推导公理"和"优良道德规范推导公设"之间，也存在目的和手段的关系吗？答案是肯定的。因为伦理学的终极目的并不是制定优良规范，而是制定优良道德规范：制定优良规范不过是制定优良道德规范的方法而已。所以，伦理学的"优良规范推导公理"不过是"优良道德规范推导公设"的方法而已。这样，伦理学的公理和公设体系——整个元伦理学——最终便可以归结为"优良道德规范推导公设"。元伦理学之所以是伦理学的公理和公设体系，它所拥有的十二个公理和公设之所以是公理和公设，说到底，就是因为——如本书"绪论"所论证——从"优良道德规范推导公设"可以直接推导出伦理学的全部对象、全部内容、全部命题。

因此，这十二个伦理学的公理和公设科学价值极其巨大，因为从伦理学的这六个公理，可以推导出伦理学的六个公设，最终从这个"伦理学的优良道德规范推导公设"，推演出伦理学的全部对象、全部内容和全部命题，使伦理学成为一种如同物理学一样客观必然、严密精确和能够操作的公理化体系。举例说，我的《新伦理学》① 的全部对象、全部内容和全部命题，皆从这个公设推演出来，都是对这个公设的四个命题的研究。

不仅如此，这六个伦理学公理，同时也是国家学和中国学等一切价值科学的公理，因而可以从中推导出国家学和中国学等各门价值科学的推导公设，最终推演出各门价值科学全部对象、全部内容和全部命题，从而使各门价值科学皆成为一种如同物理学一样客观必然、严密精确、可以操作的公理化体系。

举例说，从这六个伦理学公理，可以推导出仅仅适用于国家学的"优良国家制度推导公设"：

前提1：国家事实如何（价值实体）
前提2：国家目的如何（价值标准）

结论1：国家应该如何（价值）
结论2：国家制度之好坏（制度是否与价值相符）

我的《国家学》② 的全部对象、全部内容和全部命题，皆从这四个命题推演出来，都是对这四个命题的研究。

举例说，从这六个伦理学公理，可以推导出仅仅适用于中国学的"优良的中国国家制度推导公设"：

前提1：中国国家制度事实如何（价值实体）
前提2：国家目的如何（价值标准）

结论1：中国国家制度应该如何（价值）
结论2：中国国家制度之好坏（制度是否与价值相符）

我的《中国学》③ 的全部对象、全部内容和全部命题，皆从这四个命题推演出来，都是对这四个命题的研究。

伦理学公理和公设，不但意义巨大，而且极端复杂、深邃、晦涩和难解，以致元伦理学家们对它的研究分为五大流派：自然主义、直觉主

---

① 拙著《新伦理学》，耗费22年写成，共180余万字，商务印书馆2018年版。
② 拙著《国家学》，耕时5年完成，共142万字，中国社会科学出版社2012年版。
③ 拙著《中国学》，约200万字，待出版。

义、情感主义、规定主义、描述主义。显然，如果我们不进一步辨析这些理论，指出它们的得失对错，那么，我们对于伦理学推导公理和公设的研究是不充分、不全面的。

1 自然主义

何谓自然主义？赫德森说，自然主义是用自然的，亦即事实的属性来定义"善"与"正当"等价值概念的元伦理学学说："'伦理自然主义者'乃是这样的人：他用自然属性来定义诸如'善''正当'等道德词。"① 彼彻姆则认为，自然主义是用事实判断来确证价值判断的元伦理学推导或证明方法："根据这种理论，价值判断能够确证于一种事实的方法（有时又被自然主义者称之为'理性方法'）——一种与历史和科学的确证相同的方法。"②

二者结合起来就是对自然主义的定义。因为自然主义无疑是一种元伦理证明理论，更确切些说，是一种关于"应该"的产生和推导过程的证明理论，是一种关于"应该"如何产生和推导于"是"的证明理论，说到底，也就是一种关于伦理学的推导公理和道德的推导公设的证明理论。这种理论的特点，正如"自然主义"这个名词的创造者摩尔所指出的——后为赫德森和彼彻姆所概括——一方面是用"事实"概念来定义"善"等价值概念，如"善是快乐"；另一方面则是用事实判断来证明价值判断，如"因为我事实想望某物，所以我应该想望某物"。③ 合而言之，这种理论便误将"应该""价值"等同于"事实""自然"，因而可以称之为"自然主义谬误"。

"自然主义谬误"无疑是摩尔的伟大发现！因为，一方面，很多伟大思想家确实用自然的、事实的概念来定义价值概念，犯有将"善"等价值概念等同于"快乐"或"能够带来快乐的东西"等事实概念的自然主义谬误。洛克就曾这样写道："善恶只不过是快乐与痛苦，或在我们身上引起和促进快乐与痛苦的东西。"④ 殊不知，"善"与"快乐"或"能够带来快乐的东西"根本不同："善"是"快乐"或"能够带

---

① Lawrence C. Becker, *Encyclopedia of Ethics*, Volume 2 (New York: Garland, 1992), p. 1007.
② Tom L. Beauchamp, *Philosophical Ethics* (New York: McGraw-Hill, 1982), p. 339.
③ Becker, *Encyclopedia of Ethics*, p. 1007; Beauchamp, *Philosophical Ethics*, p. 339.
④ 转引自亨利·西季威克：《伦理学方法》，廖申白译，中国社会科学出版社，1993年，第225页。

来快乐的东西"满足主体需要的效用性,属于"价值"范畴;"快乐和能够带来快乐的东西"则是"善"的实体,属于"事实"范畴。因此,自然主义谬误就在于将"价值"与"事实"等同起来,将"价值"与"价值实体"等同起来,将"善"与"善的实体"等同起来。

另一方面,自然主义谬误,确如摩尔所发现,不但存在于善的定义中,而且存在于对善的定义的证明之中;不但存在于一个判断中,而且存在于若干个判断所组成的推理之中。所谓自然主义谬误,主要讲来,正是仅仅从事实(自然)就直接推导出应该(价值)从而把应该(价值)等同于事实(自然)的元伦理证明谬论。穆勒,如摩尔所说,是这种谬论的代表。他在《功用主义》中便这样推论:"我觉得,可能提供的,证明一事物是值得想望的唯一证据,是人们确实想望它……幸福已经取得它是行为目的之一的资格,因而也取得作为德性标准之一的资格。"① 在这种证明中,正如摩尔所指出的那样,犯了"自然主义"谬误:仅仅从行为事实如何便直接推导出行为应该如何(因为幸福事实上是人的行为目的,所以幸福应该是人的行为目的;因为人们确实想望某物,所以人们应该、值得想望某物),从而把行为事实如何当作行为应该如何。

这种自然主义证明方法,虽然不能成立,却并非如摩尔所言,一无是处。因为,如前所述,"价值、善、应该如何"是"是、事实、事实如何"对于主体需要的效用性,是在"事实"与主体需要发生关系时,从"事实"产生和推导出来的关系属性。因此,自然主义论者断言"应该如何存在于、产生于事实如何,是从事实如何推导出来的",确乎说出了一大真理。马斯洛说:"事实创造应该。""达到伦理和价值的决定、达到聪明选择、达到应该的途径,是经过'是'、经过事实、真理、现实发现的,是经过特定的人的本性发现的。"②

这些话说得多么深刻!但自然主义的谬误不在这里,自然主义的谬误在于不懂得虽然"应该"产生于"事实",是从事实中推导出来的,但只有与主体需要发生关系,从事实才能产生和推导出应该;离开主体,不与主体需要发生关系,仅仅事实自身是不可能产生和推导出应该的:"事实"是"应该"产生的源泉和实体,"主体需要"则是"应

---

① 约翰·穆勒:《功用主义》,唐钺译,商务印书馆,1957年,第37页。
② 马斯洛:《人性能达到的境界》,林方译,云南出版社,1987年,第122页。

该"从事实中产生和推导出来的条件和标准。自然主义只看到事实是应该产生的源泉,却看不到主体需要是应该产生的条件;因而误以为仅从事实自身便能直接产生和推导出应该,于是误将"事实如何"当作"应该如何",把"事实"与"应该"等同起来。

2 元伦理直觉主义

摩尔在驳斥自然主义的论证中,确立了一种新的元伦理证明学说:元伦理直觉主义。何谓直觉?西季威克说:"当我把一个关于行为的正当性或错误性的判断称为'直觉性的'时候,我不是在预先断定这一判断从哲学角度思考的终极效准问题;我仅仅是指它的真实性是被当下明显地认识到的,而不是作为推理的结果而被认识到的。"① 这就是说,直觉亦即不必进行推理论证便可以直接觉知。因此,所谓直觉主义,正如沃尔特·辛诺特-阿姆斯特朗(Walter Sinnott-Armstrong)所说,是认为人们不必进行推理论证便可以直接觉知某些事物的本性——不是一切事物而是某些事物的本性——的学说:"直觉主义是认为人们能够非推理地直接认知一些道德判断真实性的理论。"②

直觉主义的外延,众所周知,包括三种:一是以笛卡尔、斯宾诺莎、莱布尼茨、柏格森等为代表的普遍的一般的直觉主义,亦即所谓哲学直觉主义,认为人们不必进行推理论证便可以直接觉知诸如"两点间直线最短"等某些事物的本性;二是以夏夫兹博里、赫起逊、巴特勒、普赖斯、西季威克等为代表的伦理直觉主义,认为人们不必进行推理论证便可以直接觉知诸如"不应该偷盗"等道德判断的真理性;三是以摩尔、普里查德、罗斯、艾温等为代表的元伦理直觉主义,认为人们不必进行推理论证便可以直接觉知"善"是什么等元伦理本性。

我们所要考察的,无疑只是元伦理直觉主义。元伦理直觉主义,众所周知,认为某些元伦理概念,如善、应该、正当、义务等,是单纯的、自明的、不可定义或推理论证的,因而也是一种关于伦理学的推导公理和道德的推导公设的证明理论。摩尔写道:"'善的'是一个单纯的概念,正象'黄的'是一个单纯的概念一样。正象决不能向一个事先不知道它的人阐明什么是黄的一样,你不能向他阐明什么是善的。"③ 罗斯亦

---

① 西季威克:《伦理学方法》,第231页。
② Becker, *Encyclopedia of Ethics*, p.628.
③ G. E. 摩尔:《伦理学原理》,陈德中译,商务印书馆,1983年,第13页。

如是说:"道德的正当性是一种不可定义的特性,即使把它归入一种更一般的概念,如恰当性,也不可能阐明它的种差,而只能出现'道德的正当性就是道德的正当性'的同义反复;正如要通过阐述使红色与其他颜色区别开来,只能说红色就是红色一样。"①

善、正当等既然是单纯的、自明的、不可定义或推理论证的,那么,我们对于它们的本质无疑只能通过直觉直接觉知,正如我们直觉地觉知数学公理一样。"现在如果要问",罗斯接着写道:"我们究竟是怎样达到认识这些基本的道德原则的,那么,答案看来是……和数学一样,我们是通过直觉的归纳把握这些一般的真理的。"②

那么,我们所直接觉知到的善和正当的本性究竟是什么?摩尔以为"善"既与"黄"一样,都是客体的属性;又与"黄"不同:"黄"是客体的自然属性;而善是客体的非自然属性:"我不否认,'善的'是某些自然客体的一个性质;要知道,我认为其中某些是善的。可是,我已经说过,'善的'本身并不是一自然性质。"③罗斯亦有此见,还曾指出正当或善这些客体的非自然属性,与客体的自然属性或事实属性,是一种因果关系:

> 正当始终是一种作为结果而发生的属性,是行为由于具有其他属性而具有的属性。……只是通过认识和思考我的行为在事实上所具有的一种特性,我才知道或断定我的行为是正当的。……我断定我的行为是正当的,因为它是一种救人出苦难的行为。④

这就是说,同一行为同时具有两种属性,一种是可以感知的,是行为之事实如何(救人出苦难);另一种只能是直觉的,是行为之应该如何,亦即所谓正当:只能直觉的行为之正当,依附于、产生于可以感知的行为之事实。

可见,元伦理直觉主义与它所反对的自然主义从根本上说是一致的:二者都正确地认识到正当或善是客体的属性,都正确地认识到正当或善源于事实,因而都被叫作客观主义。只不过,自然主义误以为从事实自身便能直接产生和推导出正当,因而误把事实与正当等同起来;而

---

① W. D. Ross, *Foundation of Ethics* (Oxford:Clarendon Press,1939), p. 316.
② Ibid., p. 320.
③ 摩尔:《伦理学原理》,第 48 页。
④ W. D. Ross, *Foundation of Ethics*, p. 168.

元伦理直觉主义则认为只有通过直觉的中介，从事实才能产生正当，因而把事实与正当区别开来。那么，元伦理直觉主义的这种与自然主义不同的见地是真理吗？

我们绝不能笼统地说直觉主义是或不是真理。因为，如上所述，直觉主义的根本特征在于认为人们不必进行推理论证便可以直接觉知某些事物的本性：不是一切事物而是某些事物的本性。这样，直觉主义是否为真理，便完全取决于它所认为可以直觉的某些事物究竟是什么事物：如果这些事物是可以直觉的，那么，主张这些事物是可以直觉的直觉主义便是真理；如果这些事物是不可以直觉的，那么，主张这些事物是可以直觉的直觉主义便是谬误。例如，认为不必进行推理论证便可以直接觉知某些数学公理的直觉主义便是真理，因为某些数学公理确实是不可论证而只能直觉的。同理，认为不必进行推理论证便可以直接觉知某些道德判断的直觉主义也可能是真理，因为某些道德判断，诸如罗斯所举证的"应该帮助盲人过大街""不应该撒谎"等，确实是不必论证便可以直觉的。因此，某些哲学直觉主义和伦理直觉主义可能是真理。那么，元伦理直觉主义也可能是真理吗？

任何元伦理直觉主义都是错误的。因为任何元伦理概念，不论是"善"，还是"正当"抑或是"应该"，都是不可能依靠直觉认识的。摩尔认为"善"只能依靠直觉把握的根据，在于"善"是最单纯、最简单因而是自明的、不可分析的东西。确实，最单纯、最简单因而是自明的、不可分析的东西，如数学公理，只有依靠直觉才能认识。但是，"善"是这种东西吗？摩尔的论证是不能令人信服的，因为照此说来，两千多年来，古今中外的人竟会为一个自明的东西而一直争论不休，这是十分可笑的。

普里查德所举证的关于"义务""善"的本性是自明而为直觉所认识的根据，主要是诸如"7×4=28"等数学命题的自明性。[1] 罗斯所举证的关于"正当""义务""应该"的本性是自明的而为直觉所认识的根据，主要是诸如"应该帮助盲人过大街""不应该撒谎"等道德判断的自明性。[2] 艾温所举证的关于"应该""正当""善"的本性是自明

---

[1] A. I. Meldened., *Ethical Theories: A Book of Readings* (New Jersey: Prentice-Hall, 1967), p. 537.

[2] W. D. Ross, *Foundation of Ethics: The Gifford Lectures Delivered in the University of Aberdeen, 1935-6* (Oxford: Clarendon Press, 1939), p. 316.

的而为直觉所认识的根据,主要是认为如果不诉诸直觉,那么,从一个判断推出另一个判断的论证过程便会无穷地推导下去。① 不难看出,三人都犯了"以偏概全"和"推不出"的逻辑错误。"7×4=28"等数学命题和"应该帮助盲人过大街"等道德判断,确实都是自明的;如果不诉诸直觉,从一个判断推出另一个判断的论证过程确实会无穷地推导下去。但是,由这些前提显然推不出一切道德概念和判断都是自明的,推不出"正当"和"善"等元伦理的概念和判断的本性是自明的。

综上可知,元伦理直觉主义与自然主义一样,也是一种关于"应该、善和价值"的产生和推导过程的元伦理证明理论,是一种关于"应该"能否从"是"产生和推导出来的元伦理证明理论。它比自然主义更接近真理:它一方面正确看出自然主义仅仅从"事实"自身就直接推导出"应该",因而把"应该"与"事实"等同起来的错误;另一方面则正确指出只有通过一种中介,才能从"事实"产生"应该",从而把"应该"与"事实"区别开来。但是,元伦理直觉主义未能发现这种中介是"主体的需要、欲望、目的",而误以为是"直觉",从而误认为"应该、正当和善"等是通过"直觉"产生于"事实"。

3 情感主义

元伦理直觉主义,从上可知,与其说是自然主义的对头,不如说是它的一个堂兄弟:它们和"价值存在于主体中"的元伦理主观论——情感主义。所谓情感主义,正如厄姆森(J. O. Urmson)所说,是认为价值判断的本质在于表达主体的情感而不是描述客体事实的元伦理证明理论。② 情感主义的代表,众所周知,是罗素、维特根斯坦、卡尔纳普、艾耶尔、斯蒂文森。但是,理查德·A. 斯帕隆(Richard A. Spinello)说得不错:情感主义的真正奠基人是休谟。③

休谟等情感主义者看到,一方面,事实自身无所谓应该,应该的存在依赖于主体;另一方面,应该必与主体一致而与事实却往往相反。于是他们便进而得出结论说,应该存在于主体,是主体的情感、意志、态度,是主体的属性,而不是客体的、事实的属性:

---

① A. C. Ewing, *The Definition of Good* (Connecticut: Hyperion Press, 1979), pp. 25-26.
② Becker, *Encyclopedia of Ethics*, pp. 304-305.
③ John K. Roth, *International Encyclopedia of Ethics* (London; Chicago: Fitzroy Dearborn, 1995), p. 258.

就以公认为罪恶的故意杀人为例。你可以在一切观点下考虑它，看看你能否发现出你所谓恶的任何事实或实际存在来。不论你在哪个观点下观察它，你只发现一些情感、动机、意志和思想……你如果只是继续考究对象，你就完全看不到恶。除非等到你反省自己内心，感到自己心中对那种行为发生一种谴责的情绪，你永远也不能发现恶。……因此，恶和德……都不是对象的性质，而是心中的知觉。①

因此，"关于'价值'的问题完全在知识的范围以外"，罗素补充道："这就是说，当我们断言这个或那个具有'价值'时，我们是在表达我们自己的感情，而不是在表达一个即使我们的个人的感情各不相同但却仍然是可靠的事实。"② 艾耶尔也这样写道："伦理词的功能纯粹是情感的，它用来表达关于某些客体的情感，但并不对这些客体做出任何断定。"③

善和应该既然仅仅是或主要是主体的情感、属性，而不是客体的、事实的属性，那么显然，善和应该也就只能从主体而不可能从事实推导出来了。所以，休谟在阐明应该是主体的情感而不是客体的事实属性之后，接着便提出了那个而后成为元伦理学基石的鼎鼎有名的论断："应该"不能由"是"推导出来，"应该"与"是"之间存在着逻辑鸿沟。④ 斯蒂文森亦曾这样总结道："从经验事实并不能推导出伦理判断，因为经验事实并非伦理判断的归纳基础。"⑤

伦理判断既然只是主体情感的表达而不是事实的属性的陈述，不可能从事实判断推导出来，那么，伦理判断便无所谓真假因而是非认识的。所以，卡尔纳普说："一个价值判断既不是真的，也不是假的。它并没有断定什么，而是既不能被证明也不能反证的。"⑥ 艾耶尔也这样写道："只表达道德判断的句子没有陈述任何东西，它们是纯粹的情感表达，因而不能归入真假范畴。"⑦

---

① 休谟：《人性论》（下册），关文运译，商务印书馆，1983年，第508—509页。
② 罗素：《宗教与科学》，徐奕春、林国夫译，商务印书馆，1982年，第123页。
③ Louis P. Pojman, *Ethical Theory: Classical and Contemporary Readings* (San Francisco: Wadsworth Publishing Company, 1995), p. 415.
④ 休谟：《人性论》（下册），第509页。
⑤ Charles L. Stervenson, *Facts and Values: Studies in Ethical Analysis* (New Haven and London: Yale University Press, 1963), p. 28.
⑥ 鲁·卡尔纳普：《哲学和逻辑句法》，傅季重译，上海人民出版社，1962年，第9页。
⑦ Stervenson, *Facts and Values: Studies in Ethical Analysis*, p. 415.

可见，情感主义与自然主义和元伦理直觉主义一样，也是一种关于"应该"的产生和推导过程的元伦理证明理论，亦即关于"应该"能否从"是"产生和推导出来的元伦理证明理论，说到底，也是一种关于伦理学的推导公理和道德的推导公设的证明理论。但是，情感主义无疑比二者离真理更远。

首先，情感主义误认为，"应该"是主体的情感属性，而不是客体的事实属性，因而也就只能从主体，而不可能从事实推导出来。这一错误，如上所述，其论点依据于：一方面，事实自身无所谓"应该"，"应该"的存在依赖于主体；另一方面，"应该"必与主体一致而与事实却往往相反。这些依据能成立吗？"应该"的存在，确如情感主义论者所说，依赖于主体：离开主体便无所谓"应该"，存在主体便有所谓"应该"。但是由此只能说主体是"应该"存在的条件，而不能说主体是"应该"存在的源泉。"应该"，确如情感主义所说，必与主体一致而与事实却往往相反。但是，由此只能说主体是"应该"的标准，而不能说主体是"应该"的源泉。因为，如前所述，"应该"是客体事实对主体需要的效用性，是在事实与主体需要发生关系时，从事实中，而不是从主体需要中产生的属性：主体需要只是"应该"从事实中产生的条件和衡量事实是否"应该"的标准，事实才是"应该"产生和存在的载体、实体。情感主义的错误在于：把"应该"产生、存在的条件和标准——主体的需要、欲望、感情——当作"应该"产生、存在的源泉，因而误以为"应该"存在于主体的需要、欲望、感情之中，是主体的需要、欲望、感情的属性，于是也就只能从主体的需要、欲望、感情，而不能从事实中推导出来。

其次，情感主义的错误在于：其认为价值判断仅仅是或主要是主体情感的表达。因为，如上所述，一个价值判断必定反映三个对象，从而具有一种评价意义和两种描述意义：直接说来具有一种评价意义（表达的是评价对象事实如何对主体需要的效用，亦即评价对象的价值、应该、应该如何），根本说来则具有两种描述意义（一方面表达评价对象之事实如何，另一方面则表达主体的需要、欲望、感情）。准此观之，罗素、维特根斯坦、卡尔纳普、艾耶尔等认为价值判断仅仅是主体情感的表达，其错误显然在于抹杀价值判断对客体的事实属性的反映和对客体的价值属性的反映，而只看到价值判断对主体情感的反映。

最后，情感主义的错误，在于由"价值判断是情感的表达"之片面性谬误进一步断言：价值判断完全是或主要是非认识的而无所谓真假。殊不知，即使"价值判断是情感的表达"是真理，也得不出"价值判断无真假"的结论。因为只有"情感"才无所谓真假，而"情感的表达"（如情感的认知表达）却可以有真假。那么，情感主义者是怎样由"价值判断是情感的表达"而得出价值判断无真假的？原来，当情感主义者断言"价值判断是情感的表达"的时候，情感主义的错误比这句话的表面含义要严重得多。因为"情感的表达"无疑可以包括两个方面：一是"情感的认知表达"，如我做出"张三很痛苦"的判断，它属于认识范畴，因而具有真假之分；二是"情感非认知表达"，如"呻吟"或"叫喊"，则主要属于行为范畴，因而无所谓真假。那么，"价值判断是情感表达"究竟是指哪一种情感表达？无疑是情感的认知表达而不是情感的非认知表达，因为价值判断属于判断范畴，因而属于认知范畴。然而，情感主义者却以为价值判断是"情感的认知表达"的断言是错误的，是传统主观主义（Orthodox Subjectivism）观点。而按照情感主义论者的定义，所谓情感表达，绝非情感断定，绝非情感的认知表达，而是指情感的非认知表达。因而在情感主义者看来，所谓价值判断是情感表达，乃是说价值判断是情感的非认知表达。① 可见，情感主义的错误在于否定"情感的表达"是"情感的认知表达"，而片面地把"情感的表达"定义为"情感的非认知表达"，从而误将"价值判断是情感的表达"等同于"价值判断是情感的非认知表达"，因而错误地得出价值判断无所谓真假的非认识主义结论。

4 规定主义

黑尔虽然看到价值判断具有评价与描述双重意义，但是，正如赫德森所言："黑尔坚信，事实上，道德语言的最核心最重要的用法，是规定的。"② 诚哉斯言！因为黑尔在《道德语言》一开篇，便明确指出道德语言的本性在于它的规定性："道德语言属于'规定语言'的种类。"③ 在《伦理学理论》中，黑尔又进一步阐明道德判断具有两种"逻辑特色"（Logical Features）：

> 第一种有时被叫作道德判断的规定性（Prescriptivity）；第二种

---

① Stervenson, *Facts and Values: Studies in Ethical Analysis*, p. 416.
② W. D. Hudson, *Modern Moral Philosophy* (London: Macmillan, 1983), p. 203.
③ R. M. Hare, *The Language of Morals* (Oxford: Oxford University Press, 1964), p. 2.

特色通常被叫作可普遍化性（Universalizability）。可普遍化性的意思是，一个人说"我应该"，他就使他自己同意处在他的环境下的任何人应该。①

显然，可普遍化性是修饰规定性的：道德语言是具有可普遍化规定性的规定语言。所以，道德语言、道德判断的逻辑特色也就可以归结为一种：可普遍化的规定性。所以，黑尔的伦理学说便被叫作"规定主义"；黑尔亦自称为"普遍规定主义"（Universal Prescriptivism）："'普遍规定主义'意味着，它是普遍性（认为道德判断是可普遍化的）和规定主义（认为道德判断在一切典型的情况下都是规定的）的结合。"②

可见，所谓规定主义也就是认为道德语言、道德判断的本性在于规定性的学说："规定主义是认为道德语言的主要的意义和目的在于规定或命令的理论。"③ 道德判断的本性既然在于规定，那么，道德判断便无所谓真假，便是非认识的了。因为所谓规定，正如 G. H. 沃赖特所说，是无所谓真假的，是非认识的："规定（prescription）既不是真的也不是假的。"④ 所以，约翰·K. 罗思说："规定主义含有伦理知识不可能存在之意……因为与陈述不同，命令无所谓真假。"⑤ 因此，规定主义仍属于非认识主义、情感主义，说到底，也是一种关于伦理学的推导公理和道德的推导公设的证明理论。对于黑尔与他的情感主义前辈的异同，路易丝·P. 波吉曼（Louis P. Pojman）曾有很好说明：

> 他与那些情感主义者一样认为，我们不能把真假属性归于道德陈述，因为道德判断是态度的；但是，他改变了道德词表达的重点：从赞成不赞成的感情到包括可普遍化特色和规定成分的判断类型。⑥

因此，根本说来，规定主义与情感主义的错误是一样的：片面化价值判断对主体的需要、感情、命令的表达。他对情感主义错误的"新贡

---

① R. M. Hare, *Essays in Ethical Theory* (Oxford: Clarendon Press, 1989), p. 179.
② R. M. Hare, *Freedom and Reation* (Oxford: Clarendon Press, 1963), p. 16.
③ John K. Roth, *International Encyclopedia of Ethics* (Chicago; London: Fitzroy Dearborn, 1995), p. 693.
④ M. C. Doeser and J. N. Kraay, *Acts and Values: Philosophical Reflections from Western and Non-western Perspectives* (Boston: Martinus Nijhoff, 1986), p. 36.
⑤ John K. Roth, *International Encyclopedia of Ethics*, p. 693.
⑥ Pojman, *Ethical Theory: Classical and Contemporary Readings*, p. 428.

献"显然是：把"规定"的本性（无真假、非认识）和"关于规定的判断"的本性（有真假、是认识）等同起来，把"道德"（亦即道德规范）的本性（无真假、非认识）和"道德判断"的本性（有真假、是认识）等同起来；从而断言规定语言、道德语言的本性就是规定，就是无真假、非认识的规定。

5 描述主义

描述主义是什么？劳伦斯·C.贝克说："根据描述主义理论，诸如'善'和'不正当'等道德词与'红'和'长方形'等普通的描述词相似，二者的意义和使用条件密切相连。"① 确实，描述主义的著名代表菲力帕·福特在论证诸如"正当、义务、善、责任、美德"等价值词与"伤害、利益、便利、重要"等描述词如何相似相连之后，② 得出结论说：

> 当人们论证什么是正当、善、义务或某种人格特质是不是美德时，他们并没有局限于引证通过简单观察或明晰化技巧所得到的事实……这种讨论正像其他的讨论，如文学批评或性格讨论，在很大的程度上要依靠经验和想象。③

这就是说，道德论证与描述推理一样，都依靠事实、经验和想象。质言之，评价的推理逻辑与描述的推理逻辑是一样的，区分二者为具有不同功能的两种逻辑类型是错误的。于是，从描述到评价与从描述到描述的推理逻辑也就是一样的，因而正如从描述可以**直接**推出描述一样，从事实描述也可以**直接**推出评价，或从事实可以**直接**推出价值：在评价与描述以及价值与事实之间，根本不存在什么逻辑鸿沟。福特举例说，"某人好冒犯别人"，是事实判断，是事实描述；从这个判断就可以直接推出评价、价值判断——"该人没有礼貌"：

> 当一个人判断某种行为是不是无礼貌时，他必得运用公认的标准。既然这标准就是"冒犯"，那么，一个人如果肯定"冒犯"便不可能否定"无礼貌"。它遵循的逻辑规则是，如果P是Q的充分

---

① Lawrence C. Becker, *Encyclopedia of Ethics*, p. 1007.
② Philippa Foot, *Virtues and Vices and Other Essays in Moral Philosophy* (Oakland: University of California Press, 1978), p. 109.
③ Ibid., p. 106.

条件，那么肯定 P 却否定 Q 便是矛盾的。这样，我们就得到了从一个非评价前提推导出一个评价结论的例子。①

可见，描述主义是一种把评价逻辑等同于描述逻辑的元伦理证明学说，是认为评价与描述的推理逻辑并无不同，因而从事实描述可以直接推出评价（或从事实可以直接推出价值）的元伦理证明学说，说到底，是一种自然主义的元伦理认识论。因为所谓自然主义，如前所述，便是认为仅仅从事实（自然）便可以直接推导出应该（价值）的元伦理证明学说。因此，描述主义便与自然主义一样，是一种谬论。那么，描述主义究竟错在哪里？

不难看出，描述主义的错误主要在于等同评价的逻辑与描述的逻辑，亦即等同事实判断的逻辑和价值判断的逻辑。描述的逻辑显然是：从一个描述或事实判断可以直接推导出一个描述或事实判断，如从"天下雨"可以直接推导出"地上湿"。反之，评价的逻辑，如前所述，则是：至少从两个描述——一个事实如何的描述和一个主体需要如何的描述——才能推导出一个评价或价值判断。更确切些说，评价的逻辑是：一个评价或价值判断是通过一个主体需要如何的描述判断，而间接地从一个事实如何的描述判断中推导出来的。

诚然，从"某人好冒犯别人"可以直接推出"该人没有礼貌"。但是，细细想来，只有"该人不应该没有礼貌"才是评价或价值判断；而"该人没有礼貌"则与其前提"某人好冒犯别人"一样，都是描述或事实判断。所以，福特是从一个描述前提直接推出一个描述结论；而并没有从一个非评价前提直接推导出一个评价结论。

显然，描述主义与自然主义一样，其错误在于不懂得，虽然评价和价值判断确实产生于描述和事实判断，是从描述和事实判断中推导出来的；但只有与主体需要的描述发生关系，从事实描述才能产生和推导出评价和价值判断——离开主体描述，不与主体需要的描述发生关系，仅从事实判断自身是不能产生和推导出评价和价值判断的：事实描述是评价产生、存在的源泉和根据；主体需要的描述则是评价或价值判断产生于、推导于事实描述的条件和标准。描述主义与自然主义一样，只看到事实描述是价值判断产生的源泉和根据，却看不到主体需要的描述是价

---

① Foot, *Virtues and Vices and Other Essays in Moral Philosophy*, p. 104.

值判断产生的条件和标准，因而误以为仅从事实判断自身便能直接产生和推导出价值判断，误以为从一个描述便可以直接推导出一个评价，于是也就误将根本不同的评价的推理逻辑与描述的推理逻辑完全等同起来。

综观自然主义、直觉主义、情感主义、规定主义和描述主义，可知五者都是关于伦理学的推导公理和道德的推导公设的片面错误的证明理论；因为它们都是关于应该、善和价值产生与推导过程的片面错误的证明理论，都是关于应该能否从事实中产生和推导出来的片面错误的证明理论。

情感主义和规定主义把"应该"所由以产生和存在的条件与标准——主体的需要、欲望、感情——当作"应该"产生和存在的源泉与实体；因而误认为"应该"存在于主体的需要、欲望、感情之中，是主体的需要、欲望、感情的属性，于是也就只能从主体的需要、欲望、感情而不能从事实中推导出来。反之，自然主义和描述主义则未能看到主体的需要、欲望、目的是"应该"产生和存在的条件与标准，而只看到"事实"是"应该"产生和存在的源泉与实体；因而误以为从事实自身直接便能产生和推导出"应该"，于是也就把事实与"应该"等同起来。直觉主义正确地看到只有通过一种中介，才能从事实产生"应该"，却未能发现这种中介就是主体的需要、欲望、目的，而误以为是直觉；从而误认为"应该"是通过直觉产生于事实。这些理论的片面性进一步显示了我们所揭示的"应该、善和价值产生和推导过程"的真理性：

"价值、善、应该如何"是"是、事实、事实如何"对主体的需要、欲望、目的之效用："客体事实属性"是"价值、善、应该如何"产生的源泉和存在的实体；"主体需要、欲望、目的"则是"价值、善、应该如何"从客体事实属性中产生的条件和标准。因此，"价值、善、应该如何"，是通过主体的需要、欲望、目的，而从"是、事实、事实如何"产生和推导出来的："善、应该、正价值"就是"事实"符合"主体需要、欲望、目的"之效用，全等于"事实"对"主体需要、欲望、目的"之符合；"恶、不应该、负价值"就是"事实"不符合"主体需要、欲望、目的"之效用，全等于"事实"对"主体需要、欲望、目的"之不符合。

这就是自然主义、直觉主义、情感主义以及规定主义和描述主义所苦苦求索的"价值、善、应该如何"的产生和推导之真实过程；这就是至今西方公认未能破解的"休谟难题"（"应该"能否从"事实"推导出来）之答案；这就是从斯宾诺莎到罗尔斯历代思想家们所关切的"可以推导出伦理学全部命题"的伦理学公理，说到底，亦即"可以推导出伦理学和国家学以及中国学等一切价值科学全部命题"的伦理学公理、国家学公理和中国学公理等一切价值科学公理。该公理可以归结为一个公式：

前提1：事实如何（价值实体）
前提2：主体需要、欲望、目的如何（价值标准）
───────────────────────────
结论：应该如何（价值）

思考题

1 朱光潜说："美在心与物的关系上。"蔡仪说："美是不依赖于欣赏的人而存在的。"高尔太说："人的心灵是美的源泉。"三者孰是孰非？

2 试析"休谟难题"：能否从"事实"推导出"应该"？

3 何谓自然主义谬误？斯宾诺莎说："只要我们感觉到任何事物使得我们快乐或痛苦，我们便称那物为善或为恶。"（斯宾诺莎：《伦理学》，贺麟译，商务印书馆，1962年，第165页）斯宾诺莎此见是否犯有自然主义谬误？

4 辨析"优良道德""好道德""对的道德"和"正确的道德"之异同？怎样才能制定优良的、好的、对的、正确的道德？

5 爱因斯坦说："只要最初的前提叙述得足够严谨，别的伦理命题就都能由它们推导出来。这样的伦理前提在伦理学中的作用，正象公理在数学中的作用一样。这就是为什么我们根本不会觉得提出'为什么我们不该说谎？'这类问题是无意义的。我们所以觉得这类问题是有意义的，是因为在所有这类问题的讨论中，某些伦理前提被默认为是理所当然的。于是，只要我们成功地把这条伦理准则追溯到这些基本前提，我们就感到满意。在关于说谎这个例子中，这种追溯的过程也许是这样的：说谎破坏了对别人的讲话的信任。而没有这种信任，社会合作就不可能，或者至少很困难。但是要使人类生活成为可能，并且过得去，这样的合作就是不可缺少的，这意味着，从'你不可说谎'这条准则可追溯到这样的要求；'人类的生活应当受到保护'和'苦痛和悲伤应当尽可能减少'。但这些伦理公理的根源是什么呢?"（爱因斯坦：《科学定律和伦理定律》，载于《爱因斯坦文集》第三卷，商务印书馆，1976年，第280页）试析爱因斯坦此见之贡献与缺憾。

阅 读 书 目

G. E. 摩尔：《伦理学原理》，商务印书馆，1983年。

穆勒：《功用主义》，商务印书馆，1957年。

王海明：《新伦理学原理》，商务印书馆，2017年。

W. D. Hudson, *The Is-Ought Question: A Ccollection of Papers on the Central Problem in Moral Philosophy* (New York: St. Martin's Press, 1969).

R. M. Hare, *Essays in Ethical Theory* (Oxford: Clarendon Press, 1989).

Louis P. Pojman, *Ethical Theory: Classical and Contemporary Readings* (San Francisco: Wadsworth Publishing Company, 1995).

中 卷
规范伦理学

第一篇
道德价值标准：道德目的

第三章 道德的概念

提 要

　　道德是社会制定或认可的关于人们具有社会效用的行为应该如何的非权力规范，主要由道德价值、道德价值判断和道德规范三因素构成：当且仅当道德价值判断是真理，才能够制定与道德价值相符的优良道德规范，而避免制定与道德价值不符的恶劣道德规范。

　　道德既具有适用于一定社会的特殊性和相对性，因而存在特殊的和相对的道德，又具有适用于一切社会的普遍性和绝对性，因而存在普遍的和绝对的道德。伦理相对主义只看到道德的特殊性和相对性，而没有看到道德的普遍性和绝对性，因而误以为不存在适用于一切社会的普遍的和绝对的道德，不存在对于一切社会都正确的普遍正确和绝对正确的道德。反之，伦理绝对主义则夸大道德适用于一切社会的普遍性和绝对性，进而否认相对的和特殊的道德之为真正道德，以致片面地认为真正的优良的道德必定是普遍的和绝对的。

　　道德是主观性与客观性的统一物：就其形式——道德价值判断和道德规范或道德契约来说是主观的、依人的意志而转移的；就其内容——道德价值与道德目的以及行为事实来说则是客观的、不依人的意志而转移的。因此，道德规范的优劣性完全是客观的、不依人的意志而转移的：不论人们的意志和愿望如何，只有与道德价值相符的道德，才是优良的正确的；而与道德价值不符的道德，必定是恶劣的错误的。道德实在论夸大了道德最根本最深层的内容是事实的方面，以致误以为道德本身或道德规范和道德价值就是事实，就是与颜色一样的不依赖主体的需要和意志而独立存在的事实。反之，道德主观主义和道德怀疑论者则夸大了道德自身或道德规范和道德价值判断的主观任意性，以致误以为道德完全是主观任意的，因而道德价值判断和道德规范也就无所谓真假对错了。

一 "道德"界说

何谓道德？实乃今日伦理学论争的首要难题。彼彻姆引证怀特利（C. H. Whiteley）的话说，道德"具有如此之多的不同含义，以致企图将它们理出头绪的决心是无用的"[1]。可是，不解决这个难题，堪称科学的伦理学便无从建立。细细考究，破解这个难题的关键，在于把握道德的三重关系：道德与伦理、道德与应该、道德与法。

1 道德与伦理

学者大都以为，道德与伦理是同一概念。从二者在西方的词源含义来说，确实如此。因为"伦理"源于希腊语"ethos"，"道德"源于拉丁文"mos"，含义都是品性与气禀以及风俗与习惯，说到底，都是指人们应当如何的行为规范：它外化为社会风俗习惯，内化为个人品性、品德。

然而，在中国，道德与伦理的词源含义却有所不同。"伦"本义为"辈"。《说文解字》曰："伦，辈也。"引申为"人际关系"。如所谓"五伦"，便是五种人际关系：君臣、父子、夫妇、长幼、朋友。"理"本义为"治玉"。《说文解字》曰："理，治玉也。……玉之未理者为璞。"引申为整治以及物的纹理，如修理、理发、木理、肌理，进而引申为规律和规则。理是事实如何的必然规律："理非他，盖其必然也……就天地人物事物求其不易之则，是谓理。"[2] 理又是行为应该如何的当然规则："只是事物上一个当然之则，便是理。"[3] 于是，所谓伦理，就其在中国的词源含义来看，便是人们的行为事实如何的规律及其应该如何的规范。

"道"本义为道路。《说文解字》曰："道，所行道也。"引申为规律和规则。所谓天道，大都指自然事物事实如何之规律，如子产曰："天道远，人道迩，非所及也。"（《左传·召公十八年》）所谓人道，大都指社会行为应该如何之规则，如《礼记》云："亲亲、尊尊、长长、男女有别，人道之大者也。"于是，从词源上看，"道"与"理"

---

[1] Tom L. Beauchamp, *Philosophical Ethics: An Introduction to Moral Philosophy* (New York: McGraw-Hill, 1982), p. 15.
[2] 黄建中：《比较伦理学》，山东人民出版社，1998年，第25页。
[3] 同上。

实为一物,同是规律和规则。所以,段玉裁注《说文解字》"伦"字曰:"粗言之曰道,精言之曰理。"

"德"本义为得。"德"的古字是"悳",《说文解字》曰:"悳,外得于人,内得于己也。"得到了什么呢?从"德"字的构形看,从直从心:心得正直。于是,"德"便引申为"品德""道德品质"。可是,一个人的心怎样才能得到正直的品德?只有长期按照应该如何的道德规范行事。所以,朱熹说:"德者,得也,行道而有得于心者也。"(《四书章句集注·论语集注》)这里的"道"(与"德"相结合因而受"德"限定的"道",亦即"道德"的"道")显然只是指行为应该如何的规范,而不是指事物事实如何的规律。因为一个人按照事实如何的规律行事,并不能得到正直的品德;只有按照应该如何的规范行事,才能得到正直的品德。

这样一来,构成"道德"一词的"道"与"德"的词源含义也就都是指应该如何的行为规范。只不过"道"是外在规范,是未转化为个人内在稳定心理状态的社会规范;而"德"则是内在规范,是已经转化为个人内在稳定心理状态的社会规范。因此,任何规范,如"忠""信""卑让",等等,究竟是"道"还是"德"只能看它们存在于何处——如果存在于个人心中,是个人内在稳定心理状态,那么它们就是"德";如果存在于个体心外,是外在于个体的社会规范,那么,它们就是"道"。所以,《左传》说:"忠、信、卑让之道也。忠,德之正也;信,德之固也;卑让,德之基也。"(《左传·文公元年》)于是,"道"与"德"所合成的"道德"一词的词源含义也就无非是应该如何的行为规范。

可见,道德与伦理,从词源上看,在西方虽为一词,都是指人们行为应该如何的规范;但在中国却是整体与部分关系——伦理是整体,其含义有二:人们行为事实如何的规律及其应该如何的规范;道德是部分,其含义仅一:人们行为应该如何的规范。然而,从概念上看,道德与伦理的含义又是什么?

道德和伦理的含义从概念上看显然与其汉语的词源含义一致:伦理是人们行为事实如何的规律及其应该如何的规范;道德是人们行为应该如何的规范。就拿所谓的"五伦"概念来说,我们只能说君臣、父子、夫妇、长幼、朋友是五种伦理,却不能说它们是五种道德:只能说君臣是伦理,却不能说君臣是道德,只有君臣之"义"才是道德。更确切些说，君臣与君臣之义都是伦理；君臣却不是道德，而只有君臣之义才是道德。这是因为，君臣是人际关系之事实如何，而君臣之义则是人际关系之应该如何：道德仅仅是人际关系应该如何；伦理则既包括人际关系应该如何，又包括人际关系事实如何。

2 道德与应该

"人们行为事实如何的规律及其应该如何的规范"是伦理概念的定义吗？是的。那么，"人们行为应该如何的规范"也是道德概念的定义吗？非也。因为许多应该如何的行为规范并非道德。斯温在论及道德与习俗的区别时，就曾以吃饭为例，西方人习惯用刀叉，而许多有教养的印度人却习惯用手指。这两种习惯无疑是两种应该如何的行为规范，却皆非道德。① 那么，道德与这些应该如何的行为规范区别何在？正如斯温所言，在于是否具有社会重要性，② 亦即是否具有利害社会之效用：道德是具有社会效用的行为应该如何的规范，是对于社会具有利害效用的行为应该如何的规范。

试想，为什么用筷子还是刀叉抑或手指吃饭都无所谓道德不道德？岂不就是因为三者对于社会存在发展都不具有利害关系，因而都不具有社会效用？为什么诚实与欺骗、公正与不公正、人道与非人道等都是道德规范？岂不就是因为这些规范具有利害社会之效用？

那么，具有利害社会之效用，是不是道德与应该的唯一区别？不是。因为一种应该如何的行为规范究竟是不是道德规范，不但在于它们是否具有利害社会之效用，还在于它们是谁制定或认可的。如果一种具有社会效用的行为规范是由社会制定或认可的，那么，不论这种规范是如何荒谬错误，它都是道德；如果并不是由社会制定或认可的，而只是一个人自己独自制定或认可的，那么，不论这种规范是如何正确优良，它也不是道德，而只是他自己的一种"应该"。

举例说，如果一个社会制定或认可了"女人应该裹小脚"的行为规范，那么，不论它是多么荒谬，也是道德。这样，一个人如果裹小脚，她就遵守了道德，她就是有道德的。反之，如果她自行其是，制定或认可相反的行为规范"女人不应该裹小脚"，这一规范并没有得到社会的认可，而只是她自己的行为规范，那么，不论它是何等正确优

---

① John Hartland-Swann, *An Analysis of Morals* (London: George Allen & Unwin, 1960), p. 57.
② Ibid., p. 62.

良，也不是道德，而仅仅是个人的行为规范。于是，一个人如果不裹小脚，那么，她就违背了道德，就是无道德的、缺德的。

可见，道德区别于"应该"的另一个根本特征，乃在于道德必定是社会制定或认可的；而"应该"未必是社会制定或认可的：道德是社会制定或认可的关于人们具有社会效用的行为应该如何的规范。从这一特征来说，道德必定具有社会性，必定是两个以上的人所订立的一种需要共同遵守的社会契约；反之，应该如何的行为规范则未必具有社会性，而完全可以是一个逃离社会的孤独者为自己制定或认可的生活规则。因此，弗兰克纳一再说："道德可以被定义为全社会的一种契约。"[①] 道德是一种需要每个人都遵守的社会契约：这是道德区别于应该的根本特征。最早发现这一特征的是伊壁鸠鲁，他说："正义是一种防止人们相互伤害的权宜契约。"[②]

3 道德与法

"道德是社会制定或认可的关于人们具有社会效用的行为应该如何的规范"是道德的定义吗？也还不是。因为法，众所周知，也是社会制定或认可的具有社会效用的行为规范；而且如法学家所说，也是人们应该如何的行为规范："法是决定人们在社会中应该如何行为的规范、规则或标准。"[③] 道德与法的这一共同点，包尔生早就注意到了："道德律宣称应当是什么……法律也无疑是表现着应当是什么。"[④] 那么，道德与法的区别何在？

二者的区别，说到底，在于有无一种特殊的强制：权力。因为所谓权力，众所周知，是仅为管理者拥有且被社会承认的迫使被管理者服从的强制力量。这样，从权力是仅为社会管理者所拥有的迫使人们不得不服从的力量方面来看，权力具有必须性，是人们必须服从的力量；从权力是社会承认、大家同意因而具有所谓"合法性"的力量方面来看，权力具有应该性，是人们应该服从的力量。合而言之：权力是人们

---

① William K. Frankena, *Ethics* (New Jersey: Prentice-Hall, 1973), p. 6.
② 阿德勒，范多伦：《西方思想宝库》，《西方思想宝库》编委会译，吉林人民出版社，1988年，第944页。
③ 戴维、韦农·波格丹诺编：《布莱克维尔政治学百科全书》，邓正来译，中国政法大学出版社，1992年，第393页。
④ 弗里德里希·包尔生：《伦理学体系》，何怀宏等译，中国社会科学出版社，1988年，第18页。

必须且应该服从的力量。从权力之如是界说不难看出：法是权力规范，是应该且必须如何的行为规范；道德则是非权力规范，是应该而非必须如何的行为规范。

这是被道德与法所规范的行为的性质所决定的。道德所规范的是每个人的全部具有社会效用的行为；而法所规范的则仅仅是其中的一部分，即那些具有重大社会效用的行为。试想，为什么"不应该杀人放火"是法，而"应该让座位给老弱病残"则仅仅是道德？岂不就是因为杀人放火具有重大社会效用，而让座位则不具有重大社会效用？所以，西季威克说：

> 在一个组织良好的社会中，最重要和不可缺少的社会行为规则将具有法律强制性；而那些重要性较轻者则由有事实根据的道德来维系。法律仿佛构成社会秩序的骨架，披上道德的肉与血。①

法所规范的是具有重大社会效用的行为，决定了法不能不具有各种强制性：从最弱的舆论强制到最强的肉体强制，决定了法的强制是有强制组织机关的强制，是仅为社会的管理者、领导者所拥有的强制，说到底，是权力强制，是应该且必须如何的强制。反之，道德所规范的是一切具有社会效用的行为，由此便决定了道德只具有最弱的强制性：舆论强制。这显然是一种没有强制组织机关——因而为全社会每个人所拥有——的强制；说到底，是非权力强制，是应该而非必须如何的强制。

综观道德与法、应该、伦理之异同，可以得出结论说：道德是社会制定或认可的关于人们具有社会效用的行为应该而非必须如何的非权力规范；简言之，也就是具有社会效用的行为应该而非必须如何的规范，是具有社会效用的行为应该如何的非权力规范，说到底，亦即非权力规范。这就是道德的精确定义，从此出发，便可以破解"道德结构"难题了。

二 道德的结构

1 道德基本结构：道德规范与道德价值

道德界说——道德是具有社会效用的行为应该如何的非权力规

---

① Henry Sidgwick, *the Methods of Ethics*, 7th ed. (London: Macmillan and Company, 1922), p.459.

范——表明,道德属于规范范畴:"道德"与"道德规范""道德契约"三者是同一概念。因此,所谓道德的结构,也就是道德规范的结构。那么,道德规范是怎样构成的?道德规范都是人为的,都是人制定、约定或认可的一种契约。所以,要知道道德规范是怎样构成的,也就是要知道人们是怎么或根据什么来制成道德规范、道德契约的。

不言而喻,人们是根据行为事实的某种效用——行为事实对于道德目的的效用——来制定行为应该如何的道德规范的。就拿"应该诚实"和"不应该欺骗"来说,这两种道德规范、道德契约是怎样制定的?无疑是根据诚实和欺骗的某种效用来制定的。比如说,诚实是社会合作的基本纽带,诚实能够保障社会存在发展和增进每个人利益,因此符合道德目的;反之,欺骗瓦解社会合作,不符合道德目的。人们认识到诚实与欺骗的这些效用,便一方面把诚实奉为行为应该如何的道德规范、道德契约,另一方面则把欺骗奉为行为不应该如何的道德规范、道德契约。

可见,人们是根据行为事实对于道德目的的效用来制定或认可道德或道德规范、道德契约的。行为事实如何对于道德目的的效用,如前所述,亦即行为应该如何,说到底,亦即道德价值。这样,说到底,道德或道德规范、道德契约便是根据道德价值来制定或认可的。这意味着:道德由道德价值与道德规范或道德契约两因素构成。然而,人们往往以为,"道德"或"道德规范"与"道德价值"是一个东西,殊不知,二者根本不同。因为道德规范或道德都是人制定或约定的。但是,道德价值却不是人制定或约定的:一切价值——不论是道德价值还是非道德价值——显然都不是人制定或约定的。试想,玉米、小麦、大豆的营养价值怎么能是人制定或约定出来的呢?那么,道德价值与道德规范是何关系?

道德或道德规范是根据道德价值制定或认可的,意味着:道德或道德规范、道德契约不过是道德价值的表现形式;而道德价值则是道德或道德规范、道德契约所表现的内容。这是不难理解的。试想,"应该诚实"的道德规范究竟是什么呢?不过是对于诚实的某种效用、价值的反应和表现,它表现了诚实具有这样的效用和价值:诚实是社会合作的基本纽带,符合道德目的,因而是应该的,等等。

因此,道德或道德规范、道德契约,就其自身来说,只是一种形式,它包容和表现着道德价值。换言之,道德具有形式与内容的结构，它是道德规范形式和道德价值内容的结合体：它的形式是道德规范、道德契约，而内容则是道德价值。

2 道德完整结构：道德价值、道德价值判断与道德规范

道德的"道德价值内容与道德规范形式"之结构，细究起来，仅仅是道德的基本结构，而不是道德的完整结构。因为仅仅道德规范与道德价值两者，是不可能结合在一起的。二者之结合，必须有一种中介。这个中介就是道德价值判断。因为道德规范、道德契约固然是人们根据道德价值制定的，但是，仅仅有道德价值存在那里，人们是制定不出道德规范、道德契约的。人们要制定道德规范、道德契约，首先必须知道道德价值是什么。因此，由道德价值到道德规范、道德契约的飞跃和转化，必须有一个中间环节：道德价值判断。这样，人们制定行为道德规范、道德契约的过程，首先便是探察行为的道德价值，弄清各种行为的道德价值究竟如何，形成道德价值判断。然后，在道德价值判断的指导下，才能够制定与道德价值相符的道德规范、道德契约。

举例来说，我们要制定"应该为己利他"或"不应该为己利他"的道德规范、道德契约，首先必须弄清为己利他的道德价值，形成道德价值判断：为己利他是否有利社会存在发展、符合道德目的、具有正道德价值？而后，在这些关于为己利他道德价值判断的指导下，我们才能够制定与为己利他道德价值相符的道德规范：如果为己利他具有负道德价值，我们便会制定"不应该为己利他"的道德规范、道德契约；如果为己利他具有正道德价值，便会制定"应该为己利他"道德规范、道德契约。

这样，道德实际上便由道德价值、道德价值判断和道德规范三因素构成。这就是道德的完整结构。在道德的这种结构中，道德规范或道德契约是道德价值判断的表现与形式；道德价值判断又是道德价值的表现与形式。这样，道德规范便与道德价值判断一样，都是道德价值的形式，皆以道德价值为内容、对象、摹本。只不过，道德价值判断是道德价值的直接形式，是道德价值在大脑中的反映，是道德价值的思想形式；而道德规范则是道德价值的间接形式，是道德价值——经过道德价值判断之中介——在行为中的反应，是道德价值的规范形式。

因此，道德价值判断有真假之分：与道德价值相符的判断，便是真理；与道德价值不符的判断，便是谬论。反之，道德规范、道德契约则

没有真假而只有对错优劣之分：与道德价值相符的道德规范、道德契约并不是真理，而是优良的、正确的；与道德价值不符的道德规范、道德契约并非谬论，而是恶劣的、不正确的。

举例来说，如果"为己利他"确实是不应该的（这是一种道德价值），那么，断言"为己利他是应该的道德价值判断"便与其道德价值不符，因而是一种谬论，是一种谬误的、假的判断；而把"为己利他奉为行为应该如何的道德规范"也与其道德价值不符合，因而是一种恶劣的道德规范：我们只能说这种道德规范是恶劣的或优良的，却不能说它是真理或谬论。

3 道德深层结构：行为事实与道德目的

不难看出，道德价值也是由两因素构成的。这两因素就是道德目的与行为事实。因为所谓道德价值或行为应该如何，不过是行为事实如何对于道德目的相符抑或违背之效用：行为事实符合道德目的之效用，就是行为之应该，就是正道德价值；行为事实违背道德目的之效用，就是行为之不应该，就是负道德价值。试想，"应该利人"的道德价值究竟是什么呢？不过是"利人事实"对于道德目的——保障社会存在发展——的效用，它全等于"利人事实对道德目的之符合"。反之，"不应损人"的道德价值又究竟是什么呢？不过是"损人事实"对于道德目的的效用，它全等于"损人事实对道德目的之违背"。这是一种道德价值推理

前提1：行为事实如何（利人与损人：道德价值实体）
前提2：道德目的如何（保障社会存在发展：道德价值标准）

结论：行为应该如何（应该利人与不应该损人：道德价值）

这一推理表明，首先，"行为事实如何"是行为不依赖道德目的而独自具有的属性，是行为无论与道德目的发生关系还是不发生关系都同样具有的属性，因而是行为的固有属性，是道德价值、行为应该如何所由以产生和推导出来的源泉、依据、实体，所以叫作"道德价值实体"。其次，"道德目的如何"是行为应该如何从行为事实如何中产生和推导出来的条件，是衡量行为事实应该不应该的标准，所以叫作"道德价值标准"。最后，行为事实如何与道德目的相结合便构成"行为应该如何"：它是行为独自不具有的属性，是行为事实如何与道德目的的发

生关系时所产生的属性,是行为事实如何对于道德目的的效用,是行为的关系属性,叫作"道德价值"。

可见,道德价值是行为事实如何对于道德目的的效用,因而由"行为事实"与"道德目的"两方面构成:前者是道德价值构成的源泉和实体,后者是道德价值构成的条件和标准。这就是道德价值的结构,是道德内容的结构,因而也就是道德的深层结构。

综观道德结构可知,道德结构极为复杂,它的内容和形式都是双重的,因而由四因素——道德规范与道德价值判断以及道德目的与行为事实——构成(如图 3.1)。

$$
道德\begin{cases} 道德形式\begin{cases} 道德规范 \\ 道德价值判断 \end{cases} \\ 道德内容=道德价值\begin{cases} 道德目的 \\ 行为事实 \end{cases} \end{cases}
$$

图 3.1

三 道德的类型

1 普遍道德与特殊道德

不同民族或同一民族在不同时代,往往奉行不同的乃至相反的道德规范。例如,初民社会倡导"应该吃老人";而今日社会则倡导"应该养老送终"。美国人谴责自杀,认可"失败后不应该自杀"的道德规范;日本人却敬重自杀,认可"失败后应该自杀"的道德规范。在大多数国家,妇女都可以露出面孔,而应该遮住乳房和臀部。可是,在非洲的许多地区,妇女却应该裸露乳房和臀部;火地岛的妇女不应该露出后背;菲律宾的塔萨代妇女在日常生活中则可以是全裸的;而在传统的阿拉伯社会中,妇女应该遮住全身。如此等等。

但是,这些道德规范的差异,只能说明道德具有多样性、特殊性,却不能否认道德具有普遍性、一般性。因为诸如善、正义、幸福、诚实、自尊、谦虚、智慧、节制、勇敢等道德规范,无疑都是适用于一切社会、一切时代、一切阶级的普遍道德规范。试问,古今中外,有哪一个社会、哪一个时代、哪一个阶级,不倡导诚实、自尊、爱人、勤勉、慷慨、勇敢、正义、廉洁、善、幸福、谦虚、智慧、节制、勇敢等道德规范?谁敢说这些规范仅仅适用于某些特定社会、特定时代、特定阶级,而不适用于一切社会、一切时代、一切阶级?

所以，道德既具有特殊性又具有普遍性；道德的性质是普遍性与多样性的统一。这就是道德的普遍性与特殊性原理。以道德的普遍性与特殊性为根据，一切道德显然可以分为两类：普遍道德与特殊道德。特殊道德，如"三从"（在家从父、出嫁从夫、夫死从子）和"四德"（妇言、妇容、妇功、妇德）以及"三纲"（君为臣纲、父为子纲、夫为妻纲）等，仅仅适用于一定的社会和文化（家天下的专制封建社会、家天下的专制主义封建文化），仅仅对一些人（家天下的专制主义封建社会的中国人）是有效的，仅仅是他们遵守的道德。反之，普遍道德，如诚实、节制、谦虚、公正、勇敢、中庸、智慧等，则无疑是任何时代任何人都应该遵守的，是普遍适用于一切社会和文化的。

道德的普遍性与特殊性之关系，说到底，显然是根本与非根本、产生与被产生、决定与被决定、支配与被支配、推导与被推导的关系。由此观之，道德又可以分为道德原则与道德规则两大类型。所谓道德原则，是某个领域根本的道德规范，是某个领域产生、决定和推导出该领域其他道德规范的道德规范，说到底，也就是某个领域普遍的、一般的、抽象的道德规范。反之，道德规则则是某个领域的非根本的道德规范，是某个领域被产生、被决定、被推导的道德规范，说到底，也就是某个领域的具体的、个别的、特殊的道德规范。

举例说，在家天下的中国封建社会，"三纲"是根本的道德规范，是产生、决定和推导出其他中国封建道德的一般的、普遍的道德规范，所以是中国封建社会的道德原则。反之，"三从四德"则是为"三纲"所产生和决定的非根本的道德规范，是中国封建社会的具体的、特殊的道德规范，所以便是中国封建社会道德规则。再比如，在任何社会，"爱人""利人"都是产生、决定和推导出其他诸种道德规范的较为根本、普遍和一般的道德规范，所以是一切社会的道德原则。反之，"智、勇、信"等则是为"爱人""利人"所产生和决定的，是普遍适用于任何社会而又比"爱人""利人"更为特殊、具体、个别的道德规范，所以是一切社会的道德规则。

可见，道德原则与道德规则的关系也都是普遍与特殊的关系。但是，道德原则未必都是人类社会的普遍道德，道德规则也未必都是人类社会的特殊道德。更确切地说，道德原则分为两类：普遍道德原则与特殊道德原则。普遍道德原则是一切社会共同的道德原则，如"仁爱""利人"等；特殊道德原则是一定社会特有的道德原则，如"三纲"

等。道德规则也分为普遍道德规则与特殊道德规则。普遍道德规则是一切社会共同的道德规则，如"智""勇""信"等；而特殊道德规则是一定社会特有的道德规则，如"三从四德"等。总之，以普遍性和特殊性为根据，道德可以分类如下（图3.2）。

$$
道德 \begin{cases} 普遍道德 \begin{cases} 普遍道德原则（仁爱）\\ 普遍道德规则（勇敢） \end{cases} \\ 特殊道德 \begin{cases} 特殊道德原则（三纲）\\ 特殊道德规则（三从） \end{cases} \end{cases}
$$

图 3.2

2 绝对道德与相对道德

比较普遍道德与特殊道德以及道德原则与道德规则之关系，可以看到，道德相互间根本的普通的关系，是因果关系：一方面，一切道德规则都产生于、决定于、推导于、隶属于道德原则；另一方面一切特殊道德都产生于、决定于、推导于、隶属于普遍道德。于是，合而言之，一切特殊道德规则都产生于、决定于、推导于、隶属于特殊道德原则；一切特殊道德原则和一切普遍道德规则都产生于、决定于、推导于、隶属于普遍道德原则；普遍道德原则是产生、决定、推导出其他一切道德的道德。

这样，当发生道德冲突时，便应该服从普遍道德原则而牺牲其他道德。就拿康德所举的例子来说，一个人看见被凶手追杀的无辜者藏身于某处，当凶手问他是否看见被追杀者时，他便面临着这样的道德冲突：如果他遵守诚实的道德规则对凶手如实相告，就违背了救人、利人的普遍道德原则而使被追杀的无辜者丧命；如果他遵守救人、利人的普遍道德原则救助被追杀者，就要违背诚实道德规则而欺骗凶手。① 那么，他应该怎么办？应该遵守救人、利人的普遍道德原则而牺牲诚实道德规则。

然而，当普遍道德原则相互间发生冲突时应该怎么办呢？举例说，杀人偿命体现的是正义原则，而废除死刑体现的是人道、仁爱原则：二者都属于普遍道德原则范畴。这样，一个国家，如果遵守人道、仁爱原则而废除死刑，就违背了杀人偿命的正义原则；如果遵守正义原

---

① Sissela Bok, *Lying: Moral Choice in Public and Private Life* (New York: Vintage Books, 1989), p. 268.

则而杀人偿命,就违背了人道、仁爱原则。那么,应该怎么办?无疑应该服从比较根本的道德原则:正义。因为正如斯密所说:"社会存在的基础与其说是仁爱,毋宁说是正义。没有仁爱,社会固然处于一种令人不快的状态,却仍然能够存在;但是,不正义的盛行则必定使社会完全崩溃。"①

进言之,当比较根本的普遍道德原则与更为根本的普遍道德原则发生冲突时,便应该服从更为根本的普遍道德原则。于是,最终必定应该服从最为根本的普遍道德原则,亦即道德终极原则、道德终极标准:它是最根本的普遍道德原则,是产生、决定、推导出其他一切道德原则的原则,是在一切道德规范发生冲突时都应该服从而不应该违背的道德原则,是每个人在任何条件下都应该遵守而不应该违背的道德原则,因而也就是绝对道德:"如果说某些道德原则是'绝对'的,那就是意味着这些道德原则是没有例外的。"② 对此,穆勒亦曾这样写道:"有一个基本的原则或法则,作为全部道德的基础……这一个原则是在各种原则之间发生冲突时进行判决的尺度。"③ 穆勒沿袭以往的传统而称之为道德"终极标准"(Ultimate)或道德"第一原则"(First Principle)。④

绝对道德或道德终极标准必定只能是一个。否则,如果是两个或两个以上,那么,当它们发生冲突时,只可能遵守一个,而违背另一个:那应该违背者显然不可能是道德终极标准,而只有那不应该违背者才是道德终极标准。那么,这一个绝对道德或道德终极标准究竟是什么?无疑是道德最终目的:增进每个人的利益。因为,如前所述,优良道德绝非可以随意制定,而只能根据"行为应该如何的道德价值"——"行为事实如何"对于"道德目的"的效用——制定,说到底,只能以道德最终目的为标准而从行为事实推导出来的:行为应该如何就是行为事实如何与道德最终目的之相符,行为不应该如何就是行为事实如何与道德最终目的之违背。这就是优良道德的推导和制定过程,可以归结为一

---

① Adam Smith, *The Theory of Moral Sentiments* (Beijing: China Social Sciences Publishing House, 1999), p. 86.
② George Sher, *Moral Philosophy Selected Readings* (New York: Harcourt Brace Jovanovich, 1987), p. 158.
③ John Stuart Mill, *Utilitarianism* (Beijing: China Social Sciences Publishing House, 1999), p. 4.
④ Ibid., pp. 3-4.

个公式：

前提1：行为事实如何（道德价值实体）
前提2：道德最终目的如何（道德价值终极标准）

结论1：行为应该如何（道德价值）
结论2：道德原则之优劣（道德原则是否与道德价值相符）

这一公式表明，道德最终目的——增进每个人利益——是产生、决定和推导出其他一切道德原则的道德价值终极标准，是在一切道德规范发生冲突时都应该服从而不应该违背的道德终极标准，是每个人在任何条件下都应该遵守而不应该违背的道德终极标准，因而也就是绝对道德原则、绝对道德。

可见，道德既具有相对性，又具有绝对性，体现其相对性者为相对道德，体现其绝对性者为绝对道德。绝对道德只有一个，亦即道德最终目的"增进每个人的利益"，它是在任何条件下都应该遵守的道德终极标准；相对道德是这一条绝对道德之外的全部道德，它们都是在一定条件下才应该遵守的道德。不难看出，相对道德只有在与绝对道德一致的条件下（因而也就是一般的正常的条件下）才应该遵循，而在与绝对道德冲突的条件下（因而也就是例外的非常的条件下）则不应该遵循。

3 优良道德与恶劣道德

道德既然是一种契约、约定、协议，也就是依人的意志而转移的，是主观任意、可以自由选择的。问题在于，道德是不是完全主观任意的？不是。因为就道德自身来说，是一种人们制定或认可的规范，亦即道德规范、道德契约，完全是主观任意的。但是，道德自身或道德规范、道德契约，如上所述，仅仅是一种形式，它的内容是道德价值：道德乃是由道德规范形式与道德价值内容构成的统一体。道德价值与道德规范根本不同，因为道德价值显然不是人们制定、认可或约定的。谁能说价值是契约、协议，是约定俗成的？谁能说苹果的营养价值是契约、协议，是约定俗成的呢？那么，道德价值是客观的吗？

答案是肯定的。因为道德价值，如上所述，乃是行为事实如何所具有的对于道德目的的效用性。行为事实之为事实，无疑是客观的。道德目的似乎是主观的，其实不然。因为个人行为的起因和目的可以是主观任意的，但是人们所结成的团体的普遍的起源和目的却是客观、必然的。

例如，家庭、社会、国家等的普遍的起源和目的，岂不都是客观的、必然的、不依人的意志而转移的吗？经济、政治、法律的普遍的起源和目的岂不都是客观的、必然的、不依人的意志而转移的吗？因此，道德的普遍的起源和目的是客观的、必然的、不依人的意志而转移——必然是为了保障社会存在发展和增进每个人的利益——又有什么奇怪呢？

道德普遍目的和行为事实既然都是客观的，那么，行为事实所具有的对于道德普遍目的的效用——道德价值——也必然是客观的：它一方面必然决定于客观的、不依人的意志而转移的道德普遍目的，另一方面必然决定于客观的、不依人的意志而转移的行为事实，因而也就同样是客观的、不以人的意志而转移的。

就拿"为己利他"的道德价值来说，如果为己利他行为事实上既利己又利他、己他双赢，如果道德普遍目的是保障社会存在发展和增进每个人的利益，那么，不论儒家和康德如何否定为己利他，不论有多少人认定它具有负道德价值，它也因其符合道德普遍目的而必然具有正道德价值：这是被为己利他行为事实和道德普遍目的之本性所必然决定的，是客观的、不以人的意志而转移的。

因此，主观的、依人的意志而转移的，并不是"为己利他"的道德价值，而是人们对于"为己利他"道德价值的判断和在这种判断指导下所制定的关于"为己利他"的道德规范、道德契约：利他主义论者认为为己利他具有负道德价值，因此制定了"不应该为己利他"的道德规范、道德契约；合理利己主义论者则认为为己利他具有正道德价值，因此制定了"应该为己利他"的道德规范、道德契约。

可见，道德既具有主观性又具有客观性：就其内容——道德价值与道德目的以及行为事实来说是客观的、不以人的意志而转移的；就其形式——道德价值判断和道德规范或道德契约来说则是主观的、以人的意志而转移的。

以道德的主客观本性为根据，可以把一切道德分为优良道德与恶劣道德两大类型。首先，道德规范的主观性是道德有优劣之分的前提。因为只有在道德规范是主观任意的条件下，道德才能有优劣之分；反之，如果道德规范是客观必然、不可自由选择的，它怎么能有优劣之分呢？其次，道德价值的客观性是道德分为优良道德与恶劣道德的根据。试想，如果说道德规范有优劣之分，那么，究竟根据什么来确定道德的优劣呢？应该根据是否符合道德价值的客观本性：与道德价值相符的道德规范便是优良的（正确的、好的）道德规范；与道德价值不符的道德规范便是恶劣的（正确的、坏的）道德规范。

举例说，如果为己利他符合道德目的，具有正道德价值，那么，合理利己主义论者所制定的"应该为己利他"的道德规范，就与为己利他道德价值相符，因而是优良的道德规范；反之，利他主义论者所制定的"不应该为己利他"的道德规范，则与为己利他道德价值不符，因而是恶劣的道德规范。

综观道德的主客观本性可知，道德是主观性与客观性的统一物：就其内容——道德价值、道德目的和行为事实来说主要是客观的、不以人的意志而转移的；就其形式——道德价值判断和道德规范或道德契约来说则是主观的、以人的意志而转移的。因此，道德规范的优劣性及其衡量标准便完全是客观的、不依人的意志而转移的：不论人们的意志和愿望如何，只有与道德价值相符的道德才是优良的、正确的；而与道德价值不符的道德必定是恶劣的、错误的。

四 关于道德的概念的理论

道德本性极端艰深复杂。因此，围绕道德本性，两千年来哲学家和伦理学家们一直争论不休。这些争论，可以归结为六大流派：伦理相对主义、伦理绝对主义、道德主观主义、道德怀疑论、道德客观主义、道德实在论。

1 伦理相对主义

伦理相对主义（Ethical Relativism）虽然在当代西方伦理学界备受关注，但是，它的代表人物却大都是人类学家和社会学家——如萨姆纳（W. G. Sumner）、埃德瓦尔·韦斯特马克、埃米尔·涂尔干、卡尔·曼海姆等，而并不是伦理学家和哲学家。在伦理相对主义的旗帜下，值得一提的当代哲学家似乎只有哈曼。[1]

伦理相对主义包括"文化伦理相对主义"（Cultural Ethical Relativism）和"规范伦理相对主义"（Normative Ethical Relativism）：文化伦理相对主义，一般被简称为"文化相对主义"或"描述相对主义（Descriptive Relativism）"；规范伦理相对主义则往往被简称为"伦理相对

---

[1] Beauchamp, *Philosophical Ethics*, p. 34.

主义"或"规范相对主义"。① 文化或描述相对主义，正如保罗·泰勒所说，认为道德事实上完全是相对的，一切道德都相对于一定的文化和社会而存在，皆因文化和社会的不同而不同，不存在适用于一切文化、一切社会的普遍的、绝对的道德。②

伦理相对主义则从文化相对主义出发，进一步认为，人们所奉行的道德规范的正确性也完全是相对的：任何道德只有相对于奉行它的特定的社会才是正确的，不存在对于一切社会都是正确的普遍正确、绝对正确的道德。③

原来，伦理相对主义所描述的不同民族或同一民族在不同时代所奉行的不同的乃至相反的道德风习，都是具体的、特殊的道德规范。这些道德规范的差异，只能说明道德具有相对性，却不能否认道德具有绝对性。因为这些道德规范所由以推出而为其前提的道德最终目的是完全相同的，都是为了增进全社会和每个人的利益：它是任何人在任何条件下都应该遵守的道德终极标准，是绝对的道德标准。人们从这同一的绝对的道德终极标准出发而形成相反道德风习，只是因为该标准在不同的时代和地域的表现不同罢了。

试想，初民社会为什么会有"应该吃老人"的道德呢？因为初民社会生产力水平极端低下，如果不吃老人，所有的人都可能饿死。所以，初民社会吃老人便与今日社会养老送终一样，最终都是为了保障社会的存在发展、增进每个人的利益。于是，初民社会"应该吃老人"和今日社会"应该养老送终"这两种相反道德，便不过是同一道德终极标准"增进全社会和每个人的利益"因两种社会的生产力根本不同而具有的两种相反的表现罢了。因此，伦理相对主义认为一切道德皆因社会不同而不同——因而不存在适用于一切社会的普遍的、绝对的道德的观点——确系以偏概全：只看到具体的、特殊的道德规范，而没有看到这些道德规范所由以推出而为其前提的道德终极标准或绝对道德"增进全社会和每个人利益"；也没有看到公正、诚实、节制、谦虚、勇敢、中庸、自尊、智慧等适用于一切社会的普遍道德。

---

① Louis P. Pojman, *Etihcal Theory: Classical and Contemporary Readings* (San Fransisco: Wadsworth Publishing Company, 1995), p. 16.
② George Sher, *Moral Philosophy*, p. 147.
③ H. Gene Blocker, *Ethics: An Introduction* (Nashrille: Haven Publications, 1986), p. 38.

这样一来，伦理相对主义由此认为任何道德只有相对于奉行它的特定的社会才是正确的观点，也就不能成立了。因为只有特殊的、相对的道德，才相对于特定的社会而成立其优劣对错：一种特殊道德对于一种社会是正确的，对于另一种社会则可能是错误的。例如，"应该吃人"道德规范是正确的，只是对于初民社会才能成立：它只是在初民社会，才与吃人行为的道德价值相符，因而才是正确的道德规范；而在现代社会，则与吃人行为的道德价值不符，因而是错误的道德规范。反之，普遍道德和绝对道德的对错则对于一切社会都是同样的：如果一种普遍的或绝对的道德是正确的，那么，它对于任何社会便都是正确的。公正、诚实、节制、谦虚、勇敢、中庸、自尊、智慧等普遍道德，众所周知，都是放之四海而皆准、行之万世而不悖的优良的、正确的道德规范：它们对于任何社会都同样是正确的、优良的道德规范。

可见，道德的正确性既具有相对性又具有绝对性：特殊的、相对的道德的正确性是特殊的、相对的，普遍的、绝对的道德的正确性则是普遍的、绝对的。伦理相对主义认为任何道德的正确性都只有相对于奉行它的特定的社会才是能够成立的观点之错误，说到底，显然在于否认普遍的绝对的道德而认为一切道德都是特殊的、相对的：如果一切道德都是特殊的、相对的、皆因社会不同而不同，那么，它们的正确性也就确实只有对于特定社会来说才是能够成立的。由此可以进一步看出，在构成伦理相对主义的双重因素中，描述或文化相对主义（它认为一切道德都是特殊的、相对的、皆因社会不同而不同）乃是规范或伦理相对主义（它认为一切道德的正确性只有对于特定社会来说才是能够成立的）的前提：反驳伦理相对主义，关键在于颠覆它的前提，证明存在着适用于一切社会的普遍的、绝对的道德。

2 伦理绝对主义：境遇伦理学

与伦理相对主义不同，伦理绝对主义（Ethical Absolutism）或道德绝对主义（Moral Absolutism）的代表人物并不是人类学家和社会学家，而是伦理学家和哲学家，如康德、弗莱彻等。正如波吉曼所指出的，伦理绝对主义或道德绝对主义与伦理相对主义恰恰相反：伦理相对主义否认绝对道德的存在，而认为一切道德都是相对的；伦理绝对主义则否认相对道德,而认为一切真正的道德都是绝对的。① 更确切地说,伦理绝对主义或道德绝对主义也就是否认相对道德之为真正的道德,而认为真正的、优良的道德必定是绝对的理论。

然而,绝对道德或道德终极标准,如上所述,必定只有一条,亦即道德的最终目的,此外皆为相对道德。伦理绝对主义的错误显然在于夸大这一点,认为道德就其真正的本性来说是绝对的,从而不是把绝对道德仅理解为道德最终目的,而是理解为其他道德原则或由一系列道德原则——如应该爱、不应该说谎、应该为义务而义务等——所构成的道德原则体系。这样,伦理绝对主义便一方面错误地把一些相对道德——如爱和诚实——夸大成绝对道德;另一方面,则错误地把众多的相对道德逐出道德领域,否认这些相对道德之为道德。

这种对于相对道德的否认在弗莱彻的"境遇伦理学"(Situation Ethics)那里登峰造极。弗莱彻的境遇伦理学也是一种十分典型的道德绝对主义,或者毋宁说,是一种新康德道德绝对主义。因为它与康德一样,认为道德就其真正的本性来说是绝对的;不具有绝对性的道德,不是真正的道德,因而完全没有存在的必要。只不过,在康德看来,绝对道德、真正的道德是一系列道德原则,如责任、诚实等;反之,在境遇伦理学看来,绝对道德、真正的道德只有一条,那就是"爱":"只有'爱'这一戒律是绝对的善。"② 于是,只有"爱"才因其具有绝对性而是真正的道德;其余道德则皆因其是相对的而并不是真正的道德,完全没有存在的必要:"爱是唯一的规范。"③ 这样,一切伦理行为之应该与否也就完全取决于行为之境遇,取决于行为在该境遇下是否符合"爱"的计算。因此,正如弗莱彻所言,境遇伦理学只有两个东西:一个是绝对的规范,另一个是具体境遇的计算方法。④ 然而,如果全部道德只是一个规范"爱",道德岂不就几乎等于零吗?所以,宾克来说,虽然弗莱彻和境遇伦理学者并不是为不负责任或无道德论进行辩

---

① Pojman, *Ethical Theory*, p. 16.
② Joseph Fletcher, *Situation Ethics: The New Morality* (Philadelphia: The Westminster Press, 1966), p. 26.
③ Ibid., p. 80.
④ Ibid., p. 27.

护，但是，实际上他们与非道德主义已相差无几了。① 那么，境遇伦理学究竟错在哪里？

原来，如上所述，绝对道德是任何人在任何条件下都应该遵守的道德，这种道德只有一条，亦即道德最终目的：增进全社会和每个人的利益。相对道德则是这一条绝对道德之外的全部道德，是人们在一般的、正常的、典型的条件下才应该遵守——而在例外的、非常的、极端的条件下则不应该遵循——的道德。显然，相对道德存在的必要性全在于：正常行为的数量远远多于非常行为的数量。这样，因为相对道德所规范的是正常行为，所以，它应该被遵守的次数便远远多于它不应该被遵守的次数，因而它的存在是必要的。反之，如果相对道德所规范的是非常行为，那么，它应该被遵守的次数便远远少于它不应该被遵守的次数，因而它的存在便是极不必要的了。

然而，境遇伦理学却把正常与非常视为同等重要："境遇的变量（variables）与规范或一般的常量（constants）应该被看作同等重要。"② 这就是境遇伦理学的根本错误之所在：抹杀正常行为与非常行为的区别，等量齐观相对道德应该被遵守的正常境遇与其不应该被遵守的非常境遇，进而等量齐观相对道德应该被遵守的次数与其不应该被遵守的次数。这样一来，相对道德也就没有存在的必要了。因为如果相对道德应该被遵守的次数与其不应该被遵守的次数是相等的，那么，它应该存在的理由岂不就与它不应该存在的理由相等吗？相对道德既然没有存在的必要，所以也就只有绝对的道德才是真正的道德：境遇伦理学就是这样堕入否认相对道德的道德绝对主义的。

3 道德主观主义与道德怀疑论

所谓道德主观主义（Moral Subjectivism），众所周知，亦即否认道德的客观性而认为道德完全是主观任意的理论。因此，道德主观主义论者阵营十分庞大复杂，情感主义伦理学家，如休谟、罗素、维特根斯坦、艾耶尔、斯蒂文森等，以及伦理相对主义论者，如萨姆纳、埃德瓦尔·韦斯特马克、埃米尔·涂尔干、卡尔·曼海姆等，都是道德主观主义论者。但是，典型的道德主观主义的主要代表人物，当推古代的推伊

---

① L. J. 宾克莱：《理想的冲突：西方社会中变化着的价值观念》，马元德、王太庆、陈白澄等译，商务印书馆，1983年，第356页。

② Fletcher, *Situation Ethics*, p. 29.

壁鸠鲁、18世纪的休谟以及当代英美哲学家马奇和吉尔波特·哈曼（Gilbert Harman）。

这是因为，道德主观主义论者得出道德完全是主观的最有力的论据，无疑是"道德契约论"（Moral Bargaining）。任何道德或道德规范，在道德主观主义论者看来，都是人制定的，因而也就都可以被看作是某种契约和契约的产物。伊壁鸠鲁说："正义是一种防止人们相互伤害的权宜契约。"① 休谟说："正义起源于人类协议。"② 哈曼则进一步系统地提出"道德契约论"。他这样写道："我的论点是，道德发生于一个人群关于他们彼此的关系达成一种暗含的契约或无言的协议的时候。"③

诚然，任何道德原则、道德规范都是人制定的，都是某种约定、契约、协议，因而也就确如道德主观主义论者所说，是依人的意志而转移的，是主观任意的、自由的、可以选择的。可是，道德主观主义论者却由此进而完全否认道德的客观性，认为道德并不是客观事实，而完全是主观的，完全是依人的意志而转移的东西："道德只不过是人们所怀有的道德信念的一种功能。此外道德什么也没有。特别是，不存在客观的道德事实领域或真实的、相当于我们在自然界所发现而为科学所研究的东西。"④

如果确如道德主观主义论者所言，道德完全是主观的而不具有客观性，那么，关于道德的判断显然也就无所谓真假，而在这种判断指导下所制定的道德显然也就无所谓优劣对错。所以，艾耶尔一再说："只表达道德判断的句子没有陈述任何东西，它们是纯粹的情感表达，因而不能归入真假范畴。"⑤ 这就是所谓的"道德怀疑论"（Moral Nihilism/Scepticism）：道德怀疑论就是认为道德判断无所谓真假和道德规范无所谓对错的理论。波吉曼在总结道德怀疑论的根本特征时便这样写道："道德怀疑论乃是这样一种学说，在它看来，我们不能够知道是否存在

---

① 阿德勒，范多伦：《西方思想宝库》，第944页。
② 休谟：《人性论》（下），关文运译，商务印书馆，1980年，第535页。
③ Pojman, *Ethical Theory*, p. 38.
④ Barbara MacKinnon, *Ethics: Theory and Contemporary Issues* (San Francisco: Wadsworth Publishing Company, 1994), p. 1455.
⑤ Charles L. Stevenson, *Facts and Values: Studies in Ethical Analysis* (New Haven: Yale University Press, 1963), p. 415.

道德真理。"①

道德主观主义和道德怀疑论是不能成立的。因为，如上所述，一方面，道德是主观性与客观性的统一物：就其形式——道德价值判断和道德规范或道德契约来说，是主观的、以人的意志为转移的；但就其内容——道德价值、道德目的和行为事实来说，则是客观的、不以人的意志而转移的。另一方面，道德规范的优劣性及其衡量标准完全是客观的、不依人的意志而转移的：不论人们的意志和愿望如何，只有与道德价值相符的道德，才是优良的、正确的；而与道德价值不符的道德，必定是恶劣的、错误的。道德主观主义和道德怀疑论者只看到道德自身——道德规范或道德契约——的主观性，而没有看到道德的内容——道德价值、道德目的和行为事实——的客观性，进而否定道德规范的优劣及其衡量标准的客观性，因而错误地得出：道德完全是主观的，不存在所谓道德真理，道德无所谓正确或不正确。

4　道德客观主义与道德实在论

道德客观主义（Moral Objectivism），正如波吉曼所言，是认为道德具有不以人的意志为转移的客观本性的理论，是认为行为的正当性和道德规范的正确性是客观的、不以人的意志为转移的理论。② 道德客观主义的代表人物多为伦理学界泰斗，如柏拉图、亚里士多德、托马斯·阿奎那、夏夫兹博里、赫起逊、康德、罗斯、穆勒、西季威克、摩尔等。

道德客观主义无疑是真理。因为，如上所述，一方面，道德只是就其形式——道德价值判断和道德规范来说，才是主观任意的；而就其内容——道德价值或行为的正当性以及道德目的和行为事实来说，则是客观的、不以人的意志为转移的。另一方面，道德规范的正确性完全是客观的、不依人的意志为转移的：不论人们的意志和愿望如何，只有与道德价值相符的道德，才是优良的、正确的；而与道德价值不符的道德，必定是恶劣的、错误的。

但是，物极必反，极端道德客观主义，亦即所谓"道德实在论"（Moral Realism）却是谬论。道德实在论代表人物有邦德、戴维·布云克等。道德实在论认为道德本身就是事实，就是与颜色一样的不依赖主

---

① Louis P. Pojman, *Etihcal Theory*, p. 17.

② Pojman, *Etihcal Theory*, p. 456.

体的需要和意志而独立存在的事实:"道德实在论"(Moral Realism)的基本特征是承认存在所谓"道德事实"。波吉曼说:"道德实在论者关于伦理学持有一种这样的观点:存在道德事实(Moral Facts)。"① 所谓"存在道德事实",据黑尔的解释,也就是认为道德善恶如同颜色一样,是不依赖主体需要、欲望、目的而存在的属性,因而是一种事实,属于事实范畴:"我们所说的'不正当'之属性和一种行为是不正当之事实,就如同说'红'之属性和某种东西是红的事实一样。"②

不难看出,道德实在论是不能成立的。它的错误,首先在于等同了客体的事实关系属性与价值关系属性。他们正确地看到:道德善与红色一样,都是客体依赖主体而存在的关系属性,而不是客体的固有属性。但是,他们却没有看到:一方面,红色是客体不依赖主体的需要、欲望、目的而具有的属性,因而是客体的事实属性,是客体的事实关系属性,是客体的"第二性质",属于事实范畴;另一方面,道德善则是客体的不能离开主体需要、欲望、目的而具有的属性,是客体的事实属性对主体的需要、欲望、目的的效用——"行为事实"符合"道德目的"的效用性——是客体的价值关系属性,是客体的"第三性质",属于价值而不属于事实范畴。道德实在论的错误就在于夸大了道德善最根本最深层的内容是事实的方面,等同道德与颜色的存在性质,因而由颜色是事实的正确观点得出错误结论:道德也是事实,存在道德事实。

思考题

1 试以"五伦"概念为例,说明"伦理"与"道德"之异同。

2 以往伦理学家大都以为,"道德"与"道德规范"以及"道德价值"是同一概念。试辨析三者异同及其相互关系。

3 为什么道德既具有主观性又具有客观性?为什么以道德的主客观本性为根据,可以把一切道德分为优良道德与恶劣道德?

4 文化相对主义所描述的事实,如一些文化倡导养老送终而另一些文化则处死老人等,能够证明道德不具有普遍适用性和普遍正确性吗?试析伦理相对主义之真理与谬误。

---

① Pojman, *Ethical Theory*, p. 727.

② Ted Honderich, *Morality and Objectivity: A Tribute to J. L. Mackie* (London: Routledge & Kegan Paul, 1985), p. 45.

5　为什么会存在绝对的终极的标准？为什么绝对的终极的道德只能有一条，而其余一切道德都是相对的？试析伦理绝对主义和境遇伦理学之真理与谬误。

6　任何道德都是人们任意制定、约定的吗？如果答案是肯定的，那么，由此可以否定道德的客观性，而认为道德完全是主观任意的？比较道德主观主义和道德怀疑论以及道德客观主义和道德实在论之真理与谬误。

阅读书目

朱熹：《四书章句集注》。

黄建中：《比较伦理学》，山东人民出版社，1998年。

弗里德里希·包尔生：《伦理学体系》，何怀宏等译，中国社会科学出版社，1988年。

John Hartland-Swann, *An Analysis of Morals* (London: George Allen & Unwin, 1960).

Ted Honderich, *Morality and Objectivity: A Tribute to J. L. Mackie* (London: Routledge & Kegan Paul, 1985).

Wang Haiming, *The Principles of New Ethics II: Normative Ethics I* (London and NewYork: Routledge, 2021).

第四章　道德的起源和目的

> **提　要**
>
> 　　道德与法一样，就其自身来说，不过是对人的某些欲望和自由的限制、压抑和侵犯，因而是一种恶；就其结果和目的来说，却能够防止更大的恶（社会的崩溃）、求得更大的善（社会的存在发展），因而是净余额为善的恶，是必要恶。美德与道德一样，就其自身来说，不过是对拥有美德的人的某些欲望和自由的限制、压抑和侵犯，因而是一种恶；但就其结果和目的来说，却能够使拥有美德的人防止更大的恶（社会和他人的唾弃）、求得更大的善（社会和他人的赏誉），因而是净余额为善的恶，是必要的恶。所以，道德的起源与目的不可能是自律的，不可能是为了道德自身、为了完善每个人的品德；而只能是他律的，只能是为了道德和美德之外的他物：人类与非人类存在物的利益和幸福。但是，只有道德的特殊的和直接的起源、目的以及标准，才可能是为了增进动植物等非人类存在物的利益；而道德终极的起源、目的和标准，则只能是为了增进人类的利益。这样，一方面，当人类与动植物等非人类存在物的利益一致时，便应该遵循道德的特殊的、直接的目的和标准，便应该既增进人类利益又增进动植物的利益，甚至应该为了动植物本身而增进动植物的利益；另一方面，当动植物等非人类存在物的利益与人类的利益发生冲突不可两全时，道德的特殊的直接的目的和标准便不起作用了，这时，便应该诉诸道德终极目的和标准"增进人类的利益"，从而应该牺牲动植物等非人类存在物的利益而保全人类的利益。

克鲁泡特金曾说:"近代实在论的伦理学之根本问题,便是(如冯德在他的《伦理学》中所指出的)来最先决定我们所期望的道德目的。"① 诚哉斯言!道德的起源和目的不但堪称伦理学根本问题,而且是包裹在三重关系中的极端复杂而众说纷纭的难题。因此,要弄清道德的起源和目的,必须破解这三重关系:一是道德共同体对于道德的需要;二是人类社会对于道德的需要;三是个人对于道德的需要。

一 道德的起源和目的:从道德共同体看

1 道德共同体的概念:道德代理者与道德顾客

如果说规范伦理学的第一个问题是解析道德概念,那么,它的第二问题显然是:应该按照道德来对待的对象是什么?这就是所谓的道德共同体问题。因为所谓道德共同体,正如贝尔斯所言,就是应该被道德地对待或应该得到道德关怀的对象的总和:"我用'道德共同体'所指的,是我们可以恰当地对其表达我们的道德关心的那些实体范围。"② 这样,不论是什么东西,哪怕它是一条狗,如果成为道德共同体的成员,那么,它就拥有了所谓"道德身份或道德地位"(moral standing);反之,即使是人,如果他被排斥在道德共同体之外,那么,他就不具有道德地位或道德身份:道德身份或道德地位就是道德共同体的成员资格,就是道德共同体的成员所享有的被道德地对待或道德关怀的利益。

但是,道德共同体的成员所拥有的这种道德身份或道德地位,并不完全相同,而可以分为两大类型:"道德代理者或道德行为者"(moral agent)与"道德顾客或道德承受者"(moral patient)。道德代理者就是道德行为主体,就是具有道德意识能力,能够进行道德的和不道德的行为,因而能够对于自己的行为承担道德责任者。③ 可是,我们为什么将道德行为主体叫作道德代理者呢?

原来,一方面,道德行为主体也就是道德共同体中能够按照道德规范来行为的成员,他们能够按照道德规范来约束自己和对待其他道德共

---

① 克鲁泡特金:《伦理学的起源和发展》,巴金译,平明书店,1941年,第17页。
② 约瑟夫·P.德马科等编:《现代世界伦理学新趋向》,石毓彬译,中国青年出版社,1990年,第305页。
③ Paul W. Taylor, *Respect for Nature: A Theory of Environmental Ethics* (Princeton, New Jersey: Princeton University Press, 1986), p. 14.

同体成员，从而使道德规范得到实现；道德代理者也就是道德规范的代理者，就是道德规范的运用者和实现者，就是能够运用和实现道德规范的道德行为主体。①

另一方面，道德共同体存在着这样一些成员，如婴儿、精神病患者和痴呆症患者等，这些成员不具有道德意识，因而不能够进行道德行为，不能对自己的行为承担道德责任，于是也就不能够成为道德行为主体而只能够是道德行为客体。那么，这些成员的利益与损失或权利与义务等，便必须由那些能够成为道德行为主体的成员代理，帮助其行使和履行。所以，那些能够成为道德行为主体的成员，就因其是那些不能够成为道德行为主体的成员的代理者，而被叫作道德代理者。

这些不具有道德意识的成员，当然也就不能够按照道德规范来行为，而只能被按照道德规范来对待，因而只能叫作道德顾客或道德承受者：道德顾客或道德承受者就是被按照道德规范来对待的成员，也就是道德代理者的道德行为对象，是道德代理者对其负有道德义务因而能够对其做出在道德上是正确或错误的行为的存在物。② 这样，道德顾客便不仅仅是那些不能按照道德规范来行为而只能被按照道德规范来对待的道德共同体的成员，而且还包括全部能够按照道德规范来行为的成员，包括全部的道德代理者：道德代理者无疑更应该被按照道德规范来对待，更应该得到道德关怀。因此，道德顾客或道德承受者乃是道德共同体的全部成员，是一切具有道德身份或道德地位者。③ 那么，道德顾客或道德共同体的全部成员究竟应该包括哪些存在物，或者说，道德共同体的界限究竟应该划定在哪里？

2 道德共同体的界限：有利于人类的一切生物

泰勒在总结道德共同体成员的特征时写道："道德国民的本性，就在于对它能够做好事和坏事。"④ 诚哉斯言！只有具有利益的东西——具有分辨好坏利害的评价能力和趋利避害的选择能力的东西——才可能存在被道德地对待或道德关怀的问题，才可能成为道德共同体的成员。因此，只有生物才可能是道德共同体成员，而非生物则不可能是道德共同体

---

① Taylor, *Respect for Nature*, p. 16.
② Ibid., p. 17.
③ Ibid., p. 16.
④ Ibid.

成员。因为非生物，如石头和铁块等，对于作用于它们的任何东西，都不具有分辨好坏利害的评价能力和趋利避害的选择能力，都不具有利益。

反之，任何生物对于作用于它的东西，都具有分辨好坏利害的评价能力和趋利避害的选择能力。就连最低级的生物——植物——也是如此。因为任何植物都具有趋利避害的"趋性运动"。就拿任何植物叶肉细胞中的叶绿体来说：它在弱光作用下，便会发生沿叶细胞横壁平行排列而与光线方向垂直的反应；在强光作用下，则会发生沿着侧壁平行排列而与光线平行的反应。这两种反应显然都是分辨好坏利害的评价能力和趋利避害的选择能力的表现：前者是为了吸收有利自己的最大面积的光，后者是为了避免吸收有害自己的过多的光，说到底，都是为了保持内外平衡，从而生存下去。所以，罗尔斯顿写道："植物和昆虫也拥有某种福利。"①

那么，是否由此可以得出结论说，一切生物都应该得到道德关怀从而都是道德共同体的成员？西方生态伦理学家的回答大都是肯定的。② 殊不知，具有利益只是应该得到道德关怀的必要条件而非充分条件。非人类存在物应该得到道德关怀从而成为道德共同体成员，不但必须具有利益，而且还必须对人类有利，给人类带来利益，能够与人类构成一种大体具有互惠关系的利益共同体。因为即使是人，也并不都应该成为道德共同体的成员。一个人，如果是一个害人精，杀人放火、无恶不作，他就应该被杀头而不能成为道德共同体的成员了。人尚且如此，更何况非人类存在物？

因此，对人类有利，乃是非人类存在物应该得到道德关怀从而成为道德共同体成员的更为根本的必要条件：具有利益是应该得到道德关怀的前提，对人类有利则是应该得到道德关怀的依据。那么，这两个条件结合起来，能够成为道德关怀的充分条件吗？是的。具有利益并且有利于人类，乃是非人类存在物应该得到道德关怀的充分条件。因为一种能够趋利避害从而具有利益的生物，如果给了我们利益，那么，我们就应该回报它们以利益，而绝不应该给它们以不必要的损害。只有如此，我们对它们的行为才符合等利交换的公正原则，才是公正的、道德的；否

---

① 霍尔姆斯·罗尔斯顿：《环境伦理学——大自然的价值及人对大自然的义务》，中国社会科学出版社，2000年，第148页。

② Roderick Frazier Nash, *The Rights of Nature: A History of Environmental Ethics* (Madison, Wisconsin: University of Wisconsin Press, 1989), p. 28.

则，如果我们不是回报它们以利益，而是回报它们以损害，就违背了等利交换的公正原则，因而是不公正、不道德的。

举例来说，树木不但给了我们巨大利益，而且也具有一定的分辨好坏利害的评价能力和趋利避害的选择能力，从而也具有一定的利益。因此，按照公正原则，我们对于树木就应该心存感激，也回报它们以利益，而绝不应该给它们以不必要的损害。否则，如果我们随意折断树枝和践踏花草，给它们以不必要的损害，就违背了等利交换的公正原则，使它们遭受了不公正、不道德的对待，因而是不应该的、不道德的。所以，泰勒一再说，随意拔除一棵植物与杀死一个人同样是一种道德错误："弄死一株野花犹如杀死一个人同样错误。"①

3 道德的起源和目的：保障利益共同体与增进人类利益

具有利益并有利于人类，如上所述，是非人类存在物应该得到道德关怀从而成为道德共同体成员的充分条件：有利于人类的一切生物是道德共同体的界限。这显然意味着，所谓道德共同体，也就是具有互惠关系的利益共同体：道德共同体的成员与利益共同体的成员是同一成员，它们是同一共同体的两个名称、两块牌子。这样一来，任何道德的起源和目的显然便都在于保障利益共同体的存在发展。

因为没有规矩不成方圆，任何一种利益共同体，哪怕它只由两个成员构成，如果没有道德规范，要存在发展也是不可能的：它要存在发展，就必须同时成为道德共同体，从而使它的成员按照道德规范来相互对待。否则，如果一个利益共同体的成员违背道德而互相损害，那么，这个利益共同体势必崩溃瓦解而不可能存在。所以，人类之所以创造道德，普遍言之，就是为了使人类与非人类存在物的利益共同体成为一种道德共同体，从而保障这种利益共同体的存在与发展：道德普遍起源于利益共同体的存在与发展的需要，道德的普遍目的就是为了保障利益共同体的存在与发展。

然而，道德保障利益共同体存在发展的目的又是为了什么？也就是说，道德的普遍目的——保障利益共同体的存在与发展的目的是什么？说到底，道德的最终目的或终极目的是什么？是为了增进利益共同体的每个成员的利益吗？或者说，是为了增进人类与动植物等非人类存在物

---

① Nash, *The Rights of Nature*, p. 155.

每一方的利益吗？毫无疑义，如果动植物等非人类存在物与人类是道德的共同创造者，是道德契约的共同缔结者，那么确实可以说，道德的最终目的是增进利益共同体每个成员的利益，增进人类与动植物等非人类存在物每一方的利益。因为任何契约的最终目的，无疑都应该是增进每一个契约缔结者的利益。

但是，道德只是人类创造的，而不是人类与非人类存在物共同创造的。或者说，道德契约的缔结者只能是人类，只能在人类之间，只能是每个人；而不可能在人类与非人类存在物之间，不可能是动植物等非人类存在物。否则，如果动植物等非人类存在物与人类共同是道德的创造者，是道德契约的共同缔结者，那么，道德就必定是用来约束、规范人和动植物等一切道德契约缔结者的行为的。然而，众所周知，道德只是用来约束、规范每个人的行为的，而绝不是用来约束、规范非人类存在物的行为的：道德包括人对待动植物的行为应该如何，却不包括动植物对待人的行为应该如何。

动植物等非人类存在物的行为，不论是对待人类的还是它们自己相互对待的，都属于动物学、植物学等科学的研究对象，而不属于伦理学研究对象：伦理学只研究人们相互对待和对待动植物等非人类存在物的行为应该如何，而并不研究动植物等非人类存在物对待人类的行为应该如何。因此，举例说，人如何对待老虎，是杀死和吃掉它们还是保护这些物种，有所谓道德不道德的问题；但是，老虎如何对待人，即使是活活咬死和吃掉人，也无所谓道德不道德的问题。既然道德这种社会契约仅仅约束人类的行为，而并不约束动植物等非人类存在物的行为，那么，这些非人类存在物怎么可能是道德契约的缔结者呢？哪里会有这样的契约，它的缔结者的行为竟然会不受契约的约束呢？

那么，可以说人类是动植物参加创造道德和缔结道德契约的代理者吗？不可以。诚然，人类可以是动植物的利益的代理者。但是，人类却不能与动植物共同缔结道德契约，从而是动植物缔结道德契约的代理者。因为道德契约有关人类应该如何对待动植物的最为根本的问题无疑是：人类斩杀和吃掉动植物是应该的、道德的。试问，人类能够代理动植物来缔结这样的契约吗？显然不可能！动植物显然不可能与人类缔结应该被人类斩杀和吃掉的契约：这种道德契约无疑只能是人类之间所缔结的。所以，道德契约的缔结者只能是人类而不可能是动植物等非人类存在物。

既然如此，那么，可以说道德契约的最终目的只是为了增进人类的利益而不是非人类存在物的利益吗？答案是肯定的。因为当人类利益与动植物等非人类存在物的利益发生冲突不可两全时，无疑应该保全其中道德价值较大者而牺牲其中道德价值较小者：只有这样，其净余额才是正道德价值，才是应该的、道德的。但是，何者的道德价值较大呢？道德价值不过是行为事实如何对于道德目的之效用。因此，如果道德终极目的只是增进人类的利益，那么，人类利益的道德价值无疑大于非人类存在物的道德价值；因而当人类利益与动植物等非人类存在物的利益发生冲突不可两全时，应该保全人类利益而牺牲非人类存在物的利益。

然而，如果道德终极目的是增进人类与非人类存在物的利益，那么，人类利益的道德价值便小于非人类存在物的道德价值，因为人类不过是人类与动植物等非人类存在物所构成的庞大生态系统的一个物种、一种成员或一小部分而已。这样，当人类利益与动植物等非人类存在物的利益发生冲突不可两全时，便应该牺牲人类利益而保全非人类存在物的利益。因此，认为"道德终极目的是增进人类与非人类存在物的利益"的生物中心主义理论，无法摆脱反人类主义的结论。对于这一点，纳什在分析克里考特生物中心主义时讲得淋漓尽致：

> 克里考特的伦理整体主义认为，正当和不正当不仅关涉个体，而且关涉生物共同体。换言之，整体比它的任何一个组成部分都承载着更大的道德价值。克里考特解释说："海洋和湖泊，高山、森林和湿地拥有比单个动物更大的价值。"他肯定把人也归入后者的范畴。因为他承认，从生态系统的整体立场来看，一个濒危物种的单个有机体的生命，比单个人甚至比数量巨大的人类种群中相当一部分人的生命，更有价值，更值得人们从道德上给予尊重。所以，他同意爱德华·阿比的著名主张：宁愿杀死一个人而不愿杀死一条蛇。从克里考特的生物中心主义来看，甚至土壤细菌和产生氧气的海洋浮游生物，都比人类这种居于食物链顶端的存在物，拥有更大的道德价值。[①]

认为道德终极目的是增进人类与非人类存在物的利益的理论，所包含的这种激烈的反人类的结论，显然意味着：这种理论必定是谬误。因

---

① Nash, *The Rights of Nature*, p. 153.

为无论如何，道德毕竟是人类创造的：难道人类创造道德的最终目的就是为了反对自己而自取灭亡吗？所以，道德终极目的，不可能是增进人类与非人类存在物的利益，而只可能是增进人类的利益。

诚然，人类创造某些特殊道德规范的直接目的，确实是为了增进动植物等非人类存在物的利益。例如，人们曾制定或认可这样一些对待动物的道德规范："当忠诚服务于主人的老狗不能再提供服务时，主人不应该杀死它，而应该供养它直至它死亡。""当立有战功的老马死亡时不应该吃它的肉，而应该好好安葬它。"这些特殊的、具体的道德规范的直接的起源和目的，显然在于老狗和功劳马的利益，而不在于主人的利益；显然是为了老狗和功劳马的利益，而不是为了主人的利益。但是，这只是道德的特殊的直接的起源和目的，而不是一切道德的普遍的起源和目的，更不是一切道德的终极的起源和目的。

每个具体的道德规范都各有其特殊的、与其他规范有所不同的直接的起源和目的。但在这些道德规范的特殊的、具体的、直接的起源和目的之中，必定蕴含着一切道德规范的共同的、普遍的、终极的起源和目的。举例说，"不应该使动物遭受不必要的痛苦"的道德规范的特殊的直接的起源和目的，是为了增进动物的利益。"没有恰当的道德理由不应该毁灭花草的生命"的道德规范的特殊的起源和目的，是为了增进植物的利益。这些道德规范所包含和表现的道德的普遍的起源和目的，显然是保障人类与非人类存在物的利益共同体的存在发展和最终增进人类的利益：保障人类与非人类存在物利益共同体的存在发展是道德的直接的普遍目的，增进人类的利益则是道德的最终的普遍目的，亦即道德终极目的。

总之，道德的特殊的直接的起源和目的，可以是为了增进动植物等非人类存在物的利益；但道德的终极的起源和目的，则只能是为了增进人类的利益。道德目的乃是衡量一切行为善恶的道德价值标准。这样，一方面，当人类与动植物等非人类存在物的利益一致时，便应该遵循道德的特殊的目的和标准，便应该既增进人类利益又增进动植物的利益，甚至应该为了动植物本身而增进动植物的利益，如当老狗不能再提供服务时，主人应该继续供养直至它死亡等。

另一方面，当动植物等非人类存在物的利益与人类的利益发生冲突不可两全时，道德的特殊目的和标准便不起作用了；这时，便应该诉诸道德终极目的和标准"增进人类的利益"，从而应该牺牲动植物等非人类存在物的利益而保全人类的利益。举例说，人类如果不吃动植物，固然保全了它们的生命，却牺牲了自己的幸福乃至生命：人类的幸福和生命与动植物的生命发生冲突不可两全。在这种情况下，人类吃动植物，固然违背了"增进动植物的利益"的道德特殊目的和标准，却符合"增进人类利益"的道德终极目的和标准，因而是道德的、应该的。

二 道德的起源和目的：从社会道德需要看

1 社会道德需要：道德的起源和目的

从社会道德需要来看道德的起源和目的，也就是从道德与人类社会的其他事物之相互关系来揭示道德的起源和目的，也就是从社会各种事物对于道德的需要——所谓"社会道德需要"——来揭示道德的起源和目的。所以，从社会道德需要来考察道德起源与目的，同时也就是对于社会结构诸成分的比较研究。

社会，静态地看，亦即所谓"群"，不过是人的"人群"体系，是两个以上的人因一定人际关系而结合起来的共同体；动态地看，则是人的"社会活动"总和，是人们分工协作创造财富的利益合作和社会活动体系。因此，社会结构也就相应地分为社会的动态结构和社会静态结构。能够显示道德起源与目的的社会结构，无疑是社会的动态结构，亦即社会活动总和之结构。那么，人类社会究竟有哪些活动呢？

人类社会的基本活动，不言而喻，表现为两大方面：关于物质财富的活动和关于精神财富的活动。关于物质财富的活动，也就是对物质财富的生产、交换、分配、消费。这种活动，众所周知，叫作"经济""经济活动"。关于精神财富的活动，也就是对精神财富的创作、出版、发行、教育、表演、学习、欣赏等，如著书立说、戏剧舞蹈、绘画雕刻、讲课听课等活动。这些活动，虽然都是关于精神的，却不是精神活动，不是那种无法进行管理的无形体的大脑反映活动，而是可以进行管理的有形体的物质活动。这种活动就是所谓"文化""文化活动"。

因为所谓文化，就是人类思想——通过语言符号进行的思想——所创造的有价值的东西：[①] 一方面，文化是人类语言思维自身直接的创造

[①] 这一定义，梁启超早有洞见："文化者，人类心能所开积出来之有价值的共业也。易言之，凡人类心能所开创，历代积累起来，有助于正德、利用、厚生之物质和精神的一切共同业绩，都叫作文化。"（转引自李荣善：《文化学引论》，西北大学出版社，1996年，第10页）

物，亦即思想、心理或观念，如知、情、意、知识、经验和科学等，属于所谓狭义的文化概念；另一方面，文化是人类语言思维通过支配手脚等躯体和工具，所创造的一切能够满足需要的东西，是人类思想所创造的一切有用的东西，是人类思想心智所创造的一切有价值的东西，包括房屋、衣服、器皿和社会组织等，属于所谓广义的文化范畴。

经济和文化都是创造财富的活动，都是与财富有必然的、不可分离关系的活动。反之，那些与财富没有必然的、不可分离之关系的活动，亦即完全不创造财富的活动，如朋友来往、同学交往、血缘关系、同事交际、爱情婚姻、拐骗盗窃、打架杀人等，不妨名之为"人际"活动。经济和文化以及人际活动，皆系社会性活动，因而要存在和发展，就必须互相配合，有一定秩序而不可互相冲突、乱成一团。这就需要对这些活动进行管理，于是便产生了管理活动。不过，管理活动有的创造财富，有的不创造财富。创造财富的管理活动，如生产调度的工作和乐队指挥的工作，无疑仍然分别属于经济与文化活动：生产调度的工作属于经济范畴，乐队指挥的工作属于文化范畴。

不创造财富的管理活动也分为两类：政治和德治。孙中山早就说过，政治是一种管理活动："政就是众人之事，治就是管理，管理众人之事就是政治。"① 不过，正如马起华所说，管理众人之事，并非都是政治，政治仅仅是一种权力管理，"权力可以说是政治的标志"②。政治是社会对于人们行为的权力管理，因而也就是对于人们的行为应该且必须如何的管理。因为所谓权力，如前所述，是仅为管理者所拥有且被社会承认的强制力量，是人们必须且应该服从的力量。它一方面表现为暴力强制，如判刑、收监、枪杀、体罚等；另一方面则表现为行政强制，如处分、降职、降薪等。反之，德治则是非权力管理，是社会依靠非权力力量对于人们的行为应该而非必须如何的管理。因为所谓非权力力量，如前所述，也就是使人应该而非必须服从的力量。它一方面是使人自愿服从的力量，亦即所谓教育，如思想的灌输、熏陶、培养等；另一方面则是非权力强制，即舆论强制，如人们的议论、谴责、赞扬、批评等。

政治和德治之分，原本基于它们所管理的对象性质之不同。政治的

---

① 马起华：《政治学论》，台湾商务印书馆，1977年，第12页。
② 同上。

对象仅仅是那些具有**重大社会效用**的行为，如民族争端、阶级斗争、杀人放火、贪污盗窃等。政治所管理的是具有重大社会效用的行为，决定了政治不能不具有"应该且必须服从"的力量，决定了权力是政治的本性：政治是权力管理，它要求被管理的行为应该且必须如何。反之，德治的对象是人们的一切**具有社会效用**的行为，因而既包括具有重大社会效用的行为，又包括不具有重大社会效用的行为，如扶老携幼还是欺幼凌老、有礼貌还是没礼貌等。这就决定了德治仅仅具有"应该而非必须服从"的力量，决定了教育是德治的本性：德治是非权力管理，它要求被管理的行为应该而非必须如何。这样，具有重大社会效用的行为，便既是政治对象，需要政治对其进行权力管理，同时还是德治对象，还需要德治对其进行非权力管理；反之，不具有重大社会效用的行为，则仅仅是德治对象，仅仅需要德治对其进行非权力管理。

这样，政治与德治虽然都起源于对经济和文化以及人际活动进行管理的需要，却不仅仅是对经济和文化以及人际活动的管理。因为为了实现对这些活动的管理，又要有一定的管理组织、机关，因而便又有了对管理组织及管理活动本身的管理。所以，政治与德治是对被管理活动与管理活动的双重管理，也就是对人们的一切具有社会效用的行为的管理：政治是社会对于具有重大社会效用的行为应该且必须如何的不创造财富的权力管理；德治是社会对于具有社会效用的行为应该而非必须如何的不创造财富的非权力管理。

然而，孟子曰："不以规矩，不能成方圆。"（《孟子·离娄上》）唯有借助行为规范，才能实现对行为的管理，才能实现政治和德治，从而保障经济、文化、人际以及一切具有社会效用的活动之存在和发展。不言而喻，这种行为规范也无非两种。一种是政治规范，是政治活动遵循的规范，亦即具有重大社会效用的行为应该且必须如何的权力规范：这就是法。另一种则是德治规范，是德治活动遵循的规范，亦即具有社会效用的行为应该而非必须如何的非权力规范：这就是道德。

可见，所谓社会，动态地看，亦即社会活动，无非是财富活动与非财富活动之和。财富活动又分为两类：一是创造物质财富的活动，即经济；一是创造精神财富的活动，即文化。非财富活动也分为两类：一类是与财富没有必然的、不可分离关系的活动，是完全不创造财富的活动，即人际活动；另一类非财富活动则是与财富有必然的、不可分离关系的活动，是直接不创造财富而间接创造财富的管理活动，说到底，也就是直接不创造财富的管理活动。这种管理活动又分为权力管理及其规范和非权力管理及其规范：前者即政治与法，后者即德治与道德。于是，社会就其动态结构来说，无非由经济、文化、人际、政治、德治、法和道德这七类活动构成（如图4.1）。

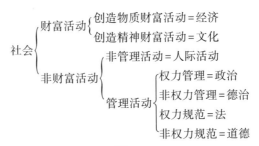

图 4.1

综上可知，经济、文化和人际以及一切具有社会效用的活动存在与发展，需要道德之保障：这就是所谓"社会的道德需要"——社会道德需要就是社会对于道德的需要，就是社会的存在发展对于道德的需要，就是经济、文化和人际以及一切具有社会效用的活动存在与发展对于道德的需要。因此，道德起源于社会的道德需要，起源于经济、文化和人际以及一切具有社会效用的活动存在与发展之需要；道德的目的是满足社会的道德需要，保障经济、文化和人际以及一切具有社会效用的活动的存在与发展。

2 道德的全部源泉和目的

如果说道德起源于社会的道德需要，目的在于保障经济、文化和人际以及一切具有社会效用的活动存在与发展，那么，这"一切具有社会效用的活动"，除了经济和文化以及人际活动，还包括什么？还包括——社会所由以构成的七种活动表明——法和政治。因为法和政治显然都属于"具有社会效用的活动"之范畴。因此，从社会道德需要来看，道德的起源和目的，全面地说，乃在于保障"经济、文化、人际、政治和法"五种活动的存在与发展。换言之，道德起源和目的不仅在于经济、文化和人际之三大社会活动之需要，而且在于法和政治两大社会活动之需要。这是因为，道德不但是经济、文化和人际活动的存在发展的必要条件和根本手段，而且是制定良法和实现优良政治的必要条件和根本手段：如果没有道德，不可能制定良法和实现优良政治。

原来，如果抛开规范所依靠的力量而仅就规范本身来讲，道德的外延显然宽泛于法：一般说来，二者是普遍与特殊、整体与部分的关系。因为一方面，道德不都是法，如谦虚、谨慎、贵生、勤劳、中庸、节制、勇敢、仁爱等都是道德，却不是法；另一方面，法同时都是道德，如"不得滥用暴力""不得杀人""不得伤害""不可盗窃""抚养儿女""赡养父母"等岂不都既是法律规则，同时也是道德规则吗？所以，抛开规范所依靠的力量而仅就规范本身来讲，法是道德的一部分：道德是法的上位概念。那么，法究竟是道德的哪一部分呢？无疑是那些最低的、具体的道德要求：法是最低的、具体的道德。这个道理被耶利内克（Georg Jellinek）概括为一句名言："法是道德的最低限度。"

法是具体的、最低的道德，因而也就产生于、推导于、演绎于道德的一般的、普遍的原则。所以，法自身都仅仅是一些具体的、特殊的、琐琐碎碎的规则，法自身没有原则；法是以道德原则为原则的：法的原则就是道德原则。法的原则、法律原则，众所周知，是正义、平等、自由等。这些原则，真正讲来，并不属于法或法律范畴，而属于道德范畴，属于道德原则范畴。这是不言而喻的，因为谁会说正义是一项法律呢？谁会说平等是一项法律呢？谁会说自由是一项法律呢？岂不是只能说正义是道德、平等是道德、自由是道德吗？正义、平等、自由等道德原则都是法的原则，因而也就应该是政治的原则——政治以法为规范，因而应该是法的实现。这就是法理学和政治哲学的核心问题都是正义、平等、自由的缘故：正义、平等、自由都是法和政治的原则。

法和政治的原则就是道德原则，显然意味着不遵循道德原则和遵循恶劣道德原则的法和政治，必是恶劣的法和政治；而优良的法和政治，必是遵循优良道德原则的法和政治：所谓优良的法和政治，亦即遵循优良道德原则的法和政治；而恶劣的法和政治，亦即不遵循道德原则和遵循恶劣道德原则的法和政治。这就是说，造就良法和优良政治需要道德：道德不仅源于经济和文化以及人际活动的存在发展之需要，而且源于造就良法和优良政治的需要。因此，道德的目的不但在于促进经济发展、文化繁荣以及保障人际活动之自由与安全，而且在于造就良法和优良政治：促进经济发展、文化繁荣以及保障人际活动自由安全，是道德与法和政治的共同目的；造就良法和优良政治则是道德的特有目的。

因此，所谓社会的道德需要便可以归结为五大道德需要：经济活动之道德需要、文化发展之道德需要、人际活动之道德需要、优良化法律之道德需要和优良化政治之道德需要。这样，从社会道德需要来看，道德便具有五大起源和目的：经济、文化、人际、法和政治。这五种活动——连同道德和德治——合起来，便是所谓的"具有社会效用的活动"，便是所谓的"社会活动"，便是所谓的"社会"。于是，道德的五大起源和目的又可以归结为一个：道德起源于社会的存在和发展的需要，是维持社会活动秩序从而保障其存在和发展的手段。因此，从社会道德需要来看，保障社会的存在发展乃是道德之总目的；而促进经济发展、文化繁荣、保障人际活动自由安全以及造就良法和优良政治则是道德的五大分目的。

道德的这些起源和目的无疑是一切道德的起源和目的，因而也就是道德的普遍起源和目的。所以，克拉夫特说："道德的普遍目的就是在社会联系中建立起一种秩序。"① 那么，道德的特殊起源和目的是什么？可以说，每一个道德规范都具有它的特殊的起源和目的。就拿"节制"来说：它显然源于每个人的理智和情欲之冲突，目的在于使每个人的理智支配情欲，从而能够做明知当做之事而不做明知不当做之事。这就是"节制"的特殊的起源和目的。这样一来，如果每个人都能够节制从而使自己的理智支配情欲，那么，社会的存在发展——道德的普遍目的，岂不就得到了保障吗？所以，道德的普遍的起源和目的即寓于其特殊的起源和目的之中。

每个道德规范都各有其特殊的起源和目的；它们所包含和表现的道德的普遍的目的，如果不仅从人类社会的道德需要来看，而且还从人类与非人类存在物所结成的利益共同体来看，便是"一总六分"：一个总目的，亦即保障人类社会和利益共同体之存在发展；六个分目的，亦即"经济"之发展、"文化"之繁荣、"人际"之自由安全、"法"和"政治"之优良以及增进"动植物等非人类存在物的利益"。

这就是道德的全部的源泉和目的吗？不是。因为我们还可以追问：保障人类社会——经济、文化、人际、法和政治——和人类与非人类存在物的利益共同体的存在发展最终又是为了什么？最终显然只能是为了满足每个人的需要、增进每个人的利益、实现每个人的幸福。这样，保障社会——经济、文化、人际、法和政治——和人类与非人类存在物的利益共同体的存在发展，便是道德的直接的普遍目的；而满足每个人的需要、增进每个人的利益、实现每个人的幸福，则是道德的最终的普遍

---

① 洪谦主编：《逻辑经验主义》，商务印书馆，1989年，第643页。

目的，亦即道德终极目的。所以，穆勒一再说："幸福是道德的终点和目的。"[①]

总而言之，道德的全部起源和目的可以分为特殊与普遍两大类型。各个道德规范都具有各自特殊的起源和目的。一切道德规范所具有的道德的普遍的起源和目的，可以分为道德的直接的起源和目的与终极的起源和目的——道德的终极的起源和目的是增进每个人的利益；道德的直接的起源和目的则是"一总六分"：一个总目的，亦即保障人类社会和利益共同体之存在发展，六个分目的，亦即"经济"之发展、"文化"之繁荣、"人际"之自由安全、"法"和"政治"之优良以及增进"动植物等非人类存在物的利益"。

三 道德的起源和目的：从个人道德需要看

1 个人道德需要：道德实现的途径和手段

毋庸置疑，人是道德动物，每个人或多或少都有遵守道德，从而做一个好人、一个有美德的人、一个高尚的人的道德需要。那些十恶不赦的坏人并不是没有这种做一个好人的道德需要。他们也有这种道德需要，只不过他们的这种需要较弱，或者他们的邪恶的欲望较强；因而一事当前，邪恶的欲望占据了上风罢了。对于这种道德需要，康德名之为"对道德法则的敬重心"，儒家名之为"成圣成贤之心"，精确地说，不如名之为"完善自我品德之心"。那么，为什么每个人或多或少会有完善自我品德之心、都有做一个好人的道德需要呢？

原来，人是社会动物，每个人的生活都完全依靠社会和他人：他的一切利益都是社会和他人给的。所以，能否得到社会和他人的赞许，便是他一切利益中最根本、最重大的利益。不言而喻，一个人能否得到社会和他人的赞许之关键，在于他的品德如何，亦即在于他的行为有利还是有害于社会和他人：如果他品德好，有美德，他的行为有利社会和他人，那么，他便会得到社会和他人的赞许，他便会从社会和他人那里得到莫大的利益；反之，则会受到社会和他人的谴责，他便失去了生活的支柱。因而，说到底，一个人是否品德好、有美德，便是他一切利益中最根本的利益。因而，包尔生说："每个人反思自己的道德生活都会悟

[①] J. S. Mill, *Utilitarianism*, *Liberty*, *Representative Government* (London: J. M. Dent, 1920), p. 22.

到第一个伟大且根本的真理：好人活得好，而恶人活得糟。"①

这就是每个人最初会有做一个好人的道德需要的缘故：道德是他利己的最根本、最重要的手段，他对道德的需要是一种手段的需要。但是，手段可以转化为目的。一个人追逐金钱，最初必定是把金钱当作他获得种种快乐和幸福的手段。然而，逐渐地，他便可能因为金钱不断赋予他莫大利益和快乐而深深爱上金钱，因为所谓爱不过是对于利益和快乐的心理反应。一个人一旦深深爱上金钱、深深迷恋上金钱，他便会为了金钱而求金钱。这时，对于他来说，金钱就不再是手段而是目的了；因而他也就变成了所谓的吝啬鬼、守财奴了：吝啬鬼、守财奴岂不就是以金钱为目的的人吗？

同样，道德也是如此。一个人最初把道德和美德当作他利己的手段。逐渐地，他便会因道德和美德不断给他带来莫大利益和快乐而深深爱上道德和美德、深深迷恋上道德和美德。这时，他便会为了道德和美德而欲求道德和美德，亦即为道德而道德、为义务而义务、为美德而美德，从而使道德和美德由手段变成目的；就像他会爱金钱、欲求金钱、使金钱由手段变成目的一样。这个道理，穆勒曾有至今仍是最完善的论述，通过这些论述，他得出结论说："功利主义论者不仅认为在达到最终目的之手段中美德是最好的手段，而且也承认可能存在这样一种心理事实，亦即对于个人来说，美德可以变成本身就是目的的内在善（good-in itself）。"②

这样，每个人的个人道德需要，便表现为两方面：一方面是为了利己而做好人、守道德、求美德，是把道德和美德作为他的利己的手段的道德需要；另一方面则是为了做好人而做好人，为了守道德而守道德，为了有美德而求美德，是把道德和美德作为他的行为的目的的道德需要。不难看出，以美德为手段的个人道德需要，是低级的、基本的个人道德需要；以美德为目的的个人道德需要，是高级的个人道德需要：后者是前者不断积累和发展之结果。

举例来说，一个人，如果他相信诚实是最好的策略，因而童叟无欺，那么，他所具有的，便是把诚实之美德作为获利手段的个人道德需

---

① Friedrich Paulsen, *System of Ethics*, Frank Thilly (trans.) (New York: Charles Scribner's Sons, 1908), p. 400.

② Mill, *Utilitarianism, Liberty, Representative Government*, p. 33.

要，因而是低级的、基本的个人道德需要。但是，日积月累，逐渐地，他诚实便可能不再是为了获利，而是为了具有诚实的美德，是为了做一个诚实的好人而不做撒谎的缺德者；这时，即使诚实使他吃亏，他也要诚实。那么，他所具有的，便是把诚实之美德作为目的的个人道德需要，因而是高级的个人道德需要。

但是，需要是行为的唯一动力。一个人只要有了遵守道德、做一个好人的道德需要，那么，不论他把美德作为手段还是作为目的，他都会自愿地遵守道德、做一个好人，以满足其道德需要：个人道德需要乃是道德被遵守从而得到实现的途径和手段。只不过，一个人所具有的如果是以美德为手段的个人道德需要，那么，他并不以拥有美德而快乐和幸福，却仅仅以拥有美德所带来的利益而快乐和幸福：在他那里，美德与幸福、快乐是两回事。因此，他遵守道德、追求美德从而使道德得到实现，是有条件的：只有美德能够带来利益，他才会遵守道德、追求美德，否则，他就不会遵守道德、追求美德了。

反之，一个人所具有的如果是以美德为目的的个人道德需要，那么，他便会以拥有美德而快乐和幸福：在他那里，美德与幸福、快乐是一回事。因此，他遵守道德、追求美德从而使道德得到实现是无条件的：不论美德能否带来利益，他都遵守道德、追求美德。所以，个人道德需要是道德实现的途径和手段：以美德为手段的个人道德需要是道德实现之有条件的途径和手段，以美德为目的的个人道德需要则是道德实现之无条件的途径和手段。

不言而喻，完善自我品德的个人道德需要是道德实现的途径和手段，实已蕴含着：完善自我品德的个人道德需要不是道德的起源和目的。确实，所谓品德，不过是一个人长期遵守或违反道德的结果："德者，得也，行道而有得于心者也。"（《四书章句集注·论语集注》）所以，道德在先，是原因；品德在后，是结果：品德完善之个人道德需要起源于道德而不是相反。诚然，真正讲来，道德是否起源于每个人完善自我品德的个人道德需要，道德目的是否为了完善每个人的品德，说到底，取决于道德和美德究竟是一种内在善，还是一种必要恶：如果是内在善，答案就可能是肯定的；如果是必要恶，答案便必定是否定的。那么，道德和美德究竟是必要恶还是内在善？

2 道德和美德：一种必要的恶

细察社会动态结构诸成分对于人的利害善恶关系，不难看出：经济、文化和人际三种活动与政治、德治、法和道德四种活动根本不同。政治、德治、法和道德,就其自身来说,不但不创造财富,而且是对人的行为的管理及规范,是对人的某些欲望和自由的限制、约束、侵犯,因而其本身对人非但无益而且有害;对人有益的,并非这些管理和规范本身,而是这些管理和规范通过对人的限制、损害所达成的结果、目的:经济、文化和人际活动的存在发展。

因此,道德与法以及政治与德治,就其自身来说,不过是人类为了达到利己目的(保障经济、文化和人际活动的存在发展)而创造的害己(限制某些欲望和自由)手段,因而也就是"必要恶"。因为所谓"必要恶",如前所述,就是自身为恶而结果为善,并且结果与自身的善恶净余额是善的东西。道德与法以及政治与德治,就其自身来说,完全是对每个人需要和欲望的某种限制、压抑、阻碍,因而是一种恶。但是,这种恶却能够防止更大的恶(经济、文化和人际活动的崩溃瓦解)和求得更大的善(保障经济、文化和人际活动的存在发展),因而其结果的净余额是善,所以叫作"必要恶"。

相反地,经济和文化创造物质财富和精神财富,直接满足人的物质需要和精神需要;人际活动虽然不创造财富,却直接满足人际交往需要。因此,三者就其自身而非其结果来说就是可欲的,就是能够满足人的需要的,就是人们追求的目的,说到底,亦即政治、德治、法和道德的目的:政治、德治、法和道德的根本目的岂不就是保障经济发展和文化繁荣以及人际活动自由安全?因此,经济和文化以及人际活动乃是三种"内在善""目的善"(good as an end)或"自身善"(good-in-itself)。因为,如前所述,所谓"内在善"也可以称之为"目的善"(good as an end)或"自身善"(good-in-itself),亦即其自身就是可欲的,就能够满足人的需要,就是人们追求的目的的善。

不难理解,政治与法是必要的恶。这一理解的经典表达是边沁的那句名言:"每一则法律都侵犯了自由。"然而,道德也如此吗?是的。因为,一般说来,一切法律规范同时也都是道德规范。柏林所举证的"每个人在一个特定的范围内,都不能对别人施加强制力"岂不既是法律规范同时也是道德规范吗?"不可滥用暴力""不可杀人""不可伤害""不可盗窃""抚养儿女""赡养父母"等,岂不都既是法律规范,同时也是道德规范吗?如果说"不可滥用暴力"作为法律规范限制、约束、侵犯了警察的自由,那么,它作为道德规范岂不也同样限制、约束、侵犯了警察的自由吗？道德与法都是对人的行为的规范、限制、约束，因而也就都是对人的某些（那些具有负社会效用的）自由和欲望的压抑、阻遏、侵犯。

只不过，就法律和道德所借以实现的力量来说，道德比法对人的自由和欲望的限制、压抑和侵犯要轻：法是一种权力侵犯，是暴力强制和行政强制的侵犯；而道德则是一种非权力侵犯，是思想教育和舆论强制的侵犯。但是，如果就法律和道德所进行侵犯的行为来说，道德则比法对人的自由和欲望的侵犯要多。因为法仅仅约束人的具有重大社会效用的欲望和自由，道德则约束人的一切具有社会效用的欲望和自由；法仅仅要求勿害人，道德则还要求自我牺牲。这个道理被耶利内克概括为一句名言："法是道德的最低限度。"所以，道德与法同样，就其自身来说，是一种恶。我们同样可以说："每一则道德都限制、侵犯了自由"，"每一则道德都限制、压抑了欲望"。

那么，美德也是如此吗？是的。因为所谓美德，也就是长期遵守道德所形成和表现的稳定的内心状态。这样，"美德"与"道德"便都是应该如何的行为规范，只不过"道德"是外在规范，是未转化为个体内在稳定心理的社会规范；而"美德"则是内在规范，是已经转化为个体内在稳定心理的社会规范。因此，一方面，美德与道德一样，就其自身来说，也是一种害或恶："每一种美德都限制、压抑了欲望"，"每一种美德都限制、侵犯了自由"；另一方面，美德与道德一样，所要求的境界越高，对自由和欲望的侵犯便越重，便越容易使人——正如弗洛伊德所发现——遭受内疚感和罪恶感的折磨而造成神经症。

可见，道德、德治、法和政治乃是人类为了保障社会、保障经济和文化以及人际活动的存在发展而创造的"四恶""四害"。不过，四者给予每个人的损害显然远远小于其给予每个人的利益：有道德、法、政治和德治，便有社会，便有经济、文化和人际活动，每个人失去的不过是具有负社会效用的欲望和自由；反之，没有道德、法、政治和德治，便不会存在社会，便不会存在经济、文化和人际活动，每个人将失去一切。

同理，美德亦然。因为人是社会动物，每个人的生活都完全依靠社会和他人：他的一切利益都是社会和他人给的。所以，能否得到社会和他人的赞许，便是他一切利益中最根本最重大的利益。能否得到社会和他人的赞许之关键，显然在于他的品德如何：如果社会和他人认为他品德好，那么，他便会得到社会和他人的赞许、赏誉；反之，则会受到社会和他人的谴责、惩罚。所以，美德给予每个人的损害显然远远小于其给予每个人的利益。因为一个人如果有美德，他便会得到社会和他人的赞许、赏誉，便会得到他所赖以生存发展的一切利益；他所失去的不过是具有负社会效用的欲望和自由。反之，如果他没有美德，他虽然得到了具有负社会效用的欲望和自由，但是，他却会受到社会和他人的谴责、惩罚，从而失去他所赖以生存发展的一切利益。

总而言之，一方面，道德与法一样，就其自身来说，不过是对人的某些欲望和自由的限制、压抑和侵犯，因而是一种害和恶；就其结果和目的来说，却能够防止更大的害或恶（社会、经济、文化和人际活动的崩溃）和求得更大的利或善（社会、经济、文化和人际活动的存在发展），因而是净余额为善的恶，是必要的恶。另一方面，美德与道德一样，就其自身来说，不过是对拥有美德的人的某些欲望和自由的限制、压抑、侵犯，因而是一种害和恶；但就其结果和目的来说，却能够使拥有美德的人防止更大的害或恶（社会和他人的唾弃、惩罚）和求得更大的利或善（社会和他人的赞许、赏誉），因而是净余额为善的恶，是必要的恶。

3　道德的起源和目的之他律本性

道德和美德是一种必要的恶，意味着，道德的起源与目的不可能是自律的：一方面，道德不可能起源于道德自身，不可能起源于完善自我品德之个人道德需要；另一方面，道德目的不可能是为了自身，不可能是为了完善每个人的品德而满足个人道德需要。因为道德和美德既然就其自身来说，都仅仅是对人的某些欲望和自由的限制、压抑、侵犯，都仅仅是一种害和恶，那么，如果说道德目的就是为了道德自身，就是为了完善人的品德，岂不就等于说道德的目的就是为了给予每个人以害和恶？岂不就等于说道德目的就是为了限制、压抑、侵犯人的欲望和自由？岂不就等于说道德就是为了压抑人的欲望而压抑人的欲望，就是为了侵犯人的自由而侵犯人的自由，就是为了害人而害人，就是为了作恶而作恶？

任何必要恶，就其自身来说，既然是一种恶，显然皆不能自成目的：一切"必要恶"的目的都在这种"必要恶"之外的他物。阑尾炎手术是一种必要恶，其目的不可能是其自身，不可能是为了给你的肚子豁一个口子；它的目的一定在阑尾炎手术之外的他物：避免死亡。道德是一种必要的恶，因而道德的起源和目的一定是他律的。一方面，道德起源于道德之外的他物，亦即起源于人类社会和利益共同体的道德需要：直接起源于人类社会（经济、文化、人际活动以及法和政治）和利益共同体的存在发展之需要，最终起源于每个人的利益增进之需要。另一方面，道德目的在于保障道德之外的他物，亦即满足人类社会和利益共同体的道德需要：直接目的在于保障人类社会（经济、文化、人际活动以及法与政治）和利益共同体的存在发展，最终目的在于增进每个人的利益。

法律的起源和目的亦然：法是一种必要恶，因而其起源和目的便不可能是自律的，而只能是他律的。一方面，法律起源于法之外的他物，亦即起源于人类社会和利益共同体的法律需要：直接起源于人类社会——经济、文化、人际活动以及政治——和利益共同体的存在发展之需要，最终起源于每个人的利益增进之需要。另一方面，法律目的在于保障法律之外的他物，亦即满足人类社会的法律需要：直接目的在于保障人类社会——经济、文化、人际活动以及政治——和利益共同体的存在发展，最终目的在于增进每个人的利益。所以，马克思写道："法的关系正像国家的形式一样，既不能从它们本身来理解，也不能从所谓人类精神的一般发展来理解，相反，它们根源于物质的生活关系。"[①]

不仅道德和法律，而且任何规范，就其起源和目的来说，都不可能是自律的，都不可能是为了规范自身，而只能是他律的，只能是为了规范之外的他物。因为任何规范，就其自身来说，都是对人的欲望和自由的某种约束、限制、侵犯，对人都是有害无益的，都是一种恶，有益的只能是规范通过对人的损害所达成的他物。

综上可知，道德和美德的起源和目的只能是他律的，只能是为了道德和美德之外的他物，亦即保障社会存在发展和增进每个人利益；而不可能是自律的，不可能是为了道德自身、为了完善每个人的品德。完善自我品德的个人道德需要则完全起源于道德，完全是道德被遵守从而得到实现的途径和手段。这就是被道德的最为深刻的本质——道德和美德是一种必要恶——所决定的道德起源和目的之客观定律。

---

① 《马克思恩格斯选集》（第二卷），人民出版社，1995年，第32页。

四 道德的起源和目的之理论

1 人类中心主义与非人类中心主义

传统伦理学,众所周知,是一种人类中心主义(Anthropocentrism)的伦理学,只是到了20世纪,随着生态伦理学的诞生与发展,才算出现了非人类中心主义(Anti-Anthropocentrism)与人类中心主义之争。人类中心主义学派的代表,主要是墨迪、帕斯莫尔、麦克洛斯、诺顿和什科连科等人;但其真正的大师,依然是柏拉图、亚里士多德、阿奎那、笛卡尔、洛克和康德等传统伦理思想家。反之,非人类中心主义学派的代表人物,主要有动物解放和动物权利论者辛格与雷根,生物中心论者施韦泽和泰勒,生态中心论者莱奥波尔德奈斯和罗尔斯顿,等等。这些思想家的论著表明,人类中心主义与非人类中心主义都是一种关于人类与宇宙万物关系的伦理学说,都是关于人与自然的关系的伦理学说,都是关于人类与非人类存在物关系的伦理学说,说到底,都是关于人类应该如何对待非人类存在物的伦理学说。

两个学派的分歧在于:人类中心主义认为,只有人类才是目的,而一切非人类存在物都不过是为人类利益服务的手段,因而道德的起源、目的和标准也就只应该是为了人类的利益,一切道德上的善恶都只应该以人类利益为标准。阿奎那便这样写道:"我们要驳斥那种认为人杀死牲畜是一种罪过的错误观点。因为根据神的旨意,动物就是供人使用的,这是一种自然的过程。因此,人类如何使用它们并不存在什么不公正:不论是杀死它们,还是以任何方式役使它们。"[①]

相反地,非人类中心主义则认为,一切生物都能够分辨好坏,具有自己的利益,因而都应该得到道德关怀而成为道德共同体的成员,道德的起源、目的和标准乃是为了人类与非人类存在物的共同利益,一切道德上的善恶都应该以人类与非人类存在物的共同利益为标准:"作为一种思想存在物的人,应该感到一种冲动:敬畏每个求生意志,如同敬畏自己的一样。他在自己的生命中体验着其他生命。他领悟到:善就是维护生命、提升生命和实现生命可能达到的最高价值,恶则是毁灭生命、

---

① Joseph R. Des Jardins, *Environmental Ethics: An Introduction to Environmental Philosophy* (Son Francisco: Wadsworth Publishing Company, 1993), p. 111.

伤害生命和阻碍生命可能达到的发展。这是绝对的、终极的道德标准。"①

人类中心主义与非人类中心主义皆为片面真理！因为，如上所述，增进人类与动植物等非人类存在物的共同利益，只是道德的特殊的起源、目的和标准；而道德的终极的起源、目的和标准，则完全是为了增进人类的利益。这样，一方面，当人类与动植物等非人类存在物的利益一致时，便应该遵循道德的特殊的、具体的和直接的标准，便应该既增进人类的利益又增进动植物的利益，甚至应该为了动植物本身而增进动植物的利益。另一方面，当动植物等非人类存在物的利益与人类的利益发生冲突不可两全时，道德的特殊标准便不起作用了；这时，便应该诉诸道德终极标准"增进人类的利益"，从而应该牺牲动植物等非人类存在物的利益而保全人类的利益。

因此，一方面，就道德最终的起源、目的和标准来说，不可能是增进人类与非人类存在物的利益，而只能是增进人类的利益：人类中心主义是真理。但是，人类中心主义却夸大了这一真理，误以为道德全部的起源、目的和标准都仅仅是为了人类，因而在任何条件下以任何方式对待动植物都无所谓道德不道德。另一方面，就道德的直接的、特殊的起源和目的以及标准来说，则是增进人类与非人类存在物的利益，而绝不仅仅只是为了增进人类利益：非人类中心主义是真理。但是，非人类中心主义却夸大了这一真理，误以为道德的终极目的和终极标准也是增进人类与非人类存在物的共同利益，以至于得出"在二者发生冲突应该牺牲人类利益而保全非人类利益"的反人类主义结论。

2 道德他律论与道德自律论

道德他律论——道德起源和目的他律论——是功利主义的理论前提，因而与功利主义一样，其代表当推边沁、穆勒和西季威克。道德他律论的最为根本的观点，是认为道德是一种必要恶。诚然，无论边沁还是穆勒，抑或西季威克等道德他律论者，并没有发现道德是一种必要恶，而只是说法律是一种必要恶："每一强制性法律都创造一种罪

---

① Joseph R. Des Jardins, *Environmental Ethics: An Introduction to Environmental Philosophy*, p. 149.

恶。"① 因为"所有惩罚都是伤害：所有惩罚，就其本身来说，都是恶。根据功利主义原则，如果它最终应当被认可，那只是因为它能够避免某种更大的恶"②。

然而，法律是一种必要恶，实已蕴含着：道德和美德是一种必要恶。因为一切法律规范同时也都是道德规范。如果说"不可偷盗"作为法律规范限制和侵犯了偷盗者的自由和欲望，那么，它作为道德规范岂不也同样限制和侵犯了偷盗者的自由和欲望吗？道德和美德与法律一样，就其自身来说，都是对人的行为的限制，是对人的某些欲望和自由的压抑，因而同样是一种恶；就其结果和目的来说，却能够防止更大的恶（社会的崩溃）和求得更大的善（社会的存在发展），因而是净余额为善的恶，是必要的恶。

这样一来，道德的起源和目的便与法律一样，不能可是自律的，不可能是为了道德和美德自身；而只能是他律的，只能是为了道德和美德之外的他物：每个人的利益和幸福。所以，边沁写道："一般说来，道德可以定义为这么一种艺术：它指导人们的行为以产生利益相关者的最大可能量的幸福。"③ 穆勒也一再说："幸福是道德的终点和目的。"④

相反地，道德自律论——道德起源和目的自律论——是义务论的理论前提，因而与义务论一样，其代表当推儒家、康德和基督教伦理学家。道德自律论的最为根本的观点，是认为法律和道德并不是必要恶，而是必要善，是一种必要的内在善、自身善、目的善。新儒家冯友兰曾就此写道："国家社会的组织，法律道德的规则，是人依其性以发展所必有底。对于人生，它们是必要底，但不是必要底恶，而是必要底善。"⑤

道德和美德是一种必要善，是一种必要的内在善、自身善的观点，在康德那里得到了系统的论述。在他看来，一个人的道德意志、道德品质、品德之善，不仅就其自身来说就是善，因而是一种自在善、内在善，而且是一种无条件的、绝对善。他这样写道："在世界之中，甚

---

① Jeremy Bentham, *An Introduction to the Principles of Morals and Legislation* (Oxford: Clarendon Press, 1879), p. 330.
② Ibid., p. 170.
③ Bentham, *An Introduction to the Principles of Morals and Legislation*, p. 310.
④ Mill, *Utilitarianism, Liberty, Representative Government*, p. 22.
⑤ 冯友兰：《三松堂全集》（第四卷），河南人民出版社，1986年，第592页。

至在世界之外，除了善良意志，不可能设想一个无条件善的东西……善良意志，并不因它所促成的事物而善，并不因它期望的事物而善，也不因它善于达到预定的目标而善，而仅是由于意愿而善，它是自在的善。"①

道德和美德既然就其自身来说就是善的，是一种自在善，那么，道德的起源与目的，真正讲来，便是自律的：道德起源于道德自身，起源于每个人完善自我品德的需要；目的在于道德自身，在于完善每个人的品德，实现人之所以异于禽兽、人之所以为人者。这个道理，布拉德雷——康德道德自律论的信奉者——说得十分清楚："道德说，她是为其本身之故而被欲求为一目的的，不是作为达到本身以外的某物的手段。"②

道德自律论与道德他律论谁是谁非？道德和美德的本性之分析表明：道德和美德与法律一样，是一种必要恶。因此，道德的起源与目的不可能是自律的，不可能是为了道德和美德自身；而只能是他律的，只能是为了保障道德之外的他物：为了保障社会存在发展和增进每个人利益。因此，道德他律论是真理，道德自律论是谬误。

道德自律论的最根本的错误，在于混淆自身善和结果善。一方面，理解能力、明智、判断力、财富、荣誉、健康和幸福等，就其自身而非其结果来说就是可欲的，就是能够满足人的需要的，就是人们追求的目的，因而都是自身善、目的善、内在善；但是，这些自身善却可能因它们的拥有者没有美德而导致恶果，因而就其结果来说，可能是恶。

另一方面，善良意志、善良品质或美德，就其自身来说，不过是对拥有美德的人的某些欲望和自由的压抑、侵犯，因而是一种恶；但就其结果来说，却是一种极大的善，因为它能够使拥有美德的人防止更大的恶，如防止理解能力、明智、判断力等导致恶果。所以，美德是一种结果善；它自身却是恶。

康德等道德自律论者的根本错误在于，一方面，误将道德和美德等结果善当作自身善；另一方面，误将幸福和明智等自身善当作结果善。这样一来，便可以得出"道德目的乃在于道德和美德自身"的道德自

---

① 伊曼努尔·康德：《道德形而上学原理》，苗力田译，上海人民出版社，1986年，第42—43页。

② 布拉德雷：《伦理学研究》（上册），谢幼伟译，商务印书馆，1944年，第76页。

律论了；相反地，如果道德和美德不是自身善，而是必要恶，道德目的就不可能在道德和美德自身了。

道德自律论的错误，还在于混淆道德目的与行为目的以及道德自律的两种含义。因为，如前所述，一方面，每个人的行为可以源于其完善自我品德的个人道德需要，目的是完善自我品德、为了道德自身：这是个人"行为的起因和目的"方面的道德自律，这是真理。另一方面，道德起源于每个人的品德完善的个人道德需要，目的是完善每个人的品德、为了道德自身：这是社会"道德的起源和目的"方面的道德自律，这是谬误。

换言之，一个人的行为目的可能是为了道德自身，是为了完善自我品德，但道德目的却绝不可能是为了道德自身，绝不可能是为了完善人的品德。就这一点来说，道德与金钱一样：一个人的目的可以是为了金钱自身，但金钱的目的却绝不可能是为了金钱自身。道德起源和目的自律论者的错误，就在于将个人"行为起因与目的"的道德自律等同于社会"道德起源与目的"的道德自律，从而由个人的行为可以起因于完善自我品德需要、目的是自我品德的完善之正确前提，得出了错误的结论：道德起源于人的品德完善的需要、目的是完善每个人的品德。

思考题

1 阿奎那说："我们要驳斥那种认为人杀死牲畜是一种罪过的错误观点。因为根据神的旨意，动物就是供人使用的，这是一种自然的过程。因此，人类如何使用它们并不存在什么不公正：不论是杀死它们，还是以任何方式役使它们。"这种观点正确吗？

2 艾比（Edward Abbey）说："我不愿将斧刃劈入一棵活树的枝干的程度，并不亚于我不愿用它来砍进一个人的肉体的程度。"[1] 艾比此言是否可以这样理解：如果给一棵活树以不必要的损害，就违背了"善有善报、等利交换"的公正原则？

3 泰勒写道："我们可以把道德顾客定义为任何能够被正当或不正当地对待的存在物；对于这种存在物，道德代理者负有义务和责任。"[2] 这个定义能否成立？

---

[1] Nash, *The Rights of Nature*, p. 169.

[2] Taylor, *Respect for Nature*, p. 17.

4 能否由"法律是一种必要的恶"推导出"道德是一种必要的恶"?

5 儒家和康德等义务论者认为,道德和美德是一种自身善、目的善和内在善,而绝非必要恶:道德和美德"不是必要的恶,而是必要的善"(冯友兰:《三松堂全集》[第四卷],河南人民出版社,1986年,第592页)。相反地,道家和无政府主义者认为道德和美德"都是一种不必要的恶"(同上书,第603页)。谁是谁非?

6 孟子曰:"人之有道也。饱食、暖衣、逸居而无教,则近于禽兽。圣人有忧之,使契为司徒,教以人伦——父子有亲、君臣有义、夫妇有别、长幼有序、朋友有信。"(《孟子·滕文公上》)孟子此见属于道德自律论还是道德他律论?它是真理吗?

阅读书目

《孟子·滕文公上》《孟子·告子下》。

穆勒:《功利主义》,徐大建译,上海人民出版社,2008年。

伊曼努尔·康德:《道德形而上学原理》,苗力田译,上海人民出版社,1986年。

Paul W. Taylor, *Respect for Nature: A Theory of Environmental Ethics* (Princeton, New Jersey: Princeton University Press, 1986).

G. J. Warnock, *The Object of Morality* (London: Methuen & Co Lid., 1971).

Wang Haiming, *The Principles of New Ethics II: Normative Ethics I* (London and NewYork: Routledge, 2021).

第五章　道德的终极标准：
国家制度好坏的终极价值标准

提　要

　　道德终极标准，亦即国家制度好坏的终极价值标准，是由一个总标准和两个分标准构成的价值标准体系。总标准是在任何情况下都应该遵循的终极标准："增进每个人的利益总量"。分标准1，是在人们利益不发生冲突或发生冲突而可以两全情况下的终极标准，亦即所谓"帕累托标准"："无害一人地增加利益总量"。分标准2，则是在人们利益发生冲突而不能两全情况下的终极标准："最大利益净余额"和"最大多数人的最大利益"标准。自古以来，关于道德终极标准的理论，便可以归结为两大流派：功利主义与义务论。功利主义是把"功利"奉为道德终极标准的流派，说到底，是把"增进每个人的利益总量"奉为道德终极标准的流派；反之，义务论则是把"道义"奉为道德终极标准的流派，说到底，是把"增进每个人的品德完善程度"奉为道德终极标准的流派。

一 道德的终极标准体系

1 增进每个人的利益总量:道德终极总标准和国家制度价值终极总标准

道德终极标准的提出,源于各种道德规范之间时常发生的冲突。当道德规范之间发生冲突而不能两全时,无疑应该牺牲较不重要的道德规范而遵守更为重要的道德规范或道德原则。就拿前引康德所举的例子来说,一个人看见被凶手追杀的无辜者藏身于某处,当凶手问他是否看见被追杀者时,他显然应该遵守更为重要的"救人"的道德原则而牺牲"诚实"道德规则。

然而,当道德原则彼此冲突时应该怎么办呢?毋庸置疑,应该服从比较根本的道德原则而违背被它所决定的道德原则。进言之,当比较根本的道德原则与更根本的道德原则发生冲突时,便应该服从更根本的道德原则。于是,最终必定应该服从最根本的道德原则,亦即道德终极标准:它是最根本的道德标准,是产生、决定和推导出其他一切道德标准的标准,是在一切道德规范发生冲突时都应该服从而不应该违背的道德标准,是在任何条件下都应该遵守而不应该违背的道德标准,是在任何条件下都没有例外而绝对应该遵守的道德标准,因而也就是绝对道德标准,亦即所谓绝对道德。对于这个绝对道德标准,穆勒曾这样写道:"有一个基本的原则或法则,作为全部道德的基础……这一个原则是在各种原则发生冲突时进行判决的尺度。"① 穆勒沿袭以往的传统而称之为道德"终极标准"或道德"第一原则"。②

显然,道德终极标准只能是一个。因为如果是两个或两个以上,那么,当它们发生冲突时,只可能遵守一个,而违背另一个:那应该违背者当然不可能是道德终极标准;而只有那不应该违背者才是道德终极标准。因此,道德终极标准必定仅仅是一个。那么,这一个道德终极标准究竟是什么?沃尔诺克答道,是被人们所认识、所把握并被当作行为规范的道德的普遍目的:"正确理解道德的普遍目的,便可以使我们理解道德评价的基本原则。"③ 梯利说得就更清楚了:"道德目的就是道德评

---

① John Stuart Mill, *Utilitarianism* (Beijing: China Social Sciences Publishing House, 1999), p. 4.
② Ibid., pp. 3-4.
③ G. J. Warnock, *The Object of Morality* (London: Methuen & Co Lid, 1971), p. 26.

价的最终依据。"①

诚哉斯言！因为元伦理学的研究表明，行为应该如何的道德应该、道德善、道德价值，不过是行为事实如何对于道德目的的效用，因而由"行为事实如何"与"道德目的"两方面构成：行为之事实如何是行为应该如何产生的源泉和存在的载体、本体、实体，可以名之为"道德应该的实体"或"道德善的实体"，说到底，亦即"道德价值实体"；道德目的是行为应该如何从行为事实如何中产生和存在的条件，是衡量行为事实如何的道德价值之有无、大小、正负的标准，可以名之为"道德应该的标准"或"道德善的标准"，说到底，亦即"道德价值标准"。

还是拿前页引康德的那个案例来说，康德认为应该诚实相告："在不可不说的陈述中，不论给自己或别人会带来多么大的伤害，诚实都是每个人对他人的不该变通的责任。"② 殊不知，当此际，诚实害命，违背道德目的——保障社会存在发展——因而诚实是不应该不道德的；说谎救人，符合道德目的，因而说谎是应该的道德的。康德的错误就在于不懂得：道德目的是诚实和说谎等行为是否应该的道德价值标准。

道德目的是道德价值标准，显然意味着：道德最终目的是道德价值终极标准，亦即产生、决定和推导出其他一切道德标准的标准，亦即在一切道德规范发生冲突时都应该遵守而不应该违背的道德标准，亦即在任何条件下都应该遵守而不应该违背的道德标准，说到底，亦即所谓"道德终极标准"。因此，道德终极标准的确立，关键在于弄清：道德最终目的究竟是什么？

道德的最终目的，如前章所述，乃是增进每个人的利益。因此，道德的终极标准就是增进每个人的利益。更确切些说，道德的终极标准应该量化为：增进每个人的利益总量。因为任何标准之为标准，都必须是一种可以量化的东西。所以，道德的终极标准并非全等于道德的终极目的，而是道德的终极目的之量化：增进每个人的利益总量。

"增进每个人的利益总量"作为道德的终极标准具有双重含义：既是衡量一切行为善恶的终极标准，又是衡量一切道德之优劣的终极标准。一方面，增进每个人的利益总量是评价一切行为善恶的道德终极标准：凡是增进每个人的利益总量的行为，不论它的品德境界如何不理

---

① Frank Thilly, *Introduction to Ethics* (New Yok: Charles Scrlbner's Sons, 1900), p. 154.
② Bok, *Lying: Moral Choice in Public and Private Life*, p. 268.

想,不完善,也都是应该的、道德的;凡是减少每个人的利益总量的行为,不论它的品德境界多么理想、完善,也都是不应该、不道德的。另一方面,增进每个人的利益总量是评价一切道德优劣的道德的终极标准:哪种道德保障经济和文化最繁荣、人际活动最自由安全、法和政治最优良、最大限度增进每个人利益,哪种道德便最优良、最好、最正确,不论它叫什么名字且如何被魔鬼化;反之,则最恶劣、最坏、最错误,不论它叫什么名字且如何被神圣化。

不难看出,道德与法律以及国家与政治,只是就其直接的具体的特殊的目的来说,才有所不同;而就其最终目的来说,则完全一样,都是为了增进每个人的利益。因为国家就是拥有最高权力的社会。任何权力无疑必然都产生、形成和起源于社会成员的普遍同意;任何两个以上的人就某种利益交换关系所达成的同意无疑都是契约。于是,最高权力或国家便与法律、道德和政治一样,必然直接产生、形成和起源于契约。这样一来,国家、政治、法律和道德的最终目的,显然便同样都是为了每个契约的缔结者——每个国民——谋利益。这就是为什么道德的最终目的——增进每个国民的利益——既是国家的最终目的,也是法律的最终目的,也是政治的最终目的:四者的最终目的实为同一。

因此,"增进每个人的利益总量"不仅是衡量道德优劣和行为善恶的道德价值终极标准,也是衡量法律好坏的法律价值终极标准,也是衡量政治好坏的政治价值终极标准,说到底,也是衡量国家制度好坏的国家制度价值终极标准。最早发现这一标准者,当推亚里士多德。因为他一再说,国家的最终目的是每个国民谋利益、最充分地满足每个人生存和发展需要,使每个人实现"最优良的生活"或"自足而且至善的生活":"城邦是若干生活良好的家庭或部族为了追求自足而且至善的生活,才行结合而构成的。"① "城邦的目的是人类所可能达到的最优良生活。"②

伟哉斯言!不过,更确切些说,"增进每个人的利益总量"乃是道德终极总标准、法律终极总标准、政治终极总标准和国家制度终极总标准。因为这一标准在不同情况下有不同表现,从而衍生出三个终极分标准,亦即最大利益净余额标准、最大多数人最大利益标准和无害一人地增进利益总量标准。

---

① 亚里士多德:《政治学》,吴寿彭译,商务印书馆,1965年,第140页。
② 同上书,第364页。

2　最大利益净余额：利益冲突的终极标准

"增进每个人的利益总量"是道德终极标准、法律终极标准、政治终极标准和国家制度终极标准。然而，问题是，在人们利益发生冲突而不能两全的情况下，增进每个人利益是不可能的。在这种情况下，一方面，要增进一些人利益，必然减少另一些人利益，不可能增进每个人利益；另一方面，要使一些人避免受害，必然使另一些人受害，不可能使每个人都避免受害。

在这种情况下，只可能增进"利益净余额"。所谓利益净余额，一方面是增进的利益与减少的利益之余额；另一方面则是避免的损害与遭受的损害之余额。如果"增进的利益小于减少的利益"或"避免的损害小于遭受的损害"，净余额便是害而不是利，便是减少了利益净余额；如果"增进的利益大于减少的利益"或"避免的损害大于遭受的损害"，净余额便是利而不是害，便是增进了利益净余额。

在这种情况下，显然应该"选择最大利益而牺牲最小利益"和"选择最小损害而避免更大损害"，从而使净余额的利益达到最大限度：这就是所谓"最大利益净余额标准"。西季威克在概括该标准时便这样写道："最大幸福意味着：快乐超过痛苦之最大净余额。"[①] 彼彻姆亦如是说："（1）如果一个行为或实践在全社会能够导致最大利益和最小损害时，那么，这一行为或实践就是正当的；（2）义务和正当的概念从属于、决定于最大利益净余额。"[②]

这样一来，最大利益净余额标准便具有正与反——或积极与消极——两方面内容。正面或积极方面，是在"增进一些人利益必定减少另一些人利益的情况下"的最大利益净余额标准，可以概括为"两利相权，取其重"：应该选择最大利益而牺牲最小利益。因为在这种情况下，选择最大利益而牺牲最小利益，结果是最大利益净余额。

举例来说，原始社会物质财富匮乏，如果按劳分配从而多劳者多得而享有非基本经济权利（非人权经济权利），那么就会有人饿死而享受不到基本经济权利（经济人权）；如果平均分配从而人人平等享有基本经济权利（经济人权），那么，多劳者便不可能多得而享有非基本经济

---

① Henry Sidgwick, *The Methods of Ethics*, 7th ed. (London: Macmillan, 1922), p. 413.
② Tom L. Beauchamp, *Philosophical Ethics: An Introduction to Moral Philosophy* (New York: McGraw-Hill, 1982), p. 73.

权利（非人权经济权利）。怎么办？原始社会选择的是平均分配：这种选择完全正确。因为所有人的经济人权，无疑远远大于某些多劳者的非人权经济权利；选择所有人的经济人权而牺牲某些多劳者的非人权经济权利，结果是最大利益净余额。

"最大利益净余额"的反面或消极的方面，是在"使一些人避免损害必定导致另一些人遭受损害的情况下"的最大利益净余额标准，可以概括为"两害相权，取其轻"：选择最小损害而避免更大损害。因为在这种情况下，选择最小损害而避免更大损害，结果是最大利益净余额。就拿今日西方伦理学界十分流行的关于"电车"的理想实验来说。一辆飞驰而来的失控电车，如果不驶向左面的铁道压死1个人，就必定或者驶向右面的铁道压死5个人，或者驶向中间铁道压死3个人。电车的司机应该驶向哪一条铁道？应该驶向左面的铁道压死1个人。因为这样做，是选择最小损害（压死1个人）而避免更大损害（压死5个人或3个人），结果是最大利益净余额。

合而言之，"最大利益净余额"便是选择最小损害而避免更大损害、选择最大利益而牺牲最小利益，便是最小地减少不得不减少的利益而最大地增进可能增进的利益，从而使净余额的利益达到最大限度。最大利益净余额不但是解决人们利益发生冲突而不能两全的道德终极标准、法律终极标准、政治终极标准和国家制度终极标准，而且是解决自我各种利益冲突而不能两全的善待自我的终极标准。

试举一例，我既想放纵情欲，尽情玩乐，又想健康长寿，长生久视：二者发生冲突，不可得兼。怎么办？我们都知道，应该选择健康长寿而牺牲放纵情欲。可是，理由何在？无非是因为，健康长寿的利益大于放纵情欲的利益：选择健康长寿而牺牲放纵情欲，净余额是利；选择放纵情欲而牺牲健康长寿，净余额是害；选择选择健康长寿而牺牲放纵情欲，符合最大利益净余额标准。

3 最大多数人最大利益：优先于最大利益净余额标准

人们的一切利益冲突，说到底，无疑可以归结为多数人与少数人的利益冲突。如果这种利益冲突不能两全，一般说来，无疑应该保全最大多数人最大利益而牺牲最少数人最小利益。因为在这种情况下，一般说来，保全最大多数人最大利益而牺牲最少数人最小利益，其净余额是最大的利益，符合最大利益净余额标准，因而是应该的、善的、好的和具有正价值的；反之，如果保全最少数人最小利益而牺牲最大多数人最大利益，其净余额是最大的损害，违背最大利益净余额标准，因而是不应该的、恶的、坏的和具有负价值的。这就是所谓"最大多数人最大利益"或"最大多数人最大幸福"标准。

不难看出，这一标准不但直接来自"最大利益净余额"标准，是解决人们利益冲突的"最大利益净余额"之终极分标准的体现；而且也直接来自"增进每个人的利益总量"终极总标准，是"增进每个人的利益总量"之终极总标准的体现："最大多数人最大利益"是解决利益冲突的近似的终极总标准。因为在人们利益发生冲突不能两全时，无疑只有保全最大多数人利益而牺牲最少数人利益，才最接近符合"保全每个人利益"：保全最大多数人利益，比保全最少数人利益，更接近保全每个人利益；牺牲最大多数人利益，比牺牲少数人利益，更接近牺牲每个人利益。

"最大多数人最大利益"标准既然直接来自"最大利益净余额"和"增进每个人的利益总量"标准，是这两个标准在利益冲突情况下的具体体现，那么，它就蕴含着两个标准发生冲突的可能性。这种可能表现在：最大多数人的利益可能不是最大利益，最大利益可能是少数人利益。这样一来，只有保全少数人利益而牺牲最大多数人利益，才能得到最大利益净余额；反之，如果保全最大多数人利益而牺牲少数人利益，净余额便是负价值。那么，在这种情况下，应该牺牲最大多数人利益而保全少数人利益吗？如果答案是肯定的，那么，"最大多数人最大利益"或"最大多数人最大幸福"标准的名称就是不确切的了，而应该更名为"最大利益"或"最大幸福"标准了。这就是诱使边沁把贝卡利亚和赫起逊的"最大多数人最大幸福"标准更名为"最大幸福"标准的陷阱。①

果真可以像边沁那样，把"最大多数人最大幸福"标准更改为"最大幸福"标准吗？答案是否定的。因为在人们利益发生冲突时，只有保全最大多数人利益而牺牲最少数人利益，才最接近符合"增进每个人的利益总量"终极总标准。因此，在多数人利益与少数人利益发生冲突时，即使少数人利益价值大于多数人利益价值，也应该保全多数人利益而牺牲少数人利益。这样做，虽然违背"最大利益净余额"，却最接

---

① 边沁：《政府片论》，沈叔平译，商务印书馆，1995年，第36页。

近符合"增进每个人的利益总量":"最大利益净余额"等任何价值标准与终极总标准"增进每个人的利益总量"发生冲突都应该服从终极总标准。

这样一来,"最大多数人最大利益标准"虽然来自"最大利益净余额标准",却因其最接近于"增进每个人的利益总量"标准,从而对于"最大利益净余额标准"具有绝对的优先性。还是拿那个电车的理想实验来说。假设道岔右边站着的那一个人是伟大的(价值极大的)物理学泰斗爱因斯坦,而左边的那5个人则是加起来价值也远远小于爱因斯坦的凡夫俗子,于是压死爱因斯坦的净余额是负价值,而压死5个凡夫俗子的净余额是正价值。那么,究竟应该压死谁?正确的答案是:应该压死伟大的爱因斯坦而保全5个凡夫俗子!因为压死爱因斯坦而保全5个凡夫俗子,虽然违背"最大利益净余额标准",却因其符合"最大多数人最大利益标准",而最接近符合"增进每个人的利益总量"终极总标准:"保全多数人利益"比"保全少数人利益"更接近符合"保全每个人利益"。

因此,在人们利益发生冲突不能两全的情况下,"最大多数人最大利益标准"优先于"最大利益净余额标准",因而首先应该根据"最大多数人最大利益标准",保全最大多数人的利益而牺牲最少数人利益;尔后才应该根据"最大利益净余额标准",保全最大利益而牺牲最小利益,从而使利益净余额达到最大限度。举例说,如果在利益冲突而不能两全的情况下,最大多数一方的人数占总人口90%,就应该保全这90%人的利益而牺牲与其冲突的10%的人的利益;即使相反的选择会达到更大的甚至最大的利益净余额。如果最大多数一方的人数是51%,就应该保全这51%人的利益而牺牲49%的人的利益;即使相反的选择会达到更大的甚至最大的利益净余额。只有在冲突双方的人数都是50%的情况下,保全哪一方的利益净余额最大,才应该保全那一方,而牺牲另一方。

但是,这些情况无疑统统都是例外而不是常规。按照常规,"最大利益净余额标准"与"最大多数人最大利益标准"是完全一致的。因为按照常规,最大多数人的利益无疑都是最大利益;最少数人的利益,无疑都是最小的利益;因而只要保全最大多数人的利益而牺牲最少数人的利益,就能够得到最大利益净余额:"最大利益净余额"与"最大多数人最大利益"一般是一致的。

总之,"最大多数人最大利益"是解决人们之间利益发生冲突而不能两全的道德终极标准、法律终极标准、政治终极标准和国家制度终极标准。按照这一标准,在人们之间利益冲突的任何情况下,都应该保全最大多数人利益而牺牲最少数人利益,即使最大的利益例外地是最少数人的利益,而不是最大多数人的利益。因此,"最大多数人最大幸福"标准的关键词,乃是"最大多数人",而不是"最大幸福"。所以,对于这一标准,绝不可以像边沁那样,省略"最大多数人"而将其更改为"最大幸福"。因为最大幸福毕竟有可能——不论这种可能性是如何小、如何例外——是少数人的幸福,而不是最大多数人的幸福。

4 无害一人地增进利益总量:利益不相冲突条件下的终极标准

"最大利益净余额"和"最大多数人最大利益"标准,都仅仅是利益冲突而不能两全情况下的终极标准,都仅仅是终极总标准"增进每个人的利益总量"在利益冲突情况下的体现。那么,在人们利益一致、不发生冲突或可以两全的情况下,终极标准是什么?或者说,在这种情况下,终极总标准"增进每个人的利益总量"的具体表现是怎样的?

在利益一致不相冲突或可以两全的情况下,终极总标准"增进每个人的利益总量"便具体化为"不损害任何人地增加利益总量"或"无害一人地增进利益总量"标准。按照这一标准,便应该不损害任何一个人地增加人们的利益,便应该无害一人地增进每个人利益或一些人利益,便应该使每个人的境况变好或使一些人的境况变好而不使其他人的境况变坏。这是因为,终极总标准是增进每个人的利益总量,而并不是增进最大利益净余额或最大多数人最大利益;最大利益净余额或最大多数人最大利益不过是在利益发生冲突因而不可能增进每个人的利益情况下的无奈选择。

因此,在人们利益不相冲突或可以两全的情况下,也就只有无害一人地增进利益总量——使每个人的境况变好或使一些人的境况变好而不使其他人的境况变坏——才符合"增进每个人的利益总量"之终极总标准,因而才是好的、应该的、具有正价值的;反之,如果为了最大多数人最大利益而牺牲最小少数人最小利益,那么,不论这样做可以使利益净余额达到多么巨大的、最大的程度,不论这样做可以给最大多数人造成多么巨大的、最大的幸福,便都违背了"增进每个人的利益总量"之终极总标准,因而便都是不好的、不应该和具有负价值的。

举例来说，假设损害一小撮人，某国家就会突飞猛进，从而给最大多数人带来极为巨大的幸福，使利益净余额达到最大限度；反之，如果不损害一小撮人，该国家最大多数人也并不会受到任何损害，但该国家却会发展较慢，从而最大多数人得不到最大幸福、利益净余额达不到最大限度。在这种情况下，怎样做才是应该的？如果选择前者，损害一小撮人而使最大多数人得到最大幸福，那么，既不符合"增进每个人的利益总量"之终极总标准，更不符合利益不相冲突情况下的"无害一人地增进利益总量"之终极分标准，因而是不应该的；只有选择后者，不损害任何人，即使该国家因此而停滞不前，也符合"增进每个人的利益总量"之终极总标准，符合利益不相冲突情况下的"无害一人地增进利益总量"终极分标准，因而是应该的。

哈曼曾由此设计了两个著名的理想实验，不但难倒了自己，也一直令中西学者困惑不已。一个理想实验是这样设计的：一个医生，如果把极其有限的医药资源用来治疗一个重病人，另外五个病人就必死无疑；如果用来救活这五个病人，那个重病人就必死无疑。医生显然应该救活五人而让那一个重病人死亡。反之，另一个理想实验是这样的：有五个分别患有心脏病、肾病、肺病、肝病、胃病的人和一个健康人，这五个病人如果不进行器官移植，就必死无疑；如果杀死那个健康人，把他的这些器官分别移植于这五个病人身上，这五个病人就一定能活命，而且会非常健康。医生应该怎么办？显然不应该杀死那一个健康人而救活这五个人。① 问题恰恰就在于：为什么第一个案例应该为救活五人而牺牲一人，第二个案例却不应该为救活五人而牺牲一人？

原来，其中的奥妙就在于，在第一个案例中，五个人与一个人的利益发生了冲突：保全五个人的利益必定损害那一个人的利益，五个人要活命必定导致那一个人死；反之亦然。因此，在这种情况下，医生救活五人而让那一个重病人死亡，符合利益冲突时的终极标准——最大多数人最大利益标准和最大利益净余额标准——因而是应该的。反之，在第二个案例中，五个病人与一个健康人的利益并没有发生冲突：保全这个健康人的利益和性命，并没有损害那五个病人的利益和性命，这个健康人的利益和性命并不是用那五个病人的利益和性命换来的。因为并不是这个健康人要活命，就必定导致那五个病人的死，也不是那五个病人的

---

① Pojman, *Ethical Theory: Classical and Contemporary Readings*, pp. 478-479.

死亡,才换来了这个健康人的活命。那五个人的死亡是他们的疾病所致,而与这一个健康人的活命没有任何关系。没有关系,怎么会发生利益冲突呢?因此,在这种利益不相冲突的情况下,医生如果为救活五个病人而杀死那一个健康人,虽然符合利益冲突时的终极标准(最大多数人最大利益标准和最大利益净余额标准),却违背了利益不相冲突的终极标准(亦即无害一人地增进利益总量),因而是不应该的。这就是为什么第一个案例应该为救活五人而牺牲一人,第二个案例却不应该为救活五人而牺牲一人的缘故。

总之,"无害一人地增进利益总量"乃是终极总标准"增进每个人的利益总量"在利益一致不相冲突或可以两全条件下的体现,是利益一致不相冲突或可以两全条件下的道德终极标准、法律终极标准、政治终极标准和国家制度终极标准。最早提出这一标准的,恐怕是孟子。他将这一标准概括为一句话:"杀一不辜而得天下,皆不为也。"(《孟子·公孙丑上》)但是,真正证明这一标准的,并非政治学家和伦理学家,而是经济学家帕累托,因而被称为"帕累托标准"(Pareto Criterion)或"帕累托最优状态"(Pareto Optimum)。对于这一标准或状态,帕累托这样写道:

> 我们看到,要取得一个集体的福利最大化,有两个问题待解决。如某些分配的标准为既定,我们就可以根据这些标准去考察哪些状态将给集体的各个人带来最大可能的福利。让我们来考虑任何一种特定状态,并设想作出一个与各种关系不相矛盾抵触的极小变动。假如这样做了,所有各个人的福利均增加了,显然这种新状态对他们每个人是更为有利;相反的,如各个人的福利均减少了,这就是不利。有些人的福利仍旧不变亦不影响这些结论。但是,另一方面,如这个小变动使一些人的福利增加,并使别人的福利减少,这就不能再说作此变动对整个社会为有利的。因此,我们把最大效用状态定义为:作出任何种微小的变动不可能使一切人的效用,除那些效用仍然不变者外,全都增加或全都减少的状态。①

可见,所谓"帕累托最优状态"乃是这样一种状态:当且仅当该状态没有一种改变能使一些人的境况变好而又不使至少一个人的境况变

---

① 转引自胡寄窗:《1870年以来的西方经济学说》,经济科学出版社,1988年,第191页。

坏。这一状态之所以为最优状态的依据，则是所谓的"帕累托标准"，亦即"应该使每个人的境况变好或使一些人的境况变好而不使其他人的境况变坏"，简言之，"应该至少不损害一个人地增加社会的利益总量"，即"无害一人地增进利益总量"。

二　道德的终极标准理论

1　义务论与功利主义

"义务论"（Deontology）亦称"道义论"（Theory of Duty）或"非目的论"（Non-Teleology），是与功利主义恰恰相反的关于道德终极标准的理论。它的主要代表，当推儒家思想家、基督教伦理学家、康德、布拉德雷、普里查德、罗斯以及今日西方义务论美德伦理学家，如迈克尔·斯洛特（Michael Slote）和格雷戈里·维尔艾泽考·Y. 特诺斯盖（Gregory Velazco Y. Trianosky）等人。义务论理论极为曲折隐晦、歧义丛生；它的准确意涵究竟是什么，两千年来，人们一直未能说得清楚。因此，对于义务论的考察，便应以义务论原著为依据，特别应该以中外公认的义务论、道义论的代表——儒家思想家和康德——的原著为依据。

义务论者无不是道德起源和目的自律论者。在他们看来，道德和美德并不是必要的恶，而是必要善，是一种必要的内在善、自身善，甚至是唯一无条件的、绝对的善。因此，道德的起源与目的便是自律的：道德起源于道德自身，起源于每个人完善自我品德的需要；目的在于道德自身，在于完善每个人的品德，实现人之所以异于禽兽、人之所以为人者。

从这种道德自律论出发，义务论者便合乎逻辑地得出结论说，行为是否道德，只能看它对行为者的道德、品德、道义的效用如何，而不能看它对每个人利益的效用如何：凡是能够使行为者品德达到完善、实现人之所以为人者的行为，不论它如何减少每个人和社会的利益总量，也都因其符合道德目的，而是应该的、道德的；凡是不能使行为者品德达于完善、不能实现人之所以为人者的行为，不论它如何增进每个人和社会的利益总量，也都因其不符合道德目的，而是不应该、不道德的。道义论大儒董仲舒把这一思想概括为一句千古名言："正其义不谋其利，明其道不计其功。"

这样一来，也就只有出于完善自我品德之心的、为完善品德而完善品德的行为——只有出于义务心的、为义务而义务、为道德而道德的行为——才因其能够使行为者的品德达到完善境界而实现人之所以为人者，符合道德目的，从而是道德的、应该的。因此，康德说："道德完善就是出于义务（即法则不仅是支配他行动的规则，而且是他行动的动机）而履行义务。"① 可是，具体说来，究竟什么行为才是能够使人的品德达于完善、实现人之所以为人者的为义务而义务的行为？显然是并且只能是为利人而利人的无私利他！因为正如新儒家冯友兰所言：

> 求自己的利，可以说是出于人的动物的倾向，与人之所以为人者无干。为实现人之所以为人者，我们不能说，人应该求自己的利。……但求别人的利，则与人之所以为人者有干。为实现人之所以为人者，我们可以说，人应该求别人的利。②

可见，义务论是把道义（而不是功利）奉为道德终极标准的流派，是把增进每个人的品德完善程度（而不是增进每个人的利益总量）奉为道德终极标准的流派，说到底，是把无私利他奉为唯一道德终极标准的流派。

功利主义（Utilitarianism）又称目的论（Teleology），其代表人物，不仅有诸如苏格拉底、休谟、佩利、爱尔维休、霍尔巴赫、巴利、达尔文、斯宾塞、边沁、穆勒、包尔生、西季威克、摩尔、梯利等伟大先哲，而且如罗尔斯所说："在众多的现代道德哲学中，某些形式的功利主义一直居于主导地位。"③ 究其代表，当推 J. J. C 斯马特和 R. B. 勃朗特以及今日西方功利主义美德伦理学家沃恩·赖特（Von Wright）等人。

功利主义论者都是道德起源和目的他律论者。在功利主义论者看来，道德和美德与法律一样，都是一种必要恶，因而道德的起源和目的便不能可是自律的，不可能是为了道德自身，为了完善每个人品德；而只能是他律的，只能是为了道德和美德之外的他物：每个人的利益和幸福。所以，穆勒说："幸福是道德的终点和目的。"④

---

① 伊曼努尔·康德：《康德文集——哲学史上哥白尼式的革命家》，刘克苏译，改革出版社，1997年，第358页。
② 冯友兰：《三松堂全集》（第四卷），河南人民出版社，1986年，第608页。
③ John Rawls, *A Theory of Justice*, (Revised Edition) (Cambridge, Mass: Harvard University Press, 2000), p. xvii.
④ J. S. Mill, *Utilitarianism, Liberty, Representative Government* (London: J. M. Dent, 1920), p. 22.

道德目的是衡量一切行为之善恶和一切道德之优劣的道德终极标准。因此，在功利主义看来，衡量一切行为之善恶和一切道德之优劣的道德终极标准，只能是利益和幸福，而不可能是道德和美德；只能是增进每个人的利益总量，而不是增进每个人的品德的完善程度；只能是功利而不可能是道义。

因此，功利主义或目的论乃是与义务论相反的学说：它是把功利（而不是道义）奉为道德终极标准的流派，是把增进每个人的利益总量（而不是增进每个人的品德的完善程度）奉为道德终极标准的流派。所以，彼彻姆写道："功利主义者认为，行为的道德价值决定于我们所努力争取的诸如快乐和健康等非道德的内在价值之最大结果。"[①] 弗兰克纳说得就更清楚了："目的论认为，道德上正当与不正当或义务等的根本的或终极的标准，乃是非道德价值。"[②]

2　功利主义与义务论之是非

义务论是谬论而功利主义是真理。一方面，从前提来说，功利主义的前提——道德起源和目的他律论——是真理；而义务论的前提——道德起源和目的自律论——是谬误。另一方面，从结论来看，功利主义将"增进每个人的利益总量"奉为道德终极标准是真理；而义务论将"增进每个人的品德之完善"奉为道德终极标准是谬误。

因为，如前所述，一方面，道德和美德都是一种"必要恶"，因而道德的起源和目的不可能是自律的，不可能是为了道德自身，为了完善每个人的品德；而只能是他律的，只能是为了道德和美德之外的他物，亦即保障社会存在发展，最终增进每个人利益。另一方面，道德终极标准，亦即道德最终目的之量化，因而只能是"增进每个人的利益总量"，而不可能是"增进每个人的品德之完善"。

不但此也！义务论将"增进每个人的品德之完善"奉为道德终极标准，一方面，对每个人的欲望和自由限制、压抑和侵犯最为严重：它否定每个人的一切目的利己的欲望和自由；另一方面，它增进全社会和每个人利益最为缓慢，因为它否定目的利己，反对一切个人利益的追求，也就堵塞了每个人增进社会和他人利益的最有力的源泉。合而言之，义务论道德是给予每个人的害比利的比值最大的道德，是"减少每

---

① Beauchamp, *Philosophical Ethics*, p. 81.
② William K. Frankena, *Ethics* (New Jersey: Prentice-Hall, 1973), p. 14.

个人利益最多"和"增进每个人利益最少"的道德,因而也就是最为恶劣的道德。

反之,功利主义将"增进每个人的利益总量"奉为道德终极标准,一方面,对每个人的欲望和自由的限制、压抑和侵犯最为轻微:它仅仅否定每个人的损人利己的欲望和自由;另一方面,它增进全社会和每个人利益最为迅速,因为它肯定一切有利社会和他人的个人利益的追求,也就开放了增进全社会和每个人利益的最有力的源泉。合而言之,功利主义道德便是给予每个人的利与害的比值最大的道德,是"减少每个人利益最少"和"增进每个人利益最多"的道德,因而也就是最为优良的道德。

然而,最耐人寻味的是,虽然功利主义是真理而义务论是谬误,可是为什么义务论并没有受到多少反驳,而功利主义反倒遭受了那么多的驳斥?甚至像罗尔斯这样地地道道的功利主义论者,竟然也反对功利主义而以义务论自居?其中的奥秘乃在于:功利主义论者对于功利主义的表述,至今仍然存在着重大缺憾,以致引来众多诘难。

3 以往功利主义:缺憾与诘难

功利主义与义务论一样,恐怕是人类所创造的最为深邃复杂、曲折模糊、枝节横生的理论了。所以,不论是边沁、穆勒,还是西季威克、摩尔,抑或其他功利主义思想家,对功利主义的表述,总难免具有各种缺憾。最重大也最为普遍的缺憾恐怕就是,几乎所有功利主义者都不懂得功利标准乃是由若干标准构成的道德标准体系;却以为功利标准只是一条标准,从而将其完全等同于"最大利益净余额"或"最大多数人的最大幸福"标准。

边沁就已这样写道:"功利原则是一个当时由我、亦已由别人所用的名称,如上所述,是用来表示可以更明确、更具启发性地称之为'最大幸福原则'的标准。"[①] 西季威克在为功利主义下定义时也这样写道:"功利主义在这里是指这样的伦理学理论:在任何环境下,客观地正当的行为乃是总体说来将产生最大幸福的行为。"[②]

真偏狭之见也!殊不知,功利主义标准并不仅仅是"最大利益净余

---

① Jeremy Bentham, *An Introduction to the Principles of Morals and Legislation* (Oxford: Clarendon Press, 1879), p. 5.

② Sidgwick, *The Methods of Ethics*, p. 41.

额"或"最大多数人最大幸福",而是由一个总标准和两个分标准构成的一种道德终极标准体系:"增进每个人的利益总量"是任何情况下都应该遵循的道德终极总标准;"无害一人地增进利益总量"是利益不相冲突或可以两全情况下的道德终极分标准;"最大利益净余额"和"最大多数人的最大利益"则是利益冲突不可两全情况下的道德终极分标准。因此,以往功利主义论者把功利主义标准与"最大利益净余额"或"最大多数人的最大幸福"等同起来,犯了以偏概全的错误,遂引发对于功利主义的著名诘难:功利主义必导致非正义。

这一诘难最重要者无疑是那个鼎鼎有名的理想实验:"惩罚无辜。"该理想实验假设:"法官明知一个人无辜,但如果惩罚他,判他死刑,便可阻止一场有数百人丧命的大骚乱。那么,按照功利原则——'最大利益净余额'或'最大多数人的最大利益'标准——惩罚这个无辜者便是应该的、道德的。可见,功利原则必导致非正义:惩罚无辜是非正义的。"①

然而,细究起来,这个理想实验可以有两种相反可能。一种可能是,这个理想实验发生于释放无辜者和数百人活命发生冲突而不能两全的情况下。在这种情况下,不惩罚一个无辜者必有数百个无辜者丧生。这样,惩罚一个无辜者虽然是非正义的,却能够避免数百无辜者丧生的更大的非正义——符合利益冲突的"最大利益净余额"和"最大多数人的最大利益"功利主义标准——因而是善的,而绝不是非正义的。

另一种可能则是,这个理想实验发生于释放无辜者和数百人活命不相冲突或可以两全的情况下。在这种情况下,不惩罚这个无辜者,其他数百人也不会丧生;但惩罚这个无辜者,将极大增进其他数百人利益。这样,惩罚这个无辜者,便是在利益可以两全情况下,通过损害一个人的利益,来增进利益净余额——违背利益可以两全情况下的"无害一人地增进利益总量"功利主义标准——因而不论达到何等巨大的利益净余额,也都是恶的、非正义的。

可见,在这两种情况下,惩罚无辜者虽然都增进了利益净余额,都达到了最大利益净余额;但是,功利主义只赞成前者而反对后者:功利主义绝不会导致非正义。罗尔斯等众多学者之所以认为功利主义必导致非正义,就是因为他们未见功利主义的"增进每个人的利益总量"和"无害一人地增进利益总量"标准,而把功利主义完全等同于"最大利

---

① Beauchamp, *Philosophical Ethics*, p. 99.

益净余额"或"最大多数人最大利益"标准；遂由"最大利益净余额"或"最大多数人最大利益"标准在一般情况下——人们利益不相冲突而可以两全的情况下——必导致非正义，而得出"功利主义必然导致非正义"的谬论：

> 功利主义……其要义是说：如果一个社会的主要制度被安排得能够达到属于它的所有个人的满足总计之最大净余额，那么，这个社会就是被正当地治理的，因而是正义的。①

> 这样，原则上就没有理由否定：为什么不应该以一些人的极少损失，换来另一些人的更大收益；或者更严重些，为什么不应该剥夺极少数人的自由而使许多人分享更大的利益。②

"最大利益净余额"或"最大多数人的最大利益"标准虽然在人们利益不相冲突领域必然导致非正义，却是利益冲突领域唯一道德标准。因为在利益发生冲突而不能两全的情况下，不损害任何人的利益是不可能的，而只可能二者择一：或者损害少数人的利益而保全多数人的利益，或者相反。当此际，岂不只应该保全最大多数人最大利益而牺牲最少数人最小利益吗？岂不只应该选择最大利益净余额吗？难道还能有其他更好的选择吗？罗尔斯也不得不承认，排除了功利标准，他尚不知道有什么解决利益冲突的道德标准：

> 当义务与义务或责任以及分外善行发生冲突时，应该怎样求得平衡？没有解决这些问题的明确规则。例如，我们不能说哪义务以一种辞典式的次序优先于分外善行或责任。我们也不能简单地运用功利原则来弄清这些问题。各种对于个人的要求常常是互相反对的，以致将遇到与运用功利标准于各个人时一样的问题；而且功利原则已因其导致一种不合逻辑的正当观念而被排除。我不知道将怎样解决这个问题，甚至不知道一个系统的公式化的有用可行的规则是否可能。③

---

① Rawls, *A Theory of Justice*, p. 20.
② Ibid., p. 23.
③ Rawls, *A Theory of Justice*, pp. 298-299.

思考题

1 评价一切道德优劣的终极标准是否可以譬喻为："不管黑猫白猫，抓住耗子就是好猫？"

2 假设一辆飞驰而来的电车，如果不驶向左面的铁道压死一个饮誉全球的伟大科学家，就必定要驶向右面的铁道压死5个碌碌无为的凡夫俗子：一个大科学家的价值大于5个凡夫俗子。电车的司机应该驶向哪一条铁道？

3 如果一个社会实行奴隶制比非奴隶制更能增进最大利益净余额，那么，这个社会实行奴隶制就是应该的、道德的吗？

4 假设损害一小撮人，某国家就会突飞猛进，从而给最大多数人带来极为巨大的幸福，使利益净余额达到最大限度。反之，如果不损害一小撮人，该国家其他人也并不会受到任何损害；但该国家却会发展较慢，从而利益净余额达不到最大限度。在这种情况下，怎样做才是道德的？

5 旧福利经济学大师庇古根据边际效用递减规律（亦即一个人的财富越多，其边际效用越小）得出著名的"收入应该均等化"的结论："假如有一个富人和十个穷人。从富人手上拿出一镑钱，并把它给予第一个穷人，总满足量就增加了。但是富人还是比第二个穷人富。所以，再转移一镑钱给第二个穷人，就又增加了总满足量。如此转移，直到原来的富人不比其他任何人富裕为止。"庇古错在哪里？试比较庇古的"收入应该均等化"与新福利经济学大师帕累托的"帕累托标准"。

6 当代西方伦理学家波吉曼在其《伦理学术语小辞典》中写道："功利主义乃是这样一种理论，在它看来，所谓正当的行为就是造成最大功利的行为。"这一定义正确吗？

阅读书目

《孟子·公孙丑上》。

西季威克：《伦理学方法》，廖申白译，中国社会科学出版社，1993年。

王海明：《新伦理学（第三版）》（中册），商务印书馆，2023年。

Bayes. Michhael, *Contemporary Utilitaruanism Garden City* (N. Y. : Doubleday & Co, Inc, 1968).

W. D. Ross, *Foundation of Ethics* (Oxford: Clarendon Press, 1939).

Louis P. Pojman, *Ethical Theory: Classical and Contemporary Readings* (San Francisco: Wadsworth Publishing Company, 1995).

第二篇
道德价值实体:
伦理行为事实如何

第六章 人 性

提 要

人性是人生而固有的普遍本性，由质与量两方面构成。从质上看，每个人所具有的人性是完全一样的：每个人都同样有利己与利他以及害己与害他四种行为目的，都同样有引发这些行为目的的自爱心（求生欲与自尊心）、自恨心（内疚感、罪恶感与自卑心）、恨人之心（复仇心与嫉妒心）、爱人之心（同情心与报恩心）。这是普遍的、必然的、不变的、不能自由选择的，因而是人性的"体"。但是，每个人的这些目的及其心理，就其量的多少来说，却是各不相同的、特殊的、偶然的、变化的、可以自由选择的，因而是人性的"用"。

一 人性的概念

1 "人性"界说：人生而固有的普遍本性

"人性"一词，系由"人"与"性"构成。"人"是张三、李四、约翰、彼得等的总称：张三是能够独立存在的东西，因而是第一性实体；人则是第二性实体。反之，"性"是不能独立存在的东西，是依赖于、附属于实体的东西，因而叫作"属性"。因此，所谓人性，顾名思义，也就是人的属性，亦即人所具有的属性。"人"在此是全称，是指一切人。所以，人性也就是一切人都具有的属性，是一切人共同、普遍具有的属性，亦即一切人的共同性、普遍性；而仅仅为一些人所具有的特殊性，则不是人性。所以，荀子云："凡人之性者，尧舜之与桀跖，其性一也。君子之与小人，其性一也。"（《荀子·性恶》）举例说，怜悯之心，人皆有之。怜悯心是一切人共同具有的东西，是一切人的一种共同性、普遍性。所以，怜悯心是一种人性。反之，杀人越货之心、敲诈勒索之心等，不是一切人都具有的共同性、普遍性，而仅仅是一些人具有的特殊性，因而都不是人性。

人性是一切人普遍具有的属性，意味着：一个人，只要是人，则不论他是多么小，哪怕他只是个呱呱坠地的婴儿，他也与其他人同样具有人性；人性是呱呱坠地的婴儿与行将就木的老人共同具有的属性。由是观之，人性必是生而固有的，而不是后天习得的。否则，如果人性是后天习得的，那么，呱呱坠地的婴儿显然就不具有人性了。特别是，后天习得的显然不可能是古今中外一切人普遍具有的。试想，打扑克的嗜好是后天习得的，它怎么可能是一切人普遍具有的？因此，所谓人性，说到底，也就是一切人与生俱来、生而固有的普遍本性。人性的这一定义，实乃诸子百家——尽管他们的人性论分歧极大——之共识：

性无善恶论者告子曰："生之谓性。"（《孟子·告子上》）性有善恶论者董仲舒曰："如其生之自然之资谓之性。"（《春秋繁露·深察名号》）性三品论者韩愈曰："性也者与生俱生者也。"（《原性》）性恶论者荀子曰："生之所以然者谓之性。"（《荀子·正名》）性善论者孟子，众所周知，也认为人性——他所谓的恻隐之心、羞恶之心、辞让之心、是非之心——"非由外铄我也，我固有之也。"（《孟子·告子上》）埃尔伍德在总结西方思想家的人性论时也这样写道："我们所说的人性，乃是个人生而赋有的性质，而不是生后通过环境影响而获得的性质。"① 冯友兰亦如是说："孟子及亚里士多德以为人之性对于人是俱生的。"②

2 人性的结构：人性的体与用

万物皆有结构，人性亦然：人性系由质与量两方面构成。从质上看，亦即从"人性的有无"来说，人性完全是生而固有、不生不灭、一成不变的，是普遍的、必然的、不能自由选择的。但是，从量上看，亦即从"人性的多少"来说，人性却是后天习得的，是可多可少、不断变化的，是特殊的、偶然的、可以自由选择的。

就拿爱人之心与恨人之心来说，一个人，不论他多么自私冷酷，他都不可能丝毫没有爱人之心：他能丝毫不爱给了他巨大的快乐和利益的父母和妻儿吗？一个人，不论他多么仁慈善良，也都不可能丝毫没有恨人之心：他能不恨杀害他父母的仇人吗？所以，从爱人之心与恨人之心的有无——爱人之心与恨人之心的"质"——来看，二者乃是一切人生而固有、一成不变、不可消灭的，是普遍的、必然的、不能自由选择的。但是，从爱人之心与恨人之心的多少——爱人之心与恨人之心的"量"——来看，无疑可以是后天习得的，是可多可少、不断变化的，是特殊的、偶然的、可以自由选择的。

这就是为什么，对于恻隐心，孟子一方面说："恻隐之心，人皆有之。"(《孟子·告子上》) 这说的就是恻隐心的质之有无方面。另一方面，他又说："求则得之，舍则失之。或相倍蓰而无算者，不能尽其才者也。"(《孟子·告子上》) 这说的就是恻隐心的量之多少方面。

那么，人性的"质"与"量"是何关系？我们应该沿袭中国古典哲学传统而称之为"体用"关系：人性的质之有无是人性的"体"，而人性的量的多少则是人性的"用"。因为所谓"体"与"用"的关系，不过是一种内容与形式关系："体"不能赤裸裸独立存在，而只能通过"用"表现出来。但是，一切内容与形式显然并不都是"体"与"用"："体"与"用"是一种特殊的内容与形式。

这种特殊性乃在于：一方面，"体"与"用"是一种具有实质与现象——或质体与功用——关系的内容与形式："体者即形质也，用者即

---

① Charles A. Ellwood, *An Introduction to Social Psychology* (New York: D. Appleton and Company, 1920), p.51.
② 冯友兰：《三松堂全集》（第四卷），河南人民出版社，1986年，第103页。

形质上之妙用也。"① "体用之别一指谓,指实幻之对待。惟绝对为实在,惟实在为本体,而一切现象,彼此相待,虚幻无实,为用。"②

另一方面,"体"与"用"是一种具有"常与变"关系的内容与形式:"所谓体,即永存常在者。"③ "众多之变化,谓之用。"④

准此观之,人性的质与量的关系便是一种"体"与"用"的关系。举例说,恻隐心是人性:"恻隐之心,人皆有之。"这种人皆有之的、普遍的、不生不灭的、一成不变的恻隐心,只能存在和表现于张三和约翰等人的强弱不同、多少各异、变化无常的特殊的恻隐心之中:

张三和约翰的恻隐心的这些多少不同、变化无常的方面,是恻隐心的量,是恻隐心的表现形式,并因其变异性而是恻隐心的"用";而它们所表现的那种人皆有之的不生不灭的恻隐心,则是恻隐心的质,是恻隐心的内容,并因其不变性而是恻隐心的"体"。

可见,人性系由"体"与"用"构成。人性的"体",亦即人性的质,亦即人性的质之有无,说到底,亦即人性的有无,譬如同情心的有无,它完全是生而固有、一成不变的,是必然的、普遍的、不能自由选择的,因而是人人完全一样的。人性的"用",亦即人性的量,亦即人性的量之多少,说到底,亦即人性的多少,譬如同情心的多少,它是后天习得、不断变化的,是特殊的、偶然的、可以自由选择的,因而是每个人各不相同的。

3 人性的类型:人的特性与人的动物性

人生而固有的一切普遍本性,依其与其他动物的关系,显然可以分为两类:一类是比较一般的、低级的、基本的属性,是人与其他动物的共同性,是人所固有的动物性,如自由活动、食欲和性欲等;另一类则是比较特殊的、高级的属性,是使人与其他动物区别开来而为人所特有的普遍属性,是人之所以为人者,亦即人的特性,如能够制造生产工具以及具有语言、理性和科学等。

但是,以孟子为代表的传统观点,却认为人所固有的动物性绝非人性,人性只是人之所以为人者的特性。他们的主要根据,乃在于这样一

---

① 张岱年:《中国哲学大纲》,中国社会科学出版社,1982年,第7页。
② 张岱年:《张岱年全集》(第3卷),河北人民出版社,1990年,第124页。
③ 张岱年:《中国哲学大纲》,第7页。
④ 张岱年:《张岱年全集》(第3卷),第124页。

种明摆着的事实：人性与犬性、牛性是不同的。《孟子·告子上》记载了这一根据："孟子曰：'生之谓性也，犹白之谓白与？'曰：'然。''白羽之白也，犹白雪之白，白雪之白犹白玉之白与？'曰：'然。''然则犬之性犹牛之性，牛之性犹人之性与？'"

确实，人性与犬性、牛性是不同的。但是，由此能否得出结论说，人性就是人不同于犬、牛的人之特性？不能。因为没有任何事物是完全不同的。人性与犬性、牛性也不可能是完全不同的。人性与犬性、牛性既有不同的一面，又有与犬性、牛性相同的一面。人性与犬性、牛性不同的一面，是人之所以为人者的特性，是人区别于犬、牛的人之特性，如具有语言、理性和科学能力等；人性与犬性、牛性相同的一面，则是人性所包含的动物性，是犬性和牛性所包含的动物性，是人与犬、牛的共性，如食欲和性欲等。人的食欲、性欲等与其他动物共有的所谓动物性，既然存在于一切人身上，怎么能不是人的属性呢？怎么能不是人性呢？

可见，人性乃是一切人生而固有的普遍属性：它既包括人区别于其他动物的人之特性；又包括人与其他动物共同的人之动物性。孟子的错误就在于只看到人性与犬性、牛性不同的一面，而抹杀人性与犬性、牛性相同的一面，将人性与人性的一部分（亦即人的特性、人性的高级部分）等同起来，因而片面断言：人性只是人性区别于犬性、牛性的人之所以为人者的特性。

二 伦理行为的概念：伦理学的人性概念

人性与其他任何具有多层次本性的复杂事物一样，都是若干门不同科学的研究对象：一门科学只研究其一部分本性。伦理学是关于道德的科学，因而只研究可以言道德善恶的人性，而不可言道德善恶的人性乃是其他科学如心理学的研究对象。举例说，知、情、意与怜悯心，都是人生而固有的普遍本性，因而都是人性。但是，知、情、意显然是不可言道德善恶的人性，因而便不是伦理学对象，而是心理学对象。反之，怜悯心是可以言道德善恶的人性："恻隐之心，仁之端也。"（《孟子·公孙丑上》）所以，怜悯心是伦理学对象，而不是心理学对象。

不难看出，一个东西可以言道德善恶的充分条件，乃是能够运用道德规范对它进行道德评价；而能够进行道德评价的对象，正如黄建中所言，只能是人的伦理行为："伦理行为者，善恶价值判断所加之行为也。"① 因此，可以言道德善恶的人性——伦理学所研究的人性——只能是人的伦理行为事实如何之本性。这样一来，在伦理学中便存在两种人性概念。一种是广义的：人性乃是人生而固有的普遍本性；这是作为一般科学术语的人性概念。另一种是狭义的：人性是人的伦理行为事实如何之本性；这是伦理学的人性概念。所以，伦理学对于人性研究的真正开端，乃是解析伦理行为概念。

1 "伦理行为"界说

伦理行为，众所周知，与道德行为是同一概念，无非是道德所规范的行为，是能够进行道德评价的行为，是具有道德价值的行为。然而，究竟什么行为才具有道德价值从而能够进行道德评价？所谓价值，如前所述，乃是客体对于主体目的的效用。因此，所谓具有道德价值的行为，也就是对于道德目的具有效用的行为。道德的普遍目的，如前所述，是为了保障人类社会以及人类与动植物等非人类存在物的利益共同体之存在发展，最终为了增进每个人的利益：保障人类社会与利益共同体是道德直接普遍目的，增进每个人的利益是道德终极目的。因此，所谓具有道德价值的行为，也就是对于人类社会和利益共同体的存在发展以及每个人的利益增进具有效用的行为，也就是有利或有害于社会和利益共同体的存在发展以及每个人的利益增进的行为，说到底，也就是利害己他（它）的行为。

然而，细究起来，每个人的任何行为——或多或少或直接或间接——无不具有利害己他的效用，无不是利害己他的行为，无不具有社会重要性。比如，无意于利己的观花、看鱼、散步，终究岂不也于己有利：有利自己身心健康？但是，能说这些行为是伦理行为吗？显然不能。那么，伦理行为究竟是什么？

行为的根本特征，众所周知，是受意识支配：行为是有机体受意识支配的实际活动。由此不难理解，伦理行为的根本特征是受具有道德价值的意识之支配：伦理行为是受具有道德价值的意识支配的行为，说到底，也就是受利害己他意识支配的行为。我们说赏花观鱼散步不是伦理行为，是因为赏花观鱼散步一般说来并不受利害人己的意识支配，是超

---

① 黄建中：《比较伦理学》，山东人民出版社，1998年，第71页。

利害意识行为。然而，如果一个人赏花观鱼散步是为了陪伴、愉悦朋友，便是受利他意识支配的行为，便是伦理行为了。可见，伦理行为与非伦理行为的区别，关键在于是否具有利害己他之意识；而不在于是否具有利害己他之事实。所以，冯友兰说：

> 凡可称为道德的行为，必同时亦是有觉解的行为。无觉解的行为，虽亦可合于道德律，但严格地说，并不是道德的行为。①

2 伦理行为的结构

行为原本由目的与手段构成：目的是有意识地为了达到的结果，也就是行为主体所预期达到的行为结果；手段则是有意识地用来达到某种结果的某种过程，也就是行为主体有意识地用来达到行为结果的行为过程。可是，从现代心理学特别是弗洛伊德心理学的科学成就来看，目的与手段仅仅是行为的静态的、表层的结构；行为的动态的、深层的结构，乃由目的、手段、原动力三因素构成。所谓行为原动力，就是引发行为的根本原因，也就是引发行为目的与行为手段的根本原因。手段的原因是目的。因此，说到底，行为原动力也就是引发行为目的的根本原因。可是，行为的根本目的——根本目的是目的之目的——显然也是引发行为的根本原因。那么，行为根本目的与行为原动力区别何在？

按照弗洛伊德的观点，行为原动力是躯体欲望、生理欲望，特别是性欲。这一观点，恰与中国古代一些学者的追求——"洞房花烛夜，金榜题名时"——相符。求名是苦读的目的；而求爱又是求名的目的，是苦读的目的之目的，亦即苦读的根本目的。但是，求爱目的之根本原因却不再是目的，而仅仅是一自然原因"性欲"，则性欲便是苦读的原动力。行为原动力是欲望，实为诸子百家之共识，以致新儒家冯友兰也这样写道："活动原动力是欲。"②

可见，行为原动力与行为根本目的都可以是引发某一目的之根本原因。但是，如果引发某一目的之根本原因本身仍是目的——譬如求爱——它便是根本目的；如果产生某一目的之根本原因本身已经不再是目的，而只是原因，已经不再是"为了什么"，而只是"因为什么"——譬如性欲——它便是原动力。

---

① 冯友兰：《三松堂全集》（第四卷），河南人民出版社，1986年版，第535页。
② 冯友兰：《三松堂全集》（第一卷），第556页。

因此，行为原动力与行为根本目的之异同在于：二者都是行为的根本原因；但是，行为根本目的是某一行为目的之根本的"目的因"——譬如求爱——是尚未深化到超越目的层次的行为目的之根本原因；行为原动力则是行为目的之根本的"非目的因"——譬如性欲——是已经深化到超越了目的层次的行为目的之根本原因。因此，可以说行为原动力比行为根本目的更为深远根本；行为原动力乃是引发行为根本目的之非目的因。

推演行为结构可知，伦理行为的静态的表层的结构，由伦理行为目的与伦理行为手段构成；而伦理行为的动态的深层的结构，则由伦理行为目的与伦理行为手段以及伦理行为原动力构成。首先，所谓伦理行为目的，说到底，也就是利害己他的行为目的，因而不过四种：利他目的、利己目的、害他目的、害己目的。其次，所谓伦理行为手段，说到底，也就是利害己他的行为手段，因而也不过四种：利他手段、利己手段、害他手段、害己手段。最后，所谓伦理行为原动力，则是引发伦理行为目的的根本的非目的原因，说到底，也就是产生利他与利己以及害他与害己四种目的之根本的非目的因。

3　伦理行为的类型

伦理行为目的分为利他目的、利己目的、害他目的、害己目的；伦理行为手段分为利他手段、利己手段、害他手段、害己手段。因此，伦理行为目的与伦理行为手段结合起来，便形成如（表 6.1）所示的 16 种伦理行为：

表 6.1　16 种伦理行为

手段	目的			
	利己	利他	害己	害他
利己	①完全利己	⑤为他利己	⑨利己以害己	⑬利己以害他
利他	②为己利他	⑥完全利他	⑩利他以害己	⑭利他以害他
害己	③害己以利己	⑦自我牺牲	⑪完全害己	⑮害己以害他
害他	④损人利己	⑧害他以利他	⑫害人以害己	⑯完全害他

①"完全利己"，即目的利己、手段利己的行为，也就是目的与手段都既不利人又不损人而仅仅利己的行为。这种行为的经典概括，当推杨朱的那两句名言："拔一毛而利天下不为也""不以天下易其胫一

毛"。萨特《厌恶》主角洛根丁也是这样的一个人："我是孤零零地活着，完全孤零零一个人。我永远也不和任何人谈话；我不收受什么，也不给予什么。"①

② "为己利他"，即目的利己、手段利他的行为，也就是以造福社会和他人为手段而求得自己利益的行为。合理利己主义极为推崇这种行为。霍尔巴赫甚至说："德行不过是一种用别人的福利来使自己得到幸福的艺术。"②

③ "害己以利己"，即目的利己、手段害己的行为，也就是通过牺牲自己的一部分利益以求得自己另一部分利益的行为。我国历史上有名的"卧薪尝胆""头悬梁锥刺股"以及我们所常见的诸如吸烟、喝酒、截肢、移皮、受虐狂等行为都属此类。

④ "损人利己"，即通过损人手段以达到利己目的的行为，如偷盗、贪污、敲诈勒索、施虐狂等。

⑤ "为他利己"，即目的利他、手段利己的行为。孔子说的"君子谋道不谋食……学也，禄在其中矣"（《论语·卫灵公》）就是此意："学""谋道"是目的利他，而"禄""食"是手段利己。

⑥ "完全利他"，即目的利他、手段也是利他的行为，如孟子所说的出于怜悯心而救孺子于深井的行为。

⑦ "自我牺牲"，即目的利他、手段害己的行为，也就是牺牲自我利益以保全社会和他人利益的行为。孔子盛赞这种行为："志士仁人，无求生以害仁，有杀身以成仁。"（《论语·卫灵公》）

⑧ "害他以利他"，即目的利他、手段害他的行为，如父母为了改掉儿子偷窃恶习而痛打儿子、医生为确诊治病而给患者做胃镜等令患者十分痛苦的检查等。

⑨ "利己以害己"，即目的害己、手段利己的行为，也就是以快乐较多或痛苦较少的手段来达到害己目的之行为。古罗马安东尼的妻子、埃及艳后克莉奥佩特拉访求无数易死秘方，最后选用小毒蛇咬死自己，便是以痛苦较小的手段实现自杀目的的"利己以害己"。

⑩ "利他以害己"，即目的害己、手段利他的行为。薄伽丘的《十日谈》中有一穷困潦倒者，流落街头、夜宿山洞，正欲自杀时，恰遇一

---

① 萨特：《厌恶及其它》，郑永慧译，上海译文出版社，1986年，第13页。
② 霍尔巴赫：《自然体系》（上卷），管士滨译，商务印书馆，1964年，第247页。

人杀死他人，于是便冒充凶手而代替该人服刑，从而以利他手段实现其害己自杀之目的：利他以害己。

⑪"完全害己"，即目的害己、手段也害己的行为。这种行为，如弗洛伊德所说，往往引发于诸如内疚感、罪恶感的自恨心。例如，有的母亲因管教不了儿女而拼命纠扯自己的头发，或猛打自己的脸。这种行为便引发于自恨心：恨自己无能，恨自己怎么会生出这样的孩子。

⑫"害人以害己"，即目的害己、手段害人的行为。一个人受内疚感驱使而欲入狱惩罚自己，于是便故意破坏公物、扰乱治安以便让警察抓住自己的行为，便属于此类。

⑬"利己以害他"，即目的害他、手段利己的行为，如为了杀死仇人而锻炼身体、练功习武等。

⑭"利他以害他"，即目的害他、手段利他的行为。据说刘邦曾送钱给骂他而为他所痛恨的小孩，以便让他养成骂人恶习，致使该小孩日后因骂项羽而被杀。

⑮"害己以害他"，即目的害人、手段害己的行为。托尔斯泰《安娜卡列尼娜》中的安娜卧轨自杀就是一种损己以害人，因为她卧轨时不断喃喃自语"报复他"：她自杀的目的是报复佛伦斯基。

⑯"完全害他"，即目的害人、手段也害人的行为。中国的旧式或新派武侠小说，大都以这种完全害人的复仇行为为主题，几乎千篇一律：张三的父母被李四杀害，张三逃进深山老庙，为了杀害李四报仇雪恨而勤学苦练，一朝武艺学成便出庙下山寻杀李四。

这16种伦理行为，据其道德境界高低，可以粗略归结为六大行为类型：第一大行为类型大体包括四种目的利他行为，可以名之为"无私利他"；第二大行为类型是"为己利他"；第三大行为类型包括完全利己和害己以利己，可以名之为"单纯利己"；第四大类型大体包括四种目的害他行为，可以名之为"纯粹害人"；第五大类型是"损人利己"；第六大类型大体包括四种目的害己行为，可以名之为"纯粹害己"。

综观伦理行为概念可知，伦理学所研究的人性，亦即人的伦理行为事实如何之本性：就其内在结构来说，由伦理行为目的、伦理行为手段和伦理行为原动力三因素构成；就其外在类型来说，则分为16种六类型。细察这16种六类型伦理行为事实如何之本性，我们发现，人的一切伦理行为，莫不循由如下四大规律——伦理行为原动力规律、伦理行为目的规律、伦理行为手段规律、伦理行为类型规律——而发展变化。

三　伦理行为的原动力规律：人性定质分析

1　爱与恨：直接引发一切伦理行为的原动力

探究伦理行为的原动力，正如冯友兰所言，只能到欲望、感情中去寻找，而不能到理智中去寻找："理智无力、欲无眼。"① 梁启超亦如是说："理性只能叫人知道某件事该做，某件事该怎样做法，却不能叫人去做事；能叫人去做事的，只有情感。"②

心理学表明，所谓感情，也就是主体对其需要是否被客体满足的心理反应。这种心理反应既可能指向客体，从而是主体对于是否满足自身需要的客体的心理反应；也可能指向主体自身，从而是主体对于自身的需要是否得到满足的心理反应。

举例来说，快乐与痛苦便是指向主体的感情，属于主体对自身需要是否满足的心理反应。因为快乐无疑是主体对其需要得到满足的心理反应，而痛苦则是主体对其需要得不到满足的心理反应。反之，爱与恨则是指向客体的感情，属于主体对是否满足其需要的客体的心理反应。因为所谓爱，正如无数先哲所言，乃是主体对其快乐之因的心理反应，亦即主体对满足其需要的客体的心理反应；恨则是主体对其痛苦之因的心理反应，亦即主体对阻碍其需要满足的客体的心理反应。

感情可以分为基本感情与非基本感情。现代心理学认为，基本感情分为四种：快乐、愤怒、悲哀、恐惧。不言而喻，愤怒、悲哀、恐惧不过是痛苦的三种主要形态。所以基本感情又可以归结为快乐与痛苦两种："快乐与痛苦，分别是最基本的正感情与负感情。"③ 快乐与痛苦，进言之，又都是欲望的产物：快乐是欲望得到实现的心理反应，痛苦是欲望得不到实现的心理反应。因此，只有欲望才是最基本的感情，而快乐与痛苦则分别是最基本的正负感情。更正确地说，苦与乐是指向主体的最基本的正负感情；苦与乐所派生的爱与恨则是指向客体的最基本的正负感情。

无论是哲学家还是心理学家抑或芸芸众生，几乎都承认需要是引发每个人一切行为的根本的非目的原因，亦即行为原动力。粗略讲来，这

---

① 冯友兰：《三松堂全集》（第一卷），河南人民出版社，1985年，第537页。
② 转引自上书，第556页。
③ 孟昭兰：《人类情绪》，上海人民出版社，1989年，第289页。

是不错的。然而，细究起来，需要并不能直接引发人的行为。需要只有被体验而转化为感情——感情是需要是否得到满足的心理体验——才能引发行为：需要只能引发关乎这些需要的种种心理体验，亦即欲望、苦乐、爱恨等感情，欲望、苦乐、爱恨等感情才能引发行为目的，行为目的则产生实现它的行为手段。这就是行为发生的全过程。所以，唯有欲望、苦乐、爱恨等感情才是直接引发每个人行为的原动力，而需要则是通过引发感情而间接引发每个人行为的原动力。

这个道理，已得到现代心理学实验的证实。动机论情绪心理学家汤姆金斯的研究成果表明：生理需要本身的信号并不能引发行为，只有通过其放大器——感情——的媒介才能引发行为。所以，"第一性的动机体系就是感情的体系，生物的内驱力只有经过感情体系的放大才具有动机作用"[1]。举例说，细胞脱水和血液总量减少所提供的补充水分的生理需要本身的信号并不能引发喝水行为，补充水分的生理需要只有经过它所产生的口渴急迫感的放大作用，才能引发喝水行为：口渴急迫感是引发喝水行为的根本的非目的原因、原动力；补充水分的生理需要则是间接引发喝水行为的根本的非目的原因、原动力。

可见，一方面，感情是引发一切行为的原动力；另一方面，欲望是最基本的感情，苦与乐是指向主体的最基本的正负感情，苦与乐所派生的爱与恨则是指向客体的最基本的正负感情。合而言之：欲望是引发一切行为的原动力，苦乐爱恨则是引发一切行为的正负原动力。伦理行为属于行为范畴。因此，欲望也就是引发一切伦理行为的原动力，苦乐爱恨也就是引发一切伦理行为的正负原动力。

精确言之，爱与恨是直接引发一切伦理行为的原动力，个人苦乐和利己欲则是直接引发爱恨而间接引发一切伦理行为的终极原动力。因为所谓爱，正如洛克、斯宾诺莎、休谟、费尔巴哈和弗洛伊德等先哲所言，乃是一个人对给予他利益和快乐的东西的必然的、不依人的意志而转移的心理反应，恨是一个人对给予他损害和痛苦的东西的必然的、不依人的意志而转移的心理反应。使一个人快乐和痛苦的既可能是他人，也可能是自我本身。所以，爱与恨便分为爱人之心与自爱心以及恨人之心与自恨心：爱人之心是对于成为自己快乐之因的他人的心理反

---

[1] 克雷奇，克拉奇菲尔德，科维森：《心理学纲要》（下册），周先庚、林传鼎、张述祖译，文化教育出版社，1989年，第443页。

应；恨人之心是对于成为自己痛苦之因的他人的心理反应；自爱心是对于成为自己快乐之因的自己本身的心理反应；自恨心是对于成为自己痛苦之因的自己本身的心理反应。这四种爱与恨不是别的，正是引发一切伦理行为——目的利人与目的害人以及目的利己与目的害己四种伦理行为——的根本的非目的原因、原动力。

2 爱人之心、同情心与报恩心：目的利人行为的原动力

所谓目的利人的行为，亦即行为目的是利人而不是利己的行为，也就是无私利他、自我牺牲的行为。这种行为能否存在，是利他主义与利己主义分歧的根本问题：自孔子与苏格拉底以降，人们一直争论至今。然而，不难看出，每个人——不管他多么自私——都或多或少地存在着无私利他的行为。这是因为，每个人，不管多么自私，都或多或少会从他人那里得到快乐和利益，从而必然或多或少有爱人之心；而爱人之心这种对于成为自己快乐之因的他人的心理反应，便会驱使自己相应地为了他人的快乐和利益而劳作：爱人之心会导致无私利人的行为。

据1993年《印度斯坦时报》报道，在印度西部古吉拉特邦的哈特米塔雅纳村，一名小童希什在他家附近玩耍时，被一头雌狮攻击压倒在地。他27岁的母亲拉娜闻声出来看见，便飞身撞向狮子，大声呼叫。村民赶到，吓跑母狮。母亲身受重伤，儿子化险为夷。那么，驱使她如此无私利他、自我牺牲的原因是什么？无疑是对儿子的爱，是母爱。"一个年轻胆小的母亲"，达尔文说，"在母爱的驱策下，会毫不犹豫地为了救自己的婴儿而甘冒天大的危险"。[①] 任何一位深爱自己子女的母亲，受着爱的驱使，为了救她所爱的子女出危难，岂不都可能牺牲自己的幸福乃至生命吗？

可是，为什么爱人之心会导致无私利人的行为？原来，一个人爱谁，便会对谁产生同情心，便会与谁发生同样的感情。因为爱越多，同情便越强烈；爱越浅，同情便越淡薄。如果不是爱，而是恨，那便不但不会同情，而且恰好相反：看到所恨的人快乐自己会痛苦，看到所恨的人痛苦自己会快乐。所以，同情心是从爱人之心分化产生出来的，是爱人之心的表现。这样，当一个人在爱他人的时候，就会与他所爱的人融为一体：看到所爱的人快乐，自己便会同样快乐；看到所爱的人痛

---

① Charles Darwin, *Descent of Man and Selection in Relation to Sex* (London: John Murray, 1922), p. 168.

苦，自己便会同样痛苦。于是，一个人便会帮助他所爱的人得到快乐、摆脱痛苦，就像使自己得到快乐、摆脱痛苦一样；而实际上，他这种行为的目的，不但毫不为己而且还往往是自我牺牲。

谁都承认，母爱是无私的、富有牺牲精神的。可是，母亲为什么会辛辛苦苦不为自己而为子女谋取幸福、快乐？无疑是因为母亲深爱自己的子女，对他们怀有强烈的同情：感觉到他们的苦乐，就像自己的苦乐一样。我们不是常常看到，当有了什么好吃的东西，母亲总是宁愿让给儿女吃而自己不吃？为什么母亲会这么做？因为——母亲们都这么说——她感受到儿女吃时的快乐，这种快乐的感受甚至比自己吃所感受的快乐还强烈。

因此，只要爱人而以同情心待人，便会达到无私利人的崇高境界。所以，孟子曰："恻隐之心，仁之端也。"（《孟子·公孙丑上》）那么，爱人之心只能通过产生同情心而导致无私利人吗？不是的。一个人之所以会爱他人，如上所述，只是因为他人给了他快乐和利益：爱人之心是对于成为自己快乐之因的他人的心理反应。如果这快乐和利益是他人无意给予我的，如稚子的憨态、情人的美丽，那么，这种快乐和利益便仅仅是快乐和利益而不是恩。我对于这种快乐和利益便仅仅有爱的心理反应而不会有报恩心，是非报恩心之爱。这种爱无疑只能通过产生同情心而无私利人。

反之，如果我所得到的快乐和利益是他人有意给予的，如父母的养育、朋友的帮助，那么，这种快乐和利益便叫作"恩"。我对于这种快乐和利益便不仅有爱的心理反应，而且相应地产生一种也有意给对方以快乐和利益的心理。这就是所谓的恩爱、报恩心之爱：报恩心便是对有意给自己快乐和利益的人所产生的也有意给他以快乐和利益的心理。所以，报恩心是一种爱，是爱人之心的一种表现和结果。如果说父母对子女的爱是同情心之爱的典型，那么，子女对父母之爱则是报恩心之爱的典型。

不难看出，报恩心所引发的行为的目的，并不是"为了"而是"因为"从恩人那里得到快乐和利益；是目的给予恩人快乐与利益，而原因在于恩人曾给予自己快乐与利益；是为了报答、给予恩人快乐与利益，而不是为了再从恩人那里得到快乐和利益；是给予而非索取；是为恩人而不是为自己。一句话，报恩心所引发的是一种无私利他的行为。这样，当一个人在爱他人的时候，如果这种爱是对他人有意给予自己快乐和利益的心理反应,那么,他便会对他人心怀感激、发生报恩心,从而为他的恩人谋取快乐和利益:爱人之心通过产生报恩心而导致无私利他的行为。

可见,一个人的行为目的之所以能够无私利他,根本说来,是因为他爱人而有同情心和报恩心;而他之所以爱人而有同情心和报恩心,说到底,只是因为别人给了他利益和快乐:爱是对给予自己的利益和快乐的心理反应。因此,无私利他行为目的之根本的非目的原因、原动力是爱人之心、同情心和报恩心;而终极原动力则是他人给了自己快乐和利益,是利己。

3 恨人之心、嫉妒心与复仇心:目的害人行为的原动力

所谓目的害人的行为,亦即行为目的是害人而不是利己的行为;不但不是为了利己,而且往往为了害人而宁愿害己。试举一例,1963年在美国佐治亚州,一个黑人学生枪杀了他的同学,因为他看到受害者被推选为班委会主席而眼红:为了害人而不惜违法害己。由此可见,目的害人是一种十分独特的行为,它与两种行为形似而神异:一方面,"目的害人"与"损人利己"都属于害人行为,但"损人利己"以害人为手段,而"目的害人"则以害人为目的;另一方面,"目的害人"与"目的利人"虽然目的恰恰相反,但手段却往往相同:害己。

那么,这种行为只有那些心灵极为阴暗的人才干得出来吗?不是的。每个人,不管他多么善良,都或多或少地存在着目的害人的行为。这是因为,每个人,不管多么善良,都或多或少会从他人那里受到痛苦和伤害,从而必然或多或少有恨人之心;而恨人之心这种对于成为自己痛苦之因的他人之心理反应,显然便会驱使自己相应地为了使他人痛苦而活动:恨人之心会导致目的害人的行为。确实,古今中外,恨曾经并且还将驱使多少人为了损害所恨的人而不惜损害自己,甚至身陷囹圄、命丧黄泉!所以,弗洛伊德说,对某一客体的恨会引发"目的在于破坏这个客体的侵略性倾向"[①]。可是,为什么恨人之心会导致目的害人的行为?

原来,一个人恨谁,便会对谁产生反感,便会与谁发生相反的感情。这种反感的典型便是嫉妒心:嫉妒心是因他人的优势使自己处于劣

[①] Sigmund Freud, *Collected Papers*, Volume 4(New York:Basic Books, 1959), p. 80.

势——或他人劣势的改善使自己丧失优势——而与他人发生相反感情的心理。嫉妒心也源于他人对自己的伤害和给自己造成的痛苦。不过，这种伤害和痛苦却不是他人有意造成的，而是自己与他人相比较的结果：一方面是与他人的优势相比而使自己居于劣势的结果，另一方面则是与他人的劣势的改善相比而使自己优势减弱、丧失的结果。他人无意伤害我，但是，他人的优势却不能不使我居于劣势，他人的劣势的改善也不能不威胁我的优势。他人的优势使我居于劣势和他人劣势的改善而威胁我的优势，不能不使我对他人产生怨恨之心，不能不使我与他人发生相反感受：这就是所谓的嫉妒心。

这样，在我恨他人的时候，如果这种恨是对他人的优势或劣势的改善之心理反应，那么我便会对他人心怀嫉妒，因而看到他人快乐和幸福，我便会感到痛苦和不幸；看到他人痛苦和不幸，我便会感到快乐和幸福。于是，我便会设法使他人遭受痛苦和不幸，就像使自己得到快乐和幸福一样；我便会设法使他人丧失快乐和幸福，就像使自己摆脱痛苦和不幸一样。然而，实际上，我这种行为的目的，却是纯粹害人而毫不利己；不但毫不利己，而且往往还是自我损害。举例说，1963年，纽约有一个其貌不扬的临时工，在一场棒球比赛散场之后，驾车冲上人行道，把在这场比赛中获胜的漂亮英雄压倒。这个谋杀者供认其犯罪动机在于，他不能忍受这位相貌出众的运动员那么丰神俊爽、光彩夺目：嫉妒心使他为了害人而不惜违法害己。

那么，恨人之心只能通过产生与所恨之人的相反感情——特别是嫉妒心——而导致目的害人的行为吗？不是的。一个人之所以会恨他人，如上所述，只是因为他人给了他痛苦和损害：恨人之心是对于成为自己痛苦之因的他人的心理反应。如果这痛苦和损害是他人无意给予我的，如他人的优势或劣势的改善，那么，这种痛苦和损害便仅仅是痛苦和损害，而不是仇。我对于这种痛苦和损害便仅仅有嫉妒心等恨的反应，而不存在复仇心，是非复仇心之恨。反之，如果这种痛苦和损害是他人有意给予的，如他人对我诬陷迫害，那么，这种痛苦和损害便叫作"仇"。我对于这种痛苦和损害便不仅仅有恨的心理反应，而且还相应地产生一种也有意给他人以痛苦和损害的心理反应，亦即复仇心之恨：复仇心是对有意伤害自己的人所产生的也有意给他以伤害的心理。所以，复仇心是一种特殊的恨人之心，是恨人之心的一种表现和结果。

因此，复仇心所引发的行为目的，也是害人而非利己；不但不是利己，而且也往往以自我损害为手段：为了给予仇人痛苦和损害，不惜自己再遭受痛苦和损害。这种目的害人的复仇行为，是古老而又常见的社会现象，多少年来，一直成为戏剧、小说和电影的重要题材。特别是中国的旧式或新派武侠小说，大都以复仇为主题，几乎千篇一律：张三的父母被李四杀害，便逃进深山老庙苦练武艺，学成后便出庙下山寻杀李四而置自己的前程与性命于不顾。

可见，一个人之所以会目的害人，根本说来，只是因为他恨人而有嫉妒心和复仇心；他之所以心怀嫉妒和复仇而恨他人，说到底，又只是因为他人给了他痛苦和损害：恨是对给予自己损害和痛苦的心理反应。因此，目的害人的原动力——目的害人的根本的非目的原因——是恨人之心、嫉妒心和复仇心；而终极原动力则是他人给了自己痛苦和损害，是自我的苦乐利害，是趋乐避苦和趋利避害的利己心，是利己。

4 自恨心、罪恶感与自卑感：目的害己行为的原动力

目的害己都是害己的行为，但害己的行为却不都是目的害己。因为害己未必都是目的，而往往是手段。如果害己是为了逃避更大痛苦和损害，害己便不是目的而是手段，便是害己以利己，属于目的利己行为。因为利己具有二重性：趋利与避害——趋利是利己，避害也是利己。例如，弗洛伊德83岁时因患鼻咽癌而注射氰化钾自杀之害己，便是为了逃避更大的痛苦，因而是害己以利己，属于目的利己行为。

然而，自杀不都是目的利己。因为有些自杀者的自杀方式十分可怕：扑向飞快旋转的圆锯、点燃含在口中的炸药、把烧红的铁棒插入喉管、跳进白热的烤箱、投身于火山口、拥抱烧红的火炉、全身脱得精光在冬天的风雪中冻死等等。这些自杀者为什么选择如此痛苦的害己方式？显然不是为了逃避痛苦和损害，而是出于受苦受害的强烈渴望，是为了受苦而受苦、为了受害而受害，因而便是目的害己的行为。

可是，人们为什么会自己害自己呢？这是精神分析学的核心问题。弗洛伊德、荣格、阿德勒、弗洛姆、荷尼等精神分析学家的研究表明，一个人之所以会有害己目的，是由于他的恨转向了自己，他恨自己。这是因为：

一方面，恨是一个人对给予他损害和痛苦的东西的心理反应。每个人所遭受的痛苦和伤害，固然大都来自他人，但也往往是自己造成的。一个人的痛苦和伤害如果是他人造成的，他便必然会恨他人，便必然会

产生恨人之心;如果是自己造成的,他也必然会恨自己,也必然会产生自恨心:自恨心是对于成为自己痛苦之因的自己本身的心理反应。

另一方面,恨是破坏性、损害性行为的动因:"当客体是痛苦感情的源泉时……我们就会对客体产生厌恶之心,并开始恨它;这种恨便可能增强到目的在于破坏这个客体的侵略性倾向。"① 如果所恨的对象是他人,便会导致目的害人的行为;如果所恨的对象是自己,便会导致目的害己的行为。那么,自恨心究竟是怎样引发目的害己之行为的?

原来,每个人或多或少都有遵守道德从而做一个好人的道德愿望。这样,如果自己损害他人、干出了违背道德的恶行,自己便会因做一个好人的道德愿望得不到实现而陷入良心谴责的痛苦,便会产生内疚感、罪恶感:内疚感和罪恶感是对自己因损害他人而造成自己良心痛苦的心理反应,因而属于自恨心范畴。这种自恨心,可能是一种相当强烈的持续的焦虑,是震撼心灵的极深刻的情绪上的动荡不安;如果不能为自爱心所中和、抵消,便会以上述各种残害自己的行为来自我惩罚以赎罪,从而解除罪恶和内疚、摆脱焦虑、达到内心的安宁。精神分析学家在研究这些事实时发现:每一种神经症患者都存在着引发于内疚感和罪恶感的受折磨之无意识需要。②

那么,内疚感和罪恶感是引发目的害己行为的全部动因吗? 不是。因为现代心理学表明,痛苦的最主要的情境条件是:行为失败而达不到目的。如果一个人认为失败的原因在自己,是由于自己的无能,那么,他对于因自己的无能所造成的失败之痛苦的心理反应,便是一种与内疚感和罪恶感有所不同的自恨心:自卑感。这种不同在于,内疚感和罪恶感是对自己的无德的恨;而自卑感则是对自己的无能的恨,是把自己的痛苦归因于自己的无能的心理:"卑谦是由于一个人省察他的无能或软弱无力而引起的痛苦。"③

更确切些说,自卑感与自尊心相反,是认为自己没有能力使自己受尊敬的心理,是认为自己没有能力有作为、有价值的心理:不自信是自卑感的根本特征。因此,自卑之为自卑的根本特征,并非自认卑下,而是自认没有能力改变自己之卑下。这样,仅仅认为自己卑下,还不是自

---

① Sigmund Freud, *Collected Papers*, Volumn 4, p. 80.
② Sigmund Freud: *New Introductory Lectures On Psycho-Analysis*, W. J. H. Sprott(trans.) (New York: W. W. Norton & Company, 1933), p. 149.
③ 斯宾诺莎:《伦理学》,贺麟译,商务印书馆,1997年,第157页。

卑——认为自己卑下但能加以改变，恰恰是自信、自尊——只有认为自己卑下且没有能力加以改变，才是自卑：自卑感是自认没有能力改变自己之卑下的心理。由此可以理解，为什么生理缺陷最易引起自卑，因为生理缺陷是自己没有能力、无法加以改变的。

自卑感与内疚感、罪恶感虽然有所不同，但毕竟都是自恨心，因而所引发的目的害己行为之心理机制往往相同：自我惩罚。有的母亲因管教不了儿女而用手掌甚至木棍猛打自己的脸和头。这就是一种引发于自卑之自恨的自我惩罚：恨自己竟无能到了管教不了自己儿女的地步。诚然，自卑感与内疚、罪恶感的害己心理还是有所不同：自卑的害己特点在于自暴自弃。试想，一个人如果自卑，认为自己没有能力有所作为，那么，他显然就会放弃作为、自暴自弃：谁会为自认不可能的事情奋斗呢？所以，荷尼说："自卑主要是在于对抗任何为求改善或成就的奋斗。"①

可见，一个人之所以会有害己目的，根本说来，只是因为他的恨转向了自己而有内疚感、罪恶感和自卑感；而他所以会有内疚感、罪恶感和自卑感而恨自己，说到底，是因为他所遭受的痛苦和损害是他自己的缺德和无能造成的：自恨是对给予自己损害和痛苦的自我本身的心理反应。因此，目的害己的原动力——目的害己的根本的非目的原因——是自恨心、自卑感、内疚感和罪恶感；而终极原动力仍然是自我的苦乐利害，是趋乐避苦和趋利避害的利己心，是利己。

5　自爱心、求生欲与自尊心：目的利己行为的原动力

目的利己，不言而喻，亦即为自己谋利益的行为，也就是求利避害、求乐避苦的行为：求乐和求利是积极的利己，避害和避苦是消极的利己。然而，人们大都赞成伏尔泰的话："正如没有必要去证明人有脸一样，没有必要去证明一个人为什么会有利己目的；因为人人莫不求利避害，求利避害是人的本能。"② 这种见解是肤浅的。因为人不仅有利己目的，而且还有害己目的。如果说利己是人的本能，那么，他为什么还会害己呢？显然，一个人之所以会有利己目的，只是因为他有自爱心，他爱自己。因为如果他不是爱自己而是恨自己，那他便不会利己而会害己了。

---

① 卡伦·荷尼：《自我的挣扎》，李明滨译，中国民间文艺出版社，1986年，第130页。
② 《睿智与偏见——伏尔泰随笔集》，余兴立译，上海三联书店，1991年，第8页。

自爱心的基本表现是求生欲。因为所谓求生欲，也就是对自己的生命的爱的欲望，也就是爱自己的生命而保持其存在的欲望。每个人都有求生欲而爱自己的生命，只是因为生命的快乐是人的最根本、最重要、最大的快乐；这乃是生物进化的结果。生物进化一方面使动物具有快乐和痛苦的感受性而趋乐避苦，另一方面则使有利于生命的刺激引起快乐感受、有害于生命的刺激引起痛苦感受。这样，动物这种最高级因而也最难保持存在的物质形态才能生存下来。

　　既然对于有利于生命的东西的心理反应便是快乐，对于有害于生命的东西的心理反应便是痛苦；那么，对于生命本身的心理反应便是最根本、最重要、最大的快乐。因此，费尔巴哈说："生命本身就是幸福。"① 庄子说得更妙："至乐活身。"（《庄子·至乐》）生命本身、活着本身便是每个人最根本、最重要、最大的快乐，因而每个人对自己生命的爱、他的求生欲，便是他最根本、最重要、最大的欲望和需要。那么，每个人的求生欲将导致什么行为？显然是使自己的生命得以存在和发展的行为，因而也就是求利避害、求乐避苦的行为，说到底，也就是目的利己的行为。

　　于是，我们可以得出结论说：目的利己的行为，直接说来，源于求生欲；而根本说来，则源于生命的快乐。然而，求生欲所能引发的，无疑仅仅是一部分并且是基本的、低级的目的利己行为：活着。仅仅求生欲，还不能引发那些比较高级的目的利己行为：活得有作为、有成就、有价值。引发这些行为的，乃是另一种自爱心：自尊心。

　　原来，一个人的自己，无非由自己的生命和自己的人格两方面构成。求生欲是自爱在自己生命方面的表现，是对自己的生命的爱，是生命自我的爱。反之，自尊心则是自爱在自己人格方面的表现，是对自己的人格的爱，是对人格自我的爱。

　　所谓人格，也就是一个人的行为自我。因为，一方面，人格这种自我形成于行为，是自己长期的、一系列的行为所造成的："人从事什么，人就是什么。"② 你若经常偷盗，那么你的人格自我就是小偷。你若经常做好事，那么你的人格自我就是好人。这个道理被存在主义奉为

---

　　① 路德维希·费尔巴哈：《费尔巴哈哲学著作选集》（上卷），荣震华、李金山译，生活·读书·新知三联书店，1959 年，第 545 页。

　　② 海德格尔：《存在与时间》，王庆节、陈嘉映译，生活·读书·新知三联书店，1987 年，第 288 页。

第一原理："人不外是由自己造成的东西。这就是存在主义第一原理。"① 另一方面，人格这种自我反过来又决定一个人的行为，通过一个人的行为表现出来。对此，阿尔波特曾这样写道："人格是个体内部心理物理系统的动力组织，它决定一个人行为和思想的独特性。"② 于是，合而言之，人格就是一个人的行为所表现和形成的自我："人格是人所是的和人所做的，它存在于行动的后面，在个人的内部。"③

可是，一个人为什么会爱自己的人格，会爱他的行为自我？现代心理学表明：引起快乐的最主要的情境条件是，一个人追求并达到目的。每个人的行为，目的都是为了满足一定的需要、实现一定的欲望。如果他的行为获得成功，从而满足了需要、实现了欲望、达到了目的，那么，他便快乐；反之，他便痛苦。不言而喻，每个人的行为不论如何屡遭失败，却总有数说不尽的成功，总有数说不尽的快乐（尽管这些成功和快乐可能极为琐碎藐小，如想走路就能走路、想看电影就能看电影等），而这成功和快乐，说到底，是他自己努力求得的，是他自己的行为和人格之结果。所以，每个人的一切快乐之终极原因，具体讲来，是他自己的行为；总体地看，则是他自己的人格。这就是每个人为什么都爱自己的人格的秘密。

爱自己的人格，不言而喻，也就是使自己的人格受尊敬的心理，也就是使自己的人格受自己和他人尊敬的心理：爱自己的人格与自尊心是同一概念。不过，一个人怎样才能得到自己和他人的尊敬呢？无疑只有使自己有所作为、有所成就、有贡献、有价值才能得到自己和他人的尊敬："为鸡狗禽兽矣，而欲人之尊己，不可得也。"（《列子·说符》）因此，自尊心必将导致自己有作为、有价值的目的利己的行为：自尊者必自强自立也。

可见，一个人之所以会有利己目的，根本说来，只是因为他爱自己，是因为他爱自己的生命而有求生欲和爱自己的人格而有自尊心；而他所以自爱而有求生欲和自尊心，说到底，只是因为他自己的生命和人格是他一切快乐之终极原因：自爱是对于成为自己快乐之因的自己本身

---

① 让-保罗·萨特：《存在主义是一种人道主义》，周煦良、汤永宽译，上海译文出版社，1988年，第22页。
② 陈仲庚，张雨新：《人格心理学》，辽宁人民出版社，1986年，第62页。
③ 同上书，第61页。

的心理反应。因此，利己目的原动力——利己目的的根本的非目的原因——是自爱心、求生欲和自尊心；而终极原动力则仍然是自我的快乐和利益，是利己。

6　结论：伦理行为的原动力规律

综观目的利人与目的害人以及目的利己与目的害己之行为原动力，可以得出结论说：每个人的行为目的都是自由的、可选择的、各不相同的：既可能出于爱人之心、同情心和报恩心而无私利他，又可能出于自爱心、求生欲和自尊心而自私利己，既可能出于恨人之心、嫉妒心和复仇心而纯粹害人，也可能出于自恨心、内疚感、罪恶感与自卑心而纯粹害己；但是，产生这些行为目的之最终的非目的原因——一切伦理行为终极原动力——却是必然的、不可选择的、人人完全一样的，只能是自己的苦乐利害，只能是自我利益，只能是利己。

这就是伦理行为原动力规律。这一规律不但早已被发现，而且堪称功利主义和利己主义以及义务论与利他主义之共识。功利主义和利己主义大师车尔尼雪夫斯基说："我的行为也有高尚的一面，但这行为的原动力却是我自己天性中的利己欲。"① "一般地只须稍加留意那些表现为大公无私的行为和情感，我们便可看到，它们的基础依然是那种关于个人利益、个人快乐、个人福利的思想，即依然是称作利己主义的情感。"②

义务论和利他主义巨匠康德亦如是说："一切人对自身幸福的爱好都是最大最深的。"③ 儒家——中国的义务论和利他主义代表——则发现，君子与小人的道德境界之不同，仅仅在于他们行为目的与手段之不同，而与引发目的与手段的行为原动力无关；因为行为之原动力是必然的、不可选择的、人人完全一样的，只能是自己的苦乐利害，只能是自我利益，只能是利己："凡人有所一同：饥而欲食，寒而欲暖，劳而欲息，好利而恶害，是人之所生而有也，是无待而然者也，是禹、桀之所同也。"（《荀子·荣辱》）

伦理行为原动力规律无疑是最深刻的人性定律。但是，对于这一定

---

① 车尔尼雪夫斯基：《怎么办》，蒋路译，人民文学出版社，1996年，第361页。
② 《十八—十九世纪俄国哲学》，北京大学哲学系外国哲学史教研室编译，商务印书馆，1987年，第365页。
③ 康德：《道德形而上学原理》，苗力田译，上海人民出版社，1986年，第48页。

律的研究，仅为人性定质分析：它仅仅分析了人为什么能无私，却没有分析人能在多大程度上无私。更确切些说，它仅仅揭示了引发各种伦理行为目的之原动力，说明了每个人为什么会有利己、利他、害己、害他四大目的，从而为这些目的——特别是两千年来一直争论不休的无私利他目的——的存在找到了根据。可是，人究竟能在多大程度上无私？一个人，果真如儒家思想家和康德以及基督教伦理学家等利他主义所说，能够恒久乃至完全无私吗？每个人的利己、利他、害己、害他四大目的多与少、久与暂的相对数量是否也有规律可循？

四　伦理行为的目的、手段、类型的相对数量规律：人性定量分析

1　伦理行为目的的相对数量规律：爱有差等

所谓伦理行为目的之相对数量，当然是指每个人的各种伦理行为目的——利己目的与利他目的以及害己目的与害他目的——在他一生的行为总和中之多与少的数量比例问题。但是，不言而喻，就每个人一生的行为总和来说，害己目的与害人目的极其罕见，必定远远少于利己目的与利他目的。因此，真正需要比较、确定和证明的，只是利己目的和利他目的孰多孰少之相对数量，亦即自爱利己与无私利他孰多孰少之相对数量。

那么，一个人，如儒家思想家与康德以及基督教伦理学家所言，经过良好的道德教育和道德修养，可能恒久无私利他甚至达到毫不利己专门利人的完全无私之境界吗？答案是否定的。因为伦理行为原动力规律表明，我之所以无私为他人谋利益，是因为我爱他人——爱人之心会导致无私利人的行为，而我之所以爱他人，又只是因为我的利益和快乐是他人给的：爱是对给予自己利益和快乐的东西的心理反应。这就是说，我能否无私而为了他人谋利益，取决于我能否爱他人；而能否爱他人又取决于他人能否给我利益和快乐。于是，我无私而为了他人谋利益的多少，也就取决于我对他人的爱的多少；而我对他人爱的多少，也就取决于他人给我的利益和快乐的多少。

谁给我的利益和快乐较少，谁与我必较疏远，我对谁的爱必较少，我必较少无私地为了谁去谋利益；谁给我的利益和快乐较多，谁与我必较亲近，我对谁的爱必较多，我必较多无私地为了谁去谋利益。于是，说到底，我对我自己的爱必最多，我为了我自己谋利益必最多，亦即自爱必多于爱人、为己必多于为人；每个人必定恒久为自己，而只能

偶尔为他人：恒久者，多数之谓也，超过一半之谓也；偶尔者，少数之谓也，不及一半之谓也。这就是"爱有差等"之人性定律。这个定律，可以用若干同心圆来表示（图6.1）：

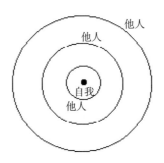

图 6.1

圆心是自我，圆是他人。离圆心较远的圆，是给我利益和快乐较少因而离我较远的人：我对他的爱必较少，我必较少地无私为他去谋利益。反之，离圆心较近的圆，是给我的利益和快乐较多因而离我较近的人：我对他的爱必较多，我必较多地无私为他去谋利益。因此，我对圆心即自我本身的爱必最多，我为自己谋利益的行为必最多，亦即自爱必多于爱人、为己必多于为人：每个人必定恒久为自己，而只能偶尔为他人。

爱有差等无疑是最深刻的人性定律。试想，人生在世，为什么我最爱的人是我的父母儿女？我最爱他们，说到底，岂不仅仅是因为他们给我的利益和快乐最多？否则，如果父母遗弃我，儿女虐待我，那么，我不但不最爱他们，反倒可能最恨他们了。那个遭儿子指控而被判处无期徒刑的母亲，当初不就是儿子的最爱？那个被父母亲手勒死的儿子，当初不也是他父母的最爱？为什么我最爱的人会变成我最恨的人呢？岂不就是因为，我最爱他，当其时也，他给我的利益和快乐最多？我最恨他，当其时也，他给我的损害和痛苦最多？不论是谁，只要给我利益和快乐最多，我就最爱谁；只要给我损害和痛苦最多，我就最恨谁。因此，说到底，我最爱的岂不只是我自己？

不难看出，爱有差等人性定律系由"质"和"量"——"前提"和"结论"——两方面构成。爱有差等的"质"或"前提"，亦即"爱是什么"，原本属于伦理行为原动力规律内容；爱有差等的"量"或"结论"，亦即"爱有多少"，是爱有差等规律核心内容。爱是什么？

爱是对给予自己利益和快乐的东西的心理反应。爱有多少？爱是对给予自己利益和快乐的东西的心理反应，决定了：谁给我的利益和快乐较多，我对谁的爱必较多，说到底，我对我自己的爱必最多。

然而，这一人性定律，众所周知，恰恰是反对"爱自己"的利他主义开创者孔子的发现。因为《论语》等儒家典籍对爱有差等的阐释可以归结如下：

爱父母，是因为我最基本的利益是父母给的；爱他人，是因为我的利益也是他人给的。但是，父母给我的利益多、厚、大；而他人给我的利益少、薄、小。所以，爱父母与爱他人的程度便是不一样的，是有多与少、厚与薄之差等的：谁给我的利益较少，我对谁的爱便较少；谁给我的利益较多，我对谁的爱便较多。

由此墨子进而引申说：我对我自己的爱必最多。《墨子》"耕柱"篇便借用巫马子的口，对孔子的爱有差等这样概述道："巫马子谓子墨子曰：'我与子异，我不能兼爱。我爱邹人于越人，爱鲁人于邹人，爱我乡人与鲁人，爱我家人于乡人，爱我亲于我家人，爱我身于吾亲，以为近我也。'"

对于这段话，冯友兰说："巫马子是儒家的人，竟然说'爱我身于吾亲'，很可能是墨家文献的夸大其词。这显然与儒家强调的孝道不合。除了这一句以外，巫马子的说法总的看来符合儒家精神。"①

冯友兰只说对了一半。他忽略了"爱有差等"具有双重含义：一是作为行为事实如何的客观规律的"爱有差等"，一是作为行为应该如何的道德规范的"爱有差等"。从道德规范看，"爱我身于吾亲"确与儒家的孝道不合，也与儒家认为"为了自己即是不义"的义利观相悖。墨子断言"爱我身于吾亲"是儒家的主张，无疑是夸大、歪曲。这一点，冯友兰说对了。

但是，从行为规律来说，既然谁离我越近、给我的利益越多，我对谁的爱必越多，那么，我对我自己的爱无疑必最多：爱我身必多于爱吾亲。因此，"爱我身于吾亲"虽是作为儒家道德规范的"爱有差等"所反对的，却是作为行为规律的"爱有差等"的应有之义，是其必然结论，而绝非墨子夸大其词。儒家回避这个结论，足见利他主义体系不能自圆其说之一斑已。

---

① 冯友兰：《中国哲学简史》，北京大学出版社，1985年，第87页。

2 伦理行为手段的相对数量规律

伦理行为手段，如前所述，与伦理行为目的一样，也分为利己、利他、害己、害他四类。那么，这四种手段的相对数量也有规律可循？是的。但是，伦理行为目的相对数量规律，如上所述，完全是一种非统计性规律。反之，伦理行为手段相对数量规律，却有统计性与非统计性之分。

原来，每个人的利己与害己手段，显然都是通过自己、利用自己、以依靠自己为手段，是依靠自己的两种相反表现。反之，利他与害他手段，则都是通过社会和他人、利用社会和他人、以依靠社会和他人为手段，是依靠社会和他人的两种相反表现。举例说，长跑与睡钉床，是锻炼意志的两种手段。二者虽有利己与害己之分，却都是通过自己、利用自己、以依靠自己为手段，是依靠自己的两种相反表现。反之，挣钱与偷钱是求取钱财的两种手段。二者虽有利他与害他之分，却都是通过社会和他人、利用社会和他人、以依靠社会和他人为手段，是依靠社会和他人的两种相反表现。

如果人不是社会性动物，而是形单影只、各自孤立地生活，那么，每个人的一切行为便都是通过自己、以依靠自己为手段，而不会有通过社会和他人、以依靠社会和他人为手段的行为了。但是，人是一种社会性动物，人的生活乃是一种社会性生活。不言而喻，在社会生活中，每个人的恒久的、绝大多数的行为必定都处于分工与协作之中，都是大大小小的社会集体活动或与他人和社会有关的活动；而分工与协作之外的、与社会和他人无关的孤独的个人活动是极其罕见、微乎其微的。

因此，在社会生活中，每个人仅仅通过自己、以依靠自己为手段的行为便只可能是极少数的、偶尔的；他绝大多数的、恒久的行为，必是通过社会和他人、以依靠社会和他人为手段。这是不难理解的。且不说成人之前，每个人是何等依靠父母或养育者；就是长大之后，那衣食住行、事业爱情，又有哪一样是不依靠社会和他人的？仅仅依靠自己而不依靠社会和他人的行为，细细想来，实在寥寥无几：除了独自登山摘野果、下海采海带、游山玩水、观花赏月之类的行为，还能举出什么呢？

每个人以依靠自己为手段的行为只能是偶尔的、极少数的，意味着：每个人的利己手段与害己手段——二者是依靠自己的两种相反表现——之和，只能是偶尔的、极少数的。因此，分别说来，每个人的利己手段与害己手段便都只可能是偶尔的、极少数的。反之，每个人以依靠社会和他人为手段的行为必定是恒久的、绝大多数的，则意味着：每个人的利他手段与害他手段——二者是依靠社会和他人的两种相反表现——之和，必定是恒久的、绝大多数的。因此，分别说来，每个人的利他手段与害他手段便都可能是恒久的、绝大多数的：恒久的、绝大多数的手段如果是利他，那么，害他手段显然便是偶尔的、极少数的；恒久的、绝大多数的手段如果是害他，那么，利他手段显然便是偶尔的、极少数的。

可见，每个人的行为手段只能偶尔利己与害己，而必定恒久利他或害他：如果利他手段是恒久的，那么害他手段必是偶尔的；如果害他手段是恒久的，那么利他手段必是偶尔的。这便是被人的社会本性所决定的伦理行为手段相对数量规律，更确切些说，是伦理行为手段非统计性相对数量规律。因为这是每个人的行为而不是全社会的行为总和或多数人的行为所遵循的规律。

那么，全社会的行为总和或多数人的行为遵循另一种伦理行为手段规律吗？是的。因为所谓社会，众所周知，乃是两个以上的人因一定利益关系而结成的共同体，是"我为人人、人人为我"的利益合作体系。这样，就一个社会的行为总和来说，以利他为手段的行为必定多于以损人为手段的行为，亦即利他手段必定是恒久的，而损人手段只能是偶尔的。否则，如果损人手段多于利他手段，那么，每个人从社会那里所受到的损害就会多于所得到的利益，因而社会——它不过是每个人的利益合作体系——便必然解体而不可能存在了。

试以药品买卖的社会活动为例。卖真药，是以利他为手段；卖假药，则是以损人为手段。就这一社会活动的行为总和来说，如果卖假药多于卖真药——损人手段多于利他手段，那么，每个人买假药的概率就会多于买真药的概率，因而所受到的损害就会多于所得到的利益。那么，人们还会买药吗？显然不会了。这样一来，药铺就会倒闭了，药品买卖的社会活动便不可能存在了。

可见，一个社会的行为总和与一个人的行为，遵循着不同的规律。就一个人来说，他的行为究竟以利他为手段的多，还是以损人为手段的多，是不一定的。因为社会能否存在发展，并不取决于一个人的行为如何。但是，任何一个社会，就其行为总和来说，利他手段多于损人手段，乃是该社会的存在条件。所以，就一个社会的行为总和来说，利他手段必定多于损人手段；利他手段必定是恒久的，而损人手段只能是偶尔的。于是，我们可以得出结论说，任何社会的伦理行为手段必循由如下统计规律而变化：

规律1：任何一个社会，就其行为总和来说，利他手段必定是恒久的，而其他一切手段——损人与害己以及利己——之和，也都只能是偶尔的。换言之，就一个社会的多数行为来说，手段必利他。

规律2：任何一个社会，就绝大多数人的行为来说，利他手段必定是恒久的，而其他一切手段——损人与害己以及利己——之和，也都只能是偶尔的。换言之，就一个社会绝大多数人的多数行为来说，手段必利他。

这两个规律显然是同一规律的不同表述，因而可以统一表述为：任何一个社会，就其行为总和来说，亦即就绝大多数人的行为来说，利他手段必定是恒久的，而其他一切手段——损人与害己以及利己——之和，也都只能是偶尔的。换言之，就一个社会的多数行为来说，亦即就绝大多数人的多数行为来说，手段必利他。这就是伦理行为手段相对数量统计性规律。

伦理行为手段相对数量统计性规律使我们可以理解，为什么每个人的行为目的必定恒久为自己，可是我们看到的现象却恰恰相反：绝大多数人都是恒久为他人谋利益，都是恒久为人民服务。这就是因为，行为目的是看不到的；能够看到的，乃是行为手段；行为目的是通过行为手段推断出来的。

试想，我们岂不是只能看到教师在给学生讲课，工人在为他人生产，农民在为他人种地？但是，谁能看到教师讲课的目的？谁能看到工人生产的目的？谁能看到农民种地的目的？伦理行为手段统计性相对数量规律表明：任何社会，就其绝大多数人的多数行为来说，手段必利他。所以，我们看到的是：任何社会，就其多数的、恒久的行为来说，都是利他，因而呈现"我为人人、人人为我"之现象。但是，这仅仅是行为的外在手段，而不是行为的内在目的。

3 伦理行为类型的相对数量规律

按照伦理行为目的相对数量规律，每个人的行为目的必定恒久利己，而只能偶尔利他、害他、害己；唯有利己目的是恒久的。按照伦理行为手段相对数量非统计性规律，每个人的行为手段必定恒久利他或害他，而只能偶尔利己与害己；唯有利他手段或害他手段才可能是恒久的。于是，这两个规律结合起来，便构成伦理行为类型相对数量非统计性规律：

每个人的行为，必定恒久为己利他或损人利己——如果恒久为己利他，则必偶尔损人利己；如果恒久损人利己，则必偶尔为己利他——而只能偶尔无私利他、单纯利己、纯粹害人、纯粹害己。换言之，每个人的行为，唯有为己利他与损人利己才可能是恒久的，才可能超过他全部行为之一半；而其余一切行为——无私利他与单纯利己以及纯粹害人与纯粹害己——之和，也只能是偶尔的，只能少于他全部行为之一半。

按照伦理行为目的相对数量规律，每个人的行为目的必定恒久利己，而只能偶尔利他、害他、害己；唯有利己目的是恒久的。按照伦理行为手段相对数量统计性规律1，任何一个社会，就其行为总和来说，利他手段必定是恒久的，而其他一切手段——损人与害己以及利己——之和，也只能是偶尔的。按照伦理行为手段相对数量统计性规律2，任何一个社会，就绝大多数人的行为来说，利他手段必定是恒久的，而其他一切手段——损人与害己以及利己——之和，也只能是偶尔的。于是，这些规律结合起来，便形成如下伦理行为类型的相对数量规律：

规律1：任何一个社会，就其行为总和来说，为己利他必定是恒久的，而其他一切行为——损人利己、无私利他、单纯利己、纯粹害人、纯粹害己——之和，也只能是偶尔的。换言之，任何一个社会，其多数的、恒久的行为必定是为己利他；而其他一切行为都只能是偶尔的、少数的。

规律2：任何一个社会，就绝大多数人的行为来说，为己利他必定是恒久的，而其他一切行为——损人利己、无私利他、单纯利己、纯粹害人、纯粹害己——之和，也只能是偶尔的。换言之，任何一个社会，其绝大多数人的多数的、恒久的行为必定是为己利他；而其他一切行为都只能是偶尔的、少数的。

这两个规律显然是同一规律的不同表述，因而可以统一表述为：任何一个社会，就其行为总和来说，亦即就绝大多数人的行为来说，为己利他必定是恒久的，而其他一切行为——损人利己、无私利他、单纯利己、纯粹害人、纯粹害己——之和，也只能是偶尔的。换言之，任何一个社会，其多数的、恒久的行为，亦即绝大多数人的多数的、恒久的行为，必定是为己利他；而其他一切行为之和，也只能是偶尔的、少数的。这就是伦理行为类型统计性规律。

思考题

1 孟子根据人性与犬性是不同的,得出结论说:人性就是人不同于犬的人之特性。孟子此见能否成立?

2 辨析三对概念之异同:第一,"目的害人"与"损人利己";第二,"目的害己"与"害己以利己";第三,"行为原动力"与"行为根本目的"。

3 是否只有弱者才有忌妒心?自认卑下就是自卑心吗?为什么生理缺陷最易引起自卑心?

4 "爱是对快乐和利益的心理反应",意味着,爱是有条件的:爱以快乐和利益为条件。可是,正如弗洛姆所指出,母爱是生而固有的本能,是无条件的。"爱是对快乐和利益的心理反应"的定义是否与"母爱是无条件的"相矛盾?

5 儒家思想家与康德以及基督教伦理学家一致认为,一个人经过良好的道德教育和道德修养,便可能恒久无私利他。这种观点能否成立?

6 斯密在《国富论》中这样写道:"每个人都不断地努力为他所能支配的一切资本找到最有利的用途。确实,他所追求的是他自己的利益而不是社会的利益。但是,他对自己利益的追求自然会——毋宁说必然会——引导他选择最有利于社会的用途。"试运用伦理行为手段相对数量规律,评论斯密此言之是非。

阅读书目

《孟子·告子上》。

休谟:《人性论》,关文运译,商务印书馆,1980年。

王海明:《人性论》,商务印书馆,2005年。

Charles A. Ellwood, *An Introduction to Social Psychology* (New York; Lonon: D. Appleton and Company, 1920).

Friedrich Paulsen, *System of Ethics*, Translated By Frank Thilly (New York: Charles Scribner's Sons, 1908).

Stevn M Cahn and Peter Markie, *Ethics: History, Theory, and Contemporary Issues* (Oxford: Oxford University Press 1998).

第三篇
道德价值与道德规范：
与道德价值相符之优良道德

第七章　善：道德总原则

提　要

"无私利他"是最高且偶尔善原则，它只应该且只可能指导每个人的偶尔行为；其作用是使每个人在利益冲突而不能两全时，能够无私利他、自我牺牲而不致损人利己。"为己利他"是基本且恒久善原则，它应该且能够指导每个人的恒久行为；其作用是使每个人在利益一致或可以两全时，能够为己利他而不致损人利己和纯粹害人。"单纯利己"是最低且偶尔善原则，它也应该且只能指导每个人的偶尔行为，其作用是使每个人在与社会和他人无直接利害关系的行为领域，能够单纯利己而不致纯粹害己。利他主义既否定"为己利他"又否定"单纯利己"，而将"无私利他"奉为评价行为是否道德的唯一准则，代表人物是儒家思想家、墨家思想家、康德和基督教伦理学家。合理利己主义既否定"无私利他"又否定"单纯利己"，而将"为己利他"奉为评价行为是否道德的唯一准则，代表人物是爱尔维修、霍尔巴赫、费尔巴哈、车尔尼雪夫斯基、霍布斯、洛克、曼德威尔以及中国的老子、韩非、李贽、龚自珍、梁启超、陈独秀等。个人主义既否定"无私利他"又否定"为己利他"，而将"单纯利己"奉为评价行为是否道德的唯一准则，代表人物当推中国古代哲学家杨朱和庄子以及现代西方哲学家尼采、海德格尔、萨特。

元伦理学表明，道德善与道德恶是伦理行为事实如何对于道德目的，特别是道德最终目的或道德终极标准的效用，因而只能通过道德目的从伦理行为事实如何的客观本性中产生和推导出来：道德善等于伦理行为事实与道德目的相符；道德恶等于伦理行为事实与道德目的相违。因此，冯友兰说得不错："凡所谓善者，即是从一标准，以说合乎此标准者之谓。……所谓恶者，即是从一标准，以说反乎此标准者之谓。"[①] 遗憾的是，他不知道，他所说的"标准"，就是道德目的、道德终极标准。

本章研究作为道德总原则的"善"与"恶"，也就是"道德善"与"道德恶"，因而应该以道德目的为标准，来衡量人性——人的伦理行为事实如何的客观本性——之善恶，从中推导出伦理行为应该如何的道德总原则"善"和不应该如何的不道德总原则"恶"。这样一来，本章便是人性论的善恶评价部分，相对人性论的前几部分——"人性概念分析"和"人性定质分析"以及"人性定量分析"来说，可以称之为"人性善恶分析"。

一　善与恶

1　人性之善恶：16 种伦理行为的道德价值

伦理学所研究的全部人性，如前所述，可以归结为 16 种（见表 6.1）。

不难看出，16 种人性，按其对于道德目的、道德终极标准的符合还是违背之效用，可以归结为四类：

第一类人性，是纯粹的利他和利己的行为，包括完全利他、完全利己、为己利他、为他利己四种行为。这些行为，简单明了，无疑都符合道德终极总标准"增进每个人的利益总量"或道德终极分标准"无害一人地增进利益总量"，因而都是道德的、应该的、善的。

第二类人性，是纯粹害他和纯粹害己的行为，包括目的害他四种行为和目的害己四种行为。这八种行为，比较复杂。粗略看来，这些行为都属于害他与害己范畴，因而违背道德目的和道德终极标准，是不道德的恶的。其实不然。因为那些出于复仇心的以牙还牙、等害交换的目

[①] 冯友兰：《三松堂全集》（第四卷），河南人民出版社，1986 年，第 98 页。

害人的行为，和出于内疚感或罪恶感的自我惩罚、等害交换的目的害己的行为，都符合正义正原则：等利交换与等害交换。

这些属于正义范畴的行为，显然具有这样的效用：如果一个人损害社会和别人，那么，他也会受到同等的损害；这样，他便不敢轻易损害社会和别人了。因此，这些行为赋予社会和人们以安全，有利社会发展和人际交往，因而符合道德终极标准"增进每个人的利益总量"，是道德的应该的善的。《圣经》"若有伤害，就要以命偿命，以眼还眼"[①]之说便是此说的通俗的阐释。除了这些，其余目的害人与目的害己行为，显然都违背道德终极标准"增进每个人的利益总量"或道德终极分标准"无害一人地增进利益总量"，因而都是不道德的不应该的恶的。

第三类人性，是己、他内部利害混合行为，包括害己以利己与害他以利他二种。这些行为，大都属于利己与利他各自内部发生利害冲突，因而利己同时必害己、利他同时必害他的行为。吸烟饮酒，便是利己必害己、害己以利己：以损害自己健康的手段获得自己的烟酒需要满足之利益和快乐。反之，棍棒教子，则是利他同时害他：以给予儿子痛苦和损害的手段，使儿子得到出人头地之快乐和利益。

一目了然，在这种情况下，不论害己以利己，还是害他以利他，如果利大于害，则其差为利，符合利益发生冲突情况下的道德终极分标准"最大利益净余额"，因而便是道德的、应该的、善的；反之，如果害大于利，则其差为害，违背"最大利益净余额"，因而便是不道德的、不应该的、恶的。

举例来说，吃有副作用的药治病，是利大于害的害己以利己，符合"最大利益净余额"标准，因而是善；反之，吸毒则是害大于利的害己以利己，违背"最大利益净余额"标准，因而是恶。严厉批评教育子女，是利大于害的害他以利他，符合"最大利益净余额"标准，因而是善；反之，因望子成龙而毒打子女致死，则是害大于利的害他以利他，违背"最大利益净余额"标准，因而是恶。

第四类人性，是己、他外部利害混合行为，包括自我牺牲与损人利己二种。不言而喻，自我牺牲是善；而损人利己是恶。损人利己不但是

[①]《西方思想宝库》，《西方思想宝库》编委会译编，吉林人民出版社，1988年，第940页。

恶，而且其恶是绝对的：在任何情况下，不论人们的利益是一致还是冲突，损人利己都违背道德目的"保障社会存在发展"和道德终极标准"增进每个人的利益总量"，因而都是恶的。反之，自我牺牲之为善却是相对的：只有当自我利益与社会、他人利益发生冲突而不能两全的情况下，自我牺牲才因其符合道德目的和"最大利益净余额"原则而是应该的道德的善的。如果自我利益与社会、他人利益并未发生冲突或可以两全，那么，不论自我牺牲如何增进了利益净余额，也都是不道德的不应该的恶的；因为它违背了在人们利益可以两全情况下的道德终极分标准："不损害一人地增加利益总量。"

综合四类人性可知，一方面，害他目的和引发它的恨人之心与复仇心，以及害己目的和引发它的自恨心、内疚感、罪恶感，就其自身来说，因其违背道德目的和道德终极标准而都是恶的；就其结果来说，则都是善与恶的共同源泉：如果以等害交换的惩罚他人或自我惩罚的形式实现，便符合道德目的和道德终极标准，因而是善的源泉；否则，以其他任何形式实现，都违背道德目的和道德终极标准，因而都是恶的源泉。但是，嫉妒心和自卑感及其所引发的害他目的与害己目的，则不论就其自身还是就其结果来说，都因其违背道德目的和道德终极标准而都是恶的。

另一方面，利己目的和引发它的自爱心、求生欲、自尊心，就其自身来说，因其符合道德目的和道德终极标准而都是善的；就其结果来说，则都是善与恶的共同源泉：自爱心、求生欲、自尊心及其所引发的利己目的，如果以利己、利他或利大于害的害己手段实现，便符合道德目的和道德终极总标准，因而是善的源泉；如果以损人或害大于利的害己手段实现，便违背道德目的和道德终极标准，因而是恶的源泉。同样，利他目的和引发它的爱人之心、同情心、报恩心，就其自身来说，符合道德目的和道德终极标准，因而都是善的；就其结果来说，则都是善与恶的共同源泉：如果以害大于利的害他手段实现，或者在利益一致的情况下以害己手段实现，便是恶的源泉；如果以利己、利他或利大于害的害他手段实现，或者在利益冲突情况下以害己手段实现，便是善的源泉。

总而言之，人类的恶行主要有九种：四种"目的害他"的行为（除去源于复仇心的等害交换的惩罚他人的行为）和四种"目的害己"的行为（除去源于内疚感或罪恶感的等害交换的自我惩罚行为）以及一种"损人利己"。此外,还有二种恶行:害大于利的"害他以利他"和"害己以利己"。反之,人类的善行主要有七种:四种"目的利他"行为(除去害大于利的害他以利他)、一种"为己利他"和一种"完全利己"以及一种"害己以利己(除去害大于利的害己以利己)"。此外,还有两种善行:等害交换而源于复仇心的惩罚他人的"目的害人"与等害交换而源于内疚感或罪恶感的自我惩罚的"目的害己"。这就是16种伦理行为——人类全部伦理行为——之善恶,这就是伦理学所研究的全部人性之善恶。

2 善恶六原则之确立

弄清了人类全部伦理行为之善恶,也就可以制定规范人类一切伦理行为的善恶道德原则了。因为道德善恶原则是一种道德规范,属于伦理行为范畴,说到底,是一种伦理行为之善恶类型。所以,只要将人类的全部伦理行为按其善恶性质进行分类,就可以确立道德善恶原则:伦理行为之善恶类型与道德善恶原则是同一东西。根据16种伦理行为——人类全部伦理行为——之善恶性质,不难看出,人类全部道德的、应该的、善的伦理行为,可以归结为三大行为类型、三大道德境界、三大道德原则、三大善原则:

第一大行为类型包括四种目的利他行为(除去害大于利的害他以利他),可以名之为"无私利他"。第二大行为类型包括为己利他和惩罚他人的目的害人以及自我惩罚的目的害己两种等害交换行为,不妨仍名之为"为己利他";因为为己利他的基本境界显然是等利交换,因而便大体与等害交换的道德价值相等。第三大行为类型包括完全利己和害己以利己(除去害大于利的害己以利己),可以名之为"单纯利己"。这样,人类全部的善行便不过三类:无私利他、为己利他、单纯利己。道德是一种社会契约,道德的直接目的全在于保障社会存在发展。因此,利他(有利于社会和他人)的道德价值,正如达尔文所言,高于利己的道德价值。[①] 所以,无私利他的正道德价值最高,是伦理行为最高境界的应该如何,是道德最高原则,是善的最高原则,是至善;单纯利己的道德价值最低,是伦理行为最低境界的应该如何,是道德最低原则,是善的最低原则,是最低的善;为己利他是利他与利己的混合境

[①] Charles Darwin, *Descent of Man and Selection in Relatiotn Sex* (New York: John Murray, 1922), p. 187.

界，所以其道德价值便介于无私利他与单纯利己之间，是伦理行为基本境界的应该如何，是道德基本原则，是善的基本原则，是基本的善。

相反地，人类全部不道德的、不应该的、恶的行为也可以归结为三大行为类型、三大不道德境界、三大不道德原则、三大恶原则。第一大类型包括四种目的害他行为（除去出于复仇心的等害交换的惩罚他人的行为）和害大于利的害他以利他，可以名之为"纯粹害人"。第二大类型是"损人利己"。第三大类型包括四种目的害己行为（除去出于内疚感和罪恶感的等害交换的自我惩罚的行为）和害大于利的害己以利己，可以名之为"纯粹害己"。这样，人类的全部恶行也不过三类：纯粹害人、损人利己、纯粹害己。害他的负道德价值无疑高于害己的负道德价值。所以，纯粹害他的负道德价值最高，是伦理行为最高境界的不应该如何，是不道德的最高原则，是恶的最高原则，是至恶；纯粹害己的负道德价值最低，是伦理行为最低境界的不应该如何，是不道德的最低原则，是恶的最低原则，是最低的恶；损人利己的负道德价值则介于纯粹害他与纯粹害己之间，是伦理行为基本境界的不应该如何，是不道德的基本原则，是恶的基本原则，是基本的恶。

然而，问题的关键在于：无私利他仅仅是最高的善，却不是最大的善；纯粹害他仅仅是最高的恶，却不是最大的恶。因为爱有差等之人性定律表明，每个人的一切行为，唯有为己利他或损人利己才可能是恒久的；而无私利他、纯粹害他、单纯利己、纯粹害己都只能是偶尔的。这就是说：

一方面，在一切恶行中，唯有"损人利己"才可能是恒久的，而"纯粹害他"只能是偶尔的。这样，"损人利己"给予社会和他人的损害必定因其恒久性而最大最多，必定远远多于偶尔的"纯粹害他"给予社会和他人的损害。因此，"损人利己"虽然不是最高恶，却是基本且恒久恶，是最大恶，是最重要最主要的恶，是基本且恒久的恶原则，是最重要最主要的恶原则，是最重要最主要的不道德原则。相反地，纯粹害他虽然是最高恶，却是偶尔的恶，是最高且偶尔的恶，是最高且偶尔恶原则，是最高且偶尔不道德原则；而不是最大恶，不是最重要最主要恶，不是最重要最主要恶原则，不是最重要最主要的不道德原则。

另一方面，也是远为重要的，在一切善行中，唯有"为己利他"才可能是恒久的，而"无私利他"只能是偶尔的。这样，"为己利他"给予社会和他人的利益必定因其恒久性而最大最多，必定远远多于偶尔的"无私利他"给予社会和他人的利益。因为任何人无论搞学问还是干事业,如果断断续续、偶尔为之,是绝不会做出伟大成就的;只有全力以赴、恒久为之,才可能做出伟大成就:伟大业绩只能孕育于恒久活动,只能孕育于为己利他;而不可能孕育于偶尔活动,不可能孕育于无私利他。

因此,为己利他虽然不是最高善,却是基本且恒久善,是最大善,是最重要最主要的善,是基本且恒久善原则,是最重要最主要的善原则,是最重要最主要的道德原则。相反地,无私利他虽然是最高善,却是最高且偶尔善,是最高且偶尔善原则,是最高且偶尔道德原则;而不是最大善,不是最重要最主要善,不是最重要最主要善原则,不是最重要最主要道德原则。

于是,综上所述,我们便通过道德目的、道德终极标准,从人类全部伦理行为事实如何的客观本性中,一方面推导出无私利他、为己利他、单纯利己三大善原则及其相互关系;另一方面则推导出纯粹害己、损人利己、纯粹害他三大恶原则及其相互关系。这善恶六大原则及其相互关系可以表示为(图7.1):

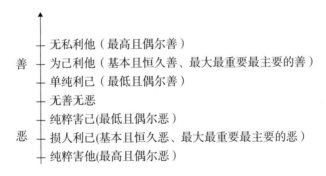

图7.1

3 道德总原则:善恶两原则与善恶六原则

善恶六原则乃是规范人类全部伦理行为的道德原则,因而可以称之为道德总原则。诚然,更确切些说,作为道德总原则,一方面,所谓善,亦即道德善,也就是一切符合道德目的、道德终极标准的伦理行为,因而也就是增进社会、他人和自己以及动植物等非人类存在物利益的伦理行为,亦即"无私利他"与"为己利他"以及"单纯利己",说到底,亦即"利他与利己"的伦理行为。另一方面,作为道德总原则，所谓恶，亦即道德恶，则是一切违背道德目的、道德终极标准的伦理行为，因而也就是减少社会、他人和自己以及动植物等非人类存在物利益的伦理行为，亦即"纯粹害人"与"损人利己"以及"纯粹害己"，说到底，亦即"害他与害己"的伦理行为。

这样一来，道德总原则便由两方面构成：一方面是"善恶总原则"，亦即"善恶两原则"，说到底，亦即"善是利他与利己"和"恶是害他与害己"；另一方面则是"善恶分原则"，亦即"善恶六原则"，说到底，亦即"善是无私利他和为己利他以及单纯利己"与"恶是纯粹害人和损人利己以及单纯利己"。

善恶两原则极其普遍宽泛而不区分目的与手段，因而不能准确衡量一切行为之善恶。就拿损人利己和损己利人两种伦理行为来说。根据善恶总原则"善是利他利己、恶是害他害己"，损人利己和损己利人便似乎同样既善又恶：就其利人和利己来说是善，就其损己和损人来说是恶。它似乎难以说明，损己利人与损人利己的道德价值根本不同之原因：损己利人是善，而损人利己是恶。

要说明这一点，要准确评价每个人具体的实际的行为之善恶，"善是利他利己、恶是害他害己"的善恶两原则，显然必须具体化而区分目的与手段，从而演进为含有目的与手段之分的"无私利他""为己利他""单纯利己"和"纯粹害人""损人利己""纯粹害己"善恶六原则。因此，只有善恶六原则才能够——善恶两原则不能够——准确衡量一切行为之善恶：善恶六原则是精确的道德总原则，善恶两原则是非精确的道德总原则。

二 人性善恶学说

道德总原则——不论是善恶六原则还是善恶两原则——都是人性善恶分析之结果。所以，人性之善恶，乃是道德总原则理论的基本问题，也是人类思想的大问题；因而不论中外，自古以来，人们便围绕它争论不已。不过，这些争论能够形成各种系统的人性善恶学说并且历代相沿两千多年之久，却是西方绝无而仅为中国哲学所特有。这些构成中国哲学一大特色的人性善恶之学说，众所周知，可以归结为四种：性无善恶论、性善论、性恶论、性有善有恶论。

1 性无善恶论

性无善恶论是认为人性是不可言道德善恶的理论。告子，众所周知,是性无善恶论的代表。在告子看来,人性的具体所指,无非人的食欲和性欲:"食色,性也。"(《孟子·告子上》)食欲和性欲显然是人生而固有、不学而能的本性。所以,告子又说:"生之谓性。"(《孟子·告子上》)人性既然是人生而固有、不学而能的本性,是天生的、天然的、自然的、本能的东西,因而也就与一切自然物不可言善恶一样,是无所谓道德善恶的,是不可言道德善恶的:"性犹湍水也,决诸东方则东流,决诸西方则西流。人性之无分于善不善也,犹水之无分于东西也。"(《孟子·告子上》)

诚然,食色与同情、嫉妒、爱恨等人性一样,都是人生而固有、不学而能的本性,是人的天生的、天然的、自然的、本能的东西。但是,食色、爱恨、同情、嫉妒等人性却不属于自然物而属于人的行为范畴:它们都属于行为心理范畴,是行为的内在动因、内在因素。这些行为的内在因素,就其量的多少来说,是每个人都能够自由支配的:可以压抑、升华而变弱变少,也可以发展、放纵而变强变多。

因此,一个人的食色、爱恨、同情心、忌妒心等人性与不受他自由支配的他身上的那些自然物如眼睛大小、鼻子高低不同,是可以言善恶的:爱和同情心显然有利社会和每个人的生存与发展,符合道德目的、道德终极标准,因而是善的;恨和忌妒心显然有害社会和每个人的生存与发展,违背道德目的、道德终极标准,因而是恶的。告子性无善恶论的错误,就在于把人生而自然固有的人性,当作自然界之事物,因而由自然物不可言善恶而得出结论说:生而自然固有的人性无所谓善恶。

2 性善论

性善论是认为人性是善的而不是恶的理论。孟子,众所周知,是这种理论的开创者和主要代表人物。孟子与告子一样,也认为人性是人生而固有的本性:"非由外铄我也,我固有之也。"(《孟子·告子》)但是,反过来说,人生而固有的本性,在孟子看来,却并不都是人性:人性乃是人生而固有的、人之所以为人者的特性。所以,张岱年写道:"孟子所谓性者,正指人之所以异于禽兽之特殊性征。人之所同于禽兽者,不可谓为人之性。"[①]

可是,为什么人性是人之所以为人者的特性?因为人性与犬性、牛

[①] 张岱年:《中国哲学大纲》,中国社会科学出版社,1982年,第5页。

性是不同的:"孟子曰:'生之谓性也,犹白之谓白与?'曰:'然.''白羽之白也,犹白雪之白,白雪之白,犹白玉之白与?'曰:'然.''然则犬之性,犹牛之性,牛之性,犹人之性与?'"(《孟子·告子上》)这就是说,人性与犬性、牛性是不同的:人性就是人不同于犬、牛的人之特性。

那么,人之所以为人者的特性究竟是什么呢?孟子答曰:是恻隐之心、羞恶之心、辞让之心、是非之心。因为"无恻隐之心,非人也;无羞恶之心,非人也;无辞让之心,非人也;无是非之心,非人也"。(《孟子·公孙丑上》)四心若无其一,即非人,因而四心便是人之所以为人者,便是人性。可是,人性或四心,究竟是善的还是恶的?孟子是道义论者,因而把完善每个人的品德、实现人之所以为人者——最终将无私利他——奉为评价一切伦理行为善恶的道德终极标准。准此观之,人性或四心便因其恰恰就是人之所以为人者而完全符合道德终极标准,于是也就完全是善的:"恻隐之心,仁之端也;羞恶之心,义之端也;恭敬之心,礼之端也;是非之心,智之端也。"(《孟子·告子上》)

这就是性善论的基本内容。性善论认为人性是善的而不是恶的论点之真正依据,显然不是它的道义论,而是它的人性界说:人性是人之所以异于禽兽、人之所以为人者。因为,如果人性是人之所以为人者(亦即所谓四心),那么,不论按照道义论的道德终极标准(完善每个人的品德)还是功利论的道德终极标准(增进每个人的利益)来衡量,人性显然都是与其相符的,因而便都是善的,而不是恶的。

人性是人之所以为人者的界说,初看起来,似能成立。因为人性显然是与犬性、牛性不同的:人性就是人不同于犬、牛的人之特性。但是,细究起来,却大谬不然。因为没有任何事物是完全不同的。人性与犬性、牛性不可能完全不同。人性与犬性、牛性既有不同的一面,亦即人之所以为人者的特性;又有与犬性、牛性相同的一面,亦即人的动物性。人的动物性与人的特性一样,都是长在人身上的东西,怎么能不是人性呢?性善论的错误,就在于只看到人性与犬性、牛性不同的一面,而抹杀人性与犬性、牛性相同的一面,将人性与人性的一部分——人的特性——等同起来,因而片面断言:人性只是人性区别于犬性、牛性的人之所以为人者的特性。

3 性恶论

性恶论的代表，众所周知，是荀子："人之性恶，其善者伪也。"（《荀子·性恶》）然而，人性为什么是恶的？人们大都以为，这是由于荀子与孟子对于人性概念的界定不同："荀子所谓性，与孟子所谓性，实截然两事。"[1] 其实，孟荀对于人性的界定，根本说来，是相同的：人性是人生而固有本性。因为荀子曰："生之所以然者，谓之性。"（《荀子·正名》）孟子也认为恻隐之心等人性"非由外铄我也，我固有之也"（《孟子·告子上》）。

只是当进一步辨别人生而固有的什么东西是人性时，孟荀才分道扬镳。孟子认为人生而固有四心，四心就是人性，人性就是四心，因而人性是善的。反之，荀子则认为孟子所谓的四心并不是人性，而是人伪。因为四心既然仅仅是四端，仅仅是一点点萌芽，尚须扩充而后才能完成，于是便不是生而固有的，而是"虑积焉，能习焉而后成，谓之伪"（《荀子·正名》）。那么，人生而固有的人性，在荀子看来，究竟是什么呢？是利己心、忌妒心、好声、好色、好愉快。

从人性自爱利己的具体内容出发，荀子进而得出人性是恶的结论："今人之性，生而有好利焉，顺是故争夺生而辞让亡焉；生而有疾恶焉，顺是故残贼生而忠信亡焉；生而有耳目之欲，有好声色焉，顺是故淫乱生而礼义文理亡焉。然则从人之性，顺人之情，必出于争夺，合于犯分乱理而归于暴。故必将有师法之化……用此观之，人之性恶明矣，其善者伪也。"（《荀子·性恶》）

不难看出，性恶论是不能成立的。因为不论一个人多么坏，不论他的爱人之心、同情心和报恩心是多么微弱，他也不可能完全丧失爱人之心、同情心和报恩心：他能一点都不爱和同情他的儿女、他的情人、他的父母吗？人人皆生而固有爱人之心、同情心和报恩心，只不过有些人较多，有些人较少罢了。所以，爱人之心、同情心和报恩心便与恨人之心、忌妒心、复仇心一样，都是人性。性恶论的错误，显然在于抹杀人性的爱人利他方面，而将人性与人性的自爱利己方面等同起来，这是性恶论错误之一方面。另一方面，顺从人的生而好利的本性，既可能争夺生而辞让亡，也可能辞让生而争夺亡；个人利益的追求既可能有害社会

---

[1] 张岱年：《中国哲学大纲》，中国社会科学出版社，1982年，第5页。

和他人，从而是恶的源泉；也可能有利社会和他人，从而是善的源泉。性恶论的错误，显然在于夸大自爱利己有害社会和他人的方面，抹杀其有利于社会和他人方面，从而得出了人性——自爱利己——是恶的结论。这就是性恶论的双重错误。

4 性有善有恶论

性善论与性恶论看似相反，实则错误相同。因为，一方面，人性本来是多元的：既生而固有同情心而能利他，又生而固有自爱心而必利己。可是，两论对于人性的界定却都同样是片面的：性善论以为人性仅仅是同情利他，性恶论则以为人性仅仅是自爱利己。另一方面，道德终极标准本来是"增进每个人的利益总量"。可是，性善论与性恶论乃是儒家内部的不同流派，因而就其主流思想来说，都是道义论，于是便都将品德的完善境界"无私利他"——儒家所谓的"仁"——奉为评价人性善恶的道德终极标准。性恶论者用"仁"来衡量他们所谓的人性，自然要说人性是恶的，因为自爱利己不是品德的完善境界，不符合道义论所理解的道德终极标准；反之，性善论同样用"仁"来衡量他们所谓的人性，自然要说人性是善的，因为同情利他是品德的完善境界，符合道义论所理解的道德终极标准。

性善论与性恶论都是片面的、错误的，意味着，人性既不是纯粹善，也不是纯粹恶，而是有善有恶：性有善有恶论是真理。但是，与性善论和性恶论一样，性有善有恶论的代表人物却仍然是儒家思想家：世硕、董仲舒和杨雄。性有善有恶论始于战国时的儒家思想家世硕："周人世硕，以为人性有善有恶：举人之善性，养而致之则善长，恶性养而致之则恶长。"（《论衡·本性》）董仲舒则十分详尽地论证了性有善有恶论。通过这些论述，他得出结论说："人受命于天，有善善恶恶之性，可养而不可改，可豫而不可去，若形体之可肥瘦而不可得革也。"（《《春秋繁露·玉杯》》）扬雄则更进一步，提出"性善恶混"的著名论断："人之性也善恶混，修其善则为善人，修其恶则为恶人。"（《法言·修身》）

性有善有恶论，正如张岱年所言，乃是性善论与性恶论之调和。但是，调和性善论与性恶论的，不只是性有善有恶论，还有性三品论。性三品论认为，人性可以分为三种：一种人的人性是善的，一种人的人性是恶的，介于二者之间的人的人性是有善有恶的。质言之，所谓性三品论，也就是认为人性并非人人一样。而是存在上中下三种人性的理论。这种理论，实为性有善有恶论之极端形式；因而董仲舒就已认为，人性有圣人之性、斗筲之性和中民之性之三品："圣人之性，不可名性；斗筲之性，又不可以名性。名性者，中民之性。"（《春秋繁露·实性》）不过，性三品论的真正代表人物，众所周知，乃是王充、荀悦和韩愈。韩愈说得最为清楚："性之品有上中下三，上焉者，善焉而已矣；中焉者，可导而上下也；下焉者，恶焉而已矣。"（《原性》）

性三品论无疑是谬论。因为如上所述，所谓人性，乃是人生而固有的普遍本性；就其质的有无来说，是人生而固有、完全一样的；只是就其量的多少来说，在一定限度内，才是人们后天习得、有所不同的。这就是说，除了量的多少有所不同，任何人所具有的人性是完全一样的。换言之，任何人所具有的人性，只可能在量的多少方面有所不同，而在质的种类方面是完全一样的：只能有一种人性，而不可能有三种人性。绝不可能存在只有善性而无恶性的圣人之人性，也不存在只有恶性而无善性的斗筲之人性：任何人的人性，就其质的有无来说，都是完全一样的，都是同样有善有恶。圣人再高尚，也不可能丝毫没有忌妒心、复仇心和恨人之心等恶的人性；斗筲之徒再败坏，也不可能丝毫没有爱人之心、同情心与报恩心等善的人性。只不过圣人的善的人性极多而恶的人性极少；斗筲之徒的恶的人性极多而善的人性极少罢了。性三品论的错误，显然在于夸大三种人所具有的人性在量的多少方面的不同性，抹杀三种人所具有的人性在质的有无方面的共同性，从而得出错误的结论：三种人的人性是完全不同的，亦即存在三种不同人性。

那么，儒家性有善有恶论是真理吗？粗略看来，无疑是真理。但细究起来，却不尽然。因为人性善恶之评价，从上可知，一方面取决于人性之界说，取决于人性所指称的究竟是什么；另一方面则取决于人性善恶的标准之确定，取决于道德终极标准究竟是什么。如果对这两方面或其一的见地不同，那么对人性究竟是善还是恶的观点便会不同；如果这两方面的认识皆为真理，那么，关于人性善恶的学说便是真理；只要其中之一错误，那么，关于人性善恶的学说便包含错误。对于人性的界定，儒家性有善有恶论认为人性既固有同情心而能利他，又固有自爱心而必利己，确实是比较全面的，避免了性善论和性恶论的片面性。但是，对于道德终极标准，儒家性有善有恶论却与性善论、性恶论犯了同样的错误：片面地把"仁""无私利他"奉为评价人性善恶之标准。这样，它便与性善论和性恶论一样，误以为自爱利己是恶而同情利他是善，只不过它把二者均看作人性罢了。

综上可知，堪称真理的乃是这样一种"新性有善有恶论"：一方面，它与儒家性有善有恶论一样，认为人的一切生而固有的普遍本性，不论是同情利他还是自爱利己，都是人性；另一方面，它与儒家性有善有恶论不同，不是将"增进每个人品德完善"或"无私利他"，而是将"增进每个人的利益总量"奉为衡量人性善恶之标准。这样，不但同情利他的人性是善的，而且自爱利己的人性也是善的，而只有诸如忌妒害人等人性才是恶的。

这种源于而又超越于以往人性善恶学说的"新性有善有恶论"固然是真理，但如果止步于此，那就还没有克服以往人性论的根本缺憾。因为，以往诸子百家人性论，不论是性善论还是性恶论抑或性有善有恶论，正如张岱年所言，都不研究人性实际内容："中国性论有一特点，即以善恶论性；关于性的主要争点，是性善或性恶的问题。即反对以善恶言性者，也只是说性无善恶而止，不更详论性之实际内容。"① 这无疑是以往人性论的最为根本的缺憾：这一缺憾，使以往人性论不可能确立全面的、科学的道德规范。为克服这种缺憾，我们的人性论则详论人性的实际内容，如人性 16 种和 4 规律：我们的人性论是一种以人性 16 种和 4 规律为特征的"新性有善有恶论"。

道德总原则，不论是善恶总原则还是善恶六原则，都是人性善恶分析之结果。因此，人性善恶学说原本属于道德总原则理论。但是，它不是道德总原则理论的全部，而只是其部分内容。因为道德总原则理论至少还包括道德目的和道德终极标准理论以及善恶原则理论。人性善恶学说虽然只是道德总原则理论的一部分，但是，这一部分是如此根本和重要，以致从道德总原则理论整体中分离出来，成为一种相对独立的学说。所以，真正讲来，道德总原则理论与人性善恶学说是整体与部分的关系。因此，一方面，不论人性学说多么重要和根本，都远远不及道德总原则理论复杂和重要；另一方面，对于人性善恶学说的分析，乃是对于道德总原则理论分析的基础和前提：从此出发，便不难解析道德总原则理论了。那么，关于道德总原则理论，古今中外，究竟有多少流派？

---

① 张岱年：《中国哲学大纲》，中国社会科学出版社，1997 年，第 87 页。

它们的基本内容及其对错得失究竟如何？

三　道德总原则理论

关于道德总原则的理论，无疑是伦理学最为复杂艰深的理论。因为元伦理学表明，优良道德原则并不是随意制定的，而只能通过道德目的、道德终极标准，从伦理行为事实如何的客观本性中推导出来。这样，道德总原则理论便包括规范伦理学三大方面内容：一是关于道德本性——道德目的和道德终极标准——的理论；二是关于人性——人的伦理行为事实如何之本性——的理论；三是关于人的行为应该如何的善恶原则的理论。所以，道德总原则理论乃是涵盖规范伦理学整个体系的总体理论。自古以来，伦理学家们便围绕这些难题而探求不已、论战不息。这些争论，摘其要者，可以归结为利他主义、利己主义——合理利己主义与个人主义以及心理利己主义与伦理利己主义——和己他两利主义。

1　利他主义

利他主义（Altruism）一词，据包尔生说，是利他主义论者孔德创造的："孔德主张利他主义，这个词就是他创造的。"[①] 孔德用这个词来表达他和赫起逊等思想家所倡导的伦理学说。这种学说的基本特征，被赫起逊概括为一句话："道德之追求并不出于追求者的利害计较或自爱，不出于他自己利益的任何动机。"[②] 这就是说，利他主义乃是这样一种理论，在它看来，只有无私利他才是善的、道德的，而只要目的利己便是恶的、不道德的：利他主义是将无私利他奉为评价行为善恶的道德总原则的理论。所以，包尔生在界定利他主义时写道："纯粹利他主义所主张的原则是：行为只有当其动机纯粹是为了他人时，才具有道德价值。"[③] 然而，如果利他主义只是孔德与赫起逊的理论，就没有多大意义了。孔德不过是利他主义名词之创造者；而利他主义理论之真正代表，乃是新老儒家的"仁学"和新老基督教伦理观。因此，利他主义在古代便已成熟，到中世纪则占据绝对统治地位，进入近代和现代仍有

[①] Friedrich Paulsen, *System of Ethics*, Frank Thilly (trans.) (New York: Charles Scribner's Sons, 1899), p. 379.

[②] 周辅成编：《西方伦理学名著选辑》上卷，商务印书馆，1964年，第792页。

[③] Friedrich Paulsen, *System of Ethics*, p. 379.

极大影响，其主要代表人物，当推孔子、墨子、耶稣和康德。

首先，从人性论来看，他们一致认为，每个人的行为目的都能够达到无私利他的境界。儒家的道德总原则"仁"便是无私利他。因为历代儒家思想家都把仁界说为"爱人"：爱人显然是无私利人的心理动因，而无私利人则是爱人的行为表现。所以，郭沫若说："仁的含义是克己而为人的一种利他的行为……要人们除掉一切自私自利的心机，而养成为大众献身的牺牲精神。"① 墨家的道德总原则"兼"也是无私利他："文王之兼爱天下之博大也，譬之日月，兼照天下无有私也。即此文王兼也。虽子墨子之所谓兼者，于文王取法焉。"（《墨子·兼爱下》）西方基督教的道德总原则"爱"也是无私利他。② 那么，康德伦理观的道德总原则"责任"也是无私利他吗？是的。因为康德一方面说："责任就是由于尊重规律而产生的行为必要性。"③ 另一方面又说："尊重是使利己之心无地自容的价值觉察。"④ 所以，阿尔森·古留加指出，康德的"义务的公式就是为别人谋福利"⑤。

其次，从道德本性来说，康德和基督教都以为道德的起源和目的完全是自律的，全在于完善每个人的品德，实现人之所以异于禽兽、人之所以为人者。《圣经》中上帝立约、创立道德的目的是使人道德完善，做道德完人、完全人。康德也这样写道："道德法则……开始于我的无形的自我，我的人格……借我的人格，把作为一个灵物看的我的价值无限提高了。"⑥ 反之，墨家以为道德起源和目的完全是他律的，全在于保障社会存在发展："天下兼相爱则治，交相恶则乱，故子墨子曰：'不可以不劝爱人者，此也。'"（《墨子·兼爱上》）儒家则既承认道德起源和目的在于保障社会存在发展，又认为这并非道德主要的起源和目的；道德主要的起源和目的乃是自律的：道德起源于道德自身，起源于每个人完善自我品德的需要；目的在于道德自身，在于完善每个人的品德，实现人之所以异于禽兽、人之所以为人者。这一点，孟子讲得十

---

① 郭沫若：《十批判书》，人民出版社，1959 年，第 213 页。
② 《新约·歌罗西书》第三章。
③ 康德：《道德形而上学原理》，苗力田译，上海人民出版社，1986 年，第 50 页。
④ 同上书，第 51 页。
⑤ 阿尔森·古留加：《康德传》，贾泽林、侯鸿勋、王炳文译，商务印书馆，1981 年，第 300 页。
⑥ 康德：《实践理性批判》，关文运译，商务印书馆，1960 年，第 164 页。

分透辟:"人之有道也,饱食、暖衣、逸居而无教,则近于禽兽。圣人有忧之,使契为司徒,教以人伦——父子有亲、君臣有义、夫妇有别、长幼有序、朋友有信。"(《孟子·滕文公上》)

最后,从善恶原则来看,儒、墨、基督教和康德一致认为,真正讲来,凡是自爱为我、目的利己的行为,归根结底,都既有害于社会和他人,又有害于自我品德的完善,因而便都因其违背道德目的而是不义的、不道德的、恶的,都是小人的行为;只有爱人无私、目的利他的行为,才真正有利于社会和他人,有利于自我品德的完善,才符合道德目的,因而才是道德的、善的、义的,才是君子的行为。所以,孔子曰:"君子喻于义,小人喻于利。"(《论语·里仁》)墨家认为:"品行是:所干的事不图个人之名利;所干的事为个人名利,便是巧诈,犹如为盗。"①《圣经》告诫人不要求自己的益处,乃要求别人的益处。康德也这样写道:"这位全然不受限制的立法者……只从人们的大公无私,只从赋予人们以尊严的理念来评价那些有理性的东西的行为。"② 一言以蔽之:无私利他是评价行为善恶的唯一准则。

可见,儒、墨、基督教、康德的道德总原则理论与孔德、赫起逊所倡导的利他主义的基本观点完全一致,因而称之为利他主义是再合适不过了:利他主义是把无私利他奉为评价行为善恶唯一准则的道德总原则理论。儒、墨、基督教、康德的分歧,不过是利他主义的内部分歧。这种分歧,众所周知,主要可以归结为爱有差等与爱无差等之争:儒家是爱有差等的利他主义,主张谁离我越近,我对谁的爱便应该越多,因而爱自己的父母应该多于爱他人的父母;墨家和基督教则是爱无差等的利他主义,主张不分远近而同等地爱一切人,因而应该同等地爱自己的父母和他人的父母。

2　利己主义:合理利己主义与个人主义

所谓合理利己主义(Rational Egoism),是一种把"为己利他"奉为评价人们行为善恶唯一准则的道德总原则的理论。它成熟于18世纪,其公认的代表人物,当推爱尔维修、霍尔巴赫、费尔巴哈、车尔尼雪夫斯基。不过,霍布斯、洛克、曼德威尔以及我国的老子、韩非、李

---

① 谭戒甫:《墨经分类译注》,中华书局,2008年,第196页。
② 康德:《道德形而上学原理》,第56页。

贽、龚自珍、梁启超、陈独秀等，无疑也属于合理利己主义论者。

首先，从人性论来看，合理利己主义认为每个人行为的目的都是为了利己："每个人都是为自己的幸福以自己的方式而劳动的……承认了这一点，那么，决没有哪个人可以称得上是无私心的人。"① 但是，人是社会动物，每个人的利己目的只有依靠社会通过利他手段才能实现："为了使自己幸福，就必须为自己的幸福所需要的别人的幸福而工作。"②

其次，从道德本性来看，合理利己主义认为道德起源和目的完全是他律的，全在于保障社会存在发展。霍尔巴赫说："公益乃是美德的目的。"③ 梁启超亦云："道德之立，所以利群也。"④

最后，从善恶原则来说，既然道德目的仅仅是为了保障社会存在发展，那么，也就只有有利于社会和他人的行为才符合道德目的，才是道德的、善的；也就只有损害社会和他人的行为才不符合道德目的，才是不道德的、恶的。所以，爱尔维修说："公共的好处是人类行为的善的标准。"⑤ 梁启超说："有益于群者为善，无益于群者为恶。此理放诸四海而皆准，行诸百世而不惑者也。"⑥

于是，合理利己主义便既否定"无私利他"原则，又否定"单纯利己"原则，而把"为己利他"奉为评价人们行为善恶唯一准则。霍尔巴赫将这一准则概括为一句名言："德行不过是一种用别人的福利来使自己成为幸福的艺术。"⑦ 可见，所谓合理利己主义，说到底，便是将为己利他奉为评价行为善恶唯一准则的道德总原则理论。

与合理利己主义相反，个人主义是一种扑朔迷离、离奇怪诞、反常识的道德总原则理论。或许正因如此，个人主义论者远远少于合理利己主义论者。这种道德总原则理论的公认的代表，当推中国古代哲学家杨朱和庄子以及现代西方哲学家尼采、海德格尔和萨特。

首先，从人性论来看，个人主义也认为每个人的行为目的只能是为

---

① 霍尔巴赫：《自然体系》上卷，管士滨译，商务印书馆，1964年，第271页。
② 周辅成编：《西方伦理学名著选辑》下卷，第84页。
③ 《十八世纪法国哲学——西方古典哲学原著选辑》，北京大学哲学系外国哲学史教研室编译，商务印书馆，1957年，第465页。
④ 梁启超：《饮冰室合集》第三册，中华书局，1989年，第11页。
⑤ 周辅成编：《西方伦理学名著选辑》下卷，第54页。
⑥ 梁启超：《饮冰室合集》第三册，第15页。
⑦ 霍尔巴赫：《自然体系》上卷，第287页。

了自我。杨朱说:"身者,所为也;天下者,所以为也。"(《吕氏春秋·审为》)尼采说:"忘我的行为根本没有。"① 那么,一个人应该通过什么手段,才能实现其为我目的呢? 个人主义认为绝不能依靠社会、集体和他人。为什么? 杨朱认为:社会、集体和他人给我的不过是身外名货,而我要得到这身外名货,便须"危身伤生、刈颈断头"。这岂不是"断首以易冠、杀身以易衣"?(《吕氏春秋·审为》)尼采、海德格尔、萨特的观点与此相同,只不过论据不是如是生动直观,而是著名的异化理论:一个人只要生活于社会和他人之中,便不能不失去自由、听任他人摆布,从而所造就的便是他人为自己选择的自我,便是没有独特个性的、非本己的、非本真的自我;而不是自己为自己选择的自我,不是具有独特个性的、本己的、本真的自我:他人和社会是自我发生异化的根源。②

其次,从道德本性来看,个人主义认为道德起源和目的完全是他律的,全在于增进自我利益。这一点,庄子说得很明确:"道之真以持身。"(《庄子·让王》)尼采也这样写道:"我迄今还没有见过这样的人,他看来是本着这个见解来信奉道德,即把道德看作是一个问题,而这个问题是他自己的个人需要、苦恼、快乐和热情所在。"③

最后,从善恶原则来看,个人主义认为凡是以依靠社会和他人为手段——不论是损人还是利人——的行为,真正讲来,都有害自我、不符合道德目的,因而都是恶;只有以依靠自我为手段,亦即既不给予也不索取、既不利人又不损人地单纯利己,才真正有利自我,才符合道德目的,因而才是善的:"单纯利己"是评价行为善恶的唯一准则。这一准则被杨朱概括为一句名言:"拔一毛而利天下,不为也。"庄子进而发挥说:"为善无近名,为恶无近刑,缘督以为径,可以保身。"(《吕氏春秋·审为》)到了 20 世纪,尼采亦如是说:"我生活在自己的光里,我吸收从我爆发出来的火焰。"④ 萨特用来显示他所主张的道德原

---

① 周辅成编:《西方伦理学名著选辑》下卷,第 815 页。
② 参阅尼采:《朝霞——关于道德偏见的思考》,田立年译,上海人民出版社,2020 年,第 491 节;海德格尔:《存在与时间》,陈嘉映、王庆节译,生活·读书·新知三联书店,1987 年,第 155 页;柳鸣九编选:《萨特研究》,中国社会科学出版社,1981 年,第 303 页。
③ 尼采:《快乐的科学》,余鸿荣译,中国和平出版社,1986 年版,第 260 页。
④ 尼采:《查拉斯图拉如是说》,尹溟译,文化艺术出版社,1987 年,第 29 页。

则的《厌恶》主角洛根丁也是这样的一个人:"我是孤零零地活着,完全孤零零一个人。我永远也不和任何人谈话;我不收受什么,也不给予什么。"① 于是,总而言之,个人主义便是否认无私利他与为己利他而把"单纯利己"奉为评价行为善恶唯一准则的道德总原则理论。

合理利己主义与个人主义之异同表明,二者虽然互相反对,但从根本上说完全一致,都同样与利他主义对立而以利己为行为的唯一目的、出发点和最终归宿,因而便都属于利己主义:利己主义便是认为人的行为目的只能利己,从而否定无私利他而把利己不损人奉为评价行为善恶唯一准则的道德总原则的理论。所以,包尔生说:"纯粹利己主义主张:个人利益之为行为的唯一目的,不仅是可允许的,而且在道德上是必需的。"② 因此,合理利己主义与个人主义之分歧,是利己主义的内部分歧。这种分歧,说到底,不过在于主张究竟以什么为实现利己目的的手段。

合理利己主义主张依靠社会和他人利益而以利他为手段,倡导为己利他:显然符合人的社会本性,是合乎情理、合乎理性、合乎理智的,因此叫作合理利己主义。反之,个人主义却主张既不利人又不损人地单纯利己,显然违背人的社会本性,是不合情理、不合理性、不合理智的,是非理性的,是不合理利己主义。所以,二者正如今日西方伦理学家梅德林(Brian Medlin)所说,实为隶属于利己主义范畴的两个矛盾的下位概念,因而便构成了利己主义的全部外延。不过,他把个人主义叫作"个人利己主义"(Individual Egoism)、把合理利己主义叫作"普遍利己主义"(Universal Egoism):"普遍利己主义主张每个人都应该关注自己的和有利于自己的他人的利益,而不必理睬其他人。个人利己主义则主张不必理睬任何人而只应该关注自己利益。"③

3 利己主义:心理利己主义与伦理利己主义

个人主义与合理利己主义是利己主义的外在分类;反之,心理利己主义与伦理利己主义(亦即规范利己主义)则是利己主义的内在结构。因为正如乔尔·范伯格(Joel Feinberg)所言,所谓心理利己主义,乃

---

① 萨特:《厌恶及其它》,郑永慧译,上海译文出版社,1986年,第13页。
② Friedrich Paulsen, *System of Ethics*, p. 379.
③ Louis P. Pojman, *Ethical Theory: Classical and Contemporary Readings* (San Francisco: Wadsworth Publishing Company, 1995), p. 74.

是认为每个人的一切行为目的只能是利己的理论；而伦理利己主义或规范利己主义则是认为每个人的行为目的都只应该是利己的理论。①

可见，心理利己主义与伦理利己主义不过是利己主义思想体系的内在结构：心理利己主义是利己主义的行为观，是利己主义关于人的行为事实如何的客观本性的理论；伦理利己主义是基于心理利己主义的利己主义的道德观，是利己主义关于人的行为应该如何的道德原则的理论。显然，伦理利己主义能否成立完全取决于心理利己主义能否成立：如果每个人的行为目的并非只能利己，那么，每个人的行为目的无疑也就并非只应该利己了。

心理利己主义是不能成立的，它的错误主要在于将"为了满足自己的需要"等同于"为了利己"，以及将"行为结果"等同于"行为的目的"。这种等同，在当代西方伦理学家看来，乃是心理利己主义的主要依据：

> 心理利己主义在许多人看来是令人信服的，理由很多，比较典型的是：1. 我的每一行为都引发于我的动机或我的欲望或我的本能，而不是其他人的。这一事实可以表述为：我的行为不论何时，总是追求我自己的目的或企图满足我自己的欲望。由此我们可以得出结论说，我总是为我自己寻求什么或追求我自己的满足。2. 不言而喻，当一个人满足了自己的需要，他必会感到快乐。这便使许多人联想到，我们做的每一件事所真正欲求的，都是我们自己的快乐。②

确实，每个人的一切行为目的，都是为了满足自己的需要、欲望。但是，自己的需要（欲望）包括自己的自爱利己的需要（欲望）与自己的爱人利他的需要（欲望）。于是，"为了满足自己的需要"也就相应地分为"为了满足自己的利己的需要"与"为了满足自己的利他的需要"。显然"为了满足自己的利己的需要"是为了利己，属于目的利己的行为范畴；而"为了满足自己的利他的需要"则是为了他人，属于无私利他的行为范畴。因此，"为了满足自己的需要和欲望"与"为

---

① See Lawrence C. Becker, *Encyclopedia of Ethics*, Volume 2 (New York: Garland Publishing, Inc. 1992), p. 296.

② Steven M. Cahn and Peter Markie (eds.), *Ethics: History, Theory, and Contemporary Issues* (New York and Oxford: Oxford University Press, 1998), p. 558.

了自己"根本不同。心理利己主义的诡辩就在于把这两个看似神离的概念等同起来，因而由"每个人的一切行为都是为了满足自己的需要"的正确前提得出错误的结论：每个人的一切行为都是为了自己，都是为了自己得到快乐、避免痛苦，都是为了利己。

诚然，一个人为了满足自己的无私利他的需要和欲望如果得到实现，他自己便会感到快乐；如果得不到实现，他自己便会感到痛苦。但是，他行为的目的却不是为了自己得到这快乐、避免这痛苦：这快乐和痛苦只是他行为的结果；而他行为的目的只是为了使他人得到快乐、避免痛苦。举例说，一个品德高尚的人，看到起火房屋中生命垂危的遇难者挣扎，听到他们凄惨呼救，便会心急如焚。如果他跳入火海救出遇难者，便会感到十分愉快；如果见死不救、溜之大吉，便会感到十分痛苦。这种愉快或痛苦显然只是他的行为的结果，而并不是行为目的。因为说一个人冒着生命危险跳入火海救人的目的就是为了自己事后得到愉快、避免痛苦的感觉，岂不荒唐！心理利己主义的错误在于，将行为的结果等同于行为目的，因而由一个人无私利他行为的结果使自己感到愉快的正确前提，得出错误的结论说：一切行为的目的都是为了自己得到愉快，都是为了利己。

4 己他两利主义：利他主义与利己主义之统一

利己主义与利他主义之对立，显示了二者各自的片面与错误。于是便有克服二者的片面与错误而为其统一的道德总原则理论出现。对于这种理论，我们不妨称之为"己他两利主义"：己他两利主义是把无私利他与利己不损人——为己利他与单纯利己——共同奉为衡量行为善恶准则的道德总原则理论。己他两利主义论者的阵营庞大，其代表有斯宾诺莎、狄德罗、休谟、卢梭、夏夫兹博里、边沁、穆勒、西季威克、葛德文、马克思、恩格斯等。但己他两利主义作为一种可以与利他主义以及利己主义抗衡的成熟的思想体系，它的创造者，却是弗洛伊德和弗洛伊德主义者弗洛姆以及达尔文和达尔文主义者赫胥黎、海克尔、道金斯、威尔逊。

首先，就人性论来说，己他两利主义与利己主义相反而与利他主义一致，认为每个人的行为目的既可能自爱利己，也可能无私利他。但是，己他两利主义克服了利他主义认为一个人可能恒久乃至完全无私的错误，进而指出，每个人多数的主要行为目的必定是自爱利己："心理器官的活动是否有一个主要的目的？我们可以肯定地回答：这一主要的目的乃在于求乐。"①

其次，就道德本性论来看，己他两利主义与利他主义道德目的自律论相反，而与利己主义一致，认为道德目的是他律的。不过，利己主义是片面的道德目的他律论：合理利己主义认为道德目的只在于保障社会存在发展，个人主义认为道德目的只在于增进自我利益。反之，己他两利主义则是全面的道德目的他律论，认为道德目的在于保障社会存在发展和增进每个人利益。赫胥黎在总结达尔文的道德起源和目的的他律论时便这样写道："法律和道德训诫的目的是遏制宇宙过程，提醒每个人对社会所应尽的责任，并且由于社会的保护和影响，如果不是得以维持本身的生存，至少也得以过着某种比野蛮人要好的生活。"②

最后，就善恶原则论来说，己他两利主义指出，利己与利他因其符合道德目的——保障社会存在发展和增进每个人利益而都是善的；害己与害他则因其违背道德目的而都是恶的："善就是对人有利，而恶就是对人有害；道德价值的唯一标准就是人的幸福。"③ 这样，否定自爱利己的利他主义与否定爱人无私的利己主义便不过是夸大各自片面真理从而滑向谬误的两极端：真理是二者之统一，是把"无私利他"和"为己不损人"共同奉为衡量行为善恶准则的道德总原则理论。所以，弗洛姆说："爱人为人与自爱为己相互排斥的观点在逻辑上是错误的。如果将我的邻人当作人来爱是一种美德，那么，自爱也必定是一种美德而非罪恶，因为我也是一个人。"④

5 利他主义与利己主义以及己他两利主义真谬之比较

利他主义与利己主义以及己他两利主义之真假优劣，说到底，显然取决于三者与其研究对象——"行为事实如何"与"道德目的"以及"行为应该如何"——相符程度。前文关于这些对象的研究表明：

首先，就行为事实如何之人性来说，一方面，一切伦理行为不外无

---

① Sigmund Freud, *Introductory Lectures On Psycho‑Analysis*, James Strachey (trans.) (New York: W. W. Norton & Company, 1966), p. 443.

② 赫胥黎：《进化论与伦理学——旧译〈天演论〉》，严复译，科学出版社，1971年，第58页。

③ Frich Fromm, *Man For Himself: An Enquiry into the Psychology of Ethics* (London: Routledge & Kegan Paul, 1948), p. 13.

④ Ibid., p. 128.

私利他、为己利他、单纯利己、纯粹害己、损人利己、纯粹害人六大类型;另一方面,每个人必定恒久为己利他或损人利己,而只可能偶尔无私利他、单纯利己、纯粹害人、纯粹害己。其次,从道德本性来看,道德是一种必要恶,因而其起源和目的是他律的:道德直接目的是保障社会和利益共同体的存在发展,道德最终目的是增进每个人的利益。最后,就行为应该如何之善恶原则来说,无私利他、为己利他、单纯利己皆因符合道德目的而皆善:无私利他是最高且偶尔善原则、为己利他是基本且恒久善原则、单纯利己是最低且偶尔善原则。

准此观之,己他两利主义无疑是真理;而利他主义与利己主义则都是夸大各自片面真理而堕入错误的两极端。

利他主义的错误,就人性论来看,主要是"无私利他夸大论":夸大人的行为偶尔目的可能无私利他方面,抹杀恒久目的只能利己方面,因而误以为人的行为目的可能恒久无私乃至完全无私。就道德本性论来说,利他主义的错误主要是"道德起源和目的自律论",误以为道德的起源和目的在于道德自身,是为了完善每个人品德。就善恶原则论来说,利他主义的错误主要是夸大利己目的是恶的源泉方面,抹杀其为善的源泉方面,因而把本身是善的利己目的看成是恶,是万恶之源。这样,利他主义在善恶原则上便不能不陷入片面性:否定为己利他和单纯利己,误将无私利他奉为评价行为是否道德的唯一准则。

利己主义的错误,就人性论来说,主要是夸大人的行为恒久目的只能利己方面,抹杀偶尔目的可能无私利他方面,因而误以为人的行为目的只能利己。就道德本性论来看,利己主义是道德目的他律论,是真理。但是,合理利己主义夸大道德的社会目的,误以为道德目的仅在于保障社会存在发展;个人主义夸大道德的个体目的,误以为道德目的仅在于增进自我利益。就善恶原则论来看,利己主义的错误主要在于否定"无私利他",误将"利己不损人"奉为评价行为是否道德的唯一准则:合理利己主义误将"为己利他"奉为唯一准则,个人主义则误将"单纯利己"奉为唯一准则。

思 考 题

1 冯友兰说:"以得到自己的利益为目的的行为,虽可以是合乎道德的,但并不是道德的行为。"反之,斯宾诺莎则断言:"一个人愈努力并且愈能够寻求他自己的利益或保持他自己的存在,则他便愈有德性。"谁是谁非？

2　"为己利他"也就是所谓的"主观为自己、客观为他人"吗？

3　波吉曼说："利他主义是认为人们的行为有时能够以某种方式而将他人利益置于自己利益之前的理论。"这个定义能成立吗？

4　桑德斯（Steven M. Sanders）在界定利己主义时写道："利己主义是认为每个人在任何时候都应该最大限度地追求自己利益而不应该牺牲他人利益的学说。"这种观点正确吗？

5　许多人——如哈耶克、卢克斯以及我国一些学者——否认个人主义属于利己主义范畴，而认为它是一种关于个人价值、尊严和自由的人道主义或自由主义理论。这种观点能成立吗？

6　试析儒家和墨家利他主义之异同。

7　庄子曰："为善无近名，为恶无近刑，缘督以为径，可以保身。"这就是说，既不应该为善利人，因为为善没有不近乎名的；也不应该为恶损人，因为为恶没有不近乎刑的；而只应该走中间道路：既不利人又不损人地单纯利己。这样理解是否歪曲了庄子？

阅读书目

《论语·里仁》《墨子·兼爱》《庄子·让王》《庄子·天道》。

《新约·哥林多前书》。

康德：《道德形而上学原理》，苗力田译，上海人民出版社，1986年。

爱尔维修：《精神论》，杨伯凯译，辛垦书店，1933年。

尼采：《查拉斯图拉如是说》，尹溟译，文化艺术出版社，1987年。

Steven Lukes, *Individualism* (Oxford: Blackwell, 1973).

Louis P. Pojman, *Ethical Theory: Classical and Contemporary Readings* (San Francisco: Wadsworth Publishing Company, 1995).

Wang Haiming, *The Principles of New Ethics II: Normative Ethics I* (London, New York: Routledge, 2021).

第八章 正义：国家制度好坏的根本价值标准

> **提　要**
>
> 　　正义是同等的利害相交换——等利交换和等害交换——的行为，是国家制度和国家治理好坏的根本价值标准。正义的根本问题是权利与义务的分配：权利与义务相等是正义的根本原则。社会对于每个人的权利与义务进行分配的最终依据只应该是每个人的贡献：社会应该按照贡献分配权利，按照权利分配义务。如果依据贡献对每个人的权利进行分配时，便不难发现社会正义的根本原则乃是两个平等原则：一方面，每个人因其最基本的贡献完全平等——每个人一生下来便都同样是创建社会的一个股东——而应该完全平等地享有基本权利、完全平等地享有人权，可以名之为完全平等原则；另一方面，每个人因其具体贡献的不平等而应享有相应不平等的非基本权利，也就是说，人们所享有的非基本权利的不平等，与自己所做出的具体贡献的不平等的比例，应该完全平等，可以名之为比例平等原则。这就是构成最根本的社会正义——分配制度正义——的两个平等原则，因而也就是最主要的正义原则：平等是最主要的正义，是国家制度和国家治理好坏的最主要的根本价值标准。

第八章　正义：国家制度好坏的根本价值标准　217

对于正义的定义既是今日世界性热点议题，又是伦理学及其在政治学和法理学以及经济学应用中遇到的跨学科难题。这个问题是如此之难，以致博登海墨说："当我们钻研正义问题而努力揭示其令人困惑的秘密时，往往会陷入沮丧和绝望。"① 然而，追溯人类以往研究，可以看出，这个难题原本具有四重性："正义总原则""正义根本原则""社会正义根本原则"和"平等原则"。解析这些难题的起点显然是：正义究竟是什么？

一　正义

1　等利害交换：正义总原则

正义界说：等利害交换　不难看出，正义、公正、公平和公道四者是同一概念。只不过，正义一般用在庄严、重大的场合。例如，就战争来讲，大都说"正义战争"，而不说"公道战争""公平战争"或"公正战争"。但是，说公道战争、公平战争或公正战争也不错：它们与正义战争无疑是一回事。公平与公道，一般用于社会生活的各种日常领域。例如，我们常说"公平与效率""买卖公平""待人公道"，而不说"正义与效率""买卖正义""待人正义"。但是，说"正义与效率""买卖正义""待人正义"也不算错：这些说辞显然是一回事。公正则介于正义和公平或公道之间：它比公平和公道更郑重一些而近乎正义——英文"公正"与"正义"是同一个词 justice，但又比正义略微平常，因而适用于任何场合、任何领域。

那么，正义究竟是什么？柏拉图答曰："正义就是给每个人以恰如其份的报答。"② 罗马法学家乌尔庇安亦如是说："正义乃是使每个人获得其应得的东西的永恒不变的意志。"③ 柏拉图和乌尔庇安的定义被后来历代思想家所承认而成为正义的经典界说。按照这一界说，正义就是应得，是给予人应得而不给人不应得；不正义就是不应得，是给人不应得而不给人应得。

显然，正义就是给人应得，这个经典定义是不错的。但是，这个定

---

①　Edgar Bodenheimer, *Jurisprudence*, *The Philosophy and Method of The Law* (Cambridge, Mass: Harvard University Press, 1967), p. 178.
②　柏拉图：《理想国》，郭斌和、张竹明译，商务印书馆，1994年，第7页。
③　E. 博登海墨：《法理学——法哲学及其方法》，邓正来译，华夏出版社，1987年，第253页。

义不够明确。因为"应得"并不是一个简单明了的概念：究竟什么叫"给人应得"？"给人应得"就是"对人做应做的事"吗？柏拉图的回答是肯定的："正义就是做应该做的事。"① 殊不知，"对人做应做的事"与"给人应得"绝非同一概念。试想，"张三对李四做了李四应得之事"和"张三对李四做了应做之事"果真没有区别吗？

粗略看，似无区别。但细究起来，大不相同。因为"张三对李四做了李四应得之事"，必与李四此前的行为相关：张三所为乃李四此前所为之回报或交换，所以是李四应得的。反之，"张三对李四做了应做之事"，则不必与李四此前行为相关，不必是李四此前行为的回报，所以不必是李四应得的，而只是张三应做的。比如说，李四卧病在床，张三以钱财相助。我们能否说"张三做了李四应得之事"？这要看李四此前的行为。如果此前李四曾帮助过张三，便可以说"张三做了李四应得之事"；否则只能说"张三对李四做了应做之事"。

可见，所谓"应得"，必与应得者此前的行为相关："应得"乃是一种回报或交换，是应得者此前行为之回报或交换。因此，"正义是给人应得"的经典定义，原本意味着：正义是一种回报或交换。尼采早就看破了这一点："交换是正义的原初特征。"② 不过，"滴水之恩涌泉相报"和"涌泉之恩滴水相报"都是一种回报或交换，这些行为是正义吗，是"给人应得"吗？显然都不是。那么，正义、给人应得，究竟是一种怎样的回报或交换行为？亚里士多德一再说，正义就是具有均等、相等、平等比例性质的那种回报或交换行为："公正被认为是，而且事实上也是平等。"③ "不正义正是在于不平等——因为一个人打了另一个人，这个人被那个人打了，或者一个人杀人而另一个人被杀，受害与行为是以不平等的份额分配的，而法官的努力在于以刑罚的手段，从攻击者拿走他们攫取的某种东西，使他们恢复平等。"④

细观这些简明而精深的论述，不难看出：正义是平等（相等、同等）的利害相交换的善的行为，是等利交换（善有善报）和等害交换（恶有恶报）的善行，是等利（害）交换的善行；不正义则是不平等（不相等、不同等）的利害相交换的恶行，是不等利交换和不等害交换

---

① 转引自伯恩·魏德士：《法理学》，丁小春、吴越译，法律出版社，2003年，第159页。
② 转引自慈继伟：《正义的两面》，生活·读书·新知三联书店，2001年，第151页。
③ 苗力田主编：《亚里士多德全集》（第九卷），中国人民大学出版社，1994年，第89页。
④ 亚里士多德：《尼各马科伦理学》，苗力田译，中国社会科学出版社，1999年，第100页。

的恶行，是不等利（害）交换的恶行。

举例来说，救人和杀人，无所谓正义不正义。但是，若出于报恩，救的是自己昔日的救命恩人，便是等利交换，便是正义的行为；若是为父报仇，杀的是曾杀死自己父亲的仇人，便是等害交换，因而也是一种正义的行为；若是忘恩负义，见昔日恩人有难而坐视不救，便是不等利交换的恶行，便是不正义的行为；若是因对方辱骂自己而竟然杀死对方，便是不等害交换的恶行，因而也是一种不正义的行为。

正义类型：分配正义与报复正义以及程序正义与实体正义　正义是等利害交换，显然意味着，正义有正反两面：等利交换是正面的、肯定的、积极的正义；而等害交换则是反面的、否定的、消极的正义。因此，我们可以沿用格劳秀斯和叔本华的术语，将正义分为积极正义与消极正义两大类型。① 积极正义就是等利交换的正义；消极正义就是等害交换的正义，亦即所谓报复正义："一只眼还一只眼和一颗牙还一颗牙的报复律，是最强有力的原始而自然的正义情感。"②

不言而喻，等利交换的意义在于达成互利，等害交换的意义则在于避免互害。达成互利的正义原则"等利交换"，无疑比避免互害的正义原则"等害交换"更为根本和重要：等利交换是更为根本和重要的正义类型。问题的关键在于，人世间利益交换的种类纷繁复杂，究竟哪一种等利交换堪称最根本最重要的正义？

最根本最重要最主要的利益交换，无疑是权利与义务的交换：权利与义务的交换是正义的根本问题，非权利义务交换则是正义的非根本问题。更确切些说，所谓根本正义，就是权利与义务相交换的正义，是关于权利义务的正义；而非根本正义则是非权利义务交换的正义，是无关权利义务的正义。

举例来说，一个人赡养父母，是履行自己的义务，这义务是与他儿时享有的被父母养育的权利的平等交换，因而是一种根本正义。反之，他若送钱救助陷入困境的昔日恩人，则不能说是在履行义务，而是一种无关义务权利的等利交换，因而是一种非根本正义。

等利交换与等害交换以及根本正义与非根本正义，显然都是以正义

---

① 叔本华：《伦理学的两个基本问题》，任立、孟庆时译，商务印书馆，1996年，第243—244页。

② John Stuart Mill, Utilitarianism, in Robert Maynard Hutchins(ed.), *Great Books of The Western World*, Volume. 43(Chicago: Encyclopedia Britannica, Inc, 1980), p. 472.

行为本身性质为根据的分类。如果不是以正义行为而是以正义行为者的性质为根据,那么,正义便可以分为个人正义与社会正义:个人正义是个人作为行为主体的正义,是个人所进行的等利(害)交换行为,如张三以德报德、以怨报怨等;社会正义则是社会作为行为主体的正义,是社会所进行的等利(害)交换行为,如法院判决杀人者偿命、借债者还钱等。

如果将社会正义与个人正义以及根本正义与非根本正义联系起来,便可以看出:正义的根本原则乃是社会正义而不是个人正义。因为根本正义是权利与义务相交换的正义,而权利与义务的交换,显然并非个人相互间自己交换的,而是社会分配的。于是,所谓根本正义——权利与义务交换的正义——乃是一种社会正义,属于社会分配正义范畴。进言之,社会通常是由能够代表社会意志的特殊的个人所代表的。这种个人,无疑就是社会的领导者、管理者或统治者,如国王、总统、各种行政和司法长官以及家长等。因此,所谓社会正义,实际上,乃是社会领导者的管理或治理活动的正义,是管理正义、治理正义。

但是,没有规矩,不成方圆。社会管理、治理行为,总体说来,不过是行为规范——权力规范(法)与非权力规范(道德)——的实现。因此,社会正义,说到底,乃是社会行为规范的正义,亦即制度正义。因为所谓制度,正如罗尔斯所言,不过是社会制定或认可的行为规范体系,亦即法(包括法律、政策和纪律)和道德体系:"我将制度理解为一种公开的规范体系。"①

这样一来,社会正义便可以归结为"治理正义"与"制度正义"。不难看出,制度正义决定治理正义,治理正义表现制度正义。制度正义是大体,是决定性的、根本性的和全局性的;治理正义是小体,是被决定的、非根本的和非全局性的。

于是,正义,根本讲来,主要是社会正义、治理正义而不是个人正义;说到底,则是制度正义而不是治理正义,是分配制度正义,是关于权利义务分配制度的正义。因此,罗尔斯曾反复强调:"社会正义原则的基本问题是社会的基本结构,亦即合作体系中的主要社会制度安排。我们已经知道,这些原则将在这些制度中规定权利与义务的分配,决定

---

① John Rawls, *A Theory of Justice* (Revised Edition) (Cambridge, Mass: Harvard University Press, 2000), p. 47.

社会生活中利益与负担的适当分派。"①

可见，正义问题虽然纷繁复杂，但根本讲来，无非权利与义务相交换的正义，说到底，则是社会对于每个人的权利与义务的分配制度的正义：分配制度正义是最根本最重要最主要的正义。因此，自亚里士多德以来，正义便被简单地归结为两大类型：分配正义与报复正义。然而，到了20世纪60年代，学者们开始关注一切正义的实现过程或实现手段的正义问题，特别是分配正义与报复正义，关注行为的过程、手段的正义与行为的结果、目的的正义的关系。这就是所谓程序正义与实体正义：程序正义是一种行为过程的正义，是具有一定时空顺序的行为过程的正义。反之，这种行为过程所导致的行为结果之正义，则叫作结果正义或实体正义。

举例来说，"任何人不得做自己案件的法官"和"应该听取双方当事人的意见"，都是审判过程的正义原则，因而都属于程序正义范畴。这种审判过程可能导致的"有罪者受到定罪和无罪者免受刑事追究"的正义的审判结果，则是审判结果的正义，属于结果正义或实体正义范畴。

正义原则：国家制度好坏的根本价值标准　　正义的定义与类型表明，就道德价值的高低来说，正义斤斤计较，远低于仁爱、无私利他；但就道德价值的大小轻重来说，却远大于和重要于仁爱、无私利他，也远远大于和重要于其他一切道德：正义是最重要最主要最根本的道德。因为正义与仁爱等道德原则的价值，也就是这些原则对于道德目的的效用。道德目的，如前所述，乃是为了保障社会和利益共同体的存在发展、最终增进每个人的利益。

要达此目的，一方面，必须避免人们相互间的伤害。因为，正如斯密所言："社会不可能存在于那些总是准备相互破坏和伤害的人们中间。当那种伤害开始的时候，当相互间的愤恨和敌意发生的时候，社会就将土崩瓦解。"②

另一方面，必须使每个人努力增进社会和他人利益。因为所谓社会，说到底，不过是一种"我为人人、人人为我"的利益合作形式。

---

① John Rawls, *A Theory of Justice*, p. 47.
② Adam Smith, *The Theory Of Moral Sentiments* (Beijing: China Social Sciences Publishing House, 1979), p. 86.

如果每个人不努力增进社会和他人利益，势必如休谟所言："社会必定立即解体，而每个人必定陷入野蛮和孤立的状态，这种状态比起我们所能设想的最坏的社会生活要坏过千万倍。"①

不难看出，一方面，避免人们相互间伤害的最重要最有效的原则，无疑是等害交换的正义原则。因为等害交换意味着：你损害社会和他人，就等于损害自己；你损害社会和他人多少，就等于损害自己多少。这样，每个人要自己不受损害，就必须不损害社会和他人；每个人要自己不受丝毫损害，就必须丝毫不损害社会和他人。

另一方面，增进社会和他人利益的最重要最有效的原则，无疑是等利交换的正义原则。因为等利交换意味着：你增进社会和他人利益，就等于增进自己利益；你为社会和他人增进多少利益，就等于你为自己增进多少利益。这样，每个人要增进自己利益，就必须增进他人利益；每个人要最大限度增进自己利益，就必须最大限度增进社会和他人利益。

因此，正义虽然并不崇高而有斤斤计较之嫌，却是最大的善，是最主要最重要最根本的善，是最根本最重要最主要的道德原则。所以，亚里士多德说："在各种德性中，人们认为公正是最主要的。"② 然而，仅仅看到正义是最主要最根本最重要的道德，还没有真正揭示正义与仁爱、无私利他等道德原则的根本区别。因为正义的主要原则是社会正义，是治理正义，说到底，是制度正义，是社会对于每个人的权利与义务的分配制度的正义：分配制度正义是最根本最重要最主要的正义。因此，正义与仁爱等道德原则根本不同：仁爱是约束一切人的道德，是每个人的行为所应当遵循的道德原则；而正义则主要是约束统治者、领导者、管理者的道德，是衡量社会治理好坏的根本价值标准，是衡量国家治理和国家制度好坏的根本价值标准，说到底，是国家制度好坏的根本价值标准。

最早发现这一伟大真理的，是柏拉图，他说："我们在建立我们这个国家的时候，曾经规定下一条总的原则。我想这条原则或者这一类的某条原则就是正义。"③ 亚里士多德极大弘扬了柏拉图的发现，一再申说："城邦以正义为原则。由正义衍生的礼法，可凭以判断人间的是非

---

① David Hume, *A Treatise of Human Nature* (Oxford: Clarendon Press, 1949), pp. 199, 202.
② 《亚里士多德全集》（第八卷），第96页。
③ 柏拉图：《理想国》，郭斌和、张竹明译，商务印书馆，1986年，第154页。

曲直，正义恰正是树立社会秩序的基础。"①

正义之为国家制度好坏的根本价值标准，无疑是相当复杂的问题，因而并不是一个单一的原则，而是一系列分原则和一个总原则所构成的原则体系：等利害交换只是正义总原则。从这个正义总原则出发，不难推导出一系列正义分原则；最根本的正义分原则无疑是社会分配给每个人的权利与义务应该相等：权利与义务相等是正义根本原则。

2 权利与义务相等：正义根本原则

权利与义务界说 土地、人口和权力（及其管理组织或机关）无疑是构成一切社会的三要素，因而也是构成国家的三要素；只不过，构成国家的权力及其组织要素，乃是最高权力及其组织或政府。然而，人口与土地之外，何为权力？

原来，任何社会要存在和发展都必须有管理者：管理者必须拥有一种被该社会成员普遍承认、认可、同意的迫使被管理者服从的强制力量。只有如此，才可能保障人们的活动遵守一定的社会秩序，从而社会才能够存在发展；否则，这些社会活动势必互相冲突、乱成一团，社会也就不可能存在发展了。因此，管理者所拥有的被社会成员普遍承认、认可、同意的强制力量，乃是任何社会存在发展的根本条件。这种强制力量，正是所谓权力：

> 一种权力的存在意味着一个集体的文化体制建立起了正式的不平等关系，把统治他人的权力赋于某些人（他们被称为"权威"），并强迫被统治者必须服从后者。②

权力区别于其他强制力量的根本特征和性质，就在于社会的承认、认可或同意；否则就不成其为权力，而沦为所谓"捆猪的力量"了。权力的这一根本特征和性质，自卢梭以来，便被称之为"合法性"：合法性固然有强制必须符合法律之意，但并不局限于符合法律，而是泛指一个社会的强制力量所具有的被该社会成员普遍承认、认可、同意的性质。

这样一来，权力便是管理者所拥有的具有合法性的强制性力量，因而具有一种内在的对立：合法性与强制性以及必须与应该。从权力是具

---

① 亚里士多德：《政治学》，吴寿彭译，商务印书馆，1996年，第9—10页。
② 莫里斯·迪韦尔热：《政治社会学——政治学要素》，杨祖功、王大东译，华夏出版社，1987年，第116页。

有强制性的力量方面来看，权力具有必须性，是人们必须服从的力量，不服从就会受到惩罚制裁；从权力是社会承认或大家同意的具有合法性的力量方面来看，权力具有应该性，是人们应该服从的力量。合而言之，权力是管理者拥有且被社会承认的使被管理者服从的强制性力量，是管理者所拥有而被管理者必须且应该服从的力量，因而是保障社会存在发展的根本手段。

不仅此也！因为，社会是两个以上的人因一定人际关系而结合起来的共同体，说到底——正如罗尔斯所言——不过是"一个目的在于增进每个成员利益的合作体系。"① 这种利益合作，一方面是我为人人：我为社会和他人谋取利益，也就是所谓的"贡献"或"付出"。另一方面则是人人为我：我从社会和他人那里得到利益，也就是所谓的"索取"或"要求"。

于是，所谓权力，说到底，也就是保障人们利益合作的根本手段，也就是保障人们相互贡献与索取、付出与要求的根本手段。应该受到权力保障的利益、索取或要求，正是所谓的权利：我从社会和他人那里得到的应该受到权力保障的利益、索取或要求，岂不就是我的权利？反之，应该受到权力保障的服务、贡献或付出，正是所谓的义务：我给予社会和他人的应受权力保障的服务、贡献或付出，岂不就是我的义务？但是，权力显然并不保障所有的利益合作，并不保障所有的贡献与索取或付出与要求。细究起来，每个人的索取或要求、每个人从社会和他人那里得到的利益，共有三种类型：

第一种仅仅具有必须性而不具有应该性，是社会和他人必须而非应该给予我的利益，是社会和他人必须而非应该满足我的要求和索取：它是必须的，否则便会受到强制力量的惩罚；它是不应该的，因为它违反道德。例如，我持枪抢劫银行，银行职员明知不应该将钱给我，但必须给我，不给我便会遭到我的强制力量的惩罚：枪杀。我的这种类型的利益、索取或要求，显然不应为权力所保障，因而不是我的权利：我没有权利抢劫银行。

第二种类型仅仅具有应该性而不具有必须性，是社会和他人应该而非必须给予我的利益，是社会和他人应该而非必须满足我的要求和索取：它符合道德因而是应该的；但它不具有重大的社会效用，因而不是

---

① John Rawls, *A Theory of Justice*, p. 4.

必须的，不服从也不会受到强制力量的惩罚。例如，我有难时，朋友帮我渡过难关，或者他人出于对我的爱而赠我财物等。我的这种类型的利益、索取或要求，都符合道德，因而都是应该的。但是，它们却不是必须的，因为我的朋友和他人即使不帮助、不馈赠我，也不会受到暴力惩罚或行政惩罚。我的这种类型的利益、索取或要求，显然也不应为权力所保障，因而也不是我的权利：我没有权利要求他人馈赠和朋友帮忙。

第三种类型则既具有应该性又具有必须性，是社会和他人必须且应该给予我的利益，是社会和他人必须且应该满足我的要求和索取：它符合道德因而是应该的；同时，它又具有重大的社会效用，因而是必须的，不服从便会受到强制力量的惩罚。例如，儿时父母对我的养育、工作时单位付给我工资、年迈时儿女对我的赡养等。我的这种类型的利益、索取或要求，都符合道德，因而是应该的；同时也是必须的，因为否则便会受到强制力量的惩罚。显然，我的这种类型的利益、索取或要求应该受到权力保障，因而便是我的权利：我在儿时有权利要求父母的养育，我工作时有权利要求单位付给我工资，我年迈时有权利要求儿女的赡养。

可见，权利是一种具有重大社会效用的必须且应该的索取或要求，是一种具有重大社会效用的必须且应该得到的利益，是一种具有或被认为具有重大的社会效用的必应得到的利益，因而也就是应该受到权力保障的利益，是应该受到权力保障的索取或要求，也就是应该受到社会管理者依靠权力加以保护的利益、索取或要求。

这一定义，还蕴含更为深刻和重要的含义。因为，如前所述，政治就是权力管理，是对具有重大社会效用的行为应该且必须如何的权力管理；而法律则是权力规范，是对于具有重大社会效用的行为应该且必须如何的权力规范。所以，权利是应该受到权力保障的利益，便蕴含着：权利是应该受到政治和法律保障的利益。因此，耶林说："权利就是受到法律保护的一种利益。"[①]

权利概念的定义使与其恰相对立的义务概念的定义难题迎刃而解。因为义务不过是颠倒过来的权利：义务是具有重大社会效用的必须且应该的服务；是具有重大社会效用的必须且应该的贡献或付出；是具有重

---

① 罗斯科·庞德：《通过法律的社会控制/法律的任务》，沈宗灵、董世忠译，商务印书馆，1984年，第46页。

大社会效用的必须且应该给予社会和他人的利益；是具有重大社会效用的必应付出的利益；是一种具有重大社会效用的必须且应该的服务、贡献付出，因而也就是应该受到权力——法律和政治——保障的服务、贡献付出；是应该受到社会管理者依靠权力和法律加以保障的服务、贡献或付出；是不服从便会受到权力和法律惩罚的必须且应该服从的服务、付出或贡献。

权利与义务关系：正义根本原则 权利义务的界说（权利是应该受到法律保障的利益、索取或要求；义务是应该受到法律保障的服务、贡献或付出）表明，"权利"与"义务"分别属于"索取"与"贡献"范畴，因而不过是同一种利益对于不同对象的不同称谓：它对于获得者是权利，对于付出者则是义务。举例来说，雇工的权利与雇主的义务其实是同一种利益"雇工工资"：它对于雇工是权利，对于雇主则是义务。因此，霍布豪斯说："同一种权益，对于应得者便叫作权利，对于应付者则叫作义务。"①

可见，一个人的权利，必然是他人的义务；反之亦然。因此，权利的规范可以转换为义务的规范；反之亦然。这就是一个人的权利与他人的义务的必然的、客观的、事实如何的关系。这种关系，通常被叫作"权利与义务的逻辑相关性"。

那么，一个人为什么应该享有权利而使对方承担义务？显然只能是因为他负有义务而使对方享有权利。因此，一个人所享有的权利只应该是对他所负有的义务的交换：他从对方那里得到的权利只应该是用他从对方那里承担的义务换来的。反过来，一个人为什么应该负有义务而使对方享有权利？显然也只能是因为他享有权利而使对方承担义务。因此，一个人所负有的义务只应该是对他所享有的权利的交换：他从对方那里承担的义务只应该是用他从对方那里得到的权利换来的。

可见，一个人所享有的权利与他所负有的义务只应该是一种交换关系，完全基于和推导于权利与义务的逻辑相关性原理。否则，如果权利与义务不具有逻辑相关性，如果一个人享有的权利可以不使别人承担义务，那么，他享有的权利就不是他应该承担义务而使别人享有权利的理由，因而他的权利和他的义务就不应该是一种交换关系。因此，只有

---

① L. T. Hobhouse, *Principles of Sociology*: *The Elements of Social Justice* (Routledge/Thoemmes Press, 1993), p. 37.

"一个人的权利必定是他人的义务"的必然的、事实的相关性,才能产生和决定"一个人所享有的权利与他所负有的义务应该是一种交换关系"的应然的、道德的相关性。

于是,权利与义务的关系便可以归结为两种相关性:一种是"一个人的权利必然是他人的义务"的必然的、事实的相关性,叫作"权利义务的逻辑相关性";另一种是在这种相关性基础上产生的"一个人的权利应该是对他的义务的交换"的应然的、应该的相关性,因而可以称之为"权利义务的道德相关性"。

那么,权利与义务的道德相关性的具体内容究竟是什么?也就是说,一个人的权利与他的义务究竟应该是一种怎样的交换关系?应该权利多于义务还是义务多于权利抑或权利义务平等?这是个相当复杂的问题。因为一个人的权利与他的义务,细究起来,具有双重关系:一方面是他所享有的权利与他所负有的义务的关系,另一方面则是他所行使的权利与他所履行的义务的关系。

一个人所享有的权利与他所负有的义务,显然不是他自己能够自由选择的,而是社会分配给他的。所以,"一个人所享有的权利与义务"和"社会分配给一个人的权利与义务"是同一概念。那么,社会应该如何分配呢?黑格尔答道:"一个人负有多少义务,就享有多少权利;他享有多少权利,也就负有多少义务。"[1] 确实,社会分配给一个人的权利与义务只有相等才是正义的、应该的;如果不相等,则不论权利多于义务还是义务多于权利,都是不正义、不应该的。

因为权利义务的逻辑相关性表明:一个人的权利就是对方的义务,一个人的义务就是对方的权利。这样,如果社会分配给一个人的权利多于其义务,那么,对方的义务所赋予他的权利就多于他的义务赋予对方的权利,他从对方获得的权利就多于他给予对方的权利,他就侵占了对方的权利,因而是不正义的。反之,如果社会分配给一个人的义务多于其权利,那么,他的义务赋予对方的权利就多于对方的义务赋予他的权利,他赋予对方的权利就多于对方赋予他的权利,他的权利就被对方侵占了,因而同样是不正义的。于是,社会只有分配给一个人的义务与权利相等,他的义务赋予对方的权利才等于对方的义务赋予他的权利,他赋予对方的权利才等于对方赋予他的权利,因而才是正义的:正

---

[1] 黑格尔:《法哲学原理》,范扬、张企泰译,商务印书馆,1962年,第197页。

义就是等利（害）交换。

因此，每个人所享有的权利与所负有的义务相等——社会分配给每个人的权利与其义务相等——乃是社会对于每个人的权利与义务进行分配的正义原则；反之，每个人所享有的权利与所负有的义务不相等，则是社会对于每个人的权利与义务进行分配的不正义原则。社会对于权利与义务的分配乃是社会正义的根本问题。所以，一个人所享有的权利与所负有的义务相等不但是一种社会正义，而且是根本的社会正义，是社会正义的根本原则。反之，一个人所享有的权利与负有的义务不相等，不但是一种社会不正义，而且是根本的社会不正义，是社会不正义的根本原则。

与此相反，一个人所行使的权利与他所履行的义务，则是他自己能够自由选择的：他能够放弃所享有的一些权利而使所行使的权利小于所享有的权利，也能够不履行所负有的一些义务而使所履行的义务小于所负有的义务。不言而喻，一个人所行使的权利应该至多等于所履行的义务。换言之，一个人所行使的权利应该等于或小于而不应该多于他所履行的义务。因为一个人所行使的权利如果多于他所履行的义务，显然是不应该的；如果等于所履行的义务，无疑是正义的；如果小于所履行的义务，则无所谓正义不正义，而是高于正义的分外善行。每个人行使权利与履行义务乃是个人正义的根本问题。所以，一个人行使的权利等于所履行的义务，不但是一种个人正义，而且是根本的个人正义，是个人正义的根本原则；反之，一个人所行使的权利大于所履行的义务，不但是一种个人不正义，而且是根本的个人不正义，是个人不正义的根本原则。

综上可知，权利与义务具有二重关系。一方面是事实关系，是必然性的关系，即一个人的权利与他人或非人存在物的义务必然相关：一人的权利就是他人或非人存在物的义务，反之亦然。另一方面则是应该，是应然性关系，即一个人所享有的权利应该等于他所负有的义务，而他所行使的权利则应该至多等于他所履行的义务：一个人所享有的权利与他所负有的义务相等——社会分配给每个人的权利与其义务相等——是社会正义的根本原则；一个人所行使的权利与他所履行的义务相等，是个人正义的根本原则；权利与义务相等是正义的根本原则。

3 贡献原则：社会正义根本原则

不难看出，社会正义根本原则"社会分配给每个人的权利与义务应该相等"是不完善的：它显然是对正义根本原则"权利与义务应该相等"的直接推演、演绎，并没有新东西。因此，与其说它是社会正义根本原则，不如说它是正义根本原则；若把它作为社会正义根本原则，便是简单化的、有缺欠的、不完善的、不可操作的。如果社会分配给每个人完全相同的权利和完全相同的义务，就可以称得上是符合这个社会正义的根本原则了吗？然而事实并非如此：每个人所负有的义务和所享有的权利必定且应该有所不同。

因此，这个社会正义根本原则的缺陷在于：它只告诉我们分配给每个人的权利与义务应该相等，却没有告诉我们应该给每个人分配多少权利与义务，没有告诉我们应该给每个人分配不同的权利与义务的根据是什么，没有告诉我们应该赋予一些人较多较大较重要的权利与义务而赋予另一些人较少较小较不重要的权利义务的根据是什么。

这就是权利与义务分配的源泉和根据问题。因此，"社会分配给每个人的权利与义务应该相等"之为社会正义根本原则的缺陷在于，没有确定权利与义务分配的源泉和依据。那么，社会对于每个人的权利与义务进行分配的源泉和依据究竟是什么？是贡献！贡献是权利的源泉和依据；换言之，社会应该按照贡献分配权利，按照权利分配义务；说到底，社会分配给每个人的权利应该与他的贡献成正比而与他的义务相等。这就是完善的真正的社会正义根本原则，亦即所谓"贡献原则"。可是，究竟为何贡献原则是社会正义根本原则？

原来，权利与义务，如前所述，分属"索取"与"贡献"概念而同属"利益"范畴：权利是应被权力或法律保障的利益、索取或要求；义务是应被权力或法律规定的贡献、付出或无利益。因此，便一目了然，贡献在先，索取在后：贡献是索取的源泉。因为所谓社会，正如罗尔斯所言，不过是"一个目的在于增进每个成员利益的合作体系"①。这样，每个人只有先为社会贡献利益（贡献），而后社会才有利益分配给每个人（索取）：社会分配给每个人的利益，无非是每个人所贡献的利益，无非是每个人所贡献的利益之交换而已。因此，社会分配给每个人多少利益，也就只应该依据每个人贡献了多少利益：贡献是索取的依据。所以，哈耶克说："每个人所享有的利益应当与其他人从他的活动

---

① John Rawls, *A Theory of Justice*, p. 4.

中获得的利益相称。"①

贡献是索取的源泉和依据，因而也就是"权利"的源泉和依据。因为权利属于索取范畴：权利是一种特殊的索取，是被权力或法律所保障的应该且必须的索取。贡献是权利的源泉和依据，无疑意味着：应该按照贡献分配权利。按照贡献分配权利，是指权利与贡献应成正比：贡献越少，权利便应该越少；贡献越多，权利便应该越多。但是，一方面，权利再多，也不应多于或等于而只应少于贡献；另一方面，权利再少，也不应该少于而只应该等于法律所规定的贡献（"法律所规定的贡献"与"义务"是同一概念）：权利不应该少于而只应该等于义务。

权利多于贡献显然是不正义的。因为一个人的权利乃是他从别人那里得到的受法律保障的利益。因此，如果一个人的权利多于其贡献，便等于法律强迫别人向他无偿付出这些多出部分的利益，是对别人利益的一种强行剥夺，因而是不正义的。这种不正义是中国古代国家制度的根本特征：官吏阶级的权利远远多于其贡献。因为中国自五帝时代以来，特别是夏商周至民国，专制者及其官吏阶级全权——政治权力、经济权力、结社集会等社会权力与言论出版等文化权力——垄断，因而也就几乎垄断了全部权利；庶民阶级皆遭受官吏阶级全权垄断之四重强制，皆沦为人身属于或依附于官吏阶级的奴隶、农奴及奴仆，虽然拥有利益，却几乎毫无权力保障，因而几乎毫无权利：权利是权力保障的利益。

权利等于贡献也是不正义的。因为，一方面，贡献并不等于义务，贡献必多于义务：义务只是一种特殊的贡献，只是法律规定的贡献。所以，如果赋予一个人的权利与他的贡献相等，他的权利便因与其贡献相等而多于其义务，那么，他受法律保障的索取就多于其付出，他从别人那里获得的权利就多于他给予别人的权利，他就侵占了别人的权利，因而是不正义的。另一方面，索取并不等于权利，索取必多于权利：权利只是一种特殊的索取，只是受权力保障的索取。所以，如果赋予一个人的权利与他的贡献相等，那么，他的索取便因必多于权利从而必多于贡献，那就等于强迫别人向他无偿贡献这些多出部分的利益，是对别人利益的一种强行剥夺，因而是不正义的。这两个方面可以归结为

---

① Friedrich A. Hayek, *The Constitution of Liberty* (Chicago: University of Chicago Press, 1978), p. 94.

两个三段式：

贡献必多于义务	索取必多于权利
如果权利与贡献相等	如果权利与贡献相等
权利便多于义务	索取便多于贡献

可见，如果权利与贡献相等，那么，索取便多于贡献、权利便多于义务，因而是不正义的。一个人的索取与其贡献相等虽然是正义的，但是，他的受权力保障的索取（权利）与其贡献相等则是不正义的。他的受权力保障的索取（权利）显然只有与他的同样受权力所保障的贡献（义务）相等才是正义的：权利只有与义务相等才是正义的，而与贡献相等则是不正义的。那么，权利与贡献究竟应该是何关系？

权利既不应该多于又不应该等于贡献，显然意味着：权利应该少于贡献。确实，一个人的权利只应该少于其贡献，或者说，他的贡献只应该多于其权利。因为就社会的分配来说，权利与义务应该相等、索取与贡献应该相等。而义务是一种特殊的贡献，是受权力保障的应该且必须的贡献：贡献必多于义务。反之，权利则是一种特殊的索取，是受权力保障的应该且必须的索取：索取必多于权利。于是，合而言之，可以得出结论说：贡献应该多于权利。这个道理也可以归结为两个三段式：

贡献必多于义务	索取必多于权利
义务与权利应该相等	贡献与索取应该相等
贡献应该多于权利	贡献应该多于权利

可见，每个人的权利既不应等于，更不应多于，而只应少于其贡献。但是，就社会的分配来说，一个人的权利少于其贡献，只是在一定的限度内才是应该的、正义的；超过这个限度，就是不正义、不应该的。这个限度就是义务，就是法律所规定的贡献：一个人所享有的权利再少，也不应该少于而只应该等于他所负有的法律所规定的贡献，亦即不应该少于而只应该等于他所负有的义务。因为，一个人所享有的权利与他所负有的义务只有相等才是正义的。如果一个人享有的权利少于他所负有的义务，少于他所负有的法律所规定的贡献，那么，他的义务赋予对方的权利，就多于对方的义务赋予他的权利，说到底，他赋予对方的权利就多于对方赋予他的权利，他的权利就被对方侵占了，因而是不

正义的。

这样一来，按照贡献分配权利，既不意味着权利与贡献应该相等，更不意味着权利应该多于或少于贡献，因而只能是指权利与贡献应该成正比：贡献越多，权利便应该越多；贡献越少，权利便应该越少。但是，权利再多，也不应该多于或等于贡献；权利再少，也不应该少于而只应等于法律所规定的贡献（义务）：社会分配给每个人的权利应该与他的贡献成正比而与他的义务相等（如图8.1）。

图 8.1

综上可知，贡献是权利的源泉和依据；换言之，社会应该按照贡献分配权利，按照权利分配义务；说到底，社会分配给每个人的权利应该与他的贡献成正比而与他的义务相等。这就是名副其实的社会正义根本原则，亦即所谓"贡献原则"。但是，当我们依据这一贡献原则具体对每个人的基本权利与非基本权利进行分配时，便会发现，最重要的社会正义根本原则乃是平等：一方面，每个人所享有的基本权利应该完全平等；另一方面，每个人所享有的非基本权利应该比例平等。

二 平等：最主要的正义

1 平等的概念

何谓平等？萨托利说："平等表达的是'相同'的观念……两个或更多的人或事物，如果在某些或所有方面是完全相同的、同样的或相似的，就可以说它们是平等的。"[①] 确实，平等是人们相互间的相同性。但是，人们相互间的相同性并非都是平等。两个人手上都有个相同的黑痣，并不能说他们有平等的黑痣。他们有相同的姓氏，也不能说有平等

---

① Giovanni Sartori, *The Theory Democracy*, Revisited (New Jersey: Chatham House Publisher, 1987), p. 33.

的姓氏。那么,平等究竟是人们相互间的哪一种相同性呢?

原来,平等是人们相互间与利益获得有关的相同性。这种相同性或者是所获得的利益之本身相同,或者是所获得的利益之来源相同:非此即彼。举例说,人的天资与性别,并不直接就是利益,但可以带来利益,从而是利益的来源。因此,两人在天资与性别方面相同,便属于所获利益来源相同。反之,人的工资与职务本身直接就是利益。因此,两人若是工资与职务相同,便属于所获利益本身相同。人们之间的相同性只有关涉以上二者——或者是利益,或者是利益来源——才能叫作平等。试想,为什么不能说两人有平等的黑痣和姓氏,却可以说有平等的性别与职务?岂不就是因为黑痣与姓氏无关利害,而性别与职务却与利害相关吗?

可见,人们的相同或差别未必都与利害相关;而人们的平等或不平等却都必定关涉利害:平等是人们相互间与利益获得有关的相同性,而不平等则是人们相互间与利益获得有关的差别。

不难看出,平等与不平等,一方面起因于自然,是自然造成的,因而是不可选择、不能进行道德评价、无所谓善恶应该不应该的,如性别、肤色、人种、相貌、身材、天赋能力等方面的平等与不平等:这就是自然平等与不平等。另一方面,平等与不平等则起因于人的自由活动,是人的自由活动造成的,因而是可以选择、可以进行道德评价、有善恶应该不应该之别的,如贫与富以及均贫富、贵与贱以及等贵贱、按贡献分配以及收入均等化等:这就是人为平等与不平等。

这样,自然平等与人为平等虽然都与利益相关,都是人与人的利益关系问题,但是,自然平等仅仅是个利益问题,而不是个应该不应该的权利问题。反之,人为平等则不仅是个利益问题,而且根本说来,是个应该不应该的权利问题:人为平等正如无数先哲所说,实乃权利平等。这就是我们可以说有权利得到什么工资、职务、地位,却不能说有权利得到什么肤色、性别、天赋的缘故。

既然自然平等无所谓应该不应该,而只有人为平等才可以称应该不应该,那么,平等作为一种应该如何的道德原则或价值标准,也就只能是人为平等而不能是自然平等。人为平等,如前所述,实质上是权利平等,所以,平等原则实乃权利平等原则。法国《人权宣言》一语中的:"平等就是人人能够享有相同的权利。"我国《辞海》亦如是说:"平等是人们在社会上处于同等的地位,在政治、经济、文化等各方面享有同等的权利。"

那么,这意味着一切人所享有的一切权利都应该完全平等吗,主席、总统与平民百姓所享有的一切权利都应该完全平等吗?显然不是。总统与平民所享有的一切权利既不可能也不应该完全平等。那么,这意味着《人权宣言》是错误的,人人并不应该享有平等权利吗?也不是。然而,人人应该享有平等权利是正确的,总统与平民不应该享有平等权利也是正确的——岂非悖论?并非悖论。因为,细究起来,权利平等原则有两层含义:一方面,每个人所享有的基本权利应该完全平等;另一方面,每个人所享有的非基本权利应该比例平等——完全平等是基本权利的分配原则,比例平等是非基本权利的分配原则。

2 完全平等与比例平等:平等总原则

所谓基本权利,也就是人们生存和发展的必要的、起码的和最低的权利,是满足人们政治、经济、思想等方面的基本的、起码的、最低的需要的权利;而非基本权利则是人们生存和发展的比较高级的权利,是满足人们政治经济思想等方面的比较高级需要的权利。举例说,一个人能否享有选举权与被选举权,就是个能否享有最低的、起码的、基本的政治权利问题;至于他能否当选或担任何种官职,则是个能否享有比较高级的、非基本的政治权利问题。吃饱穿暖是最低的、起码的、基本的经济权利;而精食美服则是比较高级的、非基本的经济权利。言论出版自由是最低的、起码的、基本的思想权利;但究竟能否在某学术会议上发言,或在某出版社出书以及高稿酬还是低稿酬等,则都是比较高级的、非基本的思想权利了。

显然,基本权利与非基本权利的分类非常简单。然而,这两种权利的源泉和依据问题却极为复杂难解,以致从亚里士多德到罗尔斯的两千多年来,思想家们一直努力探寻:究竟为什么每个人应该享有基本权利和非基本权利,每个人享有基本权利与非基本权利的源泉和依据究竟是什么?这个难题至今没有得到可以自圆其说的解析。解决这个问题的困难首先在于:一切权利,如前所述,都只应依据于贡献而按贡献分配。于是,每个人所享有的基本权利也就只应依据每个人对社会的贡献而按贡献分配。可是,如果说基本权利应该完全平等分配,那岂不意味着:每个人不论贡献如何都应该完全平等地分有基本权利?这岂不自相矛盾?

原来，每个人都应该完全平等地享有基本权利的依据乃在于：每个人都是缔结、创建社会的一个成员、一个股东。正如无数先哲所论，人是社会动物，脱离社会，人便无法生存。所以，每个人的一切利益，说到底，便都是社会给予的：社会对于每个人具有最高效用、最大价值。社会是两个以上的人因一定联系而结成的共同体，只不过是每个人的共同结合，是每个人所缔结、创建的。因此，每个人不论如何，只要他生活在社会中，便为他人做了一大贡献：缔结、创建社会。任何人的其他一切贡献皆基于此！因为若没有社会，任何人连生存都无法维持，又谈何贡献？没有社会，贝多芬能贡献《命运交响曲》、曹雪芹能写出《红楼梦》、瓦特能发明蒸汽机吗？

所以，缔结社会在每个人所做出的一切贡献中是最基本、最重要的贡献。不仅此也，须知每个人的这一贡献还是以自己蒙受相应的损失、牺牲为代价的。因为人们结成任何一个共同体，都会有得有失。比如，结婚就会失去单身汉的自由，但能生儿育女，得到家庭的温馨。人类社会也是由一个一个的人所结成的共同体，只不过这个共同体并不是每个人自愿结成，对于个人来说，社会是生来就有、不可选择的。也就是说，从历史上看，人类并不是先有脱离社会的自然状态，而后这些自然状态的个人通过契约而结成社会。但是，正如罗尔斯等社会契约论者所指出，历史上不存在的东西，并不妨其在逻辑上存在。从逻辑上看，每个人脱离自然状态而结成社会，也同样有得有失，如失去自然自由等。这一点，社会契约论者已经说得很清楚了。那么，每个人在社会中能得到什么呢？显然，每个人不论贡献如何，最低都应该得到作为人类社会的一个股东所应该得到的东西。可是，作为人类社会的一个股东究竟应该得到什么呢？无疑至少应该得到生存和发展的必要的、起码的、最低的权利，即享有所谓基本权利。

每个人不仅应该享有基本权利，而且应该完全平等地享有基本权利。因为虽然人的才能有大小、品德有高低、贡献有多少，但在缔结、创建社会这一最基本最重要的贡献和因其所蒙受的损失上却完全相同。因为每个人并不是在成为总统或平民、文豪或文盲之后才来缔结、创建社会的，而是一生下来就自然地、不可选择地参加了社会的缔结、创建。而每个人一生下来显然完全同样是结成社会的一分子、一股东，完全同样地参加了社会的缔结、创建。每个人之所以不论具体贡献如何都应该完全平等地享有基本权利，就是因为并且仅仅是因为每个人参与缔结社会这一最基本、最重要的贡献和因此所蒙受的损失是完全相同的。所以,分配给那目不识丁的老百姓与那名振环宇的大总统同样多的基本权利,就绝不是什么恩赐,而是必须偿还的债务。潘恩说得好:"社会并未白送给他什么。每个人都是社会的一个股东,从而有权支取股本。"①

可见,基本权利平等分配不但未违背而且恰恰是依据"按贡献分配权利原则":基本权利是每个人因其同样是创建社会的股东而应平等享有的权利;是每个人因其同样是结成人类社会的一个人而应平等享有的权利。因此,基本权利又被叫作"人权":人权是每个人因其同样是结成人类社会的一个人而应平等享有的基本权利。问题的关键还在于,每个人只要一生下来,就自然地、不可选择地参加了社会的缔结、创建而成为人类社会一股东。所以,人权或基本权利是人人与生俱来、自然赋予的:天赋人权。一句话,基本权利、人权、天赋权利三者是同一概念。

因此,人权虽是天赋的,应该人人平等享有,但每个人享有人权,也如同享有其他权利一样,是以负有一定的义务为前提的。这种义务,一方面是积极的,即每个人必须与他人一起共同做出缔结社会的贡献,这是人人平等享有人权的源泉、依据;另一方面是消极的,即每个人不得损害他人人权,这是人人平等享有人权的保障、条件。野人逃避了前者、坏人违反了后者,所以都不应该享有人权。

可见,每个人因其最基本的贡献完全平等——每个人一生下来便都同样是缔结社会的一个股东,而应完全平等地享有基本权利、完全平等地享有人权。这就是人权、基本权利完全平等原则,也就是所谓的"人权原则"。

每个人应该完全平等享有人权、基本权利,似乎意味着:每个人应该不平等地享有非人权权利、非基本权利或比较高级的权利。其实不然。因为平等之为权利分配原则意味着:任何权利分配的不平等都是不道德、不应该、具有负价值的。那么,非基本权利究竟应该如何分配?应该比例平等!"比例平等"首创于亚里士多德。对于这个概念,他曾这样解释说:

---

① 托马斯·潘恩:《潘恩选集》,马清槐译,商务印书馆,1963年,第143页。

既然公正是平等，基于比例的平等就应是公正的。这种比例至少需要有四个因素，因为"正如 A 对 B，所以 C 对 D"。例如，拥有量多的付税多，拥有量少的付税少，这就是比例；再有，劳作多的所得多，劳作少的所得少，这也是比例。①

观此可知，所谓非基本权利比例平等，不过是说，谁的贡献较大，谁便应该享有较大的非基本权利；谁的贡献较小，谁便应该享有较小的非基本权利：每个人因其贡献不平等而应享有相应不平等的非基本权利。这样，人们所享有的权利虽是不平等的，但每个人所享有的权利的大小之比例与每个人所做出的贡献的大小之比例却应该完全平等；换言之，每个人所享有的权利的大小与自己所做出的贡献的大小之比例应该完全平等。这就是非基本权利比例平等原则。

举例来说，张三做出一份贡献，应享有一份权利；李四做出三份贡献，便应享有三份权利。这样，张三与李四所享有的权利是不平等的。但是，张三与李四所享有的权利之比例与他们所做出的贡献之比例却是完全平等的；换言之，他们所享有的权利与自己所做出的贡献的比例是完全平等的（如图 8.2）：

图 8.2

非基本权利应该比例平等原则表明，社会应该不平等地分配每个人的非基本权利。但是这种权利不平等的分配应该完全依据贡献的不平等，从而使每个人所享有的权利的不平等，与他们所做出的贡献的不平等的比例，达到完全平等。为了做到这一点，在这种权利不平等的分配中，正如罗尔斯的补偿原则所主张，获利较多者还必须给较少者以相应的补偿权利。② 那么，为什么获利较多者必须给较少者以补偿权利？

原来，如上所述，社会、社会合作体系（"社会"与"社会合作体系"，正如罗尔斯所言，实际上是同一概念；因为社会不过是"一个目的在于增进每个成员利益的合作体系"③）是每个人完全平等创建的资

---

① 《亚里士多德全集》（第八卷），第 279 页。
② John Rawls, *A Theory of Justice*, p. 13.
③ Ibid., p. 4.

源，因而应该每个人完全平等利用；完全平等利用社会合作资源是每个人的应有权利。这意味着，谁较多地利用了社会合作资源，谁就侵占了较少利用者的权利，因而必须还给较少利用者以"与其所侵占的权利相等"的补偿权利；否则就是不正义的。

问题的关键恰恰在于，按照比例平等分配原则分配，权利获得较多者，贡献较多，能力较强，势必较多地利用社会合作资源；权利获得较少者，贡献较少，能力较弱，势必较少地利用社会合作资源：这就是获利较多者必须给较少者以补偿权利的缘故。准此观之，获利越少者对共同资源"社会合作"的利用往往越少，因而所得的补偿权利便应该越多；获利最少者对"社会合作"的利用往往最少，因而便应该得到最多的补偿权利。

举例来说，那些大歌星、大商贾、大作家，是获利较多者。他们显然比工人、农民等获利较少者较多地使用了双方共同创造的资源："社会""社会合作"。若是没有社会、社会合作，这些大歌星、大商贾、大作家们统统都会一事无成；若非较多地利用了社会合作，他们也绝不可能做出那些巨大贡献。这些获利较多者的贡献之中既然包含着对共同资源的较多使用，因而也就间接地包含着获利较少者的贡献。于是，他们因这些巨大贡献所取得的权利，便含有获利较少者的权利。所以，便应该通过个人所得税等方式从获利较多者的权利中，拿出相应的部分，补偿、归还给获利较少者。否则，获利多者便侵吞了获利少者的权利，是不正义的。

综上可知，一方面，每个人因其最基本的贡献完全平等——每个人一生下来便都同样是缔结、创建社会的一个股东，而应该完全平等地享有基本权利、完全平等地享有人权。这是完全平等原则，亦即所谓人权原则，是人权、基本权利分配原则。另一方面，每个人因其贡献的不平等而应享有相应不平等的非基本权利；也就是说，每个人所享有非基本权利的不平等，与他们所做出贡献的不平等的比例，应该完全平等；这蕴含着，权利较多者，因其较多地利用了应该平等利用的共同资源"社会合作"，而应该归还给权利较少者以相应的补偿权利。这是比例平等原则，是非基本权利、非人权权利分配原则。

这就是权利平等总原则的两个方面，这就是平等总原则，这就是衡量国家制度和国家治理好坏的平等总标准。它之所以被称之为平等总原则、总标准，乃是因为从中可以推导出一系列更为具体的平等原则：政治平等原则、经济平等原则和机会平等原则。

3 政治平等原则

平等的概念分析表明：平等未必都是权利平等，但平等原则却皆为权利平等原则。因此，所谓政治平等原则，亦即政治权利平等原则。政治权利，显而易见，也就是掌握政治权力进行政治统治的权利。这种权利，细究起来，分为两大类型：政治自由权利与政治职务权利。政治自由乃是全体公民使国家政治按照自己的意志来进行的自由，因而也就只有执掌国家最高权力才能办到：政治自由的权利也就是执掌国家最高权力的权利。

由此观之，政治自由岂不是最高级的政治权利？非也！因为政治自由并不是一个人独享最高权力，而是全体公民共享最高权力。而正如马起华先生所说，权力的大小与同一权力享有者的人数成反比："就同一权力行使的人数言，人数愈少，每人权力愈大；人数愈多，每人权力愈小。所以独任制首长的权力大于合议制首长的权力。"①

因此，享有政治自由的全体公民共同享有的，固然是最高最大的权力，但分散为每个公民自己所享有的，却并非最高最大权力，而是最低最小的权力了。它比最低等的官吏所拥有的权力还小：它不过是亿万张选票中的一张选票的权力罢了。所以，每个人所享有的政治自由权利，是最低最小的权利，是基本权利，是人权；反之，一个人所享有的担任政治职务的权利，则是较高较大的权利，是非基本权利而不是人权。

政治自由是一种人权。所以，根据人权应该完全平等原则，每个人都应该完全平等地享有政治自由。换言之，每个人都应该完全平等地共同决定国家政治命运。说到底，每个人都应该完全平等地共同执掌国家最高权力："每个人只顶一个，不准一个人顶几个。"② 这就是政治权利完全平等原则，这就是政治人权原则，这也就是所谓的人民主权原则，因而也就是民主政治的基本依据之一。

与政治自由相反，政治职务不是人权，不是基本权利，而是非基本权利、非人权权利。所以，根据非基本权利比例平等原则，人们应该按其政治贡献大小而比例平等地享有担任政治职务的权利。也就是说，谁

---

① 马起华：《政治理论》（第二册），台湾商务印书馆，1977 年，第 163 页。
② 潘恩：《潘恩选集》，第 145 页。

的政治贡献大,谁便应该担任较高的政治职务;谁的政治贡献小,谁便应该担任较低的政治职务:每个人因其政治贡献不平等而应担任相应不平等的政治职务。这样,人们所享有的担任政治职务的权利虽是不平等的,但每个人所享有的担任政治职务的权利与自己的政治贡献之比例却是平等的(如图8.3)。

$$\text{张三}\ \frac{\text{较高政治职务}}{\text{较高政治贡献}}\ \text{等于}\ \text{李四}\ \frac{\text{较低政治职务}}{\text{较低政治贡献}}$$

图 8.3

推此可知,一方面,不应该仅仅按照政治才能分配政治职务,即"任人唯才"。因为如果一个人有才无德,政治才能高而政治品德(官德)坏,那么,他不但不会为社会和他人做出政治贡献,反而会严重危害社会和他人。另一方面,也不应该仅仅按照官德分配政治职务,即"任人唯德"。因为如果一个人有德无才,官德好而政治才能低,那么,他不但不可能为社会和他人做出较大政治贡献,反而往往会好心办坏事,同样严重危害社会和他人:"通向地狱的道路是由良好的意图铺成的。"① 于是,也就应该兼顾德才分配政治职务,即"任人唯贤":一个人只有德才兼备,只有政治才能高又官德好,才能为社会和他人做出较大政治贡献。

合而言之:每个人因其政治贡献(政治才能+官德)的不平等而应担任相应不平等的政治职务。换言之,每个人所担任的政治职务的不平等与自己的政治贡献(政治才能+官德)的不平等的比例应该完全平等。这就是政治权利比例平等原则,这就是政治职务分配原则。最早确立这一原则的是亚里士多德,他这样写道:"合乎正义的职司分配应该考虑到每一受任的人的才德或功绩。"②

综观政治权利平等原则,可以得出结论说:一方面,每个人不论具体政治贡献如何,都应该完全平等地享有政治自由,亦即完全平等地共同执掌国家最高权力,从而完全平等地共同决定国家政治命运;另一方面,每个人又因其具体政治贡献(政治才能+官德)的不平等而应该担任相应不平等的政治职务,从而使每个人所担任的政治职务的不平等与自

---

① 马克思:《资本论》(第一卷),人民出版社,1975年,第217页。
② 亚里士多德:《政治学》,吴寿彭译,商务印书馆,1996年,第136页。

己的政治贡献（政治才能+官德）的不平等的比例完全平等。这就是政治平等总原则，这就是衡量国家制度和国家治理好坏的政治平等标准。

4 经济平等原则

不难看出，每个人在经济上所享有的权利与其在经济上所做出的贡献或义务，说到底，实为同一事物，即都是每个人所提供的产品：我的经济贡献，说到底，是我给予社会和他人的产品；而我的经济权利，说到底，则是社会和他人给予我的产品。所以，社会对于每个人经济权利的分配过程，说到底，无非是每个人所提供的产品的互相交换的过程。准此观之，按照等利交换的正义原则，应该根据每个人所贡献的产品的交换价值，而分配给他含有等量交换价值的产品或经济权利：等价分配、等值分配或等价值分配是经济权利平等原则。

经济学的研究表明，产品中所凝结和耗费的生产三要素——劳动、资本和土地等自然资源——是创造和决定产品交换价值的终极源泉和实体。边际效用论发现，这些生产要素所创造的交换价值份额就是其边际产品价值：单位劳动所创造的价值量=劳动边际产品价值量；单位资本所创造的价值量=资本边际产品价值量；单位土地所创造的价值量=土地边际产品价值量。这样一来，根据等利交换的正义原则，显然应该按照每个人所提供的生产要素的边际产品价值，而分配给他含有等量交换价值的产品或经济权利。这就是所谓按生产要素分配：按劳分配与按资分配。

按生产要素分配显然属于经济权利比例平等原则范畴。因为按生产要素分配，每个人所享有的经济权利虽因各自的资本、土地和劳动量不平等而是不平等的，但每个人所享有的经济权利与自己所贡献的资本、土地和劳动量的比例却是完全平等的（如图8.4）。

图 8.4

然而，比例平等仅仅是非基本权利、非人权权利的分配原则。所以，按生产要素分配也就仅仅是非基本经济权利、非人权经济权力分配原则。那么，基本经济权利、经济人权的分配原则是什么？是按需分配：按人类基本物质需要完全平等地分配基本经济权利。因为根据"基本权利应该完全平等"的平等总原则可以推知：每个人不论劳动多少、贡献如何，都应该完全平等享有基本经济权利；而完全平等分配基本经济权利，也就是按人类基本物质需要分配基本经济权利，说到底，亦即按需分配基本经济权利。因为，一方面，基本经济权利就是满足人的基本物质需要的权利，而不可能满足人的非基本物质需要；另一方面，人们物质需要的不同或不平等仅仅存在于非基本的、比较高级的领域，而基本的、最低的、起码的物质需要则是相同的、平等的："自然需要对所有人都是一样的。"①

综上可知，一方面，在任何社会，每个人不论劳动多少、贡献如何，都应该按人类基本物质需要完全平等地分配基本经济权利（即按需分配）。另一方面，应该按照每个人所提供的生产要素的边际产品价值，而分配给他含有等量交换价值的非基本经济权利，以便使每个人所享有的非基本经济权利的不平等与自己所贡献的生产要素的边际产品价值的不平等的比例，完全平等（即按生产要素分配：按劳分配和按资分配）。这就是经济平等总原则，这就是国家制度和国家治理好坏的经济平等之价值标准。

5 机会平等原则

与政治、经济平等原则一样，机会平等原则也是一种权利平等原则。但是，一方面，这种权利并非政治或经济等具体权利本身，而是获得这些具体权利之机会；另一方面，该原则所关涉的权利之机会，仅仅是竞争非基本权利——主要是社会的职务和地位以及权力和财富——之机会，而不是竞争基本权利之机会，因为基本权利应该人人完全平等享有：它的获得既不须竞争，也不须机会。

然而，细究起来，竞争非基本权利的机会平等，还只是形式的表层的机会平等；而实质的深层的机会平等，则是发展才德、做出贡献的机会平等。因为，不难看出，一些人才德较差、贡献较少从而享有较低的非基本权利，往往是因为他们缺乏发展才德、做出贡献的机会；反之，另一些人才德较高、贡献较大从而享有较多非基本权利，则往往是因为他们充分享有发展才德、做出贡献的机会。

机会平等的这种分类无疑具有重要意义：它使我们在确立机会平等

---

① Mortimer J. Adler, *Six Great Ideas* (New York: Simon & Schuster, 1997), p. 180.

原则时，不仅应该关注竞争非基本权利——职务和地位以及权力和财富等——的**目标**的机会平等；更应该注重良好教育、发展潜能等竞争非基本权利的**手段**的机会平等。但是，这种分类，充其量只能表明机会平等的充分程度；却不能表明机会平等的道德性，不能表明机会平等是应该还是不应该。机会平等是否应该，是否一切机会皆应平等抑或只是某些机会才应平等？

　　这并不取决于机会平等是形式的还是实质的。机会平等的道德价值，真正讲来，并不取决于机会平等本身的性质如何，而完全取决于机会的提供者是谁。机会据其提供者的情形来看，也可以分为两类：社会提供的机会与非社会提供的机会。非社会提供的机会，比较复杂，主要包括：家庭提供的机会、天资提供的机会和运气提供的机会。

　　首先，家庭提供的竞争非基本权利的机会，显然是家庭成员之间的一种权利转让。子女所享有的机会，是父母转让的权利，因而也就转化为子女自己的权利。家庭提供的机会，既然是机会享有者的权利，那么，这种机会不平等便是应得的、公平的；而使其平等，便侵犯了机会所有者的权利，便是不公平不应该的。我们不妨拿诺齐克的例子来说。一个富翁的儿子，自幼便享有在自己家里的游泳池训练跳水的机会；而一个穷人的儿子却无此机会。这种机会不平等来自家庭成员之间的权利转让，因而是公平的。反之，若关闭游泳池或令富翁给穷人的儿子也修一座同样的游泳池，从而使他们的机会平等，便侵犯了富翁及其儿子的权利，因而是不公平的。[①]

　　其次，天资不同的人，竞争职务与地位、权力和财富等非基本权利的起点以及获胜的机会显然也是不平等的。这种机会不平等也是应得的、公平的。因为社会，说到底，不过是每个人相互谋取利益的合作形式。每个人的天资、努力等是其入股社会的股本。因此，正如诺齐克所说，每个人对其股本"天资和努力"及其收益"职务和地位、机会和财富"等都是有权利的："人们有权拥有其自然资产，并且也有权拥有来自其自然资产的东西。"[②] 这样，每个人因其天资不平等所带来的机会不平等，便是他应得的权利；若使其平等，便侵犯了他的权利而是不

[①] Robert Nozick, *Anarchy, State and Utopia* (Beijing: China Social Sciences Publishing House, 1999), p. 151.

[②] Ibid., p. 226.

公平不应该的。

最后，人们竞争非基本权利的机会不平等，往往是个人的运气所致。那么，运气所提供的机会不平等是否公平？布坎南的回答是："运气并不破坏基本公正的准则。"[1] 这个回答很对。因为，如前所述，社会公平的根本原则是：按照贡献分配权利。而任何人的贡献、成就，正如曾国藩所说，都含有运气因素，都是天资、努力、运气诸因素配合的结果。[2] 因此，运气也就与天资、努力一样，可以通过产生贡献而带来权利；运气所带来的收益，也就与天资和努力所带来的收益一样，乃是收益者的权利。所以，运气所提供的收益、所提供的机会不平等，是幸运者的权利；若剥夺幸运者的机会而使其平等，便侵犯了幸运者的权利，便是不公平、不应该的。

家庭、天资、运气等非社会提供的机会，总而言之，是幸运者的个人权利，因而无论如何不平等，社会和他人都无权干涉。但是，幸运者在利用较多机会去做贡献、获权利的过程中，必定较多地使用了与机会较少者共同创造的资源：社会、社会合作。反之，机会较少者对社会合作的利用自然较少。机会较多者的贡献之中既然包含着对共同资源的较多使用，因而也就间接地包含着机会较少者的贡献。于是他们因这些较大贡献所取得的权利，便含有机会较少者的权利。所以，应该通过高额累进税、遗产税、社会福利措施等方式从他们的权利中，拿取相应部分补偿、归还给机会较少者。这样，机会较多者的权利与其义务才是相等的、公平的；否则，机会较多者便侵吞了机会较少者的权利，是不公平的。

社会——主要通过政府等各种管理组织——提供的机会，与家庭、天资、运气提供的机会根本不同。家庭、天资、运气所提供的机会，如上所述，皆属私人权利。反之，社会、政府、各种管理组织提供的机会，则属于公共权利，是全社会每个人的权利。更确切说，正如杰弗逊所指出的，社会提供的机会乃是全社会每个人的基本权利，是每个人的人权。[3] 因为机会平等原则所说的"机会"，如前所述，并不是竞争基本权利的机会——基本权利不须竞争而应为人人完全平等享有，而是竞

---

[1] 詹姆斯·M. 布坎南：《自由、市场和国家》，吴良健、桑伍译，北京经济学院出版社，1989年，第130页。

[2] 参阅《三松堂全集》（第四卷），河南人民出版社，1988年，第681页。

[3] 艾德勒、范多伦编：《西方思想宝库》，吉林人民出版社，1988年，第1047页。

争非基本权利的机会。而社会所提供的竞争非基本权利的机会，显然不是非基本权利，而是基本权利、是人权。这样，根据基本权利、人权应该完全平等的原则，社会所提供的竞争非基本权利的机会，也就应该为人人完全平等享有：人人应该完全平等享有社会所提供的发展自己潜能的受教育机会，人人应该完全平等享有社会所提供的做出贡献的机会，人人应该完全平等享有社会所提供的竞争权力和财富以及职务和地位等非基本权利的机会。

总之，社会所提供的发展潜能、做出贡献、竞争职务和地位以及权力和财富等非基本权利的机会，是全社会每个人的基本权利，是全社会每个人的人权，应该人人完全平等。反之，家庭、天赋、运气等非社会所提供的机会，则是幸运者的个人权利，无论如何不平等，他人都无权干涉；但幸运者利用较多机会所创获的较多权利，却因较多地利用了共同资源"社会合作"而应补偿给机会较少者以相应权利。这就是机会平等原则，这就是衡量国家制度和国家治理好坏的机会平等之价值标准。

6 结论：平等是国家制度好坏最主要的根本价值标准

综上可知，正义虽然分为个人正义与社会正义，但主要是社会正义，亦即分配正义。这种社会正义，根本说来，可以归结为贡献原则："社会分配给一个人的权利应该与他的贡献成正比而与他的义务相等"；最终说来，可以归结为平等原则：平等总原则——基本权利完全平等与非基本权利比例平等，和政治平等原则、经济平等原则、机会平等原则。这些平等原则虽然推演于贡献原则，却无疑远远重要于贡献原则，远远重要于其他一切正义原则，因而是最主要的正义：平等是最主要的正义。所以，亚里士多德说："所谓公正，它的真实意义，主要在于平等。"① 这样一来，正义是国家制度好坏根本价值标准便意味着，说到底，平等——平等总原则和政治平等原则、经济平等原则、机会平等原则，是国家制度好坏最主要的根本价值标准。

三 社会正义理论

社会对于每个人权利与义务究竟如何分配才是正义的？这不但是社

---

① 亚里士多德：《政治学》，第153页。

会正义的根本问题,不但是正义的主要问题,而且是伦理学、政治哲学、法哲学和经济哲学最根本的跨学科难题。围绕这个难题,从柏拉图和亚里士多德到罗尔斯和诺齐克,一直争论不休。这些争论,确如范伯格、彼彻姆和弗兰克纳等人所见,可以归结为四种理论:贡献论(包括才能论和品德论)、平等主义、需要论和自由正义论。①

1 贡献论

所谓贡献论,顾名思义,就是将贡献作为权利分配依据的社会正义理论,也就是将"按贡献分配权利"奉为社会正义原则的理论。不过,贡献无疑有潜在与实在之分:潜在贡献就是**才能与品德**等自身内在的贡献因素,以及**运气与出身**等非自身的外在贡献因素,是导致贡献的因素、原因,是尚未做出但行将做出的贡献,是可能状态的贡献;实在贡献则是德才、运气、出身诸贡献因素相结合的产物,是已经做出来的贡献,是现实状态的贡献。因此,主张按照才能分配权利的"才能论"和按照品德分配权利的"品德论"都属于"贡献论"范畴,只不过都是片面的"贡献论"而已。

贡献论的奠基者是亚里士多德,因为他通过大量论证得出结论说:"正义的分配是以应该付出恰当价值的事物授予相应收受的人。按照这个要旨,合乎正义的职司分配('政治权利')应该考虑到每一受任的人的才德或功绩。"② 亚里士多德以降,两千多年来,贡献论近乎成为不言而喻之公理:它不但被历代贤明的统治者奉为治理国家的金科玉律,而且为众多的自由主义和社会主义思想家所倡导。

我们对于社会正义根本问题的研究表明,按照贡献分配权利实乃社会正义的根本原则:德与才是潜在贡献,是权利分配的潜在依据;而贡献则是德与才的实在结果,是权利分配的实在依据。所以,德才原则无非是潜在的贡献原则,是社会根本正义的潜在原则;而贡献原则是社会根本正义的实在原则。

准此观之,贡献论和德才论是真理;而才能论和品德论则是片面真理。因为品德和才能只有结合起来,才是决定贡献的必然因素、充分条

---

① Joel Feinberg, Social Philosophy (New Jersey: Prentice-Hall, 1973), p. 109; Tom L. Beauchamp, *Philosophical Ethics: An Introduction to Moral Philosoply* (New York: McGraw-Hill, 1982), p. 229; William K. Frankena, *Ethics* (New Jersey: Prentice-Hall, 1973), p. 49.

② 亚里士多德:《政治学》,第136页。

件；反之，德与才若分离独立，也就与运气、出身一样，是偶然导致贡献的因素和必要条件：一个人不论是有德无才还是有才无德，都同样既可能做出也可能做不出贡献。所以，如果把德与才分离开来，单独作为权利分配的依据，便可能导致不做贡献而享权利，因而也就背离了按贡献分配权利的正义原则。因此，社会正义的根本原则既不是按照才能分配权利，也不是按照品德分配权利，而是兼顾德才分配权利。

2 需要论

所谓"需要论"，也就是将"按需分配"奉为社会正义根本原则的理论。这种理论的倡导者虽然灿若繁星、不胜枚举，但主要是社会主义和共产主义的思想家，如莫尔、康帕内拉、温斯坦莱、葛德文、摩莱里、马布利、欧文、卡贝、德萨米、布朗以及马克思和恩格斯。今日西方仍然有众多的思想家，如迈克尔·沃尔泽、戴维·米勒和伯纳德·廉斯等，将按需分配当作社会正义根本原则。①

殊不知，按需分配实际上并不是正义原则，而是高于正义的仁爱原则，或者是不正义原则：它究竟是什么原则完全取决于实行它的社会是个什么社会。如果一个社会的全体成员的基本联系是各自的利益而不是相互间的爱，那么，该社会的成员便会计较利益得失。因此，"贡献较多而需要较少者"也就不会把自己按照正义原则所应分有的较多权利自愿转让、馈赠给"贡献较少而需要较多者"。这样，如果实行按需分配，便是对"贡献多而需要少者"的按照正义原则所应多得的权利的强行剥夺，便侵犯了"贡献多需要少者"的权利，因而是不正义的。所以，按需分配如果实行于以利益为基础的组织如国家便是个不正义的原则。

反之，如果一个组织如家庭全体成员的基本联系是相互间的爱而不是各自的利益，那么，该组织的成员便不会计较利益得失，而会心甘情愿按需分配。这样，虽然"贡献多需要少者"分有较少权利，而"贡献少需要多者"却分有较多权利，却并非不正义。因为"贡献多需要少者"是出于对"贡献少需要多者"的爱，而完全自愿按需分配，因而也就是自愿把自己按照正义原则所应多得的权利转让、馈赠给了"贡

---

① 参阅迈克尔·沃尔泽：《正义诸领域》，褚松燕译，译林出版社，2002年，第25页；戴维·米勒：《社会正义原则》，应奇译，江苏人民出版社，2001年，第28页；Robert Nozick, *Anarchy, State and Utopia*, p. 233.

献少需要多者"。反之,"贡献少需要多者"也就只是接受而并未侵犯"贡献多需要少者"所转让、馈赠的权利。这样一来,按需分配如果实行于以爱为基础的社会,便是个高于正义、超越正义而无所谓正义不正义的仁爱原则。

3 平等主义

所谓平等主义(egalitarian),众所周知,是一种关于社会对于每个人的利益和负担、权利与义务应该如何分配的理论;这种理论的根本特征,就是认为只有平等分配才是正义的:平等主义就是将社会对于每个人利益的平等分配原则奉为社会正义原则的理论,就是将权利的平等分配原则奉为社会正义原则的理论,说到底,就是将平等原则奉为社会正义原则的理论。平等主义恐怕是人类思想史上信奉者最为众多的流派,它的信奉者,从数量上看,恐怕只有人道主义可以与之相比:

一切社会主义和民主主义论者,众所周知,或多或少都是一种平等主义论者,而且一切自由主义论者也程度不同地几乎都是平等主义论者。所以,平等主义的代表人物多如繁星、不胜枚举,如柏拉图、亚里士多德、斯多葛派、洛克、伏尔泰、卢梭、杰斐逊、潘恩、康德、边沁、穆勒、马克思、恩格斯、邦纳罗蒂、卡贝、德萨米、勒鲁、巴贝夫、布朗基、托克维尔、托尼、罗尔斯、德沃金、哈耶克、尼尔森、艾德勒、萨托利、范伯格等。

社会主义、民主主义和自由主义支派繁多,具有形形色色的种类;因而它们所共同主张的平等主义的种类就更加纷繁复杂了。但是,这些不同形态的平等主义,众所周知,可以归结为两大类型:极端平等主义或绝对平等主义(所谓平均主义)与相对平等主义。平均主义是将一切权利完全平等分配奉为社会正义原则的理论,其代表人物,主要有莫尔、闵采尔、马布利、康帕内拉、摩莱里、葛德文、狄德罗、巴贝夫、邦纳罗蒂和旧福利经济学家庇古等。孔子和老子的某些观点,如"不患寡而患不均"(《论语·季氏》),"天之道损有余而补不足"(《老子·第七十七章》)与平均主义很相似:这种思想后来发展为"等贵贱、均贫富"的中国起义农民的平均主义纲领。

但是,平均主义显然违背社会正义根本原则——按贡献分配权利,因而是根本错误的。因此,在平等主义的庞大阵营里,平均主义论者是极少数;而绝大多数平等主义论者都反对一切权利完全平等,而将权利相对平等如基本权利完全平等和非基本权利比例平等奉为社会正义原则。这种相对平等主义，以权利分配的相关项或相关性质为依据，又具体分为四种类型："需要论的平等主义""人性论的平等主义""自由正义论的平等主义"和"贡献论的平等主义"。

"需要论的平等主义"，为主张按需分配的社会正义理论家所倡导，说到底，主要为社会主义和共产主义思想家所倡导。这种平等主义显然是需要论与平等主义的结合，也就是将每个人的需要作为权利分配依据的平等主义，也就是主张按需分配而使每个人的需要平等得到满足，从而达到"事实上的真正的平等"的平等主义，说到底，也就是将按照需要分配权利的"事实平等（或真正平等）"奉为社会正义原则的平等主义。

不言而喻，这种平等主义与按需分配一样，如果实行于以爱为基础的组织，如家庭，便是一种高于公正、超越公正而无所谓公正不公正的仁爱原则；如果实行于以利益为基础的组织，如国家，便是对贡献多而需要少者所应多得的权利的强行剥夺，便侵犯了贡献多需要少者的权利，因而是一种不公正的原则。

17世纪以来西方社会的主流意识形态"人性论的平等主义"就是将人人完全相同的人性作为权利分配依据的平等主义。这种平等主义是不能成立的，因为照此说来，一个人不论多么坏，也因其是人而应该与好人——好人与坏人同样是人——平等享有权利。

"自由正义论的平等主义"主要以罗尔斯为代表，是一种将自由作为权利分配正义性依据的平等主义，换言之，也就是将人人一致同意作为权利分配正义性依据的平等主义。它的根本缺憾在于：将自由的原则等同于正义的原则。

"贡献论的平等主义"则主要以亚里士多德为代表，是贡献论与平等主义的结合，也就是将按照贡献分配权利的平等原则——基本权利完全平等和非基本权利比例平等——奉为社会正义原则的平等主义：只有这种平等主义才因其符合"等利害交换"的正义总原则而堪称社会正义理论之真理。

思考题

1　赵汀阳以为人权依据于"不做坏人""做道德人"："在道德上是人的人拥有人权，在道德上不是人的人不拥有人权。"（赵汀阳："有偿人权和做人主义"，《哲学研究》1996年第9期，第21页）邱本认为人权依据于"合法人"："一个合法的人就应该享有人权，只有依法认为不是人而必须剥夺其人权的人，才不应享有人权。"（邱本："无偿人权和凡人主义"，《哲学研究》1997年第2期，第41页）谁是谁非？

2 亚里士多德最早阐明了由两个原则所构成的平等总原则："平等有两种：数目上的平等与以价值或才德而定的平等。我所说的数目上的平等是指在数量或大小方面与人相同或相等；依据价值或才德的平等则指在比例上的平等。……既应当在某些方面实行数目上的平等，又应当在另一些方面实行依据价值或才德的平等。"（《亚里士多德全集》第九卷，第163页）罗尔斯将这两个平等原则修改如下："处在最初状态中的人们将选择两个相当不同的原则：第一个原则要求平等地分配基本的权利和义务；相反地，第二个原则主张社会和经济的不平等，如财富和权力的不平等，只要其结果能给每个人——特别是那些最少受益的社会成员——带来补偿利益，它们就是正义的。"（John Rawls：*A Theory of Justice* (Revised Edition), p. 13）可见，罗尔斯对亚里士多德的修正主要有两点：①将第二个原则叫作不平等原则，而不叫作比例平等原则；②因此，罗尔斯背离两个原则——基本权利完全平等和非基本权利比例平等——历来被称为"平等原则"的传统，而称其为"两个正义原则"。罗尔斯的修正是否正确？

3 一种原则的自由性，是指该原则是不是自由的原则；而一种原则的正义性，则是指该原则是不是正义的原则。那么，怎样证明一种原则是不是自由的原则？只能看该原则是否被人人一致同意：人人一致同意的，就是自由的原则；并非人人一致同意的，就是不自由的原则。罗尔斯由正义原则的自由性的证明是人人一致同意而得出结论说，正义原则的正义性的证明是人人一致同意："正义原则被证明，是因为它们在一种平等的原初状态中能够得到一致同意。"（Ibid., p. 19）请回答：罗尔斯对正义原则正义性的这种契约论证明方法能否成立？

阅读书目

约翰·罗尔斯：《正义论》，何怀宏、何包钢、廖申白译，中国社会科学出版社，1988年。

罗伯特·诺齐克：《无政府、国家和乌托邦》，何怀宏译，中国社会科学出版社，1990年。

王海明:《正义论》,商务印书馆,2021年。

John Rawls, *A Theory of Justice* (Revised Edition) (Cambridge, Mass: Harvard University Press,2000).

Douglas W. Rae, *Equalities* (Cambridge, Mass: Harvard University Press,1981)

Wang Haiming, *The Principles of New Ethics II: Normative Ethics I* (London,NewYork:Routledge,2021).

第九章　人道：国家制度好坏的最高价值标准

> **提　要**
>
> 所谓人道，说到底，乃是视人的创造性潜能的实现为最高价值，从而使人实现自己创造性潜能的行为。人的创造性潜能实现得越多，社会的物质财富和精神财富便越丰富，国家便越繁荣进步，而每个人的需要也就会越加充分地得到满足。自由是每个人创造性潜能实现的根本条件：每个人越自由，他的个性发挥得便越充分，他的创造潜能便越能得到实现，国家便越繁荣进步。因此，自由与人道同为国家制度好坏最高价值标准，只不过深浅程度有所不同：人道是国家制度好坏浅层最高价值标准，自由是国家制度好坏深层最高价值标准。

何谓人道？《左传》云："天道远，人道迩。"(《召公十八年》)《易经》云："'易'之为书也，广大悉备，有天道焉，有人道焉，有地道焉。"(《系辞下》)《礼记》云："亲亲、尊尊、长长、男女之有别，人道之大者也。"(《丧服小记》)照此看来，所谓人道，也就是人之道，是人所当行之道，是人的一切行为规范总和，因而包括三纲五常、忠孝节义、仁礼智信、杀人偿命、借债还钱等一切道德和法律规范。所以，司马迁云："人道经纬万端，规矩无所不贯，诱进以仁义，束缚以刑罚，故德厚者位尊，禄重者宠荣，所以总一海内而整齐万民也。"(《史记·礼书》)

可见，我国古代的人道概念，外延十分宽泛而混合道德与法于一体。这种笼统含糊的概念，显然不适合分门别类的科学研究，不具有科学价值；因而随着科学的发展，逐渐分化为法与道德，并被二者取代而被逐出科学王国。

今日中文的"人道"概念，众所周知，外延已演进得相当狭窄——它仅仅是"人道主义"概念中的"人道"，因而仅仅指一种应该如何对待人的道德原则，亦即人道主义道德原则："人道"与"人道主义道德原则"是同一概念。这样，一方面，今日中文的人道概念便适合于分门别类的科学研究，从而具有了科学价值：它已是伦理学的基本范畴；另一方面，这种人道概念与西方的人道概念是一致的。因为西方的人道（humanity）概念，并不具有"人之道"的含义，不具有法律的含义；而与人道主义（humanism）概念一样，只具有道德含义，只是一种有关某种道德原则的概念。不过，这样一来，人道概念便变得十分具体和复杂了：要界定"人道"，首先必须界定歧义丛生、众说纷纭的"人道主义"。

一 人道

1 人道主义：将人当作最高价值的国家制度和思想体系

作为一种系统的理论，人道主义形成于文艺复兴运动而作为其主导思想。就人道主义产生和发展的历史过程来看，众所周知，分为三大阶段。第一阶段，是14—16世纪文艺复兴时期的人道主义，其代表人物，当推但丁、伐拉、皮科、庞波那齐、斐微斯、爱拉斯谟、路德、托马斯·莫尔、蒙田、布鲁诺。

第二阶段，是17—18世纪启蒙运动时期的人道主义，其代表人物，主要是培根、笛卡尔、格劳秀斯、帕斯卡、斯宾诺莎、洛克、夏夫兹博里、孟德斯鸠、伏尔泰、卢梭、狄德罗、爱尔维修、霍尔巴赫、梅叶、摩莱里、马布里、斯密、边沁、葛德文。

第三阶段，是19—20世纪的人道主义，其代表有空想社会主义者圣西门、傅立叶、欧文，有德国启蒙思想家和古典哲学家赫尔德、康德、费尔巴哈，有俄国革命民主主义者赫尔岑、车尔尼雪夫斯基，以及其他多如繁星的自由主义论者和社会主义论者：一切自由主义论者都是人道主义论者，社会主义论者几乎也都是人道主义论者。

可见，人道主义恐怕是人类思想史上最为庞大的思想流派：历代大思想家差不多都可以算作人道主义论者。那么，究竟何谓人道主义？人道主义的系统理论虽然诞生于文艺复兴时期，但那时并没有人道主义一词，而只有 humanitas：该词是拉丁文，本意指人的世俗教育。humanitas 源于 humanus（人的、人性的、人道的、文明的），大约在19世纪初，才演化为人道主义一词：Humanismus（德文）和 humanism（英文）。

因此，人道主义一词迟至19世纪才出现。这样，人道主义的含义，就其词源来说，就是人文主义，就是人文教育、世俗教育制度及其思想体系，就是通过复兴古典的人文科学教育而最大限度发展人的精神才智的社会制度和思想体系。因此，人道主义与人文主义的词源含义是完全相同的。这就是为什么，humanism 既可以译为人道主义，也可以译为人文主义。但是，人道主义的定义与其词源含义并不完全相同：人道主义与人文主义并非同一概念。就定义来说，人道主义并不完全像其词源那样，意指复兴古典人文教育制度和思想体系，而是指复兴古典人文教育的那种新精神、新态度和新信念，亦即指将人当作最高价值的国家制度和思想体系。

人道主义，就其定义来说，首先是指这样一种国家制度和思想体系，这种国家制度和思想体系的根本观点，是将人本身当作最高的价值或尊严。布耶娃说："人是最高的价值和宝贵的社会财富。无论过去还是现在，这条原则对于以人道主义为取向的哲学来说，都是经久不衰的原则。"① 彼特罗相说："人道主义是一种这样的学说，它研究作为最高价值的人，研究全体社会成员因而每个人获得充分的物质福利、自由、

---

① 布耶娃、赵鸣文：《人是最高的价值和富贵的社会财富》，《世界哲学》，1991年第6期。

社会平等和全面发展的途径。"①

可是，人道主义这种认为人本身是最高价值的观点能成立吗？答案是肯定的。但是，人本身之为最高价值并不是绝对的，而是相对的。因为不言而喻，只有相对于人来说，人才具有最高价值；而相对于非人类存在物如狼豺虎豹来说，人不但可能不具有最高价值，而且可能具有负价值：人类可能是狼豺虎豹的死敌。那么，为什么相对于人来说，人具有最高价值？这可以从两方面来看：

一方面，正如霍尔巴赫和斯宾诺莎诸多先哲所言，对于人来说，人之所以是最高价值，乃是因为人最需要的东西就是人，因而人对于人具有最高效用、最高价值："在所有的东西中间，人最需要的东西乃是人。"② 人最需要的东西之所以是人，则是因为——正如阿德勒等众多先哲所论——每个人的一切利益，都是人类社会给予的：人类社会对于每个人具有最高效用、最高价值。人类社会又不过是每个人之和。所以，人类社会是每个人的最高价值，归根结底，便意味着，每个人对于每个人具有最高价值；人对于人具有最高价值。

另一方面，对于人来说，人之所以是最高价值，则是因为人本身或每个人是社会的目的；而社会则不过是为每个人服务的手段而已。对这一真理最为系统而深刻的阐述，当推康德"人本身就是目的"的著名理论："人，实则一切有理性者，所以存在，是由于自身是个目的，并不是只供这个或那个意志任意利用的工具；因此，无论人的行为是对自己的或是对其他有理性者的，在他的一切行为上，总要把人认为目的。"③ 人是社会的目的，因而也就是社会好坏的价值尺度，是评价社会一切事物的价值标准而超越于社会一切事物的价值之上：人是最高的价值或尊严。因为正如康德所言："一个有价值的东西能被其他东西所代替，这是等价；与此相反，超越于一切价值之上，没有等价物可代替，才是尊严。"④

既然人是最高价值，那么，不言而喻，对于任何人，不管他多么坏，对他的坏及他给予社会和他人的损害，固然应予相应的惩罚，应把

---

① 沈恒炎、燕宏远主编：《国外学者论人和人道主义》（第二辑），社会科学文献出版社，1991年，第311页。
② 周辅成编：《西方伦理学名著选辑》下卷，商务印书馆，1987年，第89页。
③ 罗国杰编：《人道主义思想论库》，华夏出版社，1993年，第449页。
④ 康德：《道德形而上学原理》，苗力田译，上海人民出版社，1986年，第41页。

他当作坏人看；但首先应因其是人、是最高价值而爱他、善待他、把他当人看：这是待人的最高道德原则和价值标准。这个道理，费尔巴哈说得很清楚："如果人的本质就是人所以认为的至高本质，那么，在实践上，最高的和首要的基则，也必须是人对人的爱。"① 所以，人们大都将"博爱"或"把人当人看"与"人是最高价值"并列，作为人道主义根本特征来界说人道主义："用一句话来简单地说，人道主义就是主张要把人当作人来看待。人本身就是人的最高目的，人的价值也就在于他自身。"②

可见，人道主义，就其为思想体系来说，确为真理；就其为国家制度来说，确为好国家制度。因为一方面，人道主义是视人本身为最高价值的国家制度和思想体系，这是人道主义"事实如何"方面的根本特征；另一方面，人道主义是把"将人当作人看"奉为待人最高原则的国家制度和思想体系，这是人道主义"应该如何"方面的根本特征。合而言之，人道主义是视人为最高价值——从而将"善待一切人、爱一切人、把一切人都当作人来看待"奉为待人最高原则——的国家制度和思想体系；简言之，便是视人为最高价值从而将"把人当人看"奉为待人最高原则的国家制度和思想体系。

2 人道主义：将人的创造性潜能实现当作最高价值的国家制度和思想体系

细究起来，作为最高价值的"人"是十分笼统含糊的概念。因为人所固有的缺陷、自卑心、嫉妒心等人性也都是属于"人"的东西。这些东西若说有价值，也只是负价值，而根本谈不上什么最高价值。有感于此，帕斯卡疾呼："让人尊重自己的价值吧。让他热爱自己吧，因为在他身上有一种足以美好的天性；可是让他不要因此也爱自己身上的卑贱吧。"③"向人过分显示出他多么像野兽而不显示出他的伟大，这是危险的。向人过分显示出他的伟大而不顾到他的卑鄙，这也是危险的。让人对这两方面都不知道，这是更危险的。让人认识到他既卑鄙，而又

---

① 路德维希·费尔巴哈：《费尔巴哈哲学著作选集》（下卷），荣震华、王太庆、刘磊译，生活·读书·新知三联书店，1962年，第315页。
② 汝信：《人道主义就是修正主义吗》，载于《人性、人道主义问题讨论集》，人民出版社，1983年，第21页。
③ 罗国杰编：《人道主义思想论库》，第359页。

伟大，这才是有益的。"①

显然，作为最高价值的"人"，并非"人"的全部东西，而只是其中部分东西。培里已经看到了这一点，他说："人道主义把人看作值得赞美的对象……因而使得我们发问，是人的什么东西被认为是值得赞美的？"② 是什么东西呢？布耶娃所给的答案：作为最高价值的人，乃是指人的发展、完善、自我选择、自我造就，亦即人生而固有的创造性潜能之实现，说到底，就是人的自我实现——"自我实现"与"自我创造性潜能的实现"是同一概念——成为可能成为的最有价值的人。对此，布耶娃在概括人道主义根本特征时说得很清楚："'人的东西'通常所指的范围极广……最重要的是不断增长的个性自我实现的要求，创造的要求，发展创造力的要求。"③

自我实现、自我创造性潜能的实现是最高价值，这种观点能成立吗？答案是肯定的。这可以从两方面看。一方面，现代心理学，特别是马斯洛心理学，证实了文艺复兴人道主义思想家的伟大发现：每个人生而固有创造性潜能。只不过，从质上看，每个人创造性潜能的类型不同，如有些人具有绘画创造性潜能，有些人具有思辨创造性潜能；从量上看，每个人的创造性潜能程度有所不同：同样具有某种创造性潜能的人，具有这种创造性的程度——多少、大小、高低，是不同的。不但此也！马斯洛心理学发现，人有五种基本需要，按照从低级到高级的顺序，依次是：生理需要、安全需要、爱的需要、自尊需要、自我实现需要。人的创造性潜能的实现，所满足的是人的最高需要——自我实现需要，因而也就是人的最高幸福，具有最高价值：最高价值岂不就是满足人的最高需要的价值，最高幸福岂不就是人的最高需要获得满足的心理体验？

另一方面，人的自我实现能够最大限度地满足全社会和每个人的一切需要。因为任何社会的财富，不论是物质财富还是精神财富，统统不过是人的活动的产物，不过是人的能力之发挥、潜能之实现的结果，说到底，不过是人的创造性潜能实现之结果。所以，人的自我实现越充

---

① 北京大学西语系编：《从文艺复兴到十九世纪资产阶级文学家艺术家有关人道主义人性论言论选辑》，商务印书馆，1971 年，第 156 页。
② 罗国杰编：《人道主义思想论库》，第 509 页。
③ 布耶娃、赵鸣文：《人是最高的价值和宝贵的社会财富》，《世界哲学》，1991 年第 6 期。

分、人的创造性潜能实现得越多，社会的物质财富和精神财富便越丰富，社会便越繁荣进步，而每个人的需要也就会越加充分地得到满足。反之，人的自我实现越不充分、人的创造性潜能实现得越少，社会的物质财富和精神财富便越贫乏，社会便越萧条退步，而每个人的需要的满足也就越不充分。所以，人的自我实现、每个人创造性潜能之实现乃是一切财富的源泉，是最根本、最重要、最伟大的财富，因而也就能够最大限度地满足全社会和每个人的需要，从而具有最高价值。

因此，说包含着诸多负价值（缺点、残忍、病痛、嫉妒、不幸等）的人是最高价值，实乃浅层的外在皮相的初级真理；而内在的深层本质的高级真理则是：人的自我实现，人生而固有的创造性潜能的实现，是最高价值。既然如此，那么不言而喻：应该使人自我实现，使人实现自己的创造性潜能而成为可能成为的最有价值的人——"使人成其为人"，这是待人的最高道德原则和衡量国家制度好坏的最高价值标准：此乃文艺复兴人道主义之真谛也！

准此观之，人道主义，就其为思想体系来说，确为真理；就其为国家制度来说，确为好国家制度。因为一方面，人道主义是将人本身的发展、完善、自我实现当作最高价值的社会制度和思想体系，这是人道主义"事实如何"方面的根本特征；另一方面，人道主义是把人本身的发展、完善、自我实现奉为待人最高原则的社会制度和思想体系，这是人道主义"应该如何"方面的根本特征。合而言之，人道主义是视人的创造性潜能的实现是最高价值，从而将"使人实现自己的创造性潜能而成为可能成为的最有价值的人"奉为待人最高原则的国家制度和思想体系，简言之，便是视人的自我实现为最高价值从而将"使人成其为人"奉为待人最高原则的国家制度和思想体系。

3 人道：国家治理和国家制度好坏的最高价值标准

综上可知，人道主义有两个定义：广义的与狭义的。广义人道主义是视人为最高价值——从而将"善待一切人、爱一切人、把一切人都当作人来看待"当作待人最高原则——的国家制度和思想体系，可以称之为"博爱的人道主义"，"将人当人看"的人道主义，是外在的浅层皮相的初级人道主义。反之，狭义人道主义则是认为人的创造性潜能的实现是最高价值的国家制度和思想体系，从而把"使人实现自我创造性潜能而成为可能成为的最有价值的人"奉为待人最高原则——不妨名之为

"自我实现的人道主义","使人成其为人"的人道主义,是内在的深层本质的高级人道主义。

从人道主义广义与狭义及其关系可以看出,所谓人道,就其作为人道主义道德原则来说,也具有相应的广义与狭义:一方面,就广义的、浅层的、初级的人道来说,人道乃是视人为最高价值——善待一切人、爱一切人、把任何人都当人看待——的行为,是基于人是最高价值的博爱行为,说到底,是"把人当人看"的行为,这是如何待人的最高道德原则和价值标准。另一方面,就狭义的、深层的、高级的人道来说,人道乃是视人的创造性潜能的实现为最高价值——使人实现自己的创造性潜能——的行为,也就是视人的自我实现为最高价值而使人自我实现的行为,说到底,亦即"使人成其为人"的行为,这是如何待人的最高道德原则和价值标准。

不难看出,"人道"与其他道德原则,如"善"和"仁爱"等,根本不同;"人道主义"与其他道德理论,如"利己主义"与"利他主义"等,也根本不同。因为人道主义不仅与这些道德理论一样,是关于某种道德原则的理论;而且还与资本主义、社会主义和共产主义一样,是关于某种国家制度的理论。社会主义和共产主义是关于生产资料公有的理想国家制度理论。人道主义则是关于"如何善待人"的理想国家制度理论,是关于将"人道"奉为国家制度最高原则的理想国家制度理论,是关于把"将人当人看"与"使人成其为人"奉为国家制度最高原则的理想国家制度理论:这种理想国家制度,一方面,使每个人都被当作人、当作最高价值来对待;另一方面,使每个人都能够实现自己的创造潜能、成为一个可能成为的最有价值的人。

美哉!"将人当人看"与"使人成其为人"的国家制度、社会制度,堪称最美好的理想国家制度!最美好的理想社会制度!特别是"使人成其为人"。试想,如果一个国家的社会制度使每个人都能够实现自己创造性潜能,成为一个可能成为的最有价值的人,那么,一方面,该国的每个人便都享有最高幸福(自我实现的幸福是最高幸福);另一方面,该国的物质财富和精神财富必定因每个人创造性潜能实现而极大丰富,每个人的需要也就会最大限度得到满足。这岂不就是历代思想家梦寐以求的理想国吗?

国家制度、社会制度是决定性的、根本性的和全局性的因素。国民品德好坏,总体说来,取决于国家制度、社会制度好坏。只要国家制度、社会制度好，绝大多数国民品德必定好；只要国家制度、社会制度不好，绝大多数国民品德必定坏。因此，历代人道主义思想家努力追求的，真正讲来，并不是每个人如何善待他人的道德问题，而是要实现一种理想的国家制度、社会制度，一种人道的国家制度、社会制度，一种将人当人看和使人成其为人的国家制度、社会制度。

14—16世纪文艺复兴时期的人道主义，正如宫岛肇所言，实质上并不是每个人如何善待他人的道德理论，而是一种通过复兴古典文化来反对封建主义和神权统治的国家和社会制度，从而"成为开辟人类历史新时代和新社会的社会革新的原理"①。17—18世纪启蒙运动时期的人道主义，众所周知，乃是废除封建专制而代之以"自由、平等和博爱"的资本主义新社会的资产阶级革命理论。19—20世纪的人道主义——特别是社会主义的人道主义——则是一种关于克服资本主义各种弊端的新的人道社会制度理论。

可见，所谓人道主义，虽然也是一种道德原则理论；但是，就其实质来说，乃是一种理想的国家制度和社会制度理论，是一种关于人道的国家制度和社会制度理论，说到底，是一种将人道奉为国家制度好坏最高价值标准的社会制度理论。相应地，所谓人道，虽然也是一种应该如何待人的道德原则；但是，就其实质来说，乃是统治者应该如何善待被统治者的最高道德原则，是统治者应该如何治理国家的最高价值标准，说到底，是国家治理和国家制度好坏的最高价值标准。因此，潘扎鲁说："人道主义已经获得了一种政治纲领的意义……一种组织和管理社会的标准和法则。"②

然而，人道之为国家制度好坏最高价值标准，正如正义之为国家制度好坏根本价值标准一样，并非几个原则，而是一系列原则所构成的原则体系："将人当人看"只是广义人道总原则；"使人成其为人"只是狭义人道总原则。从这两个人道总原则出发，不难推导出一系列人道分原则。因为，不难看出，狭义人道"使人成其为人"，虽然比广义人道"将人当人看"远为根本、深刻和高级，但是，它充其量也只是表明：应该使人自我实现、应该使人成其为人。可是，它未能指明：究竟怎样

---

① 沈恒炎、燕宏远主编：《国外学者论人和人道主义》第三辑，社会科学文献出版社，1991年，第735页。
② 同上。

才能使人成其为人、使人自我实现？人道主义对于这个问题的回答，众所周知，可以归结为，应该使人自由，因为自由乃是每个人实现自己的创造潜能，从而成为一个可能成为的最有价值的人的根本条件，是每个人自我实现的根本条件：自由是最根本的人道。

二　自由：最根本的人道

1　自由的概念

不言而喻，要知道自由是什么，须知道自由在何处。众所周知，非生物界无所谓自由，我们不能说一座山或者一条河是自由的还是不自由的。植物界也无所谓自由，我们不能说一棵树是自由的还是不自由的。自由显然仅仅存在于动物界：动物是能够自由运动的生物。不过，动物的一切运动并非皆为自由。心脏跳动是自由的还是不自由的？血液循环是自由的还是不自由的？显然都无所谓自由不自由。那么，自由究竟存在于动物的什么领域？无疑存在于受心理、意识、意志支配的活动领域。所以，洛克说：

> 自由要前设理解和意志——一个网球不论为球拍所击动，或静立在地上，人们都不认为它是一个自由的主体。我们如果一研究这种道理，就会看到，这是因为我们想象网球不能思想，没有意欲，不能选择动静的缘故。
>
> 因此，离了思想，离了意欲，离了意志，就无所谓自由。①

可见，自由是一种受心理、意识或意志支配的活动。这样，自由便属于行为范畴：行为就是有机体受意识支配的实际活动。那么，自由是一种什么行为？自由就是能够按照自己的意识进行的行为，亦即按照自己的知（认知、理解）、情（愿望、理想）、意（意志、目的）进行的行为；不自由则是不能按照自己的意识进行的行为，亦即不能按照自己的知、情、意进行的行为。不过，一般讲来，我们往往说自由是能够按照自己的意志进行的行为，而不说自由是能够按照自己的思想或愿望所进行的行为。这是为什么？

原来，自由必与意志相关，而未必与知、情相关。试想，一个人即使没有能力做某件事，也会极想望、愿望做某事。因此，他若不能按照

---

① 洛克：《人类理解论》（上册），郑文运译，商务印书馆，1958年，第208页。

自己的思想、愿望做某事，便可能不是因为他不自由，而是因为他没有能力。举例说，我的腿跌断了，但是，看见别人踢球，我便也极想去踢；可我却不能按照我想望的那样去踢：由此显然不能说我无踢球自由，而只能说我无踢球能力。反之，一个人只有在他认为有能力做某事时，才会有去做某事的意志。因此，他若不能按照自己的意志去做某事，一般说来，便不是因为他没有能力，而是因为他没有自由。

试想，我的腿摔断了，我便只会有踢足球的想望，而绝不会有去踢足球的意志。只有在我的腿痊愈而能踢足球时，我才会产生踢足球的意志。此时我若不能按照自己的意志去踢足球，便不能说我无踢足球的能力，而只能说我无踢足球的自由。所以，说自由是能够按照自己的理解和愿望进行的行为，固然不错；但是，说自由是能够按照自己的意志进行的行为，就更加精确了。这就是我们常说"自由是能够按照自己的意志而不是自己的想望进行的行为"的缘故。

2 自由的价值

"生命诚可贵，爱情价更高，若为自由故，二者皆可抛。"从古到今，几乎无人不热爱、追求和颂扬自由。可是，柏林问得好——"自由有什么价值？它是不是人类的一种基本需要，或只是达成其他一些基本需求的先决条件？"①

自由确是人类的一种基本需要。因为，正如巴甫洛夫所说，任何形态的物质之所以能够保持自身的存在，都同样有赖于自身内部诸因素之间及其复合体与外界环境之间的平衡。而物质形态越高级复杂，它内外平衡的保持便越困难，它保持平衡的条件也就越复杂高级。②石头的平衡几乎在任何条件下都可以保持。植物则需要阳光、水分、营养。动物比植物更高级，那么，它所特有的保持平衡、维持生存的根本条件是什么呢？是自由运动能力：动物是能自由运动的生物，植物是不能自由运动的生物。植物不具有自由能力，是因为没有自由能力，它们也可以生存：植物不需要自由。反之，动物若不具有自由能力，便不可能维持生存。就拿一头笨猪来说吧，若是它真笨得完全丧失自由能力，而像一棵树那样，固定在某个地方不动，任凭风吹日晒雨淋，它还能生存吗？所

---

① Isaiah Berlin, *Four Essay on Liberty* (Oxford: Oxford University Press, 1969), p. ix.

② 巴甫洛夫：《条件反射演讲集——动物高级神经活动（行为）的二十五年客观研究》，中国科学院心理研究室译，人民卫生出版社，1954年，第3页。

以，动物的生存需要自由：自由是动物生存的根本条件、根本需要。巴甫洛夫说：

> 自由反射当然是动物的一种共同特性，一种普遍的反应，而也是最重要的先天反射之一。缺少这种反射，一个动物所面临的每一细微障碍，都会完全阻碍它的生活过程。这是我们很熟知的；因为一切动物，当剥夺了它们的通常自由，便奋力于解放自己，特别是野生动物在第一次被擒获时是如此的。[1]

动物所固有的，人无不具有。自由是动物的基本需要，也就不能不是人的基本需要。而且人对自由的需要程度，远比其他动物更为基本、更为重要。因为低级物质形态没有自由的需要和自由的能力，自由是物质形态发展到动物阶段才产生的高级需要、高级能力。由此可知，在动物进化的阶梯上，越是低级的动物，对自由的需要就越少，自由就越不重要、越不基本；越是高级的动物，对自由的需要就越多，自由就越重要、越基本。人是最高级的动物，所以人对自由的需要便最多，自由就最重要、最基本：自由是最深刻的人性需要。

那么，具体说来，自由在人的需要的层次上究竟占有怎样深刻、基本的地位呢？马斯洛说："至少有五种目标，我们可称之为基本需要，扼要地说，这就是生理、安全、爱、尊重和自我实现。"[2] 人对自由的需要程度大体与安全和爱相当。自由不及生理需要基本。柏林说："埃及农民对于衣物和医药的需要优先于、强烈于对个人自由的需要。"[3] 但人对于自由的需要比尊重和自我实现更基本。因为一个人即使尊重丧尽、碌碌无为，他总还是能够活着；若是自由丧尽，像植物一样，那他要生存便万万不可能了。

自由是人的一种基本需要。而有什么需要，便会有什么欲望；有什么欲望，便会有什么目的，欲望是对需要的觉知，目的是实现的欲望。所以，全面地看，应该说：自由是人的一种基本需要、基本欲望、基本目的。因此，自由有价值，根本说来，并不是因为它是达成其他有价值的、可欲的事物之手段；而是因为自由本身就是有价值的、可欲的，就

---

[1] 巴甫洛夫：《条件反射演讲集》，第224页。
[2] 马斯洛等：《人的潜能与价值——人本主义心理学译文集》，林方编译，华夏出版社，1987年，第176页。
[3] Isaiah Berlin, *Four Essay on Liberty*, Oxford University Press, 1969, p. 124.

能够满足人们的需要，就是人们所追求的目的：自由具有内在价值、目的价值。

不但如此，自由还是达成其他众多有价值事物的一种手段，因而还具有外在价值、手段价值。自由所能达成的有价值事物，不胜枚举；更确切些说，自由乃是获得一切有价值的事物最根本的必要条件。因为自由的定义——自由是能够按照自己的意志进行的行为——表明：自由是一种能够的、可能的行为，是行为的可能性，亦即行为的机会。这就是说，自由的价值乃在于提供种种机会。所以，哈耶克说："自由能够给予个人的只是种种机会。"① 菲利普斯（H. B. Phillips）也这样写道："在一个进步的社会，对于自由的任何限制，都会减少可尝试事情之数量，从而降低社会进步的速度。"② 因此，如果有自由，就有获得一切有价值的事物的机会，就可能获得各种有价值的事物；如果没有自由，就没有获得一切有价值的事物的机会，就不可能获得各种有价值的事物：自由乃是获得一切有价值的事物最根本的必要条件。所以，洛克说："自由是其余一切的基础。"③ 哈耶克说："自由并不仅仅是许许多多价值中的一个，而是一切价值的根源。"④

自由是获得一切有价值的事物最根本的必要条件；而其中最重要的事物，则正如文艺复兴时期的人道主义者所发现，乃是自我实现。所谓自我实现，亦即自我完善、自我成就，是实现自己的潜能，从而使自己成为一个可能成为的最有价值的人。马斯洛说："自我实现是指人的自我完善的渴望，也就是使自己的潜能得以实现的倾向。这种倾向也就是越来越成为一个独特的人的渴望，成为他能够成为的那个人。"⑤ 现代心理学发现，创造能力是每个人与生俱来的一种潜能，只不过大多数人后天逐渐丧失了它。⑥ 因此，每个人的自我实现，真正讲来，乃是实现

---

① Friedrich A. Hayek, *The Constitution of Liberty* (Chicago: University of Chicago Press, 1978), p. 71.

② Ibid., p. 9.

③ 约翰·洛克：《政府论》（下篇），叶启芳、瞿菊农译，商务印书馆，1993年，第13页。

④ 霍伊：《自由主义政治哲学——哈耶克的政治思想》，刘锋译，生活·读书·新知三联书店，1992年，第40页。

⑤ Abraham H. Maslow, *Motivation And Personality* (Second Edition) (New York: Harper & Row, 1970), p. 46.

⑥ Ibid., p. 172.

自己的创造潜能。

问题的关键在于,所谓创造性,也就是独创性:创造都是独创的、独特的;否则便不是创造,而是模仿了。这样,一个人的创造潜能的实现,实际上便以其独特个性的发挥为最根本的必要条件,二者成正相关变化:一个人的个性发挥得越充分,他的创造潜能便越能得到实现,他的自我实现的程度便越大;他的个性越是被束缚,他的创造潜能便越难实现,他的自我实现的程度便越低。这就是为什么古今中外那些大学者、大发明家、大艺术家、大文豪,大都是些特立独行的怪物;而越是不能容忍个性的社会,就越缺乏首创精神:"一个社会中的特立独行的数量,一般来说,总是和该社会中所拥有的天才、精神力量以及道德勇气的数量成正比。"① 所以穆勒大声疾呼:"只有个性的培养才造就,或者才能造就充分发展的人类。"②

那么,一个人的个性究竟如何才能得到充分发挥呢?不难看出,一个人个性的发挥和实现程度,取决于他所得到的自由的程度。因为,正如存在主义所说,一个人的个性如何、他究竟成为什么人,不过是他自己的行为之结果:"人从事什么,人就是什么。"③ 于是,一个人只有拥有自由,能够按照自己的意志去行动,他所造就的自我,才能是具有自己独特个性的自我;反之,他若丧失自由、听任别人摆布,按照别人的意志去行动,那么,他所造就的便是别人替自己选择的、因而也就不可能具有自己独特个性的自我。

这样,自我实现最根本的必要条件是个性的发挥,个性发挥最根本的必要条件是自由。于是,说到底,自由便是自我实现最根本的必要条件,二者成正相关变化:一个人越自由,他的个性发挥便越充分,他的创造潜能便越能得到实现,他的自我实现的程度便越高;一个人越不自由,他的个性发挥便越不充分,他的创造潜能便越得不到实现,他的自我实现程度便越低。

自由是每个人自我实现、发挥创造潜能最根本的必要条件,同时也是社会繁荣进步最根本的必要条件。因为社会不过是每个人之总和。每

---

① John Stuart Mill, *On Liberty*, in Robert Maynard Hutchins(ed.), *Great Books of The Western World*, Volume 43(Chicago:Encyclopedia Britannica,Inc,1952), p. 299.

② Ibid., p. 297.

③ 海德格尔:《存在与时间》,陈嘉映、王庆节译,生活・读书・新知三联书店,1987年,第 288 页。

个人的创造潜能实现得越多，社会岂不就越富有创造性？每个人的能力发挥得越充分，社会岂不就越繁荣昌盛？每个人的自我实现越完善，社会岂不就越进步？所以，杜威说："自由之所以重要，是因为它是发挥个人潜力和促进社会发展的条件。"① 诚然，自由不是社会进步的唯一要素。科学的发展、技术的发明、生产工具的改进、政治的民主化、道德的优良化等都是社会进步的要素。但是，所有社会进步的要素，统统不过是人的活动的产物，不过是人的潜能实现之结果，因而说到底，无不以自由——创造性潜能实现的最根本必要条件——为最根本的必要条件。

因此，自由虽不是社会进步的唯一要素，却是社会进步的最根本的要素、最根本的条件。所以，穆勒把自由精神叫作"前进精神"或"进步精神"，他一再说："进步的唯一无穷而永久的源泉就是自由。"② 这样，若要社会进步，根本说来，便应该使人自由；若是压抑自由，便从根本上阻碍了社会进步。换言之，自由的社会，必定繁荣进步；不自由的社会，必定停滞不前——若是它还能进步，那并不是因为它不自由，恰恰相反，乃是因为在这个不自由的社会里，存在着勇于反抗而不畏牺牲的自由斗士们。

综观自由价值可知，一方面，自由是可欲的，因为它本身就是可欲的，它是人类的一种基本需要、基本欲望、基本目的，这是自由的内在价值；另一方面，自由是可欲的，因为它是达成自我实现和社会进步的根本条件，这是自由的外在价值。

自由的价值，特别是其外在价值，使其成为人道根本原则。因为所谓人道，就其作为人道主义道德原则来说，就是视人的自我实现为最高价值从而使人自我实现的行为，说到底，就是"使人成其为人"：使人实现自我创造性潜能从而成为可能成为的最有价值的人。这样一来，"自由是自我实现最根本的必要条件"显然意味着，使人自由是使人自我实现——"使人成其为人"——的根本原则，说到底，自由是人道根本原则：自由是最根本的人道。所以，当代著名人道主义思想家保罗·库尔茨一再说："人道主义的基本原则是保卫个人自由。"③

---

① 张品兴、乔继堂主编：《人生哲学宝库》，中国广播电视出版社，1992年，第237页。
② See Robert Maynard Hutchins, *Great Books of The Western World*, Volume. 43, p. 300.
③ 保罗·库尔茨：《保卫世俗人道主义》，余灵灵译，东方出版社，1996年，第78页。

自由不但是人道根本原则，而且更重要的，乃是国家制度好坏的最高价值标准。因为如上所述，一方面，人道乃是国家制度好坏的最高价值标准，所以，自由是人道根本原则，便意味着：归根结底，自由是国家制度好坏的最高价值标准。另一方面，自我实现是最高价值，所以，自由是自我实现最根本的必要条件，便意味着：归根结底，自由是最高价值，因而也就是国家制度好坏的最高价值标准。这样一来，自由便与人道同为国家制度好坏最高价值标准，只不过重要程度有所不同：人道是国家制度好坏浅层最高价值标准，自由是国家制度好坏深层最高价值标准。

如果说正义是国家制度好坏价值标准，是古希腊思想家的伟大发现，说到底，是柏拉图的伟大发现；那么，自由之为国家制度好坏价值标准，则是文艺复兴时期人道主义者的伟大发现，说到底，是但丁的伟大发现。他一再说："好的国家是以自由为宗旨的。"① "当人类最自由的时候，就是它被安排得最好的时候。"② 从这些真知灼见出发，阿克顿和哈耶克等自由主义思想家系统论证了自由之为国家制度好坏最高价值标准原理。通过这些论证，他们得出结论说："自由的理念是最高贵的价值思想——它是人类社会生活中至高无上的法律。"③ "自由是一个国家的最高善。"④

不难看出，自由之为国家制度好坏最高价值标准，定然不是那种简单的、单一的道德原则或价值标准，而是由多种道德原则或价值标准组合而成的相当复杂的道德原则或价值标准体系。这种道德原则或价值标准体系，细究起来，原本由两大类型、六大原则构成，亦即"自由的法治原则""自由的平等原则"和"自由的限度原则"三大自由普遍原则以及"政治自由原则""经济自由原则"和"思想自由原则"三大自由具体原则。

3 自由的普遍原则

自由的法治原则 任何社会都不可能没有强制而完全自由。那

---

① 《从文艺复兴到十九世纪资产阶级哲学家政治思想家有关人道主义人性论言论选辑》，第21页。
② 同上书，第19页。
③ 约翰·阿克顿：《自由与权力》，侯健、范亚峰译，商务印书馆，2001年，第307页。
④ F. A. Hayek, *Law, Legislation and Liberty*, Volume 1(Beijing: China Social Sciences Publishing House, 1999), p. 94.

么，究竟怎样的社会才是自由的社会？社会不过是由两个以上的人因一定联系所结成的集体、共同体。所以，自由集体的特征也就是自由社会的特征。然而，怎样的集体才是自由的集体？不难看出，自由的集体乃是这样的集体，在这个集体中，所有的强制都是全体成员一致同意服从的。这样，该集体虽有强制，但每个人对它的服从，乃是在服从自己的意志，因而也就是自由的。举例说，打扑克、下象棋，都有种种必须服从的强制规则。可是，每个人都不感到不自由。为什么？岂不就是因为，这些强制规则是每个人都同意服从的？社会也是如此。如果一个社会的所有强制都符合该社会全体成员一致同意或认可的行为规范，那么，每个人对该社会强制的服从，同时也是在服从自己的意志，因而也就是自由的。

不过，一个社会、国家的全体成员往往数以亿计，怎样才能取得一致同意或认可？无疑只有实行民主政治，从而通过"代议制"和"多数裁定"原则而间接地取得一致同意。这样，一方面，代表们所制定的行为规范可能是很多公民不同意的；但代表既然是公民选举的，那么，这些部分公民直接不同意的规范，却间接地得到了代表的同意。另一方面，多数代表所确定的规范，可能是少数代表不同意的；但他们既然同意"少数服从多数"的原则，那么，这些少数代表直接不同意的规范，也就间接地得到了多数代表的同意。这种直接或间接得到全社会每个成员同意的行为规范——法和道德——便是所谓的"公共意志"。所以，只要实行民主政治，那么，不管一个社会有多少成员，该社会的法和道德都可以直接或间接得到每个成员的同意而成为"公共意志"；从而每个人对它的服从，也就是在服从既属于别人也属于自己的意志，因而也就是自由的。

可见，所谓自由社会，须具备两个条件。第一个条件是，该社会必须是法治而不能是人治。也就是说，统治者必须按照法律和道德进行治理，而不能违背法律和道德而任意治理。第二个条件是，该社会的法律和道德必须由全体成员或其代表制定或认可，从而是公共意志的体现；而不能是个别人物意志的体现。

合而言之，一个自由-人道社会的任何强制，都必须符合该社会的法律和道德；该社会的所有法律和道德，都必须直接或间接得到全体成员的同意。这就是自由的法治原则，这就是衡量一个社会和国家是否自由、是否人道的法治标准。

自由的平等原则　如果一个社会所有的强制都符合其法律和道德，并且所有的法律和道德都是公共意志的体现，那么，该社会就是自由的、人道的社会吗？还不够。自由的、人道的社会还须具备另一个条件，那就是：人人都必须同样地、平等地服从强制，同样地、平等地享有自由。否则，如果一些人必须服从法律，另一些人却不必服从法律；一些人能够享有自由，另一些人却不能够享有自由，那么，这种社会显然不是个自由社会。因此，哈耶克说："为自由而斗争的伟大目标，一直是法律面前人人平等。"①

自由应该成为人人平等享有的依据，不仅在于自由是最根本的人道，是实现每个人创造性潜能——而成为可能成为的最有价值的人——的最根本必要条件，而且还在于自由是一种人权，是每个人作为结成人类社会的一个股东所应该得到的最低的、起码的、基本的权利。所以，《人权宣言》第 2 条说："任何政治结合的目的，都在于保护人的天赋和不可侵犯的权利。这些权利就是自由、财产、安全和反抗压迫。"自由既然是一种人权，也就应该为人人平等享有：在自由面前人人平等。

这一原则在当代哲学家罗尔斯那里得到系统论述，并被叫作"正义的第一原则"而表述为："每个人对最大限度的平等的基本自由之完整体系，或与其一致的类似的自由体系，都应该享有一种平等的权利。"② 平等地享有自由同时也就意味着：平等地服从强制、平等地服从法律。于是，合而言之，人人应该平等地享有自由，在自由面前人人平等；人人应该平等地服从强制，在法律面前人人平等。这就是自由的平等原则，这就是衡量一个社会和国家是否自由、是否人道的平等标准。

自由的限度原则　一个社会，如果实现了自由的法治标准和平等标准，就是个自由的、人道的社会吗？为了弄清这个问题，让我们假设有这样一个社会，该社会全体成员都愿意像军人一样生活，从而一致同意制定并且完全平等地服从最严格的法律。如是，这个社会确实实现了自由的法治标准和平等标准，但它显然不是个自由的、人道的社会：它的

---

① Friedrich A. Hayek, *The Constitution of Liberty*, p. 85.
② John Rawl, *A Theory of Justice*, (Revised Edition) (Cambridge, Mass: Harvard University Press, 2000), p. 266.

强制的限度过大而自由的限度过小。所以，自由、人道社会之为自由、人道社会，还含有一个要素：强制和自由的限度。

毫无疑义，若是没有一定的强制，任何社会都不可能维持其存在。不过，强制有两种。一种是坏的、恶的，如杀人越货；另一种则是好的、善的、必要的，如枪杀凶手、惩罚罪犯。然而，若从自由的价值来看，所谓好的、善的、必要的强制，仅仅是就其结果来说的；若就强制自身性质来说，则同样因其使人失去自由而不能不是恶，只不过是"必要恶"罢了。必要恶之必要性，无非有二。一是可以防止更大的恶。如阑尾炎手术，割开肚子，是害、是恶。但这种恶是必要的，因为它可以防止更大的恶：死亡。二是可以求得更大的善。如冬泳时寒水刺骨，苦不堪言，是害、是恶。但这种恶是必要的，因为它可以求得更大的善：延年益寿。那么，社会必要强制之必要性，究竟在于防止更大的恶，还是在于求得更大的善，抑或兼而有之？

社会强制这种恶的必要性，只在于防止更大的恶，而不在于求得更大的善。因为社会强制只能防止社会灭亡而保障社会的存在，却不能促进社会发展。这是因为，自由价值的研究表明：自由是每个人创造性潜能的实现和社会发展进步的最为根本的必要条件。这岂不意味着：强制、不自由是每个人创造性潜能的实现和社会发展进步的根本障碍？因此，长久地看，强制只能维持社会的存在；而只有自由才能促进社会的发展。

由此可以断言：长久说来，只要社会能够存在，社会的强制便应该等于零而完全自由。换言之，强制只应该用来维持社会的存在，而不应该用来促进社会的发展；只有自由才应该用来促进社会的发展。说到底，一个社会的强制，应该保持在这个社会的存在所必需的最低限度；一个社会的自由，应该广泛到这个社会的存在所能容许的最大限度。这就是自由的限度原则，这就是衡量一个社会和国家是否自由、是否人道的自由限度之标准。

最早系统阐述这一原则的，大概是洪堡。他将这一原则归结为"强制只可用来防止恶而不可用来取得善"，并将其作为国家作用的第一条原则："第一条原则必然是：国家不要对公民正面的福利作任何关照，除了保障他们对付自身和对付外敌所需要的安全外，不要再向前迈出一步：国家不得为了其他别的最终目的而限制他们的自由。"①

综上可知，自由的法治、平等与限度三大原则，乃是自由-人道社会的普遍原则，是衡量任何社会是不是自由社会、是不是人道社会的普遍标准：符合三者的社会便是自由的、人道的社会；只要违背其一，便不配享有自由、人道社会的美名。从这些普遍原则出发，便可解决人类社会极其复杂的具体自由难题——政治自由、经济自由与思想自由——从而确立更为重要的三大具体的自由原则：政治自由原则、经济自由原则与思想自由原则。

4 自由的具体原则

政治自由原则 自由是没有外在强制而能够按照自己意志进行的活动，意味着：政治自由是没有外在强制而能够使政治按照自己的意志进行的活动。举例说，在一个君主专制的国家，能够使国家政治按照自己意志进行的，只有君主一个人。因此，在这种国家里，正如卢梭所言，只有君主才有政治自由，而其他任何人的政治自由都是零："在这里一切个人之所以是平等的，正是因为他们都等于零。臣民除了君主的意志以外没有别的法律；君主除了他自己的欲望以外，没有别的规则。"② 反之，在一个民主社会，能够使国家政治按照自己意志进行的，是每个公民。因此，在民主社会，每个公民都享有政治自由。

那么，如何才能使政治按照自己的意志进行从而享有政治自由呢？无疑必须拥有政治权力。因为所谓政治，如前所述，亦即权力管理、权力治理、权力统治。这样，任何人要想使政治按照自己的意志进行，便必须拥有权力：没有权力，怎么能够进行权力管理呢？所以，一个人只有拥有政治权力，才能使政治按照自己的意志进行，才能有政治自由；如果他没有政治权力，便不可能使政治按照自己的意志进行，不可能有政治自由。试想，为什么君主专制国家只有君主一人拥有政治自由而其他人都没有政治自由？岂不就是因为君主专制之为君主专制，就在于国家最高权力只掌握在君主一人手中？为什么民主社会每个人都拥有政治自由？岂不就是因为民主之为民主，就在于国家的最高权力完全平等执掌于每个公民？

---

① 洪堡：《论国家的作用》，林荣远、冯兴元译，中国社会科学出版社，1998年，第54页。

② 卢梭：《论人类不平等的起源和基础》，李常山译，商务印书馆，1962年，第146页。

然而，不论任何社会，权力都仅为统治者、管理者所拥有；而被统治者、被管理者是不可能拥有权力的：被统治者、被管理者只可能拥有权利而不可能拥有权力。因为所谓权力，如前所述，乃是仅为社会统治者或管理者拥有且被社会承认的迫使被统治者或被管理者服从的强制力量。这样一来，也就只有社会的统治者、管理者才拥有政治自由，而被统治者、被管理者是不可能拥有政治自由的。这是不足为怪的。因为政治就是权力统治、权力管理；政治自由就是权力统治之自由或权力管理之自由：政治自由不过是一种统治的自由、管理的自由。统治的自由、管理的自由当然只能为统治者、管理者拥有，而不可能为被统治者、被管理者拥有。

政治自由必定只能为拥有政治权力的人所享有，因而必定只能为社会的统治者所享有。这显然仅仅是政治自由之事实如何的客观本性，而不是政治自由之应该如何的道德原则。那么，政治自由就只应该为统治者享有而不应该为被统治者享有吗？不！众所周知，每个公民——不论统治者还是被统治者——都应该享有政治自由：这就是关于政治自由的道德原则。这样，一方面，政治自由事实如何的客观本性是：政治自由只能为统治者所享有；另一方面，政治自由应该如何的道德原则却是政治自由应该为每个公民所享有，说到底，应该为被统治者所享有。这岂不自相矛盾？岂不是圆的方、木的铁？非也！

诚然，政治自由只能为统治者所拥有，被统治者不可能拥有政治自由，这是政治自由的不依人的意志而转移的客观本性。但是，如果有这样一种社会，这种社会的被统治者能够反过来对统治者进行管理，从而变成统治者的管理者和统治者，那么，这种社会的被统治者岂不就与统治者一样拥有了政治自由？是的。被统治者就其是被统治者来说，是不可能拥有政治自由的；被统治者拥有政治自由，绝不是因为他们是被统治者，而是因为他们在某种意义上变成了统治者。那么，一个社会，究竟怎样才能使被统治者同时也是统治者呢？

只有一条途径，那就是：民主。因为，正如科恩所说："民主即民治。""民主是一种人民自治的制度。""民主即人民自己管理自己，人民即统治者。"① 更确切些说，民主是每个公民——统治者或官吏与被统治者或庶民——完全平等地执掌国家最高权力的政体；是每个公民完

---

① 科恩：《论民主》，聂崇信、朱秀贤译，商务印书馆，1988年，第6页。

全平等地是国家最高统治者的政体；是每个公民完全平等地使国家政治按照自己的意志进行的政体；因而也就是每个公民完全平等地拥有最高政治自由的政体：民主政体是每个公民完全平等地拥有最高政治自由的充分且必要条件。

这样一来，民主政体便通过使被统治者反过来成为统治者，解决了"每个公民——不论统治者还是被统治者——都应该拥有政治自由和政治权力的道德原则"与"政治自由和政治权力事实上只能为统治者所拥有的客观本性"之矛盾，从而使这一道德原则得以确立。然而，实际上，任何社会的各级官吏，必定都拥有或高或低或多或少的政治权力和政治自由。因此，作为应该如何的道德原则的政治自由，正如威尔逊总统所言，实乃庶民的政治自由、被统治者的政治自由，是庶民使官吏按照庶民意志进行统治的自由，是被统治者使统治者按照被统治者意志进行统治的自由："政治自由是被统治的人使政府适合他们的需要和利益的那种权利。"①

不难看出，每个公民都应该拥有政治权力从而享有政治自由之道德原则，具有"人道"与"人权"双重根据。从人权方面来看，每个人，不论官吏还是庶民，之所以都应该拥有政治权力从而享有政治自由，是因为政治自由乃是人权。马克思说：

> 人权一部分是政治权利，只是与别人共同行使的权利。这种权利的内容就是参加共同体，确切地说，就是参加政治共同体，参加国家。这些权利属于政治自由的范畴。②

政治自由是人权，因而根据"每个人应该完全平等享有人权"原则，每个人都应该完全平等享有政治自由，亦即完全平等地共同执掌国家最高权力，从而完全平等地共同使国家政治按照自己的意志进行：政治自由原则依据于人权原则。

从人道方面来看，政治自由是最重要的社会自由，从而是人道社会根本特征。这不仅因为政治是最重要的社会强制，因而政治自由所给予每个公民的也就是最重要的社会自由；而且更主要的是因为，每个公民都拥有政治自由意味着：统治者必须按照每个公民自己的意志进行统

---

① 《资产阶级政治家关于人权、自由、平等、博爱言论选录》，世界知识出版社，1963年，第210页。

② 《马克思恩格斯全集》（第三卷），人民出版社，2002年，第181页。

治，说到底，必须按照被统治者的意志进行统治。这样，每个公民特别是被统治者的其他社会自由，如言论自由、出版自由、经济自由等，能否实现，便完全取决于自己的意志，因而是有保障的。

反之，如果政治不自由，那么，统治者便不是按照每个公民的意志，而是按照自己的意志进行统治。这样，每个公民特别是被统治者的其他社会自由能否实现，便完全取决于统治者的意志而不是取决于自己的意志，因而是无保障的。所以，政治自由决定其他社会自由，是实现其他社会自由的根本保障，从而也就是人道——自由是最根本的人道——社会的根本保障。萨托利说："政治自由不是心理的、思想的、道德的、社会的、经济的或法律的自由。但这些自由均以政治自由为先决条件。"① 于是，一个社会若要成为人道的社会，根本说来，必须使每个公民拥有政治自由：政治自由原则依据于人道原则。

总而言之，每个公民都应该完全平等地共同执掌国家最高权力，从而完全平等地共同成为国家最高统治者，完全平等地共同使国家的政治按照自己意志进行，完全平等地共同拥有最高政治自由。换言之，一个国家的政治，应该完全平等地得到每个公民的同意，应该完全平等地按照每个公民自己的意志进行，说到底，应该按照被统治者的意志进行。这就是"政治自由原则"，这就是衡量一个社会和国家是否自由、是否人道的政治自由标准：它与"政治平等原则"一起成为"人民主权原则"和民主政体的依据。

经济自由原则 经济自由原则无疑创始于亚当·斯密，他称之为"自然自由制度"："一切特权的或限制的制度一旦完全被废除，简单而显著的自然自由制度就会自动建立起来。每一个人，只要不违反正义的法律，就应该容许他完全自由地用自己的方法追求自己的利益，以其勤勉和资本而与任何其他人或阶级相竞争。"②

弗里德曼将其概括为一句名言——"政府应该是仲裁者而不应该是当事人"，进而解释说："自由市场的存在当然并不排除对政府的需要。相反地，政府的必要性在于，它既是'游戏规则'的论坛和制定

---

① Giovanni Sartori, *The Theory Democracy*, Revisited (New Jersey: Chatham House Publisher, 1987), p.298.

② Adam Smith, *An Inquiry into The Nature and Causes of The Wealth of Nations*, Volume 2 (Oxford: Clarendon Press, 1979), p.687.

者，又是解释和强制执行这些既定规则的裁判员。"① 更确切些说：经济活动应该由市场机制自行调节，而不应由政府管制。"政府管制"与"超出制定和保障经济规则实行的政府管理活动"是同一概念。政府的管理应仅限于约定经济规则和保障其实行，在这些经济规则范围内，每个人都应该享有完全按照自己的意志进行经济活动的自由，都享有完全按照自己的意志进行生产、分配、交换和消费等经济活动的自由。

这就是经济自由原则，这就是衡量国家制度和国家治理好坏的经济自由价值标准。细究起来，该价值标准具有"人道""正义""人权"与"效率"四重根据。

首先，从人道方面看，按照自由限度原则，一个国家的强制，应该保持在这个国家的存在所必需的最低限度；一个国家的自由，应该广泛到这个国家的存在所能容许的最大限度。换言之，只要国家能够存在，国家的强制便应该等于零而完全自由：强制只能维持国家存在，自由才能促进国家发展。这意味着，政府对于经济活动进行管制的依据全在于：没有政府管制，经济活动便不能存在。但是，诚如斯密所发现，一方面，由于自由竞争这只看不见的手的作用，市场经济乃是没有政府管制就能够自发地存在发展的经济：自由竞争可以导致资源配置效率达到最佳状态；另一方面，没有政府保障经济规则实行，市场经济不可能存在发展。因此，市场经济应该自发地存在与发展，而政府的管理应只限于保障市场经济规则实行；超过保障市场经济规则实行的任何政府管制，都意味着违背人道的自由限度原则，因而都是不正当的。

其次，从正义方面看，唯有经济自由、自由竞争才能够实现等价交换的经济正义；而政府管制则因其抑制和违背自由竞争而意味着创造垄断，意味着创造高于边际成本的垄断价格和超额利润，意味着创造超过机会成本的差价，意味着创租、设租和寻租，说到底，意味着不正义：垄断势必导致不等价交换。因为在自由竞争条件下，厂商为了利润最大化，势必将产量确定在边际成本等于价格的产量水平上。② 这就是

---

① Milton Friedman, *Capitalism and Freedom* (Chicago: University of Chicago Press, 1962), p. 15.

② Paul A. Samuelson, William D. Nordhaus, *Microeconomics* (16th Edition) (Boston: The McGraw-Hill, 1998), p. 140.

说，在经济自由、自由竞争条件下的商品价格等于边际成本——等价交换——具有必然性：等价交换是自由竞争的价格规律。反之，垄断条件下的商品价格势必远远高于边际成本。① 这就是说，垄断价格高于边际成本——不等价交换——具有必然性：不等价交换是垄断价格规律。

再次，从人权方面看，经济自由无疑只是一个人获得物质财富的前提、条件或机会，而并不就是物质财富之获得：一个拥有经济自由的人可能仍然是个极其穷困的人。因此，经济自由绝不是什么高级的经济权利，而是每个人的最为基本的经济权利，是每个人必要的、起码的、最低的经济权利，是每个人的经济人权，属于人权范畴。因此，斯密写道："不论如何，禁止大众制造他们自己能够制造的东西，不准他们把资财与劳动投放到他们认为对自己最有利的地方，这是对神圣人权的公然侵犯。"②

最后，从效率方面看，经济自由有效率，而经济不自由则无效率。因为自由价值的研究表明：自由乃是每个人实现创造性潜能和社会发展进步的根本条件；反之，强制、不自由则是每个人实现创造性潜能和社会发展进步的根本障碍。这样，在经济活动能够存在的前提下，政府的管制越多而自由越少，则经济的发展进步，长久地看，必越慢；政府管制越少而自由越多，则经济的发展进步，长久地看，必越快。这就是为什么我们到处可以看到，哪个国家实行经济自由的政策，哪个国家的经济便繁荣昌盛，老百姓的生活水平便得到极大提高；哪个国家实行经济不自由的政策，哪个国家的经济便停滞不前，老百姓的生活水平便极其低下。

这样一来，经济自由便是一个极其重要的衡量国家制度和国家治理好坏的经济价值标准：一种经济制度，如果符合经济自由原则，那么，该经济制度便不但是自由的，而且是人道的、人权的、公正的和高效率的经济制度。

---

① 保罗·萨缪尔森：《经济学》（中册），高鸿业译，商务印书馆，1986年，第192—193页。

② Adam Smith, *An Inquiry into The Nature and Causes of The Wealth of Nations*, Volume 2, p. 582.

三 异化：最根本的不人道

1 异化的概念

异化定义 "异化"（Alienation）一词原本源于拉丁语 Alienatio，意为疏远、脱离、转让、他者化，主要指某者成为他者、某者将自己推诿于他者、某者把自己的东西移让给他者。从此出发，该词逐渐作为科学术语固定下来而分裂为二：一是作为普通的、一般的科学术语；一是作为特殊的、具体的科学术语，即作为人道主义思想体系的基本概念。

作为普通的、一般的科学术语的异化，也就是事物向他物的变化，就是事物自己向异己物的变化，就是事物自身向异于自身的他物的变化。这种异化之典型概念，就是生物学中相对"同化"而言的"异化"：异化与同化都是变化，只不过同化是他物向自身的变化，而异化则是自身向他物的变化。所以，作为一般科学术语的"异化"，不过是一种具体的变化概念，完全隶属、依附于变化范畴而不具有独立的科学研究价值，因而也就不能独立作为科学对象而被任何科学专门研究。具有科学研究价值而成为科学专门研究对象的"异化"，乃是作为人道主义思想体系基本概念的"异化"。那么，这种异化的含义是什么？

作为人道主义思想体系基本概念的异化，无疑是人道主义的对立面，说到底，是自由的对立面。因为自由是最根本的人道，一个人在被强制、受奴役、不自由的情况下，自己做出的而又异于自己的行为即为异化。被强制、受奴役、不自由是异化发生的原因。举例来说，抗战期间，日本兵持枪命令一位中国老人当众奸污自己的儿媳，否则统统枪毙。老人只好照办。老人的这种行为是被强制、不自由的，因而它固然是老人自己做的，却不是受自己意志支配的自己的行为，而是受日本兵意志支配的日本兵的行为：是老人自己做出的异己行为。

由此可见，自己做出异己行为之原因、异化之原因乃在于不自由：一切丧失自由而受他人奴役的行为，都是自己做出而又异于自己的异化行为：就行为者是自己来说，该行为是自己做出的；就行为意志不是自己的来说，该行为又不是自己的，是非己的、异己的行为。

因此，作为人道主义思想体系基本概念的异化，也是指一种事物（某行为主体的行为）向异于自身的他物（非某行为主体的行为）的变化，因而也就隶属于作为一般科学术语的异化概念（事物向异于自身的他物的变化）；只不过，作为一般科学术语的异化，其异化者是任何事物，是任何事物的变化；异化是一物向异于自身的他物的变化。而作为人道主义思想体系基本概念的异化，其异化者则只能是人，是人的行为；异化是行为者自己做出而又异于自己的行为。

异化类型：被迫异化 自愿异化 不觉异化 异化依其原因"不自由"的性质而分为三类：被迫异化、自愿异化、不觉异化。被迫异化源于"被迫的、纯粹的不自由"；这种不自由是无奈的、不自愿的、无可逃避的。例如，老人在日本兵刺刀下奸污儿媳、犯人在管教看管下劳动、孩童被父母强迫读书等，都是行为者在一种无奈的、不自愿的、无可逃避的不自由情况下所进行的异己的、异化的行为，都是源于被迫的、纯粹的不自由之异化，因而便都叫作"被迫异化"：被迫异化是被迫放弃自己意志而遵从他人意志的异化。

自愿异化则是自愿放弃自己意志而遵从他人意志的异化。这种异化源于"自愿不自由"。所谓自愿不自由，也就是可以逃避却不逃避的不自由，是自愿承受乃至主动争取的不自由。例如，工人为了工资，自愿违己而屈从资本家的意志，在资本家看管下劳动；人们为了自己的前途，自愿违己而屈从领导的意志，按领导意志行事；妓女为了金钱，自愿违己而屈从嫖客的意志等都是行为者在一种可以逃避却不逃避的不自由的情况下，自愿进行的异己的、异化的行为，因而便都叫作自愿异化。

"不觉异化"也就是所谓的自我遗忘、自我丧失、自我沉沦，是丧失了自己意志而把他人意志当作自己意志的异化。这种异化源于"不觉不自由"。不觉不自由与自愿不自由不同。自愿不自由者只是压抑、放弃自己意志而尚有自己意志，因而还感到不自由；于是虽放弃了自由而仍可能争得自由、摆脱异化。反之，不觉不自由者则已经丧失了、没有了自己意志，而把他人意志当作自己意志，因而也就不觉得不自由，于是自己也就根本不可能争得自由、摆脱异化了：不觉异化是最深重的异化，是异化之极，是完全异化。不妨拿我国的那句老话"外圆内方"来说：

一个人如果外圆内方，行为不得不遵照他人意志而心里自有主张，那么，他就仍有自我意志，他便是自愿不自由，他的行为便是自愿异化。反之，他若丧失了自我意志而内外皆圆、个性泯灭、随波逐流、乐在其中，那么，他便达到了不觉不自由的境界，他的行为便是不觉异化、完全异化了。

异化类型：经济异化 政治异化 宗教异化　异化还可以依奴役者的性质进行分类：奴役者为神灵的异化叫作宗教异化；奴役者为人的异化则可以称之为世俗异化，主要是经济异化和政治异化。

何谓政治异化？强制意味着不自由，意味着异化。政治，不言而喻，不仅是一种强制，而且是任何国家和社会的最重要、最严重、最高度的强制：政治是一种必须服从的权力统治。那么，能够说被统治者对任何政治的服从都是政治异化吗？不可以。如果一个国家的政治是每个国民的意志的体现，那么，被统治者对该政治的服从，同时也是在服从自己的意志，因而也就是在享受政治自由而非政治异化。反之，如果一个国家的政治不是每个国民意志的体现，而只是统治者意志的体现，那么，被统治者对该政治的服从，便是放弃自己意志而屈从统治者意志的政治异化了：政治异化是服从不体现自己意志的政治统治的行为，是自己所进行的不属于自己而属于政治统治者的行为。

经济异化则是自己做出不属于自己的关于物质财富的行为，是自己创造不属于自己的物质财富的劳动，也就是创造不属于自己而属于他人的物质财富的劳动：经济异化、异化经济、劳动异化、异化劳动四者是同一概念。所以，马克思说："工人在他的对象中的异化表现在：工人生产得越多，他能消费的越少；他创造价值越多，他自己越没有价值、越低贱。"① 可见，经济异化属于劳动范畴，其种差（根本性质）便是自己劳动创造的财富被他人占有，亦即所谓的"被剥削"："被剥削"与"经济异化"实为同一概念。

宗教异化无疑是自己所进行的不是属于自己而属于神灵的行为，亦即信教者自愿放弃自己意志而屈从神灵意志的异化：宗教异化属于"自愿异化"范畴。信教者为什么自愿放弃自己意志而屈从神灵意志？因为信教者以为自己的祸福凶吉均为神灵所掌握。信教者为了摆脱苦难获得幸福而自愿放弃自己意志、遵从神灵意志是异化，正如工人为了工资而自愿放弃自己意志、遵从资本家意志是异化一样。而二者之所以均为异化，则因为二者均起因于强制。经济异化起因于资本家握有资本，资本是一种强制力量；宗教异化则起因于神灵握有祸福，握有祸福岂不更是一种强制力量？

---

①　卡尔·马克思：《1844年经济学哲学手稿》，人民出版社，1985年，第49页。

2 异化的价值

异化究竟是应该的、善的、好的和具有正价值的,还是不应该的、恶的、坏的和具有负价值的?这首先取决于被异化者意志的道德价值。如果被异化者是坏人,他要干的事是坏事,也就是说,他的意志有害于人而具有负价值,那么,使他放弃自己意志而屈从他人有利于人的意志而发生的异化行为,显然具有正价值。简言之,剥夺坏人做坏事的自由而使其异化是应该的。

举例来说,强制罪犯劳动改造,使其做出不受自己损人意志支配、而受他人利人意志支配的异己的、异化的行为,无疑具有正道德价值,是道德的、应该的。反之,给罪犯以损人自由从而消除其异化,则具有负道德价值,是不应该、不道德的。

然而,如果被异化者是好人,他自己的意志无害于人,那么,使其行为发生异化,仍可能具有正价值吗?是的,这种异化仍可能具有正价值。因为我们常常看到,成年人往往无法说服而只好强迫儿童放弃其不理智的意志、屈从成人意志。我们也常常看到,有识者、优秀者有时无法说服无知者、愚蠢者而只好强制他们放弃其错误的意志、屈从正确意志。儿童、无知者、愚蠢者的这些异化行为不论对自己还是对社会无疑都有很大好处,因而具有很大的正价值。

异化的好处和正价值无论如何巨大,也都只可能是暂时的、局部的、非根本的;根本地、长久地、全局地看,异化只能具有负价值。因为异化是自己因受奴役、不自由而做出的不受自己意志支配而受他人意志支配的异己的、非己的行为。所以,一目了然,异化乃是自我实现的根本障碍,二者成负相关变化:一个人越是异化,便受他人意志支配的异己的、非己的行为越多,那么,他越缺乏个性,他的创造性潜能越得不到发挥,他的自我实现程度便越低;一个人越不异化,他的受他人意志支配的异己行为越少,那么,他越具个性,他的创造性潜能越能得到发挥,他的自我实现程度便越高。异化是自我实现的根本障碍,异化对于国家和国民具有最高和最大负价值。这可以从两方面看:

一方面,自我实现所满足的乃是每个人的最高需要。现代心理学,特别是马斯洛心理学的成果表明:人有五种基本需要,按照从低级到高级的顺序,依次是:生理需要、安全需要、爱的需要、自尊需要、自我实现需要。异化所阻碍满足的既然是每个人的最高需要,因而对于每个人也就具有最高负价值，是每个人的最高不幸：最高负价值岂不就是阻碍满足最高需要的负价值，最高不幸岂不就是最高需要得不到实现的不幸？

另一方面，自我实现能够最大限度地满足全社会和每个人的一切需要。因为任何社会的财富，不论是物质财富还是精神财富，统统不过是人的活动的产物，不过是人的能力之发挥、创造性潜能之实现的结果。所以，自我实现越充分、人的创造性潜能实现得越多，社会的物质财富和精神财富便越丰富，社会便越繁荣进步，而每个人的需要也就会越加充分地得到满足。反之，自我实现越不充分、人的潜能实现得越少，社会的物质财富和精神财富便越贫乏，社会便越萧条退步，而每个人的需要的满足也就越不充分。所以，自我实现乃是一切财富的源泉，是最根本、最重要、最伟大的财富，因而也就能够最大限度地满足全社会和每个人的需要，从而具有最大价值。这样，作为自我实现根本障碍的异化，岂不就是对全社会和每个人利益的最大损害？岂不就是全社会和每个人的最大不幸？岂不就具有最大负价值？

异化对于国家和国民具有最高和最大的双重负价值意味着：对于整个国家和每个国民，异化的正价值只可能是暂时的、局部的、非根本的；而负价值则必定是长远的、全局的、根本的。于是，消除异化便是国家制度和国家治理极其重要的价值标准。那么，这一标准在国家制度价值标准体系中究竟占何位置？

人道和自由的研究表明，"使人自我实现"是人道总原则；自由则因其为自我实现根本条件而是最根本的人道："使人自由"是人道根本原则。准此观之，一方面，异化便因其为自我实现的根本障碍而是最根本的不人道。另一方面，"消除异化"则与"使人自由"相当，因而也是人道根本原则：使人自由是人道正根本原则，是国家制度好坏正面最高价值标准；消除异化则是人道负根本原则，是国家制度好坏的负面最高价值标准。

思考题

1 为什么说人的自我实现是最高价值？文艺复兴运动将"自我实现"定义为"使人成其为人"，亦即实现人的创造性潜能从而成为可能成为的最有价值的人。儒家、康德和基督教伦理学家将"自我实现"定义为"实现人之所以为人者"，亦即实现人的爱人无私的道德潜能，从而与动物区别开来。哪一种定义是真理？

2 柏林说："有一种似乎很有理的说法：如果一个人穷得负担不起法律并不禁止他的东西，如一片面包、环球旅游或诉诸法院，他也就和法律禁止他获得这些东西一样的不自由。"这种说法究竟有没有理？柏林进而提出：自由是不存在实行自己意志的外在障碍；不存在实行自己意志的内在障碍并不是自由，而是利用自由的能力或条件。柏林此见能成立否？

3 柏林指出，在不自由的社会里，并不乏才华横溢之士："如果这一点是事实，那么穆勒认为人的创造能力的发展是以自由为必要条件的观点，就站不住脚了。"究竟是谁的观点站不住脚？

4 柏林看到，民主社会不但仍然可能是个不自由的社会，而且还可能比君主社会更不自由；人们在懒散无能、同情自由的、仁慈的专制君主国所享有的个人自由可能多于不尚宽容的民主国家。柏林由此进而断言："个人自由和民主统治之间，并没有什么必然的联系。'谁统治我'和'政府干涉我多少'从逻辑上看，是截然不同的两个问题。"柏林说得对吗？如果只能二者择一，你宁愿选择民主暴政还是仁慈专制？波谱宁愿选择民主暴政："即使民主国家采取了坏的政策，也比屈从哪怕是明智的或仁慈的专制统治更为可取。"波谱的选择是否正确？

5 有人说："自愿的不自由"是悖论；"自愿的异化"也是悖论。因为在他们看来，自愿的、自己同意的不自由便不再是不自由；自愿的、自己同意的被奴役便不再是被奴役；自愿的异化便不再是异化。对于这种观点，柏林曾这样反驳道："众人一致同意牺牲自由，这个事实，也不会因为它是众人所一致同意的，便奇迹似地把自由保存了下来。如果我同意被压迫，或以超然及嘲讽的态度，来默许我的处境，我是不是因此就算是被压迫得少一点？如果我自卖为奴，我是不是就不算是个奴隶？如果我自杀了，我是不是不算真正的死了，因为我是自动结束我的生命？"试回答：谁是谁非？"自愿的不自由"究竟是自由还是不自由？"自愿的异化"究竟是不是异化？

阅读书目

卡尔·马克思：《1844年经济学哲学手稿》，人民出版社，1985年。

穆勒：《论自由》，程崇华译，商务印书馆，1959年。

保罗·库尔茨：《保卫世俗人道主义》，余灵灵译，东方出版社,1996年。

Howard L. Parsons, *Humanism and Marx's Thought* (New York: Thomas,1971).

Wang Haiming, *The Principles of New Ethics III: Normative Ethics II* (London: Routledge, 2021).

Isaiah Berlin, *Four Essay on Liberty* (Oxford: Oxford University Press,1969).

第十章　幸福：善待自我的道德原则

> **提　要**
>
> 　　幸福，直接说来，是人生重大的快乐；根本讲来，是人生重大需要、欲望和目的得到实现的心理体验，说到底，是达到生存和发展的某种完满的心理体验。一个人要得到幸福，必须遵循幸福的三大客观规律。①幸福越高级，对于生存的价值便越小而对于发展的价值便越大，其体验便越淡薄而持久；幸福越低级，对于生存的价值便越大而对于发展的价值便越小，其体验便越强烈而短暂。这是幸福价值律。②欲望、天资、努力、机遇和品德是实现幸福的充足且必要的五大要素。欲望是实现幸福的动力要素和负相关要素：欲望越大，幸福便越难实现。天资、努力、机遇、品德是实现幸福的非动力要素和正相关要素：天资越高、努力越大、机遇越好、品德越优，幸福便越易实现；欲望与天资、努力、机遇、品德四要素一致，幸福便会完美实现。这是幸福实现律。③每个人就其行为总和来说，美德与幸福一致而成正相关变化的次数，必定多于美德与幸福背离而成负相关变化的次数：美德与幸福必定大体一致。缺德而一生幸福，或者有德者一生不幸的事实仅仅表明缺德者的其他条件（天资、努力、机遇）好，而有德者其他条件差，绝不意味着他们的美德与幸福大体背离。这是德福一致律。

古今中外，差不多每个思想家都论述过幸福。然而，几乎可以说，关于幸福的每个问题一直到现在皆未弄清：幸福是个万古常新的伦理学难题。面对这个难题，康德不禁哀叹道："不幸的是：幸福的概念是如此模糊，以至虽然人人都在想得到它，但是，却谁也不能对自己所决意追求或选择的东西，说得清楚明白，条理一贯。"① 这一难题，根据人类以往研究，主要包括三大方面：幸福概念、幸福规律和幸福原则。

一 幸福的概念

1 "幸福"界说：人生重大需要、欲望和目的得到实现的心理体验

何谓幸福？穆勒答道："幸福是指快乐与痛苦的免除。"② 殊不知，幸福都是快乐，快乐却不都是幸福。二者的区别，正如 E. 泰尔弗所说，全在二者对于人生的意义如何。③ 苦、乐对于人生的意义，可以分为两种。一种是不重要的苦、乐，如某次饥饿之苦和某次佳肴之乐。这种苦、乐显然仅仅是苦、乐而不是不幸与幸福。谁能说遭受一次饥饿便是不幸而享用一次佳肴便是幸福呢？反之，另一种则是重大或极度的苦、乐，如经常遭受饥饿之苦和经常享有佳肴之乐。这种苦、乐便是不幸与幸福了：经常享有佳肴之乐是享受物质性幸福，经常遭受饥饿之苦是遭受物质不幸。

因此，幸福与快乐、不幸与痛苦之区别，乃在于它们是否具有对当事者一生的重要性。这种重要性，具体讲来，一方面从长短上讲：幸福是持续的、恒久的快乐；另一方面则从大小上讲：幸福是巨大的快乐。合而言之，幸福是人生重大的极度快乐，是长久或巨大的快乐；不幸是人生重大的痛苦，是长久或巨大的痛苦。

对每个人一生有重大意义的需要、欲望、目的，他的恒久或巨大的快乐，一般说来，显然都要由理性指导，并作为理想而经过较长时间的努力奋斗才能实现。因此，一般说来，幸福也就是理想实现的心理体验，是理想实现的快乐；不幸则是理想得不到实现的心理体验，是理想得不到实现的痛苦。

---

① 周辅成编：《西方伦理学名著选辑》下卷，商务印书馆，1987年，第366页。
② John Stuart Mill, Utilitarianism, in Robert Maynard Hutchins (ed.), *Great Books of The Western World*, Volume 43 (Chicago: Encyclopedia Britannica, Inc, 1980), p. 448.
③ Elizabeth Telfer, *Happiness* (New York: Macmillan, 1980), p. 8.

不但如此，幸福与快乐的区别还在于：快乐未必对生存和发展有利；幸福必定有利于生存和发展。因为快乐有正常、健康与反常、病态之分：正常、健康的需要和欲望得到满足的心理体验，便是正常、健康的快乐；病态的、反常的需要和欲望得到满足的心理体验，则是病态的、反常的快乐。例如，酗酒、吸毒的快乐都是直接或间接有害自己的生存和发展的快乐，都是所谓反常的、病态的快乐。因此，快乐未必有利于生存和发展。

反之，幸福则不存在正常、健康与反常、病态之分：幸福必定都是正常的、健康的。因为幸福是人生理想实现的心理体验，是对一生具有重要意义的需要、欲望、目的得到实现的心理体验，是获得了对于一生具有重大意义的利益的心理体验。所以，只可能有酗酒、吸毒的快乐，而不可能有酗酒、吸毒的幸福；只可能有源于嫉妒心的害人目的得到实现的快乐，而不可能有源于嫉妒心的害人目的得到实现的幸福。因为我们绝不可能把酗酒、吸毒、嫉妒等所引发的害人害己的目的之实现奉为自己的人生理想、重大利益。我们绝不会羡慕实现了这些目的、获得了这些快乐的人，绝不会称他们是幸福的人。所以，绝不会存在直接或间接有害自己的生存和发展的幸福，绝不会存在病态的、反常的幸福。幸福，正如康德所说，必定有利于生存和发展："幸福是理性存在物在这个世界上存在的条件。"①

因此，幸福与快乐的区别，说到底，在于生存与发展完满与否。幸福是重大的人生快乐，是必定有利于生存与发展的快乐。所以，幸福意味着生存与发展之某种完满。反之，快乐则不然。因为，一方面，反常的、病态的快乐恰恰意味着生存与发展之某种缺陷；另一方面，短暂的、渺小的、不重要的快乐虽然有利于生存与发展，却达不到生存与发展之完满。谁能说美餐一次的快乐便达到了生存与发展之完满呢？

试想，一个人收到大学录取通知书所体验到的快乐和他名落孙山时的痛苦，便是一种幸福和不幸。因为这种苦乐对于他的生存发展之完满与否，具有意义。所以，这种苦乐便不仅仅是苦乐，而且是幸福和不幸。因为金榜题名的快乐和落榜的痛苦对于他的人生具有重大意义，对

---

① Victoria S. Wike, *Kant on Happiness in Ethics* (New York: State University of New York Press, 1994), p. 2.

于他的生存发展之完满与否具有意义：金榜题名给他的生存和发展提供了一个重要舞台，是他的生存和发展的某种完满；名落孙山则使他的生存和发展失去了一个重要舞台，是他的生存和发展之某种不完满。

可见，幸福是个深刻而复杂的多元概念：幸福，直接说来，是人生重大或极度的快乐；根本讲来，则是人生重大需要、欲望、目的得到实现的心理体验，说到底，是达到生存和发展的某种完满的心理体验。反之，不幸，直接说来，是人生重大或极度的痛苦；根本讲来，则是人生重大需要和欲望得不到满足的心理体验，是人生重大目的得不到实现的心理体验，说到底，是生存和发展受到严重损害的心理体验。

2 幸福的结构：幸福的主观形式、客观标准与客观实质

从幸福的定义来看幸福由两个因素构成：心理体验的主观形式和人生重大需要、欲望得到满足从而生存发展达到某种完满的客观内容。

可是，细究起来，这里存在一些困惑：心理体验是主观的，生存发展达到某种完满是客观的，自不待言；人生重大需要、欲望得到满足是客观的吗？欲望难道不是主观的？诚然，欲望是主观的。但是，欲望的满足和实现却是客观的、不依人的意志而转移的。试想，一个人有了食欲，这食欲属于欲望、感情范畴因而是主观的。但是，他的食欲的满足与否却不是主观的、依自己的意志而转移的。因为他的食欲只有经过吃喝才能满足；如果不吃不喝，那么，无论他怎样想象自己满足了，他的食欲都不会得到满足：他的食欲的满足与否是客观的、不依自己的意志而转移的。

不过，人生重大需要、欲望、目的得到满足或实现与生存和发展之完满有所不同：前者是幸福的客观标准；后者是幸福的客观实质。因为需要和欲望的满足或实现无疑是生存发展的根本手段；行为的全部意义就在于满足欲望和需要，从而使生存和发展达到某种完满。所以，生存发展之完满是每个人追求人生重大需要、欲望、目的之实现的原动力，因而是幸福最深刻的客观内容，是幸福的客观实质。那么，为什么说人生重大需要、欲望、目的得到实现是幸福的客观标准？

原来，一方面，虽然一个人只要自己觉得幸福，他就是幸福的；但是，实际上，他究竟觉得幸福与否，并不依他自己的意志而转移，而必然取决于他的人生重大需要、欲望、目的是否得到实现：人生重大需要、欲望、目的能否实现乃是能否产生幸福的心理体验的客观标准。另

一方面，生存和发展之完满完全是个相对的、不固定的概念。一个亿万富翁与一个穷光蛋的物质生活和发展之完满是根本不同的。穷光蛋只要有了几万元就达到了物质生活和发展之完满；而亿万富翁如果只有几百万元，那么，他的物质生活和发展对于他来说，就可能是极不完满了。所以，生存和发展之完满是相对的、不固定的概念。

那么，生存和发展之完满究竟是相对什么来说的呢？显然是相对每个人的重大需要、欲望、目的来说的：一个人的人生重大需要、欲望、目的得到满足或实现，他的生存和发展便达到了某种完满；否则便是不完满。每个人的人生重大需要、欲望、目的各不相同，所以他们的生存和发展的完满标准各不相同：人生重大需要、欲望、目的得到满足或实现，乃是生存和发展之完满的客观标准。这就是人生重大需要、欲望、目的之实现乃是幸福的客观标准的双重含义：既是能否产生幸福的心理体验的客观标准，又是生存发展完满与否的客观标准。

可见，极度快乐的心理体验是幸福的主观形式；生存和发展之完满是幸福的客观实质；介于二者之间的人生重大需要、欲望、目的得到满足或实现，则是幸福的客观标准：这就是幸福结构。

3 幸福的类型

物质性幸福、社会性幸福与精神性幸福 幸福的最为重要的类型无疑是物质性幸福、社会性幸福与精神性幸福。所谓物质性幸福，亦即物质生活幸福，是物质需要、欲望、目的得到实现的幸福，也就是生理需要、肉体欲望得到满足的幸福，主要是食欲和性欲得到满足的幸福；其最高表现，显然是生活富裕和身体健康。社会性幸福即社会生活的幸福，是人的社会性需要、欲望、目的得到实现的幸福，也就是人的人际关系方面的需要、欲望、目的得到实现的幸福，主要包括自由需要得到实现的幸福、归属和爱的需要得到实现的幸福、权力和自尊的需要得到实现的幸福。社会幸福的最高表现，恐怕是达官显贵和爱情美满。精神性幸福即精神生活的幸福，是人的精神方面的需要、欲望、目的得到实现的幸福，主要包括认知需要得到实现的幸福和审美需要得到实现的幸福。精神性幸福的最高表现无疑是自我实现、自我创造潜能之实现，特别是精神领域的创造潜能之实现，亦即所谓"立言"：成一家之言。那么，这三种幸福在价值的高低等级上究竟是何关系？

物质性幸福是低级幸福，社会性幸福是中级幸福，精神性幸福是高级幸福。确实，人生在世，有什么幸福能比实现自己创造潜能的精神性幸福更高级呢？最令人神往、最高级的幸福，岂不就是成为一个牛顿、一个爱因斯坦、一个托尔斯泰、一个曹雪芹？诚然，成为一个拿破仑、一个彼得大帝、一个唐太宗也可与之媲美而同为最高幸福。但是，成为一个拿破仑之为人生最高幸福，并不是因为他当上了君主，从而获得了最高的社会性幸福；而是因为他当上了划时代的伟大君主，从而获得了实现自己成为伟大君主的创造性潜能的精神性幸福。否则，成为一个阿斗也可以称之为享有最高人生幸福，因为他与拿破仑同样是君主而享有最高社会性幸福。当官、拥有权力和美誉等社会性幸福虽然不如精神性幸福高级，却无疑高于吃喝等满足自己口腹之需的物质性幸福。因为吃喝等物质性幸福乃为人与一切具有心理活动的动物所共有，无疑是幸福的最低境界。可是，为什么精神性幸福是最高幸福，物质性幸福是最低幸福，社会性幸福则介于二者之间而为中级幸福？

原来，幸福不过是一种需要的满足。幸福之所以存在着低级、中级、高级之分，乃是因为需要，正如马斯洛所说，存在着相应的需求等级：物质需要是低级需要、社会需要是中级需要、精神需要是高级需要。① 詹姆斯也写道："整个社会自我，比整个物质自我高。我们为名誉、为朋友、为然诺、为信义，应该胜过我们为自己愉快、为自己发财。至于精神自我，更属高尚得不可以道里计、宝贵到不可以金钱数。一个人宁可抛却朋友、鄙弃名誉、丧失财产，甚至牺牲生命，也不该丢了它。"② 然而，究竟为何物质需要是低级需要，社会需要是中级需要，精神需要是高级需要？这恐怕是因为，不论从种系的进化上看，还是从个体发育来说，精神和精神需要都是最晚出的、最高阶段的产物；物质和物质需要都是最初的、最低阶段的产物；而社会和社会需要则介于两者之间。

创造性幸福与非创造性幸福 无论是精神性幸福还是社会性幸福，抑或物质性幸福，都既可能有创造性也可能没有创造性。于是，依据创造性之有无，幸福又可以分为创造性幸福与非创造性幸福两类。所谓创造性幸福，也就是具有创造性生活的幸福，是有所创造的生活的幸

---

① Abraham H. Maslow, *Motivation and Personality* (Second Edition) (New York: Harper & Row, Publishers, 1970), p. xii/xiv.

② W. 詹姆士：《心理学简编》，伍况甫译，商务印书馆，1933 年，第 23 页。

福,是做出了创造性成就的幸福。反之,非创造性幸福则是不具有创造性生活的幸福,是无所创造的生活的幸福,是未能做出创造性成就的生活之幸福,也就是所谓消费性幸福(consumer happiness):或者是消费、使用别人的创造性成就,或者是消费物质财富和精神财富。[1]

一个人潜心著书十年,终得原创性著作问世。他得到的这种幸福便是创造性幸福。反之,他若没有著书的欲求,不事著述,却有幸优游一生,读书以自娱,则他的这种幸福,便是非创造性或消费性幸福。毕加索绘画成名之幸福、托尔斯泰的《战争与和平》问世之幸福、牛顿发现万有引力定律之幸福等都是创造性幸福。反之,那些平庸地追赶时髦而大获成功轰动一时的学者、画家、小说家、科学家之幸福,则是非创造性幸福,是消费性幸福。

不言而喻,创造性幸福远远高于消费性幸福。后者随着消费而逝,不可留存;前者则是不朽的。这种不朽主要表现为三大方面,那就是我国古人所说的三不朽:立言、立德、立功。立言是学问方面的创造性幸福,如成为艺术家、科学家、哲学家、思想家等的幸福,这种幸福属于创造性精神性幸福。立功是事业方面的创造性幸福,如成为政治家、军事家、企业家、能工巧匠等的幸福,这种幸福或属创造性社会性幸福,或属创造性物质性幸福,或兼而有之。立德是品德方面的创造性幸福,如品德完善、成圣成贤的幸福,这种幸福,属于创造性社会性幸福。这三种幸福无疑是人生最大的幸福,一个人一生只要获得其一,便算得上是成功的人生了。

过程幸福与结果幸福 任何幸福——不论是创造性的、非创造性的还是物质性的、精神性的,抑或是社会性的——既然都是达到了某种预期结果的心理体验,那么幸福似乎只存在于结果,而并不存在于过程,其实不然。因为幸福虽然是达到某种结果的心理体验,但是,求得幸福的努力过程,细究起来,又由若干较小目的或预期结果组成。一个人在追求幸福的过程中,他的这些较小目的或预期结果的每一次达到和实现,都使他经历一次快乐体验。这些快乐单独看来,无疑只是快乐而非幸福;但是,结合起来,却是一种持续的快乐,是具有重大意义的快乐,因而也就是幸福:这就是所谓的"过程幸福"。

---

[1] Ignacio L. Gotz, *Conceptions of Happiness* (New York: University Press of America, 1995), p. 21.

这样，幸福又可以分为过程幸福与结果幸福：前者是在追求某种幸福的过程中，每一次较小目的、较小预期结果得到实现时所体验到的快乐之和；后者则是经过一定的努力过程从而实现了重大的目的、预期结果的快乐体验。

举例来说，一个学生考上大学的幸福，是三年高中奋斗过程之结果，是结果幸福。他在这三年的奋斗过程中，几乎每天、每周、每月、每学期，都有其努力的较小目标，如解多少道习题、背多少单词、写多少作文等。每当这些较小目的实现的时候，他都会有一种较小的快乐体验，这种快乐体验之和便是过程幸福。

不难看出，结果幸福与过程幸福各有利弊短长。一方面，结果幸福比过程幸福强烈巨大，不过却是一次性的，因而是短暂的；反之，过程幸福虽比结果幸福薄弱渺小，却是多次连续的，因而是漫长的。另一方面，幸福的过程大都曲折多难，虽多有成功幸福，也不乏失败不幸，所以过程幸福是一种夹杂痛苦和失败的不纯的幸福。然而，每次过程幸福之后，都会带来更加充实奋发的体验，因为每次幸福都更加接近强烈巨大的结果幸福，每次幸福之后都有新的幸福在呼唤。反之，结果幸福是纯粹幸福；但是，结果幸福之后，却往往是空虚无聊的体验。因为正如叔本华所说："占有一物便使一物失去了刺激。"① 一旦获得结果幸福，也就失去了一直热切追求的需要、欲望、目的，失去了动力。总之，结果幸福强大而短暂、纯粹而空虚，过程幸福弱小而漫长、不纯却充实，二者利弊互补、相反相成而成为幸福人生不可偏废之两翼。

结果幸福与过程幸福不但互补，而且互为对方的存在条件。一方面，结果幸福往往是过程幸福的条件，没有结果幸福，往往便不会有过程幸福。因为过程幸福是一种夹杂痛苦和失败的不纯的幸福，过程幸福之为过程幸福的条件无疑是：过程中的成功快乐多于、重于、大于失败痛苦，从而其净余额是成功快乐。否则，岂不是过程不幸？显然，一般说来，只有结果是成功和幸福，过程中的成功和快乐才可能多于、重于、大于失败和痛苦；否则，如果结果是失败和痛苦，那么，过程中的失败和痛苦必定多于、重于、大于成功和快乐。因此，奋斗过程之所以幸福，是因为在这个过程中，成功和快乐多于失败和痛苦，说到底，是因为最终达到了预期结果，获得了结果幸福：结果幸福是过程幸福的存

---

① 叔本华：《作为意志和表象的世界》，石冲白译，商务印书馆，1982年，第430页。

在条件。

另一方面，过程幸福往往也同样是结果幸福的存在条件，没有过程幸福，也不会有结果幸福。因为过程幸福意味着：过程中的成功快乐多于、重于、大于失败痛苦，从而其净余额是成功快乐；否则，便是过程不幸而非过程幸福。问题的关键正在于，如果过程中成功快乐多于、重于、大于失败痛苦，那么，一般说来，结果必定是成功和幸福，即过程幸福必定导致结果幸福。

总之，过程幸福与结果幸福相互依存是常规，相互脱离是例外。因此，即使一个人只想享有过程幸福，而无意于结果幸福，不想用一生的奋斗去获得老来福，他也必须为结果的幸福和成功奋斗。否则，如果结果是失败和不幸，那么，一般说来，他求幸福的过程的净余额必是痛苦和失败，因而不论他怎样只问耕耘不管收获，他都绝不可能获得过程幸福。反之，如果一个人只想获得结果幸福，而不在乎过程是否幸福，他也必须老老实实、循序渐进地获得过程幸福。否则，如果过程的失败痛苦多于成功快乐，从而其净余额是失败和不幸，那么，一般说来，结果也绝不会是幸福和成功。

二 幸福的规律

1 事实律

强弱律 各种快乐和幸福的强烈程度是不一样的。爱情的快乐和幸福令人如醉如痴、欲仙欲死，是极其强烈的。反之，读书之乐、思考之乐、审美之乐，则清新淡雅、飘逸淡薄。那么，快乐和幸福的强烈程度取决于什么？显然取决于需要和欲望的强烈程度：需要和欲望越强烈，对于它的满足的心理体验便越强烈；需要和欲望越淡薄，对于它的满足的心理体验便越淡薄。那么，需要和欲望的强烈程度究竟又是由什么决定的？

马斯洛发现，需要和欲望的强弱取决于其等级的高低：需要和欲望越低级，便越强烈；需要和欲望越高级，便越淡薄："生理需要强烈于安全需要，安全需要强烈于爱的需要，爱的需要又强烈于自尊的需要，而自尊需要又强烈于被我们称之为自我实现需要的特立独行之需要。"[①] 这意味着：快乐和幸福越低级便越强烈，越高级便越淡薄。确

---

① Abraham H. Maslow, *Motivation and Personality*, p. 98.

实，这是人人都有的体验：我们所体验过的种种快乐和幸福，哪一种最为强烈？"饮食男女"之福乐（物质性幸福）也！哪一种最为淡薄？"学而时习之"之福乐（精神性幸福）也！名誉权势之福乐（社会性幸福），介于两者之间也！所以，快乐和幸福的强弱与其等级的高低成反比：快乐和幸福越高级便越弱而淡薄，越低级便越强而急迫。这就是快乐和幸福之强弱律。可是，为什么快乐和幸福越高级便越淡薄，越低级便越强烈？

所谓需要，是事物因其存在和发展而对某种东西的依赖性；人的需要是人因其生存和发展而对某种东西的依赖性。这就是说，人的一切需要都源于生存和发展，都可以归结为生存和发展两大需要：或者是生存需要，或者是发展需要，或者二者兼而有之。物质需要或生理需要，如食欲、性欲、求生欲、健康需要、睡眠需要、安全需要等显然都是生存需要；精神需要，如自我实现需要、创造性需要、好奇心、求知欲、游戏需要、审美需要等显然都是发展需要；社会性需要，如权力欲、名誉心、良心、自尊心、公平感、复仇欲望等，大都两种需要兼而有之。需要越低级，便越接近生存需要：最低级的需要，如食色，是纯粹生存需要。需要越高级，便越接近发展需要：最高级的需要，如自我实现，是纯粹发展需要。

因此，低级需要的本质是生存，是生存需要；高级需要的本质则是发展，是发展需要。生存需要无疑比发展需要强烈，而发展需要则比生存需要淡薄。因为任何人，不论他是如何淡漠生存而注重发展，他也必须首先生存，然后才能发展；如果他不能生存，又谈何发展？这就是需要越低级便越强烈的原因：需要之所以越低级便越强烈、越高级便越淡薄，岂不就是因为低级需要是生存需要，而高级需要是发展需要？岂不就是因为生存需要强烈而发展需要淡薄？这也就是快乐和幸福越低级便越强烈的原因：低级快乐和幸福的本质是生存需要之满足，高级快乐和幸福的本质是发展需要之满足。

久暂律 强烈的心理体验必不能持久，能够持久的心理体验必是淡薄的。快乐和幸福这种心理体验也是如此。幸福越低级便越强烈，因而也就越短暂；越高级便越淡薄，因而也就越持久。美酒佳肴之福乐是低级的，其体验可谓强烈，然而极其短暂：酒足饭饱之后便荡然无存。反之，著书立说之福乐是高级的，它比吃喝淡薄得多，但也持久得多，甚至往往可以快慰一生。性交是最低级的，在这一点上人与其他动物无异。性交之快乐和幸福的心理体验也是最强烈的,这种快乐和幸福无疑是最短暂的。

反之,自我创造潜能之实现,是最高级的快乐和幸福:它是人和其他动物的最为显著的区别。自我实现的快乐和幸福也是最淡薄的:它恬淡虚无、若隐若现、似乐非乐、似福非福。但是这种快乐和幸福却是最持久的:它绵延不绝,是一种终生受用的永恒享乐。因此,穆勒甚至认为高级幸福的高级性就在于永久:"精神快乐优越于肉体快乐,主要在于后者更永久。"① 舍勒进而把久暂作为价值高低的判定标准:"价值越高越持久。"②

那么,为什么快乐和幸福越高级便越持久而越低级便越短暂?这个问题的答案恐怕也在于低级快乐和幸福的本质是生存需要之满足,高级快乐和幸福的本质是发展需要之满足。因为生存需要之满足的实现过程是短暂的。就拿食欲之满足的实现过程来讲,一般说来,只要半个小时即可以吃饱饭,然后不必再吃了,生存需要便得到了满足,等到下次饥饿时,才会再吃半个小时,再享受半个小时食欲满足之乐。不论是谁,不论他是一个怎样的酒肉之徒,都不可能整日一直吃个不停。如果像读书那样,整日一直吃个不停,岂不早就撑死了?

反之,发展需要之满足的实现过程则是持久的。且看求知欲这种最根本的发展需要。这种需要满足的实现过程,显然是不断的、渐进的、时时刻刻都在进行的。一个好学不倦的人,可以岁岁年年终日手不释卷。如果一个人读书写作像吃饭那样,一日三次,每次半个钟头,那么,他一定是个缺乏求知欲或无暇满足求知欲的人。自我实现需要之满足的过程更是持久,毋庸赘述了。生存需要之满足的实现过程是短暂的,因而这种需要得到满足的心理体验(亦即低级快乐和幸福)便是短暂的;发展需要之满足的实现过程是持久的,因而这种需要得到满足的心理体验(亦即高级快乐和幸福)便是持久的。

可见,快乐和幸福的久暂与其等级的高低成正比:快乐和幸福越低级,其心理体验便越短暂;越高级,其心理体验便越持久。这就是快乐和幸福心理体验之久暂律。合观幸福久暂律与幸福强弱律可知,幸福的

---

① Robert Maynard Hutchins, *Great Books of The Western World*, Volume 43, p. 448.
② 施太格缪勒:《当代哲学主流》(上卷),王炳文、燕宏远、张金言等译,商务印书馆,1989年,第69页。

等级高低与其强弱成反比,而与其久暂成正比:快乐和幸福越低级,其体验便越强烈而短暂;越高级,其体验便越淡薄而持久。这就是快乐和幸福的体验律。面对这个规律,人们或许困惑:若就心理体验的强弱来说,低级的快乐和幸福似乎优先于高级的快乐和幸福;若就心理体验的久暂来说,高级的快乐和幸福又似乎优先于低级的快乐和幸福。到底何者优先?

先后律 马斯洛心理学的最大成就恐怕就是揭示不同等级需要的强弱先后之规律:需要越低级便越强烈因而也就越优先,越高级便越淡薄,因而也就越后置——高级需要是低级需要相对满足的结果。马斯洛非常重视这个发现而称之为"人类动机主要原理":

> 人类动机活动系统的主要原理是基本需要按优势或力量而形成的强弱等级。给这个系统以生命的主要动力原理是,健康人的更为强烈的需要一经满足,比较淡薄的需要便会出现。生理需要在其未得到满足时会支配机体,迫使所有能力为其服务,并组织这些能力而使服务达到最高效率。相对的满足削弱了这些需要,使等级的下一个较强烈的需要得以出现,继而支配和组织这个人,如此等等。这样,刚摆脱饥饿,现在又为安全所困扰。这个原理同样适用于等级系列中的其他需要,即爱、自尊和自我实现。①

确实,需要越低级便越优先:最低级的需要便是最优先的需要。试想,每个人都有食欲、性欲、安全欲、功名心、自尊心、道德心、自我实现的追求等。但是,一旦他处于饥饿之中而食欲得不到满足,他的功名心等其他欲求便都退后或消失了:他一心要满足的只是食欲。只有食欲得到满足,其他的欲求才会出现,他才会去满足其他欲求。这是一条普遍定律:不论是谁,不论他多么崇高伟大,多么蔑视物质享乐,当他饥饿的时候,他多半会停止他的崇高理想而追求食欲的满足。马克思最喜欢的话是:"思维的享受是最高的享受。"但是,如果他吃喝不成、又饥又渴,他能够写完《资本论》吗?一言以蔽之,低级需要优先于高级需要;高级需要是低级需要得到满足的结果。

然而,高级需要仅仅是低级需要相对的、最低的满足的结果;而不是低级需要理想的满足的结果,不是低级幸福得到实现的结果。所

---

① Abraham H. Maslow, *Motivation And Personality* (Second Edition), p. 59.

以，低级需要相对的、最低的满足，必优先于高级幸福：没有低级需要相对的、最低的满足，人们绝不会有高级需要，从而也就不会追求，更不会享有高级幸福。苏格拉底、斯宾诺莎、马克思、曹雪芹、鲁迅、车尔尼雪夫斯基、莱蒙托夫等，如果衣不遮体、食不果腹，物质需要得不到最低的满足而必须终日为生存而奋斗，那么，他们就绝不会有著书立说、自我实现的高级需要，从而也就不会享有成一家之言和自我实现的高级幸福了。

但是，没有低级幸福的人，也可以有低级需要相对的、最低的满足，因而也可以有高级需要，从而也可以追求和享有高级幸福。所以，低级幸福虽然比高级幸福强烈，却并不优先于高级幸福；高级幸福以低级需要的最低满足为必要条件，却不以低级幸福为必要条件：高级幸福与低级幸福是相对独立的。这就是为什么古来圣贤能够安于贫贱的客观原因：高级幸福不以低级幸福为必要条件而可以独立存在。

可见，需要的先后与其等级的高低成反比：需要越低级便越优先，越高级便越后置，高级需要是低级需要得到最低满足的结果。但是，低级幸福并不优先于高级幸福，高级幸福是低级需要相对的、最低的满足的结果，而不是低级需要理想满足的结果，不是低级幸福实现的结果；高级幸福后置于低级需要的最低满足，而并不后置于低级幸福：高级幸福与低级幸福是相对独立的。这就是幸福之先后律或优先律。

幸福的先后律、久暂律、强弱律，合而言之，都是关于幸福的"是""事实""事实如何"的规律，因而可以名为"事实律"，是幸福的"事实三定律"。但是，"事实创造应该"①。深思幸福事实如何之定律，不禁令人有"应该如何选择幸福"之困惑：若就心理体验的强弱来说，低级幸福的价值似乎大于高级幸福；若就心理体验的久暂来说，低级幸福的价值又似乎小于高级幸福的价值；若就心理体验的先后次序和优先性来说，高级幸福和低级幸福是相对独立、可以自由选择的。那么，当高级幸福与低级幸福发生冲突而不能两全时，究竟应该选择何种幸福？何种幸福的价值更大？这是幸福的价值规律所要解决的问题。

2 价值律

穆勒曾对不同等级幸福的价值大小进行了一个绝妙的概括："做一

---

① 马斯洛：《人性能达到的境界》，林方译，云南人民出版社，1987年，第122页。

个得不到满足的人,比做一个得到满足的猪好;做一个得不到满足的苏格拉底,比做一个得到满足的傻瓜好。"① 为什么得不到满足的人,比得到满足的猪好?显然是因为,得不到满足的人可能享有精神性幸福,而得到满足的猪却只能享有物质性幸福;精神性幸福的价值大于物质性幸福的价值。为什么得不到满足的苏格拉底,比得到满足的傻子好?显然是因为,得不到满足的苏格拉底,只是没有物质性幸福,却享有精神性幸福;而得到满足的傻子,却只有物质性幸福而不可能享有精神性幸福:精神性幸福的价值大于物质性幸福的价值。

可见,穆勒之见可以归结为这样一个问题:如果一个人可以随意选择,那么,他应该做一个享有物质性幸福的傻瓜呢,还是做一个没有物质性幸福的思想家?穆勒的回答是:应该选择后者。因为傻瓜虽有物质性幸福而无精神性幸福,思想家虽无物质性幸福却有精神性幸福:精神性幸福的价值大于物质性幸福的价值,高级快乐和幸福的价值大于低级快乐和幸福的价值。

粗略看来,穆勒所言甚为精当。然而,对于一个衣食无着、难以生存的人,我们能说自尊需要的满足比填饱肚子具有更大的价值吗?精神需要是最高级的需要,然而,它的满足果真对于一切人都具有最大价值吗?对于一个整天计算如何才能养家活口的穷困农民来说,物质需要的满足和物质性幸福的价值,岂不远远大于精神需要的满足和精神性幸福的价值吗?那么,究竟是什么地方出了错误?

原来,快乐和幸福,就其客观内容来说,亦即需要之满足。需要是事物因其存在和发展而对某种东西的依赖性,人的需要则是人因其生存和发展而对某种东西的依赖性。所以,各种快乐和幸福的价值,说到底,也就是各种需要之满足对于人的生存和发展的价值:这是我们考察各种快乐和幸福价值大小的出发点。从此出发,不难发现,不同等级的需要的满足,对于生存的价值和对于发展的价值是根本不同的:需要越低级,它的满足对于生存的价值便越大,对于发展的价值便越小;需要越高级,它的满足对于生存的价值便越小,对于发展的价值便越大。

物质需要、生理需要,如食欲和性欲,是最低级的。它们的满足对于生存的价值无疑是最大的:只有食欲满足,一个人才能生存;只有性欲满足,他才能够繁衍后代,继续生存。但是,食欲和性欲之满足,对

---

① Robert Maynard Hutchins, *Great Books of The Western World*, Volume 43, p. 4449.

于一个人的发展的价值却是最小的:如果他仅仅有食欲和性欲的满足,那么,他便与猪狗无异,谈何发展?

反之,自我实现、实现自己创造潜能的需要是最高级的。它的满足对于一个人的生存价值是最小的。因为无论是否自我实现,他都一样能够生存。马斯洛也看到了这一点,他说:"需要越高级,对于纯粹的生存就越不重要。"① 但是,需要越高级,它的满足对于发展的价值就越大:自我实现需要的满足对于一个人的发展的价值是最大的。因为自我实现是一个人的创造潜能之实现;而创造潜能之实现岂不是一个人的最大发展,岂不是发展的最高境界?

消费性需要是低级需要而创造性需要是高级需要。对于一个人的生存来说,消费性需要的满足,显然比创造性需要的满足价值大。因为一个人的创造性需要满足与否,他都一样生存;但是,如果他的消费性需要得不到满足,他便不可能生存了。反之,对于一个人的发展来说,创造性需要的满足,比消费性需要的满足价值大。因为,如果一个人只是消费而并不创造,那么,他便只是存在而并无发展:人的发展主要在于创造性需要的满足。

精神需要高于社会性需要,社会性需要高于物质需要。所以,对于一个人的生存来说,物质需要(如食色)的满足价值最大,社会性需要(如名誉地位权力)的满足次之,精神需要(如好奇心与审美需要以及自我实现需要)的满足价值最小。反之,对于一个人的发展来说,精神需要的满足价值最大,社会性需要的满足价值次之,物质需要的满足价值最小。

可见,一个人的需要之满足,对于他生存的价值大小与其等级高低成反比;对于他发展的价值大小则与其等级高低成正比:需要越高级,它的满足对于生存的价值便越小,对于发展的价值便越大;需要越低级,它的满足对于生存的价值便越大,对于发展的价值便越小。需要满足的心理体验就是快乐和幸福。因此,我们可以得出结论说:

快乐和幸福,对于生存来说,其价值大小与其等级高低成反比;对于发展来说,其价值大小与其等级高低成正比。快乐和幸福越高级,对于生存的价值便越小,对于发展的价值便越大,因而其心理体验便越淡薄而持久;快乐和幸福越低级,对于生存的价值便越大,对于发展的价值便越小,因而其心理体验便越强烈而短暂。

---

① Abraham H. Maslow, *Motivation and Personality* (Second Edition), p. 98.

这就是各种幸福因性质不同而处于不同的等级所导致的价值大小之规律。这一规律表明，穆勒和马斯洛认为高级快乐和幸福的价值大于低级快乐和幸福的价值，是片面的。殊不知，只有对于发展来说才是如此，而对于生存来说则恰恰相反。试想，对于一个衣食无着、饥肠辘辘的人来说，对于一个终日奔忙、使尽浑身解数才能生存的人来说，低级的物质需要满足的价值，无疑大于高级的精神需要满足的价值。因此，对于他来说，低级的、物质的快乐和幸福的价值，大于高级的、精神的快乐和幸福的价值；当二者发生冲突时，他应该选择低级的物质快乐和幸福，而不是相反。反之，对于一个生存已经不成问题而只有如何发展问题的人来说，高级的、精神的需要满足的价值，确实大于低级的、物质的需要满足的价值。因此，对于他来说，高级的、精神的快乐和幸福的价值，确实大于低级的、物质的快乐和幸福的价值；当二者发生冲突时，他应该选择高级的、精神的快乐和幸福，而不是相反。

穆勒只见"发展"而不见"生存"，因而提出的选择是：做一个痛苦的苏格拉底，还是做一个快乐的傻瓜？这是一种基于发展的选择，而不是基于生存的选择。因为痛苦的苏格拉底和快乐的傻瓜都已经解决了生存的问题，他们所面临的只是发展的问题。因此，从这个选择来看，确实是高级的快乐和幸福的价值大：痛苦的苏格拉底的价值大于快乐的傻瓜的价值，应该做痛苦的苏格拉底，而不应该做快乐的傻瓜。

但是，这仅仅是一个基于发展的选择，因而应该补之以一个基于生存的选择：做一个活傻瓜，还是做一个死苏格拉底？做一个活老鼠，还是做一个死皇帝？这是一个基于生存的选择而不是基于发展的选择。对于这种选择来说，无疑是低级的快乐和幸福的价值大：活老鼠的价值大于死皇帝的价值。因此，面对这种选择，应该做一个活老鼠，而不做死皇帝。因为正如道家所言，生命的价值是最大的价值："死王乐为生鼠"，死皇帝不如活老鼠也！

3 实现律

人生在世，究竟如何才能实现幸福的梦想而避免苦难和不幸？这是众多学说至今未决的难题。围绕这个难题，无欲说与禁欲说认为应该使欲望降至最低限度；反之，纵欲论主张任欲而行、不必节制；而节欲说与导欲说则倡导节制欲望，从而使欲望符合理智。究竟哪一种学说能够使人实现幸福而避免不幸？

欲望：实现幸福的负相关要素　　所谓欲望，如上所述，就是对需要的意识、觉知，是意识到的需要，是需要在大脑中的反映。它包括愿望和理想或志向：准备付诸实现的、为了实现的欲望，即愿望；远大的、必经奋斗在较远的未来才能实现的愿望，即理想或志向。如何对待欲望，确实是实现幸福的最为根本的问题。因为幸福是重大的需要、欲望、目的得到实现的心理体验；不幸是重大的需要、欲望、目的得不到实现的心理体验。这就是说，之所以有幸福和不幸，只是因为有需要、欲望、目的；如果没有需要、欲望、目的，哪里会有它们之实现与否？哪里会有幸福和不幸？所以，需要、欲望、目的乃是幸福和不幸的共同根源，因而也就是人们追求幸福的动力因素，是实现幸福的动力因素。

可是，为什么禁欲说、纵欲说、节欲说等流派所强调的乃是欲望而不是需要和目的？原来，幸福和不幸最有代表性的、最典型的、最纯正的根源和动力因素，乃是欲望而不是需要和目的。因为，如前所述，需要并不能直接引发行为，因而也就不可能直接引发追求幸福的行为；需要只有被觉知而转化为欲望，才能引发行为，才能引发人们追求幸福的行为：需要只能产生满足这些需要的欲望，欲望才能产生实现它的行为目的，行为目的则产生实现它的行为手段。所以，只有欲望才是行为真正的根源和动力，才是幸福和不幸的真正根源，才是实现幸福的真正动力。所以，罗素说："我们的冲动与欲望是创造我们幸福的要素。"①

因此，没有欲望固然没有不幸，但同样也没有幸福。没有了性欲，确实不会有爱情，不会有爱情的不幸，但同样也没有了爱情的幸福。欲望越少、越小、越低，可能遭受的不幸和痛苦固然越少、越小、越低，但可能享有的幸福也同样越少、越小、越低。欲望越多、越大、越高，可能遭受的不幸固然越多、越大、越高；但可能享有的幸福也同样越多、越大、越高。遁入空门的人，往往是为了逃避痛苦和不幸。如果他们真能心如死灰、六欲净尽，那么，他们确实不会再有什么痛苦和不幸，但是，他们也同样不会享有什么快乐和幸福了。可能遭受巨大的痛苦和不幸的，确实是那些怀有强盛、巨大欲望的人，是那些志向远大的人，是车尔尼雪夫斯基、马克思、布朗基、斯宾诺莎、苏格拉底、孔子之类。但是，可能享有巨大、高级幸福的，无疑也是这些人。

---

①　伯兰特·罗素：《真与爱——罗素散文集》，江燕译，上海三联书店，1997年，第35页。

可见，欲望是幸福和不幸的根源和动力而与幸福和不幸的可能成正比：欲望越多，可能得到的幸福和不幸便越多；欲望越少，可能得到的幸福和不幸便越少。不过，欲望越多、越大、越高，也就越难达到，从而幸福也就越难实现而不幸也就越易降临；欲望越少、越小、越低，也就越易达到，从而幸福也就越易实现而不幸也就越难降临。如果一个人欲望很低，只想平平常常、庸庸碌碌过一生，那么，他的这种欲望显然是很容易达到的。所以，他所追求的这种寻常的快乐和幸福是很容易实现的，因而他的痛苦和不幸也是很容易避免的。反之，如果他一心想出人头地，成名成家，轰轰烈烈过一生，那么，这就很难达到了。这样，他所追求的这种不同凡响的快乐和幸福便是很难实现的，他的痛苦和不幸便是很难避免的。一言以蔽之：欲望与幸福的实现成反比而与不幸的降临成正比。所以，伊格内修斯·L. 戈茨说：

$$幸福的本性可以归结为一个等式：幸福 = \frac{满足}{欲望}①$$

总之，欲望是幸福和不幸的动力因素，它与幸福或不幸的可能成正比，与幸福的实现成反比，与不幸的降临成正比。简言之，欲望是实现幸福的负相关动力因素，是幸福可能的正相关动力因素，它与幸福的可能成正比而与幸福的实现成反比。这就是幸福实现的负相关动力律。这个规律实在令人困惑。因为就幸福的可能来说，欲望似乎应该提高。所以，诸葛亮说："志当存高远。"但是，就幸福的实现来说，欲望又似乎应该降低。所以，古人云："知足常乐。"那么，欲望究竟应该高而大还是低而小？究竟应该高大到什么程度才恰到好处？这是由每个人实现幸福的其他因素——才、力、命、德——决定的。

才：实现幸福的正相关要素之一 才、力、命原本是冯友兰所乐道的人生成功三要素。所谓才，也就是一个人的天资："一个人的天资，我们称之为才。"② 天资，也就是天赋的、潜在的才能，主要是天赋的、潜在的创造性，亦即所谓的"聪明"。现代人本主义心理学的研究表明：一方面，没有某种天资、不具有任何创造性的人是没有的；另一方面，赋有一切天资、具有一切创造性的人也是没有的，每个正常的

---

① Ignacio L. Gotz, *Conceptions of Happiness*, p. 6.
② 冯友兰：《三松堂全集》（第四卷），河南人民出版社，2000 年，第 598 页。

人都是在某一方面或某些方面赋有天资、聪明、创造性。所以，冯友兰说："我们人生出来就有愚笨聪明的不同，而且一个人生出来不是白痴的话，一定会在一方面有相当聪明。"①

每个人的这种天资、聪明，如同相貌，都是各不相同的。这种不同，虽然千奇百怪、纷繁复杂，但是，概言之，无非两大方面。一方面是种类、类型之不同，如有些人具有绘画天资，有些人具有思辨天资，有些人具有音乐天资，有些人具有长跑天资等。另一方面则是程度、数量之不同：同样具有某种天资的人，具有这种天资的程度——多少、大小、高低——是不同的。马克思与恩格斯都具有思辨天资，但是，马克思所具有的思辨天资无疑高于恩格斯。凡是舞文弄墨的人，都具有写文章、写诗词或小说等天资；但是，托尔斯泰、曹雪芹、普希金、李白的天资显然远远高于众人。天才与庸才的区别就在这里：天资的程度之不同而非类型之不同。天才会干什么，庸才也会干什么；天才所具有的天资只是在程度上、数量上高于众人。所以，冯友兰说："天才的才，高过一般人之处，往往亦是很有限底。不过就是这有限底一点，关系重大。犹如身体高大底人，其高度超过一般人者，往往不过数寸。不过这数寸就可使他'轶伦超群'。"②

那么，天资、聪明、智慧与一个人的幸福是何关系？似乎成反比关系：越聪明便越痛苦，因而有所谓"智慧的痛苦"。有智者（Qoheleth）曾说过："才智和知识只不过是疯狂和愚蠢。真的，这就如同要抓住风：才智越多苦恼就越多，增加知识就是增加痛苦。"③ 确实，才智和知识往往招致痛苦，才智越高知识越多，痛苦往往便越多。这是因为，才智越高知识越多，欲望往往便越高越多，因而痛苦和不幸往往便越高越多；但是，另一方面，快乐和幸福往往也越高越多。因为欲望是幸福和不幸的动力因素，它与幸福或不幸的可能成正比。所以，说才智越多便越痛苦是片面的，全面地看，才智是苦乐祸福的共同源泉。

不过，才智之为苦乐祸福的共同源泉，仅仅是才智与苦乐祸福的多种联系之一。才智与苦乐祸福还具有其他联系，特别是才智与实现幸福的联系：才智是实现幸福的必要条件。因为不言而喻，一个人有什么样

---

① 冯友兰：《三松堂学术文集》，北京大学出版社，1984年，第625页。
② 冯友兰：《三松堂全集》（第四卷），第599页。
③ Ignacio L. Gotz, *Conceptions of Happiness*, p. 152.

的才，便可能实现什么样的幸福；如果他缺乏某种天资，便不可能实现某种幸福：某种天资是实现某种幸福的必要条件、必要因素。我们常常看到，有些人一心想当小说家。他们多少年来，都一直努力地写，或者一直欲罢不能。但是，很奇怪，他们往往写了个开头，便怎么也写不下去了。结果是一篇又一篇小说的开头；或者硬是拼命写出来的一篇又一篇令人无法卒读的什么也不像的小说。原因何在？显然是他们没有小说家的天资。如果一个人没有小说家的天资，无论如何都不可能实现成为一个小说家的幸福。他若成为小说家，便必须有小说家的天资：小说家的天资是实现小说家幸福的必要条件。

天资之为幸福实现的必要条件，不仅在于天资之类型，而且在于同一种类型的天资之高低。因为一个人天资的程度有多高，便可能取得多高程度的成就，便可能实现多高程度的幸福；他所能实现的幸福的高低程度是被他的天资的高低程度决定的。一个人有诗才，便可以成为诗人而实现诗人之幸福。但是，他能否成为大诗人而实现成为大诗人之幸福，则取决于他诗才的高低。如果他诗才极高，是天才，那么，他便可能成为大诗人。如果他的诗才平平，那么，无论如何，他都成不了大诗人而只能成为末流诗人。古今中外，像贾岛那样苦苦吟诗作赋者多矣。但是，为什么只有一个李白、一个普希金？为什么今日小说家多如牛毛，却没有一个曹雪芹、一个托尔斯泰？恐怕就是因为他们不具备李白、普希金、曹雪芹、托尔斯泰的旷世之天才。没有旷世之天才，无论如何都不可能写出旷世之杰作。

究而言之，一个人所能实现幸福的巨大程度，与他的天资的高厚程度成正比：所具有的天资越低下，所能成就的事业便越渺小，所能实现的幸福便越渺小；所具有的天资越高厚，所能成就的事业便越伟大，所能实现的幸福便越巨大。这样，如果人们所追求的幸福是确定的，或者说，如果人们所追求的幸福相同，那么，幸福实现的可能显然也就与天资的高低成正比：天资越高，幸福便越易于实现；天资越低，幸福便越难实现。同样发奋读书的中学生的幸福，同样是考上北京大学，这种同一实现幸福的可能无疑与这些中学生的天资成正比：天资越高，考上的可能越大；天资越低，考上的可能越小。

于是，我们可以得出结论说：只有具有某种天资，才能实现某种幸福，天资乃是实现幸福的必要条件、必要因素，二者成正相关变化：就所实现幸福的大小来说，所具有的天资越低下，所能实现的幸福便越渺小，所具有的天资越高厚，所能实现的幸福便越巨大；就实现幸福的难易来说，所具有的天资越低下，所追求的幸福便越难于实现，所具有的天资越高厚，所追求的幸福便越容易实现。这就是才、天资与实现幸福的内在联系，这就是实现幸福的天资律。

力：实现幸福的正相关要素之二　　所谓力，也就是努力："一个人的努力，我们称之为力。"[①]一个人没有诗才，固然不能成为诗人，但只有诗才也不能成为诗人。宋代王安石曾撰写《伤仲永》一文。仲永天赋极高，三岁就能写出好诗，但是，尔后十余年并不努力学诗、作诗，而是被其父当作摇钱树到处招摇。结果在他十七八岁再遇王安石时，所作的诗平平常常，"泯然众人矣"。所以，仅仅具有诗才，并不能实现成为诗人之幸福。要实现成为诗人之幸福，还必须有后天的努力：力是实现幸福的另一个必要条件、必要因素。

这就是为什么古今中外，凡是有大成就的人，都不但具有极高的天资，而且也都是极其努力的人。曹雪芹撰写《红楼梦》，披阅十载，增删五次；托尔斯泰撰写《战争与和平》七易其稿，历时六年；达·芬奇画《蒙娜丽莎》整整五个春秋；达尔文构思《物种起源》二十余年始成书；马克思撰写《资本论》四十余年死而后已；歌德写作《浮士德》竟花了六十年光阴。

那么，为什么没有努力，即使天资极高也不会有成功和幸福？因为所谓天资或才，乃是潜在才能。才能由潜在到实在的转化，完全是由努力完成的：才能＝天资×努力。没有努力，天资再高，也仅仅是一种潜在的才能，因而实在说来，便等于零，便是一个毫无才能的人；一个毫无才能的人，当然不会获得成功和幸福。这样，一个天资较高而努力较小的人，和一个天资较低而努力较大的人，便可能获得同等的成功和幸福。因为一个天资较高而努力较小的人的才能，可能等于一个天资较低而努力较大的人的才能。比如说，天资较高而努力较小的人的天资是100，努力是50%；反之，天资较低而努力较大的人的天资是50，努力是100%。这样，天资较高的人的天资便因为不够努力而仅仅实现50%，才能是50；而天资较低的人的天资则因为努力而实现了100%，才能也是50。这就是勤能补拙的道理。

但是，由此只能说才能部分在于勤奋，部分在于天资；却不能说天

[①]　冯友兰：《三松堂全集》（第四卷），第598页。

才在于勤奋,也不能说努力能够创造才能。天才,亦即较高的天资,属于天资、才的范畴,因而是生而固有的,与后天的勤奋努力无关,后天的勤奋努力只能使之充分发展、实现为才能,而不能改变它。所以,只能说天才的实现在于勤奋,而不能说天才在于勤奋。努力也不能创造才能,而只是实现才能:才能是天资的实现,努力是天资向才能转化的中介。因此,才能虽然是天资与努力的乘积,但是,才能的极限却仅仅决定于天资而与努力无关。

因此,正如俗语所说,梅花香自苦寒来,一分辛苦一分甜。一个人越努力,他的天资由潜在的才能转化为实在的才能便越充分,他的成功和幸福便越容易得到实现,他便越可能取得较大的成就,便越可能实现较大的幸福;他所能实现的幸福难易和大小的程度,是由他努力的大小程度决定的。但是,由此不能说,只要努力,一个人想要取得多大成就和幸福便能够取得多大的成就和幸福。因为一个人的才能是有极限的,才能的极限是由他的天资而不是由他的努力所决定的。因此,一个人所能取得的成就和幸福也是有极限的,这种极限,直接说来,决定于他的才能,最终说来则决定于他的天资。李白为什么能够成为诗人,是因为他具有诗人的天资、才能和努力。但是,他为什么会成为大诗人而达于诗人之巅峰,则是因为他具有大诗人的天资、才能,而不是因为他的努力。一个具有二流诗才的人,无论如何努力,他也只能成为一个二流的诗人,而绝不会成为一流诗人。

总而言之,可以说,只有努力,才能实现成功和幸福,努力乃是实现幸福的必要条件、必要因素,二者成正相关变化:就所实现的幸福大小来说,一个人在他的天资限度之内,越努力,便越可能取得较大的成就,便越可能实现较大的幸福;就实现幸福的难易来说,一个人越努力,所追求的幸福便越易于实现。这就是力、努力与实现幸福的内在联系,这就是实现幸福的努力律。

命:实现幸福的正相关要素之三 所谓命,亦即命运,正如《庄子》中所说,乃是一个人所遭遇的事变:"死生存亡,穷达贫富,贤与不肖,毁誉,饥渴寒暑,是事之变,命之行也。"(《庄子·德充符》)然而,如果反过来,把一个人的一切事变都当作命,以为人的一切吉凶祸福都是命中注定,便是所谓的宿命论了。宿命论是错误的。因为命固然是一个人所遭遇的事变,但是,一个人所遭遇的事变并不都是命。所以,《庄子》中又说:"知其不可奈何而安之若命。"(《庄子·人间世》)

一个人所遭遇的事变，或者是自己的活动及其结果，如项羽垓下之死；或者是外在的环境、境遇、机会、机遇，如项羽生逢乱世，遭遇刘邦、韩信。自己的活动及其结果无疑都是自己可改变的。因此，所谓"命"——一个人所遭遇的自己不可能改变的事变——说到底，也就是一个人所遭遇的自己不可能改变的环境、境遇、机会、机遇。

　　不难看出，命或机遇是一个人取得成就和幸福的必要条件和舞台；一个人如果仅仅具有天资和努力而没有机遇，便如英雄无用武之地，不可能成就一番事业。举例说，如果一个人生长在和平年代，那么，不论他具有多么巨大的军事天赋，也不论他是如何努力奋斗，他都不可能成为一个能征善战的大将军。如果不是秦始皇早死、陈胜吴广起义，从而给群雄逐鹿提供了机遇，那么，项羽绝不可能成为西楚霸王，刘邦也绝不会成为汉高祖。如果没有法国大革命，不论罗伯斯庇尔、圣鞠斯特、丹东等天赋多高、努力多大，他们也绝不可能会做出那样轰轰烈烈的伟大壮举。如果法国旧制度像普列汉诺夫所说的那样，再延续75年之久，那么，拿破仑也许不过是个将军，而聚集在他周围的那些军事天才可能仍然不过是一些戏子、排字匠、剃头匠、染匠、律师、小贩。所以，一个人有什么样的命或机遇，便可能实现什么样的幸福；如果他没有某种命或机遇，便不可能实现某种幸福：机遇是实现幸福的必要条件、必要因素。

　　机遇之为实现幸福的必要条件，不仅在于机遇之有无或类型，而且在于同一种类型机遇的好坏顺逆：有利天资发展、努力实施、实现幸福的机遇，便是所谓的顺境、好命；不利天资发展、努力实施、实现幸福的机遇，便是所谓的逆境、坏命。汉朝冯唐的官运不好。因为文帝时，冯唐年轻，文帝却喜欢任用老成人，结果冯唐不能升官。到了武帝时，冯唐已老，但是武帝却喜欢任用年少有为之士，结果冯唐又不能升官。可见，命运的好坏顺逆对于一个人的成就和幸福的影响很大。一个人的命越坏，他的成功和幸福便难于得到实现，他便越难于取得较大的成就，便越难于实现较大的幸福；反之，一个人的命越好，他的成功和幸福便容易得到实现，他便越可能取得较大的成就，便越可能实现较大的幸福：他所能实现幸福的难易和大小的程度，是被他机遇的好坏顺逆的程度决定的。

　　不过，逆境和坏命并没有堵塞成才和幸福之路。一个人命不好而身处逆境，在一定条件下，反倒可能取得更大的成功和幸福。所谓一定条件，主要是两个：更大的努力和转移目标。一个身处逆境的人，往往不可能实现原来的目标而失败消沉、陷入不幸。但是，逆境也可能给他其他理想的实现开辟了道路，并且赋予他一种激励和锻炼，使他更加努力奋斗，从而实现这些理想、取得也许是更加伟大的成就。冯唐官运固然不佳，然而，文"穷而后工"，他不佳的官运却可能使他绝望于仕途，从而潜心学问、著书立说而不朽。

因此，司马迁说："文王拘而演《周易》，仲尼厄而作《春秋》，屈原放逐，乃赋《离骚》，左丘失明，厥有《国语》……《诗》三百篇，大底圣贤发愤之所为作也。"（《报任安书》）有鉴于此，张载写道："富贵福泽，将厚吾之生也；贫贱忧戚，庸玉汝于成也。"（《西铭》）富贵福泽有利生存，是顺境好命；贫贱忧戚不利生存，是逆境坏命。但是，贫贱忧戚却可能激励人的斗志，使人更加努力奋斗，从而取得另一种类型的，也许是更加伟大的成就：自我创造性潜能之实现。这就是所谓"逆境成才"的道理。显然，逆境成才并没有否定顺境更容易成才之定理，因为逆境成才是以远比顺境更大的努力为前提的。

综观才、力、命可知，只有具有某种天资、努力、机遇，才能实现某种幸福；天资、努力、机遇都是实现幸福的必要条件、必要因素而与幸福的实现成正相关变化：一个人的天资越高、努力越大、机遇越好，他的成功和幸福便越容易得到实现，他便越可能取得较大的成就，便越可能实现较大的幸福；一个人的天资越低、努力越小、机遇越差，他的成功和幸福便越难于得到实现，他便越难于取得较大的成就，便越难于实现较大的幸福。那么，天资、努力、机遇三要素是实现幸福、人生成功的全部必要条件吗？冯友兰的回答是肯定的："在人生成功的过程中，须具有三种因素，这三种因素配合起来，然后才可以成功。"[1] 殊不知，真正讲来，这三种要素仅仅是人生成功和实现幸福的非统计性正相关要素；人生成功和实现幸福还须具有统计性正相关要素——德。

德：实现幸福的统计性正相关要素 所谓德，也就是一个人的品德、道德品质。一个人既有才又努力并且机遇好，但如果品德败坏、人人唾骂，势必处处碰壁、事事难成，不可能获得成功和幸福。因为人是社会动物，他的生存，他的幸福，他的一切，说到底，都是社会和他人

---

[1] 冯友兰：《三松堂学术文集》，北京大学出版社，1984年，第625页。

给予的。那么,他究竟如何才能从社会和他人那里获得幸福?

显然,一个人要想从社会和他人那里谋得幸福,不但须有才、力、命,而且须有品德:如果他品德好因而造福社会与他人,那么他便会受到社会和他人的赏誉而获得幸福;如果他品德坏因而损害社会与他人,那么他便会受到社会和他人的谴责而得不到幸福。所以,品德是获得幸福的必要条件、必要因素而与其成正相关变化:越有德便越有福、越有福便越有德,德福必定一致。

不过,品德毕竟与才、力、命不同:才、力、命是幸福的非统计性正相关要素,因而其与幸福完全一致;品德则是幸福的统计性正相关要素,其与幸福只是大体一致。就是说,不论就一个人的某一次行为来说,还是就其行为总和来说,才、力、命都是幸福的正相关要素而与其完全一致。反之,只有就一个人的行为总和来讲,才可以说越有德便越有福、德福一致而成正相关变化;如果就一个人的某一次或某一些行为来说,则可能越有德越无福、德福背离而成负相关变化。更确切些说,一个人就其行为总和来说,德福一致而成正相关变化的次数,必定多于德福背离而成负相关变化的次数。易言之,德福一致是常规,而德福背离是例外:德福必定大体一致。这就是福德一致律:德福一致而成正相关变化是个统计性规律。

然而,康德却否认品德是幸福的必要条件,认为品德与幸福并无必然联系:"道德法则本身并不允诺幸福,因为根据任何自然秩序观念,遵循道德与幸福并无必然联系。"① 康德此见显然具有实践依据。实际上,正如安娜斯所指出:"我们看到很多缺德者兴旺发达,而有德者却不公平地身陷困境或遭受坏运。"②

诚哉斯言!古今中外,很多人缺德却一生幸福,很多人有德却一生不幸。这一事实似乎否定了德福大体一致而证实了康德的观点:美德并非幸福的必要条件,德福并无必然联系。其实不然。因为品德并非决定一个人幸福或不幸的唯一要素,而仅仅是一个要素;除了品德,决定一个人一生幸福或不幸的还有才、力、命三要素。这样,一个人虽然缺德而大体有祸,但他天资高、努力大、机遇好等却给他远远超过因缺德所

---

① Immanuel Kant, *Critique of Practical Reason* (Beijing: China Social Sciences Publishing House, 1993), p. 135.

② Julia Annas, *The Morality of Happiness* (New York, Oxford: Oxford University Press, 1993), p. 432.

带来祸之外的洪福，所以他虽缺德却一生幸福。反之，一个人虽有德而大体有福，但他天资低、努力小、机遇坏等却给他以远远超过他的德所带来福之外的大祸，所以他虽有德却一生不幸。

因此，缺德者的一生幸福并非他缺德的结果，而是他的才、力、命等非品德条件的结果；反之，有德者的一生不幸也不是他德行的结果，而是他的才、力、命等非品德条件的结果。如果他们只有品德不同而其余条件完全一样，那么，谁缺德便一定一生不幸，谁有德便一定一生幸福。所以，缺德而一生幸福，或者有德而一生不幸，仅仅表明缺德者其他条件好而有德者其他条件差，绝不意味着他们的德福大体背离，绝不意味着德福没有必然联系。

欲、才、力、命、德：实现幸福的充分且必要条件 才、力、命、德之为实现幸福四要素意味着：无论何种幸福，其实现皆须才、力、命、德四要素的配合。但幸福的类型不同，四要素的配合比例也不同。幸福最重要的类型，无疑是古人所谓"三不朽"：立言、立功、立德。立言是学问方面的创造性幸福，如成为艺术家、科学家、哲学家、思想家等的幸福；这种幸福的实现，一般说来，天资的作用最大，努力的作用次之，品德的作用又次之，机遇的作用最小。立功是事业方面的创造性幸福，如成为政治家、军事家、企业家等的幸福；这种幸福的实现，一般说来，机遇的作用最大，品德的作用次之，天资的作用又次之，努力的作用最小。立德是品德方面的创造性幸福，如品德完善、成圣成贤的幸福；这种幸福的实现，一般说来，努力的作用最大，天资的作用次之，机遇的作用最小。曾国藩说：

> 古来圣贤名儒之所以彪炳宇宙者，无非由于文学事功。然文学则资质居其七分，人力不过三分。事功则运气居其七分，人力不过三分。惟是尽心养性，保全天之所以赋予我者，此则人力主持，可以自占七分。①

推而广之，似乎可以说，幸福越高级，天资的成分便越大、机遇的成分便越小；幸福越低级，机遇的成分便越大、天资的成分便越小；努力和品德所占的比例则与幸福的等级和类型没有必然联系。

无论何种幸福，其实现皆须才、力、命、德四要素的配合。那

---

① 冯友兰：《三松堂全集》（第四卷），第612页。

么，这四要素配合起来，幸福便必定能实现吗？未必。幸福的实现不但需要才、力、命、德的配合，而且还需要这四要素与欲望的配合。因为欲望是实现幸福的负相关要素：欲望越大，幸福就越难实现。反之，才、力、命、德则是实现幸福的正相关要素：才越高、力越大、命越好、德越优，幸福便越易实现。这样，即使一个人的才高、力大、命好、德优，如果他的欲望太大，也很难实现其欲望从而获得幸福。反之，即使一个人才不算高、力不算大、命不算好、德不算优，如果他的欲望很低，也能容易实现其欲望从而获得幸福。

可见，幸福能否实现完全取决于才、力、命、德与欲望的关系：如果欲望超过才、力、命、德，虽然所希求的幸福很大，却因不能实现而陷于不幸；如果欲望低于才、力、命、德，则幸福虽会实现，但失之于将就；只有欲望与才、力、命、德相一致，幸福才会完美实现：欲望与才、力、命、德相一致，乃是幸福实现的充分且必要条件。

"无欲说"与"禁欲说"不懂得"欲望低于才、力、命、德，幸福虽会实现，但失之于将就"的道理，而主张人的欲望应降至最低限度。这固然把人的不幸与痛苦降到了最低限度，但也把幸福和快乐降到了最低限度："当一个人把欲望降至最低限度后，生活的多彩多姿也将随之变得索然无味，而生命本身也将失去其原有的光辉。"① 反之，"纵欲论"则不懂得"欲望超过才、力、命、德只能陷于大不幸"的道理，而主张任欲而行、不必节制。这样做，不过是以"一时之快乐"而换来"永久之不幸"，以"微小之快乐"而换来"巨大之痛苦"罢了。唯有介于两者之间的"节欲说"与"导欲说"是正确的，因为欲望确实必须节制、指导而防止其过高或过低。遗憾的是，该说未能找到节欲和导欲的标准：欲望与才、力、命、德一致。

总而言之，欲、才、力、命、德是幸福实现的充分且必要的五大要素。欲是幸福实现的动力要素、负相关要素：欲望越大，幸福便越难实现。才、力、命、德是幸福实现的非动力要素、正相关要素：才越高、力越大、命越好、德越优，幸福便越易实现。欲与才、力、命、德一致，幸福便会完美实现。这就是幸福的实现律。幸福的实现律可以归结为一个等式：

---

① 弗洛伊德：《图腾与禁忌》，杨庸一译，中国民间文艺出版社，1986年，第10页。

$$幸福的实现 = \frac{才力命德}{欲}$$

三 幸福的原则

幸福的定义、结构、类型和幸福规律表明,每个人一生的需要和欲望都极为纷繁复杂;一个人若要实现这些需要和欲望而求得幸福,必须依据幸福的客观本性而遵循一系列规范。这些可以求得幸福的规范,主要讲来,可以称之为"幸福原则",亦即任何人不论追求任何幸福都应该遵循的原则。

任何人,不论他追求何种幸福、取得何种成功,显然都必须经过三个阶段:认识、选择、行动。这三个阶段所应该遵循的原则,依据幸福的客观本性,可以归结为三项:①认识正确,即对幸福的主观认识与幸福的客观本性必须相符,这是追求幸福的"认识原则";②选择适当,即对幸福的欲望、选择与自己的才、力、命、德必须一致,这是追求幸福的"选择原则";③努力奋斗和修养品德,这是追求幸福的"行动原则"。

1 认识原则:对幸福的认识与幸福的客观本性相符

不言而喻,一个人对于幸福的主观认识与幸福的客观本性既可能相符,又可能不符:如果不符,那么,在其指导下,他对幸福的选择和追求便会发生错误,他便不可能求得幸福或不可能求得他可能得到的最有价值的幸福;只有相符,在主观认识的指导下,他对幸福的选择和追求才可能是正确的,他才可能求得幸福或求得他可能得到的最有价值的幸福。

举例来说,就幸福的客观本性来说,过程幸福弱小而漫长,结果幸福强大而短暂,二者缺一便非幸福人生。一个人的主观认识只有与此相符,才能既追求结果幸福,又珍惜过程幸福,从而享有全面幸福。否则,如果他认为只有结果幸福才是幸福,那么他便会忽视而不能享有漫长的过程幸福,他便可能会有以一生的漫长苦求,去获得老来福的悲惨体验了。

就幸福的客观本性来说,需要越高级,它的满足对于生存的价值便越小而对于发展的价值便越大;需要越低级,它的满足对于生存的价值便越大而对于发展的价值便越小。一个人的主观认识只有与此相符,他才可能在高级需要与低级需要的满足不能两全时,进行正确选择:当他的生存问题还没有解决时,他应该选择低级需要的满足;当他的生存问题已经得到解决时,他应该选择高级需要的满足。否则,如果他认为低级需要满足的价值总是大于高级需要的满足,如果他认为发财淫乐幸福的价值大于一切,那么,他便只可能追求和享有发财淫乐幸福,而不可能追求和享有更高级更有价值的幸福:自我创造性潜能之实现的精神性幸福。

可见,一个人若要求得幸福,或求得他可能得到的最有价值的幸福,便必须使自己对幸福的主观认识与幸福的客观本性相符。这是每个人应当如何追求幸福的首要原则,不妨名之为"认识原则"。

2 选择原则:对幸福的选择与自己的才、力、命、德一致

如果一个人对幸福有了与其客观本性相符的正确认识,那么,他就可以求得幸福了吗?还不能。他要得到幸福,还必须有对幸福的正确选择,即对幸福的选择必须与自己的才、力、命、德一致:一个人对于幸福的选择如果与自己的才、力、命、德一致,便是正确的;如果与自己的才、力、命、德不一致,便是错误的。

首先,一个人对于幸福的欲求必须与自己的"才"一致。举例说,一个人是否应该选择成为画家的幸福,要看他有没有画家的天资。如果没有画家的天资,他就不可能成为画家,那么,他当画家的选择与自己的"才"便不一致,他当画家的选择就是错误的。反之,如果他有画家的天资,他就有可能成为画家,那么,他当画家的选择与自己的"才"便是一致的,他当画家的选择,就"才"这个方面看,便是正确的。

其次,一个人对于幸福的欲求必须与自己的"命"一致。举例说,一个人是否应该选择成为骁勇善战的大将军之幸福,要看他有没有上战场的机遇。如果他生逢太平盛世,就不可能成为善战将军,那么,他做骁勇善战大将军的选择与自己的"命"便不一致,他的选择就是错误的。反之,如果他生逢乱世,群雄逐鹿,他就有可能成为善战将军,那么,他做骁勇善战大将军的选择与自己的"命"便是一致的,他做此选择,就"命"来说,便是正确的。

再次,一个人对于幸福的欲求必须与自己的"力"一致。举例说,一个人是否应该选择成就伟业之幸福,要看他有没有巨大的恒心和毅力,有没有持之以恒、终生为之奋斗的努力。如果具有这种努力,他就有可能成就伟业,那么,他做此选择与自己的"力"便是一致的;

他的选择，就"力"这方面说，便是正确的。反之，如果他生性懒散、缺乏恒心和毅力，几乎不可能做出这种努力，他就不可能成就伟业，他就有可能"大事做不来、小事又不做"而终生一事无成，那么，他做此选择与自己的"力"便不一致，他的选择就是错误的。

最后，一个人对于幸福的欲求必须与自己的"德"一致。举例说，一个人是否应该选择官场幸福，要看他有没有合群机敏、善与人处之德性。如果具有，他就可能如鱼得水、官场成功，他做此选择与自己的"德"就是一致的；他做此选择，就"德"这方面来说，是正确的。反之，如果他不具有这种德行，如果他清高、孤僻、难与人处，他就很难为官，他做此选择就是错误的。

可见，一个人对幸福的选择，只有与自己的才、力、命、德四项要素一致，才能求得幸福，才能求得他可能得到的最有价值的幸福；如有一项不一致，便不可能得到幸福，便不可能求得他可能得到的最有价值的幸福。因此，对幸福的选择与自己的才、力、命、德一致，乃是追求幸福的第二条原则，可以名之为"选择原则"。

3 行动原则：追求幸福的努力与修养自己品德相结合

一个人有了对幸福的正确认识和正确选择，就可以得到幸福吗？还不能。他要得到幸福，还必须有正确的行动，即必须使追求幸福的努力和修养自己的德性相结合。因为幸福的实现律表明，要实现所欲求、所选择的幸福，必须并且只需具备才、力、命、德四要素。才和命是非行动要素，是行动不能改变的要素；只有力和德是行动要素，是行动所能改变的要素：努力本身就是行动，德性则是不断持久的行动之结果。所以，实现幸福所需要的行动，也就是努力和修德，亦即努力追求幸福与刻苦修养品德相结合。

那么，仅仅努力求幸福而不修德，能实现所选择的幸福吗？不能。某大学硕士生顾光耀，从一个淘粪工考上大学又考上研究生。对幸福的追求可算十分努力了。但是，他只求福而不修德，良心泯灭而残忍杀死发妻，结果自己福未求得而命丧黄泉。古今中外，有多少个顾光耀啊！所以，仅仅努力求福而不修德，不能实现所求的幸福，因而是追求幸福的错误行动。反之，仅仅修德而不努力求福，能实现所追求的幸福吗？也不能。一个人追求成为画家的幸福，如果只修养自己的品德而不努力作画，他怎么能成为画家呢？显然，仅仅修德而不努力求福，也不能实现所追求的幸福，因而也是追求幸福的错误行动。因此，只有努力和修德结合起来才能实现所选择的幸福，才是追求幸福的正确行动：求幸福的努力和修自己的德性相结合，是追求幸福的正确"行动原则"。

总观幸福原则，可以得出结论说，一个人要求得幸福，首先应当使自己对幸福的认识与幸福的客观本性相符；其次应该使对幸福的选择与自己的才、力、命、德一致；最后应当使追求幸福的努力与修养自己的德性相结合。这就是追求幸福的三大原则。谁能遵循这三原则，谁就能求得真正的幸福，谁就是真正幸福的人。

思考题

1　人们往往把"幸福是对于一生具有重大意义的快乐"等同于"幸福是一生享有重大快乐"。这就把"幸福"与"幸福的人"或"幸福生活"等同起来了。试析二者之异同。

2　为什么说精神性幸福比物质性幸福高级？在我们所体验过的快乐和幸福中，哪一种是最强烈的？哪一种是最恒久的？哪一种是最有价值的？

3　一个目不识丁的百万富翁，随心所欲、尽情玩乐，自己觉得已享有最美满、最高级的幸福。那么，他真的幸福吗？他的幸福真的像他自己感觉的那样，是最美满最高级的吗？

4　假设一个人在真实的人间世界不可能摆脱不幸、求得幸福，因而感到人生没有意义，无法再生活下去，那么，他是否应该皈依宗教，通过信仰神灵世界而得到虚幻的幸福？弗洛伊德答道："无疑的，宗教是追求幸福的一种方法……我想利用宗教来给予人类幸福此一做法是注定要失败的。"弗洛伊德的回答对吗？

5　穆勒说："做一个不满足的人比做一个满足的猪好；做一个不满足的苏格拉底比做一个满足的傻子好。"这种观点正确吗？你愿做一个不满足的人，还是一个满足的猪？中国道家的名言"死王乐为生鼠"指：死皇帝不如活老鼠也！这种观点正确吗？你愿做一个活傻瓜，还是做一个死苏格拉底？做一个活老鼠，还是做一个死皇帝？

6　古人云："知足常乐。"诸葛亮却说："志当存高远。"谁是谁非？

7　在现实生活中，我们往往看到很多人缺德却一生幸福，很多人有德却一生不幸。康德由此断言："遵循道德与幸福并无必然联系。"康德此言正确否？

8 天资、聪明、智慧与一个人的幸福是何关系？似乎成反比关系：越聪明便越痛苦，因而有所谓"智慧的痛苦"。有智者曾说过："才智和知识只不过是疯狂和愚蠢。真的，这就如同要抓住风：才智越多苦恼就越多，增加知识就是增加痛苦。"这种观点能成立吗？

阅读书目

张载：《西铭》。

约翰·穆勒：《功用主义》，唐钺译，商务印书馆，1957年。

孙英：《幸福论》，人民出版社，2004年。

Elizabeth Telfer, *Happiness* (New York：Macmillan, 1980).

Ignacio L. Gotz, *Conceptions of Happiness* (New York：University Press of America, 1995).

Wang Haiming, *The Principles of New Ethics III：Normative Ethics II* (London；NewYork：Routledge, 2021).

第十一章 道德规则体系

> **提　要**
>
> 　　诚实是动机在于传达真信息的行为，因而是维系人际合作从而保障社会存在发展的基本纽带，是如何善待他人的最重要道德规则。反之，善待自己的最重要道德规则是**贵生**：生命无疑是一个人最重要的东西。但是，贵生并不是善待自我的最高道德规则：善待自我的最高道德规则是**自尊**。因为贵生是对生命自我的爱，它所能引发的仅仅是一种低级的目的利己行为：活着。反之，自尊则是对人格自我的爱，它所引发的则是比较高级的目的利己行为：活得有作为、有成就、有价值。自尊似乎与谦虚相反，其实不然。**谦虚**是低己高人从而以人为师，因而恰恰依据于自尊：低己高人时以人为师以便有所成就而实现自尊。这种成就和自尊的基本内容究竟是什么？是"智慧"。**智慧**是相对完善的思想活动能力。一个人如果具有正常人以上的天资，那么，他能否取得智慧，便完全取决于学习而与其成正比。智慧的意义全在于支配和实现感情欲望：感情欲望如果受智慧和理智支配，便是所谓的**节制**；否则便是放纵。节制可使人不做明知不当做之事，不致害己害人，因而是一种极为重要的善。人生在世，最重要的节制，莫过于智慧对于勇敢的指导和支配。因为**勇敢**是对于可怕事物的不畏惧：勇敢如果背离智慧，便是鲁莽和不义之勇，便有害于社会和他人以及自我而具有负道德价值；勇敢只有与智慧结合，才是义勇和英勇，才有利于社会和他人以及自我而具有正道德价值。那么，每个人对于勇敢、节制、智慧、谦虚、自尊、贵生和诚实等一切道德规则以及善、正义、平等、人道、自由和幸福等一切道德原则的遵守，并不是越严格、越绝对、越极端、越过火、越不变，便越好。只有"**中庸**"（亦即适当遵守道德）才是善的；而"过"（亦即过于遵守道德）与"不及"（亦即不遵守道德）都是恶的。

毋庸赘言，道德规范越普遍、越一般、越抽象，便越稀少；越特殊、越个别、越具体，便越众多。因此，道德原则不过四类八个：首先是道德终极标准："增进每个人的利益总量"；其次是道德总原则"善"；再次是善待自我道德原则"幸福"；最后是善待他人——主要是国家治理与国家制度——的五大道德原则"正义""平等""人道""自由"和"异化"。

反之，道德规则不胜枚举。但是，伦理学是道德哲学，它的道德规范体系无疑只能够也只应该容纳那些比较重要的道德规则；而其他则留给各种常识与直觉或应用伦理学。这些比较重要的道德规则恰好也可以归结为八个：诚实、贵生、自尊、谦虚、智慧、节制、勇敢和中庸。不难看出，在这八大道德规则中，诚实最重要：诚实是维系人际合作从而保障社会存在发展的基本纽带。所以，诚实居于道德规则体系之首。

一 诚实

1 诚实的概念

粗略看来，诚实就是说真话，欺骗则是说假话：这是诚实与欺骗的通俗定义。然而，细究起来，说话、语言并非诚实和欺骗的唯一形式。试想，"烽火戏诸侯"，"明修栈道暗度陈仓"，岂不都是欺骗？显然，沉默、点头、手势、行动等一切行为都可以是诚实或欺骗。所以，诚实或欺骗包括语言和行动两方面而属于行为范畴。由此看来，似乎应该说：诚实是传达真信息的行为，欺骗是传达假信息的行为。其实仍不尽然。试想，如果一个信息是假的，但张三却以为它是真的，并把它当作真的传达给他人。这样，他便是在传达一个"主观动机以为是真"而"客观实际却是假"的信息。他的这种行为是诚实还是欺骗？当然是诚实而非欺骗。

准此观之，诚实还是欺骗并不取决于所传达的信息在客观实际上之真假，而取决于所传达的信息在传达者的主观动机中之真假。因此，诚实便是动机在于传达真信息的行为，是"自己以为真也让别人信其为真""自己以为假也让别人信其为假"的行为；欺骗则是动机在于传达假信息的行为，是"自己以为真却让别人信其为假""自己以为假却让别人信以为真"的行为。这是欺骗和诚实的精确定义。这个定义并未完全否定此前的通俗定义。因为不言而喻，语言毕竟是诚实和欺骗行为所传达信息的主要形式。所以，诚实，主要来讲，也就是说真话，是传达真话的行为；欺骗，主要来讲，也就是说假话，是传达假话的行为。

诚实可以分为诚与信。因为"诚实是动机在于传达真信息的行为"意味着：诚实者传达的真信息之为真信息，并非因为其与客观事实相符，而是因其与传达者"自己的主观思想"及其所引发的"自己的实际行动"相符。所以，可以说与自己思想相符叫作诚、真诚，与自己的行动相符叫作信、守信。反之，欺骗所传达的假信息之为假信息，并非因其与客观事实不符，而是因为其与传达者"自己的主观思想"及其所引发的"自己的实际行动"不符：与自己的思想不符叫作撒谎，与自己的行动不符叫作失信。

更确切些说，诚和信是以真信息源的性质为根据而划分诚实的两大类型：诚、真诚是传达与自己的思想相符合、相一致信息的行为，主要表现是"心口一致"；信、守信是传达与自己的实际行动相符合、相一致信息的行为，其主要表现是"言行一致"。反之，撒谎和失信则是以假信息源的性质为根据而划分欺骗的两大类型：撒谎是传达与自己思想不一致不相符信息的行为，其主要表现是"心口不一"；失信是传达与自己的实际行动不一致不相符信息的行为，其主要表现是"言行不一"。

欺骗还依据其动机利害他人的性质分为恶意欺骗和善意欺骗。恶意欺骗是欺骗之常规，是动机有害他人的欺骗，如造谣诽谤、阿谀奉承、伪善伪证等。善意欺骗是欺骗之例外，是动机无害他人的欺骗，是动机利人或利己而不损人的欺骗，如欺瞒凶手、安慰病人、戏言取乐、客套话等。同理，诚实也有善意与恶意之分。善意诚实是动机无害他人的诚实，这种诚实，是诚实之常规，自不待言。反之，恶意诚实则是诚实之例外，是动机有害他人的诚实，如传述真话以挑拨离间。恶意诚实多为故意，但也有不得已者，例如，当凶手打听被他追杀而逃到我家里的人的具体位置，我因害怕自己被伤害或为自己做诚实人而不得已如实相告，便属于恶意诚实。因为它毕竟含有为避免自己被伤害或为自己做诚实人而出卖、伤害他人性命之动机。

2 诚实的道德价值

衡量一切行为道德价值的标准，如前所述，是道德最终目的、道德终极标准：保障社会存在发展和增进每个人利益。准此观之，诚实和欺骗的道德价值便可以按其对于社会、他人、自己三方面的效用来衡量。首先，从被欺骗与被诚实对待的他人来看。试想，谁不愿意被诚实对待，谁愿意被人欺骗呢？所以，被欺骗，即使是被善意欺骗，无疑也是一种伤害；被诚实对待，即使是被恶意地诚实对待，无疑也是一种利益。

其次，从欺骗者和诚实者自己来看。欺骗而不诚实，确实可以得到暂时的、局部的或某种具体的利益；但就长远、全局和总体来说，日久见人心，欺骗最终势必害己而诚实势必利己。总体大于局部，长远大于暂时。所以，即使对于欺骗者和诚实者自己来说，欺骗的净余额也是害而诚实的净余额也是利。因此，西方格言说："诚实是最好的策略。"我国先哲亦云："匹夫行忠信，可以保一身，君主行忠信，可以保一国。"(《资治通鉴·周纪二》)

最后，从社会来说。所谓社会，正如罗尔斯所言，不过是"一个目的在于增进每个成员利益的合作体系"①。人际合作之所以能进行、社会之所以能存在发展，显然是因为人与人的基本关系是互相信任而非互相欺骗，是因为人们相互间诚实行为多于欺骗行为。否则，如果人与人的基本关系是互相欺骗而非互相信任，人们相互间欺骗行为多于诚实行为，那么，合作必将瓦解、社会必将崩溃。所以，诚实乃是维系人际合作从而保障社会存在发展的基本纽带。

可见，一切诚实的行为，不论如何不同，不论其意善恶，就其共同的诚实本性来说，都有利他人，有利自己，更有利于社会的存在发展，因而便都符合道德最终目的和道德终极标准，便都是道德的、善的、应该的。反之，一切欺骗的行为，不论如何不同，不论其意善恶，就其共同的欺骗本性来说，都有害于他人，也有害于自己，更有害于社会的存在发展，因而便都不符合道德最终目的和道德终极标准，便都是不道德的、不应该的、恶的。所以，路德说：

> 在我看来，尘世中没有什么比欺骗和背信弃义更为有害的恶习：它们会导致整个人类社会瓦解崩溃。因为欺骗和背信弃义先会使人心分裂，接着就会分开人们合作的手；而当手也被分开的时候，我们还能做什么呢？②

---

① John Rawls, *A Theory of Justice* (Revised Edition) (Cambridge, Mass: Harvard University Press, 2000), p. 4.

② Friedrich Paulsen, *System of Ethics*, Frank Thilly (trans.) (New York: Charles Scribner's Sons, 1908), p. 668.

不过，一切欺骗虽然都有害社会、他人和自我，因而都是恶的，但其对社会、他人和自我的损害的大小或恶的大小，显然与其善意成反比而与其恶意成正比：欺骗的善意越大，它对被欺骗者的利益越大，便越可得到原谅，因而它对社会、他人和自我的损害便越小，它的恶便越小；欺骗的恶意越大，它对被骗者的损害越大，便越不可原谅，因而它对社会、他人和自我的损害越大，它的恶便越大。所以，阿奎那说："显然，谎言的善意越大，谎言罪恶的严重程度就越是减轻。"①

同理，一切诚实，虽然都有利于社会、他人和自我，因而都是善，但其对社会、他人和自我的利益之大小或善的大小，则与其善意成正比而与其恶意成反比：诚实的善意越大，对诚实接受者的利益越大，它便越可赞赏，它对社会、他人和自我的利益便越大，它的善便越大；诚实的恶意越大，对诚实接受者的损害越大，它便越不可赞赏，它对社会、他人和自我的利益便越小，它的善便越小。

总而言之，一切诚实无论如何，其自身都是道德的、应该的、善的，因而也就是人际行为应当如何的道德规范；一切欺骗，无论如何，其本身都是不道德的、不应该的、恶的，因而也就是人际行为不应该如何的道德规范。

3 诚实的适用范围

诚实和欺骗的道德价值表明：诚实是应当的，欺骗是不应当的。那么，人们是否在任何情况下都应当诚实而不应当欺骗？康德的回答是肯定的："诚实是理性教义的一种神圣的绝对命令，不应受任何权宜之计限制。"② 他举例说，即使当凶手询问被他追杀而逃到我家里的无辜者是否在我家里，我也应该诚实相告，而不该谎称他不在家："因为谎言总是要伤害他人的，即使不伤害某个特定的人，也是对人类的普遍伤害，因为它败坏了规则之源。"③

康德的错误在于，他只见诚实是善、欺骗是恶，却不见"两善相权取其重"和"两恶相权取其轻"的"最大利益净余额"之道德终极标准。因为当凶手询问被他追杀的无辜者逃到哪里时，"诚实"这种善便

---

① Sissela Bok, *Lying, Moral Choice in Public and Private Life* (New York: Vintage Books, 1989), p. 257.

② Ibid., p. 269.

③ Ibid.

与"救人"这种善发生了冲突：要诚实便救不了人，要救人便不能诚实；不欺骗就得害人性命，不害命便得欺骗。但是，诚实是小善、救人是大善，两善相权取其大：救人。欺骗是小恶，害命是大恶，两恶相权取其轻：欺骗。所以，当此际，便不该诚实害命，而当欺骗救人。孟子曰："大人者，言不必信，行不必果，惟义所在。"（《孟子·离娄下》）此之谓也！否则，避小恶（欺骗）而就大恶（害命）、得小善（诚实）而失大善（救人），岂非小人之举："言必信，行必果，硁硁然小人哉！"（《论语·子路》）

可见，只有在正常情况下，即在诚实这种善与其他的善不发生冲突时，才应该诚实而不应该欺骗；而在非常情况下，即在诚实与其他更大的善发生冲突不能两全时，则不应该诚实而应该欺骗，以保全更大的善，从而符合"最大利益净余额"之道德终极标准。因此，诚实不论意义如何重大，却并非道德原则，而是从属于、受支配于、被决定于善、爱、正义等道德原则的基本道德规则。

因此，在每个人的品德结构中，诚实和欺骗便是被支配的、被决定的、从属的、次要的因素；而善良、恶毒、仁爱、正义等则是支配的、决定的、主要的、主宰的因素。这就是为什么，一个仁爱而虚伪的人的品德境界，高于一个恶毒而诚实的人的品德境界。甚至一个伪善者也高于一个诚实的恶人。因为伪善者还知羞耻，而诚实的恶人则厚颜无耻：厚颜无耻无疑是品德的最低境界。因此，王船山说："小人之诚，不如其无诚也。"[①] 一个人仅仅诚实，还远不是一个品德良好的人；要品德良好，更重要的还要仁爱、善良、正义等。

诚实的本质，从上可知，是善待他人；诚实乃是如何善待他人的最为重要的道德规则。那么，善待自己的最为重要的道德规则是什么？是贵生。因为正如人们所常说，不论一个人享有多么丰富多么高级的幸福，却无不以他自己的生命为根基：自己的生命是第一位数字"1"，而那些丰富高级的幸福，如发财致富、官运亨通、爱情美满、著书立说、自我实现等都不过是后面众多的"0"罢了。若是失去了生命，便等于没有了"1"，而只剩下一大堆"0"，也就仍等于一个"0"。是以道家有言，死皇帝愿为活老鼠也！所以，确立了善待他人的最为重

[①] 王夫之：《读通鉴论》（上册），中华书局，1975年，第12页。

要的道德原则"诚实"之后,应该继之以"贵生":贵生乃是善待自己最为重要的道德规则。

二 贵生

善待自己的最为重要的问题显然是:善待自己的生命、正确对待自己的生命和自己生命之外的东西。道家对这个问题的解决,现在看来,是不错的,亦即应该贵生:贵生是善待自己最为重要的道德规则。

1 贵生的概念

所谓贵生,亦即贵生贱物、重生轻物,也就是把自己的东西分为"生"(自己的生命)和"物"(自己生命之外的东西),而认为自己的生命贵于自己生命之外的东西,因而也就是自己最宝贵、最有价值的东西。费尔巴哈亦如是说:"生命就是人的最高的宝物。"①

可见,贵生之真谛,在于视自己生命为自己最宝贵东西而不仅仅是宝贵东西;贵生之为道德规范,则是应该视生命为自己最宝贵、最有价值东西的行为。然而,为什么生命是自己最宝贵的东西?

我们对于价值的概念分析表明,说某物对自己是有价值的、宝贵的东西,意味着:某物有一种效用,这种效用能满足自己的需要、欲望、目的。准此观之,生命是自己最宝贵、最有价值的东西,便意味着:生命能满足自己的最重要的最根本的最大的需要、欲望和目的。那么,人们最重要最根本最大的需要、欲望和目的是什么呢?

无疑是求生欲,是求生的需要、欲望、目的。费尔巴哈说:"人的愿望,至少那些不以自然必然性来限制其愿望的人的愿望,首先就是那个希冀长生不死的愿望;是的,这个愿望乃是人的最后的和最高的愿望,乃是一切愿望的愿望。"②

一个人的生命,之所以是他自己最宝贵、最有价值的东西,就是因为他的生命能满足他最重要、最根本、最大的愿望:求生欲。欲望得到满足的心理体验,亦即所谓快乐;重大欲望得到满足的心理体验,亦即所谓幸福。所以,生命本身、活着本身,便因其能满足自己最重要、最根本、最大的欲望,而是自己最重要、最根本、最大的快乐和幸福。因

---

① 《费尔巴哈哲学著作选集》(下卷),荣震华、王太庆、刘磊译,生活·读书·新知三联书店,1962年,第554—569页。
② 《费尔巴哈哲学著作选集》(下卷),第770页。

此，费尔巴哈说:"生命本是一切福利的总和。"① 庄子说得更妙:"至乐活身。"(《庄子·至乐》)

可见,生命之所以是一个人最宝贵的东西,直接讲来,是因为生命的快乐是人生的最重要、最根本、最大的快乐和幸福;根本讲来,是因为生命能满足人的最重要、最根本、最大的欲望——求生欲。

2 贵生的价值

从生命最宝贵可以推知,究竟什么样的行为对自己最有利和最有害:贵生的行为对自己最有利,因为一个人如果贵生轻物,那么即使他失去身外名货,得到的却是最宝贵、最有价值的东西——健康长寿;反之,重物轻生的行为对自己最有害,因为一个人如果重物轻生,那么即使他得到了身外名货,却失去了性命,岂非杀身以易衣、断首以易冠?

贵生最有利自己,因而也就是善待自己的首要规范;重物轻生最有害自己,因而也就是恶待自己的首要规范。可叹从古到今,多少人不懂得这个道理,而竞相危身伤生以求名利! 然而,人们大都以为,道德不应该倡导贵生利己,而应该倡导伤生利他。这种观点是不能成立的。因为贵生利己和伤生利他是否应该而具有正道德价值,完全取决于二者对道德终极标准——增进每个人的利益总量——的效用。准此观之,贵生利己符合道德终极标准,因而具有正道德价值,是道德的、应该的、善的;伤生害己则违背道德终极标准,因而具有负道德价值,是不道德的、不应该的、恶的。

只不过,贵生利己的正道德价值与伤生害己的负道德价值都是相对的、有条件的。因为不言而喻,只有在正常情况下——在自己的生命与他人生命不发生冲突时——贵生利己才是道德的、应该的、善的,伤生害己才是不道德的、不应该的、恶的;而在非常情况下(即在自己生命与他人生命发生冲突而不能两全时),便应该自我牺牲、伤生利他,而贵生利己则是不道德、不应该、恶的。认为应该伤生利他而不该倡导贵生利己的流行观点之错误就在于:抹杀正常情况而夸大非常情况,于是便一方面由于伤生利他在非常情况下是道德的,进而误以为其在正常情况下也是道德的;另一方面则由于贵生利己在非常情况下是不道德的,进而误以为其在正常情况下也是不道德的。

---

① 《费尔巴哈哲学著作选集》(上卷),第 545 页。

可见，贵生与诚实、勇敢一样，都是相对应该、相对道德、相对善，都是隶属于"道德终极标准"和"善""正义"等道德原则的基本道德规则。那么，究竟应该如何贵生呢？养生乃贵生之道。

3 贵生之道

何谓养生？《吕氏春秋》说："知生也者，不以害生，养生之谓也。"① 诚哉斯言！养生是知生之贵而自觉地利生不害生，是健康长寿的唯一途径，因而也就是贵生、乐生之根本。那么，究竟应该如何养生呢？

神静形动 人的生命无非精神与形体；而精神统帅形体。所以，养生无非就是养神与养形；而养神则重于养形："太上养神，其次养形。"②

养神的原则是"静"。因为精神安静稳定，人的日常生活才能正常运行，脏腑机能才会协调平衡，免疫力才能增强，从而才能健康长寿。反之，精神若躁动不安，人的日常生活便不能正常运行，脏腑机能便会紊乱，免疫力便会减弱而易罹疾病。所以，《淮南子》说："夫精神气志者，静而日充者以壮，躁而日耗者以老。"③

养形的原则是"动"。孙思邈在《保生铭》中说："人若劳于形，百病不能成。"④ 可是，为什么动能养形？华佗答曰："人体欲得劳动，但不当自使极耳。动摇则谷气得销，血脉流通，疾不得生。譬犹户枢，终不朽也。"⑤

饮食有节 人的生命无非是食物的转化形态。所以，"安身之本，必资于食，不知食宜不足以存生"。⑥ 饮食的养生原则，众所周知，乃"饮食有节"。所谓饮食有节，一方面指饮食质的适宜，亦即各种食物的合理搭配；另一方面指饮食量的适度，亦即按时节量。

起居有常 历代养生家一致把"起居有常"作为养生的重要原则而与"饮食有节"相提并论。管子说："起居时，饮食节，寒暑适，则

---

① 许维遹撰：《吕氏春秋集释》，中华书局，2009 年，第 220 页。
② 刘安编：《淮南子集释》中华书局，1998 年，第 1401 页。
③ 同上书，第 89 页。
④ 董浩等编：《全唐文》，中华书局，1983 年，第 1621 页。
⑤ 《后汉书·华佗传》，中华书局，1965 年，第 2739 页。
⑥ 何良俊：《四友斋丛说·尊生》，中华书局，1959 年，第 291 页。

身利而寿命益；起居不时，饮食不节，寒暑不适，则形体累而寿命损。"① 所谓"起居有常"，意即根据自然和人体的客观规律、结合自己的具体情况来安排起居作息，并持之以恒。

养生之法，历代相传，至今真可谓五花八门、千头万绪。但追本溯源，莫不衍生于"神静形动""饮食有节""起居有常"三大养生之道。所以《黄帝内经》说，一个人若谨守此三大养生之道，便可望百岁长寿；否则势必半百而衰也。

贵生虽然是善待自己的最为重要的道德规则，但是，贵生并不是善待自我的最高道德规则：善待自我的最高道德规则是自尊。因为一个人的自己，无非由自己的生命和自己的人格两方面构成。贵生是自爱在自己生命方面的表现，是对自己生命的爱，是对生命自我的爱；它所能引发的，无疑仅仅是一种基本的、低级的目的利己行为——活着。反之，自尊则是自爱在自己人格方面的表现，是对自己人格的爱，是对人格自我的爱；它所引发的则是比较高级的目的利己行为——活得有作为，有成就，有价值。所以，贵生之后，应该研究自尊。

三　自尊

1　自尊的概念

不言而喻，自尊与尊人相对。尊人是尊敬他人，是他人受尊敬；自尊则是尊敬自己，是自己受尊敬。所以，所谓自尊，就是使自己受尊敬的心理和行为，说到底，也就是使自己受自己和他人尊敬的心理、行为：使自己得到自己和他人尊敬的心理，叫作自尊心；使自己得到自己和他人尊敬的行为，叫作自尊行为。

可是，一个人怎样才能得到自己和他人的尊敬呢？无疑只有有所作为，有所成就，有所贡献，有价值："为鸡狗禽兽矣，而欲人之尊己，不可得也。"（《列子·说符》）因此，所谓自尊，归根结底，也就是使自己有作为、有价值从而赢得自己和他人尊敬的心理与行为：自信是自尊的根本特征。所以，罗尔斯说："自尊意味着对自己能力的自信。"②

因此，自尊的反面是自卑：自卑是认为自己没有能力使自己受尊敬

---

① 黎翔凤：《管子校注》，中华书局，2004年，第1170页。
② John Rawls, *A Theory of Justice* (Revised Edition), p. 386.

的心理和行为，是认为自己没有能力有作为、有价值的心理和行为：不自信是自卑的根本特征。冯友兰说："无自尊心的人，认为自己不足以有为，遂自居于下流，这亦可说是自卑。"① 因此，自卑之为自卑的根本特征，并非自认卑下，而是自认没有能力改变自己之卑下。

这样，仅仅认为自己卑下，还不是自卑——认为自己卑下但能加以改变恰恰是自信自尊——只有认为自己卑下且没有能力加以改变，才是自卑：自卑是自认没有能力改变自己之卑下的心理和行为。这恐怕就是为什么生理缺陷最易引起自卑：生理缺陷是自己无能、无法加以改变的。

不难看出，以尊敬给予者的性质为根据，自尊分为两类：一类是使自己得到自己尊敬的心理和行为，叫作内在自尊；一类是使自己得到他人尊敬的心理和行为，叫作外在自尊。内在自尊与外在自尊显然相反而相成：一个人如果只求外在自尊、只求他人对自己的尊敬，而不求内在自尊、不求自己对自己的尊敬，其自尊便不再是自尊而退变为虚荣；反之，如果只求内在自尊、只求自己对自己的尊敬，而不求外在自尊、不求他人对自己的尊敬，其自尊便不再是自尊而退变为自傲。因此，内在自尊与外在自尊一致，乃是自尊之为自尊的根本条件。

自尊还可以根据自我成就的性质而分为三类。一是物质性自尊，是物质自我之自尊，是使自己在物质生活方面有所作为（如发财致富和健康长寿）从而赢得尊敬的自尊。二是社会性自尊，是社会自我之自尊，是使自己在社会生活方面有所作为（如品德高尚和达官显贵）从而赢得尊敬的自尊。三是精神性自尊，是精神自我之自尊，是使自己在精神方面有所作为（如著书立说、成名成家）从而赢得尊敬的自尊。精神生活的价值高于物质生活的价值，而社会生活的价值则介于二者之间。所以，物质性自尊是低级自尊，社会性自尊是中级自尊，精神性自尊是高级自尊。对于这个道理，詹姆斯说得很好：

> 整个社会自我，比整个物质自我高。我们为名誉、为朋友、为然诺、为信义，应该胜过为自己体快、为自己发财。至于精神自我，更属高尚得不可以道里计、宝贵得不可以金钱数。一个人宁可抛却朋友、鄙弃名誉、丧失财产，甚至牺牲生命，也不该丢

---

① 冯友兰：《三松堂全集》（第四卷），河南人民出版社，1986年，第442页。

了它。①

2 自尊的价值

现代心理学认为，自尊是人的基本需要、基本欲望，这种需要、欲望人皆有之，只不过有些人强些、有些人弱些罢了："社会中所有的人（极少数病态者除外）都有一种追求稳定、可靠、经常被较高评价的需要或欲望，都有一种追求自尊、自重和被他人尊重的需要或欲望。"② 一个人的这种需要或欲望，如果得到满足，便会感到自豪的快乐：自豪是自尊心得到满足的心理反应。反之，如果得不到满足，便会感到羞耻：羞耻是自尊心受挫的心理反应。

那么，人们将进行怎样的行为以满足其自尊心呢？一个人要满足其自尊心，无疑必须得到自己和他人的尊敬；而要得到自己和他人尊敬，则必须有所作为、有所成就：自尊者必自强、自立也，这是从质上看。从量上看，一个人得到自己和他人尊敬的程度，从而他自尊需要的满足程度，显然与他所取得的成就之大小成正比：他取得的成就越多，他得到的尊敬便越多，他自尊需要得到的满足便越充分，他便越自豪、快乐；他取得的成就越少，他得到的尊敬便越少，他自尊需要得到的满足便越不充分，他便越羞耻、痛苦。

可见，不论从量上看还是从质上看，自尊都是推动人们自强自立、有所作为、取得成就、创造价值的动力。所以，梁启超说："建丰功、扬伟烈，能留最高之名誉于历史上，皆此不肯自贼、自暴、自弃之一念，驱遣而成就之也。"③ 罗尔斯说："很清楚，为什么自尊是一种基本的善。如果没有自尊，看起来可能就没有什么事情是值得去做的，或者即使一些事情对于我们有价值，我们也缺乏为它们而奋斗的意志。那样，所有的欲望和活动就会变得毫无意义和用处，我们就会陷入冷漠和玩世不恭。"④ 总而言之，自尊极其有利社会的存在、发展，符合道德最终目的和道德终极标准，因而是一种极为重要的善：自尊越强，其善越大；自尊越弱，其善越小。

---

① W·詹姆士：《心理学简编》，伍况甫译，商务印书馆，1933年，第23页。
② Abraham H. Maslow, *Motivation And Personality* (Second Edition) (New York: Harper & Row, 1970), p.45.
③ 梁启超：《新民说——少年中国的国民性改造方案》，中州古籍出版社，1998年。
④ John Rawls, *A Theory of Justice* (Revised Edition), p.386.

反之，自卑则是一种基本的恶。因为一个人如果自卑，认为自己没有能力有所作为，那么，他显然就会放弃作为、自暴自弃：谁会为自认不可能的事情奋斗呢？美国心理学家卡普兰对9300名七年级学生进行十年调查的结论是：自卑和偏离规范的行为（不诚实、加入罪犯团伙、违法行为、吸毒、酗酒、挑衅以及各种心理变态等）成正比例关系。他举例说：在自卑心低、中、高的学生中，一年或更长时间以后承认有过小偷小摸的分别占8%、11%、14%；被学校开除的分别占5%、7%、9%；想过自杀或威胁要自杀的分别占9%、14%、23%。[①]

3 自尊的原则

一个人要得到自己和他人的尊敬，必须有所成就：取得成就是实现自尊的唯一途径。但是，一个人的成就，却可能有真假之分。真的成就，不言而喻，只有通过奋发有为才能获得。假的成就，则主要通过自欺欺人和贬低他人达到。首先，贬低他人可以使我有成就。譬如说，我没有什么成就，但是，他人如果更没有成就，那么，我岂不就显得有成就了？我长得不好，但是，他人如果长得更不好，我岂不长得好了？所以，我实际虽无成就，但通过贬低他人，我就可以有成就了。这种成就无疑是假成就。其次，自欺欺人可以使我有成就。譬如说，我很怯懦，但是，我若自我吹嘘、欺骗别人，使别人相信我是勇士，那么，在别人眼中，我不就有了勇敢的成就？我没有诗才，但是，我若自欺而使自己相信自己的诗伟大，那么，在我自己的眼中，我不就有了伟大诗人的成就？这些成就显然都是假成就。

这样，一个人实现其自尊的途径实际上便有两种。一种是善的：通过自强自立、奋发有为取得真成就，从而实现其自尊。另一种则是恶的：通过自欺欺人和贬低他人而取得假成就，从而实现其自尊。人的自尊很容易偏离自强自立、奋发有为的善行大道，而滑入自欺欺人、贬低他人的恶行泥潭。所以，马斯洛说："我们越来越认识到基于他人评价而不是基于真实才能、能力以及胜任工作的自尊的危险性。最稳定因而也最健康的自尊是基于理所当然的来自他人的尊敬，而不是基于外在的名声、声誉和无根据的奉承。"[②] 于是，总而言之，自尊不应该基于自欺欺人和贬低他人，而应该基于自己的真实成就：这就是自尊的道德

[①] 科恩：《自我论》，佟景韩译，生活·读书·新知三联书店，1986年，第438页。
[②] Abraham H. Maslow, *Motivation And Personality* (Second Edition), p.46.

原则。

自尊是尊己。然而，骄傲也是尊己，谦虚则是卑己。所以，自尊与谦虚以及骄傲不可分离，关系极为密切。因此，自尊之后，应该研究谦虚。

四　谦虚

1　谦虚的概念

何谓谦虚？《周易》以卑释谦："谦谦君子，卑以自牧也。"对此，朱熹解释说："大抵人多见得在己者高，在人者卑。谦则抑己之高而卑以下人，便是平也。"① 可见，所谓谦虚，便是较低看待自己而较高看待别人的心理和行为，是低己高人、卑己尊人、以人为师的心理和行为。反之，骄傲则是较高看待自己而较低看待别人的心理和行为，是尊己卑人、好为人师的心理和行为。

然而，如果自己确实高于别人，自己如实看待，也是骄傲吗？是的。"自足而见其足，过人而见其过人，是即傲矣。足而不以为不足，过人而不以为不及人，是即傲矣。"② 反之，自己明明高于别人却以为低于别人，自己明明有成绩却以为无成绩，也是谦虚吗？是的。冯友兰说："自己有成绩，而不认为自己有成绩，此即所谓谦虚。"③ 但是，谦虚并非弄虚作假。如果一个人，尊人卑己只在于言谈举止，而心里却是卑人尊己，那么，他还不是真正谦虚的人："真正谦虚底人，自己有成绩，而不以为自己有成绩；此不以为并不是仅只对人说，而是其衷心真觉得如此。"④

谦虚即卑己尊人，岂不意味着谦虚即自卑吗？谦虚与自卑确实很像：二者都自认卑下。但是，二者貌合神离，根本不同。因为谦虚是卑己尊人、以人为师的心理和行为，而自卑则是自认没有能力改变自己之卑下的心理和行为。这样，一方面，从对待自己的态度来说，自卑基于不自信而认为没有能力改变自己之卑下；反之，谦虚则基于自信而以人为师改变自己之卑下。另一方面，从对待他人的态度来说，谦虚必尊人，因为谦虚之为谦虚，就在于卑己尊人；反之，自卑则趋于卑人、贬

---

① 黎靖德编：《朱子语类》卷七十，中华书局，1986 年，第 1769 页。
② 唐甄：《潜书·虚受》，中华书局，1963 年，第 12—13 页。
③ 冯友兰：《三松堂全集》（第四卷），第 441 页。
④ 同上。

低他人。

骄傲即尊己卑人,岂不意味着骄傲即自尊吗?从字面上看的确很相似,实则不然。因为骄傲的尊己之"尊",是"高"的意思:骄傲是较高地看待自己,是尊己卑人、好为人师的心理和行为;自尊的尊己之"尊",是"敬"的意思:自尊是使自己得到尊敬,是使自己有作为、有价值从而得到尊敬的心理和行为。这样,自尊便与骄傲根本不同:一方面,自尊是自己的内在志趣,而骄傲则是自己对待他人的外在关系;另一方面,骄傲必卑人,而自尊则趋于尊人,尊人者,人恒尊之,因而欲得他人尊己,自己必须尊人。

2 谦虚的价值

《尚书》云:"满招损,谦受益。"这可以从两方面看。一方面,从我对他人的态度来说。我若谦虚,便会卑己尊人,觉得自己不如别人,因而能以人为师、向别人学习。而"人必有一善,集百人之善可以为贤人;人必有一见,集百人之见可以决大计"①。这样,我便会不断取得进步。反之,我若骄傲,便会卑人尊己,觉得别人不如自己,因而便会自满自足而不能向别人学习。这样我便只能退步而不会进步。

另一方面,从他人对我的态度来说。我若谦虚而卑己尊人,便会满足他人的自尊心,唤起他人的同情心,他人便会承认我的长处,帮助我克服短处,从而使我获得成功。所以,老子说:"不自见,故明;不自是,故彰;不自伐,故有功;不自矜,故长。"(《老子》)反之,我若骄傲而尊己卑人,便会伤害他人的自尊心、唤起他人的嫉妒心,他人便不但不会承认我、帮助我,而且会反对我、伤害我。试想从古到今,多少以功骄人、以才骄人、以富骄人者,哪一个有好下场呢?

可见,骄傲极其有害自己和他人,违背道德终极标准"增进每个人的利益总量",因而是一种极其重要的恶。王阳明甚至说:"人生大病,只是一傲字……傲者众恶之魁。"② 相反,谦虚则极其有利自己和他人,符合道德终极标准,因而是一种极其重要的善:"善以不伐为大。"③《周易·系辞传》甚至说:"谦,德之柄也。"

---

① 吕坤:《呻吟语·修身》,《吕坤全集》,中华书局,2008年,第672—673页。
② 王阳明:《阳明先生集要》,中华书局,2008年,第131页。
③ 刘劭著:《人物志译注》,伏俊琏译注,中华书局,2019年,第242页。

3 谦虚的修养

既然谦虚是大善,骄傲是大恶,那么,一个人究竟如何才能得到谦虚不傲之品德?这种品德的取得是很难的。尤其难的是,一个远远高于别人的人,怎样才能衷心觉得低于别人而谦虚呢?自欺欺人吗?当然不是。真正讲来,不论他多伟大,有两条途径可以使人进入低己高人的谦虚之境界。

一条途径是"以己之短量人之长"。尺有所短,寸有所长。自己不论多么伟大,总有短处、缺点;他人不论多么渺小,总有优点、长处。所以,孔子说:"三人行,必有我师焉。"这样,即使是一个伟人,如果能以己之短量人之长,岂不就会衷心觉得低于别人而谦虚吗?

另一条途径是"与强者比"。天外有天,人上有人。所以每个人都是比上不足、比下有余。这样,如果自己确实高于别人,便不过是与较弱者相比;若与较强者相比,岂不就会衷心觉得低于别人而谦虚吗?古人云:"取法乎上,仅得乎中;取法乎中,仅得乎下。"如果取法于理想美德,可以成为颜回。如果取法于颜回,则对于颜回便只有不及而不能超过。所以,有见识者,凡事均取法乎上而与较强者相比。因此,即使他有巨大成就,也会觉得不及标准、自感不足而谦虚了。[①]

可见,谦虚并非自我贬低、自欺欺人,而是"与较强者相比"和"以己之短量人之长"的结果。然而,谦虚是卑己尊人、以人为师,以便有所成就而实现自尊。那么,这种成就和自尊的基本内容究竟是什么?是"智慧"。所以,在自尊和谦虚之后,应该研究智慧。

五 智慧

1 智慧的概念

智慧之为人的一种能力,是毫无疑义的。问题在于,它究竟是人的哪一种能力?人的一切能力莫非脑力或脑活动能力与体力或躯体活动能力;智慧当然是前者而非后者。所谓脑力或脑活动能力,显然也就是精神活动能力、心理活动能力、思想活动能力、意识活动能力;四者是同一概念。心理,众所周知,又分为知(认知)、情(感情)、意(意志)。智慧是意志能力吗?不是。我们不能说坚强的意志力是智慧而软

[①] 参阅冯友兰《三松堂全集》(第四卷),第 450—451 页。

弱的意志力是愚昧；意志力无所谓智慧不智慧。智慧是感情能力吗？也不是。我们不能说丰富敏感的感情能力是智慧而贫乏迟钝的感情能力是愚昧；感情能力也无所谓智慧不智慧。

于是，智慧只能是认知能力：只有认知能力才有智慧与愚昧之分。所以，班固说："智者，知也。独见前闻不惑于事，见微知著也。"（《白虎通·情性》）那么，智慧究竟是一种怎样的认识能力？马利坦说："智慧属于完满的层次。"[①] 皮亚杰也认为："智慧仅是一个种的称谓，用以标志认识结构的组织或平衡的较高形态。"[②] 这就是说，智慧是相对完善的认知能力，更通俗些说，是相对完善的精神活动能力，是相对完善的思想活动能力。

智慧是相对完善的认知能力，一方面，是因为智慧总是有时间性的，总是一定时代、一定地点的人们的智慧，因而只有对于一定时代、一定地点才能成立，而不可能对于一切时代一切地点都成立。造船、结网只有对于远古时代的人来说才是智慧，而对于现代人来说则远非智慧了。古代的圣贤也只是相对古代而言，才有智慧，而对于现代来说，则算不上智慧。福泽谕吉甚至说："如果单就智慧来说，古代圣贤不过等于今天的三岁儿童而已。"[③]

另一方面，则是因为任何一个人的智慧和认知总是某些方面的，而不可能是全面的。任何人都不可能具有完全的智慧，而只可能具有某些方面的智慧；完全的智慧是人类之和所具有的。所以，说一个人有智慧只是相对于某些方面的精神能力才能成立，而不可能对于一切精神能力都成立。韩信有的是军事智慧，却没有政治智慧。诸葛亮有的是军事、政治智慧，却没有养生智慧。

每个人的智慧都是相对的、不完全的，因而智慧是多种多样的。做人有做人的智慧，做学问有做学问的智慧，治国平天下有治国平天下的智慧，耕田种地、打造家具、谈情说爱、吸引异性也有智慧。一句话，只要是人的认知能力，只要它在某一方面达到了相对完善，便都是智慧。

[①] 雅克·马利坦：《科学与智慧》，尹今黎、王平译，上海社会科学院出版社，1992年，第20页。

[②] 皮亚杰：《皮亚杰发生认识论文选》，左任侠、李其维编，华东师大出版社，1991年，第38页。

[③] 福泽谕吉：《文明概略》，北京编译社译，商务印书馆，1995年，第81页。

人们常说，诸葛亮有智慧而马谡无智慧。真正讲来，马谡只是没有实际用兵的创造性智慧，却有烂熟兵法的记忆智慧；否则，诸葛亮就不会与他常谈兵法了。就智慧这种主观心理功能的性质来说，主要有五种类型：一是观察智慧，即相对完善的观察能力；二是记忆智慧，即相对完善的记忆能力；三是思维智慧，即相对完善的思维能力；四是想象智慧，即相对完善的想象能力；五是创造智慧，即相对完善的创造能力。

以智慧这种客观心理内容的性质为依据，智慧可以划分为道德智慧与非道德智慧：道德智慧是从事道德活动的智慧，亦即从事人己利害活动的相对完善的认知能力；而非道德智慧则是无关道德活动的智慧，是无关人己利害活动的相对完善的认知能力。举例说，孟子有的便是道德智慧，因为他说出了对待人己利害活动的至理名言："夫仁，天之尊爵也，人之安宅也。莫之御而不仁，是不智也。"（《孟子·公孙丑上》）反之，牛顿有的则是非道德智慧，因为牛顿发现的是无关人己利害活动的"万有引力定律"。

2 智慧的规律

智慧属于认知能力。所以，道德智慧属于道德认知能力，因而也就是品德的一个部分，更确切些说是品德的指导因素："智者，德之帅也。"① 道德智慧既然是品德的一个部分、一个因素，那么显然，一个人越有道德智慧，他的品德便越高；越没有道德智慧，他的品德便越低。然而，实际上，我们却看到，道德智慧较高者，品德却可能比较低；品德比较高者，道德智慧却可能比较低。原因何在？

原来，道德智慧虽然是品德的一个部分、一个因素，却是品德的指导因素，而不是品德的动力因素，因而便不是品德的决定因素。品德的动力因素、决定因素是道德感情。道德感情是品德的决定性因素，所以，道德感情高者，品德必高；品德高者，道德感情必高。道德智慧不是品德的决定因素，所以，道德智慧高者，品德却可能低；品德高者，道德智慧却可能低。

由此可见，道德智慧高的人之所以品德低，完全不是因为他的道德智慧高，而仅仅是因为他的品德的其他方面低，如他的道德感情低。反之，道德智慧低的人品德之所以高，完全不是因为他的道德智慧低，而

---

① 刘劭著：《人物志译注》，第190页。

仅仅是因为他的品德的其他方面高,如他的道德感情高。如果人们的道德感情相同,如果人们的品德的其他方面相同,那么毫无疑义,道德智慧高者,品德必高;品德高者,道德智慧必高。

这样,仅仅从道德智慧与品德的关系来看,二者完全成正比例变化:一个人道德智慧越高,品德便越高,从而利人的行为便越多而害人的行为便越少;道德智慧越低,品德便越低,从而利人的行为便越少而害人的行为便越多。道德智慧与利人行为成正比而与害人行为成反比,这就是道德智慧规律。

然而,如果一个人仅有道德智慧,那么,他虽会有利人的良好动机,却未必会有利人的良好效果。他要有利人的良好效果,还须具有非道德智慧。遥想在刀耕火种年代,一个人品德高尚、富有道德智慧。他临渊羡鱼,且有捕鱼送人的良好动机。但是,如果他没有如何结网的非道德智慧,那么,他便不可能有捕鱼送人的良好效果。所以,非道德智慧是利人的良好手段、方法、途径:一个人的非道德智慧越高,便可能较大地利人;非道德智慧越低,只可能较小地利人。

不过,如果一个人仅有非道德智慧而没有道德智慧,那么,他的非道德智慧越高,他就不仅可能更大地利人,也同样可能更大地害人。秦桧、希特勒、墨索里尼、严嵩、蔡京……古今中外多少祸国殃民者,岂不都是只有非道德智慧而没有道德智慧吗?所以,费尔巴哈说:"一个人愈是伟大,就愈能有利于他人,固然也愈能有害于他人。"①

于是,一个人的非道德智慧越高,则或者会越大地利人,或者会越大地损人;非道德智慧越低,则或者会越小地利人,或者会越小地害人:非道德智慧既可能与利人行为成正比,也可能与损人行为成正比。这是非道德智慧规律。

合观道德智慧规律与非道德智慧规律可知:一个人不应该仅仅具有道德智慧,否则他便只知利人而不知如何利人;也不应该仅仅具有非道德智慧,否则他便既可能利人也可能害人;而应该既有道德智慧又有非道德智慧,这样他便不会害人而只会利人,他便不仅会有良好的利人动机,而且会有良好的利人效果。所以,智慧是很重要的社会的外在道德规范和个人的内在道德品质,以至古希腊将其作为四主德之一:智慧、勇敢、节制、正义。而在我国传统道德中,智慧则被奉为三达德之首和

---

① 费尔巴哈:《费尔巴哈哲学著作选集》(下),第559页。

五常之一:"知、仁、勇三者,天下之达德也。"(《中庸》)"五常,仁义礼智信是也。"(《荀子·非十二子》)那么,一个人怎样才能获得智慧呢?

3 智慧之获得

一个人要获得智慧,须具备两个条件:才与学。所谓才,就是天资、先天遗传;所谓学,就是学习,就是后天努力,就是有机体后天获得的、有意识的、能够形成个性的反应活动。一个人的天资高低与其智慧的大小成正比:天资越高,便越易于获得智慧、所获得的智慧便越大;天资越低,便难于获得智慧,所获得的智慧便越小;低于常人而为低能弱智,便不可能获得智慧。

试想,谁人曾见过低能弱智获得智慧而成为智者?天资在正常人以上显然是获得智慧的必要条件。这是因为,心理测验表明,天资在正常人以下的智力迟钝和缺陷者,其智力的可塑性极小。如果生活于被剥夺的环境,他们的智力将极其低下,但即使生活于丰富有利的环境,他们的智商最高也只在 70~80 之间。反之,具有中等以上天资的人,其智力的可塑性则极大。如果生活于被剥夺的环境,他们的智商不过 50~60;如果生活于丰富有利的环境,其智商可达 180 以上。①

这样,一个人如果具有正常人以上的天资,那么,他能否获得智慧,便完全取决于学习了。不言而喻,一个人学习的努力程度与其智慧的大小成正比:学习越努力,便越易于获得智慧,所获得的智慧便越大;越不努力,便越难于获得智慧,所获得的智慧便越小;少于一定程度的努力学习,即使天资极高也不可能获得智慧。因此,孔子说:"好学近乎知。"(《论语·为政》) 一定程度的努力学习是获得智慧的必要条件。

可见,仅有天资或者仅有学习都不可能获得智慧,智慧是二者联姻的产儿:智慧=天资+学习。不过,天资与学习在智慧获得过程中的作用,因智慧类型的不同而不同:道德智慧的获得,学习显然更重要,可以说学习占七分,天资占三分;反之,非道德智慧的获得,天资更重要,可以说天资占七分,学习占三分。这个道理,曾国藩早就说过:"古来圣贤名儒之所以彪炳宇宙者,无非由于文学事功。然文学则资质

---

① 参阅孟昭兰:《普通心理学》,北京大学出版社,1994 年,第 458 页。

居其七分，人力不过三分。……惟是尽心养性，保全天之所以赋予我者，此则人力主持，可以自占七分。"①

智慧是相对完善的认知能力。它的意义和价值完全在于支配和实现需要、欲望、情欲：欲望、情欲如果受智慧、理智支配，便是所谓的节制；否则便是放纵，亦即不节制。那么，一个人的智慧、理智究竟如何才能支配他的欲望、情欲呢？这就是"节制"道德规则理论的研究对象。

六　节　制

1　节制的概念

《孟子》有段名言，说人人都有"大体"和"小体"。"大体"是心，是理智；"小体"是耳目等感官，是情欲。一个人的行为若是服从理智，便是道德的、善的、大人的行为；若是服从情欲，便是不道德的、恶的、小人的行为。"公都子问：'钧是人也，或为大人，或为小人，何也？'孟子曰：'从其大体，为大人；从其小体，为小人。'"（《孟子·告子上》）那么，情欲服从理智的行为究竟属于哪一种善？古希腊大哲答曰：节制、自制。

首先，柏拉图也把人的灵魂分为理智与情欲两部分："灵魂里有两个不同部分，一个是思考推理的，可以称之为灵魂的理智部分；另一个是感受性欲、饥渴和激情等欲望的，可以称之为非理智或情欲部分。"②

其次，柏拉图也认为理智部分是较好的部分，而情欲部分是较坏的部分；一个人若使其较坏部分服从较好部分，那么，他所具有的便是节制、自制之美德："人自己的灵魂里有一个较好的部分和较坏的部分。如果一个人天性较好的部分控制其较坏的部分，那么，这个人就是自制的或是自己的主人。"③　"如果一个人的理智和情欲之间的关系友好和谐，统治者和被统治者达成共识，由理智统治而情欲绝不反叛，这岂不就是有节制的人吗？"④

最后，亚里士多德进而指出，节制而受理智支配的行为之根本特征

---

① 转引自冯友兰：《三松堂全集》（第四卷），第681页。
② Plato, *Plato's Republic*, G. M. A. Grube(trans.) (Indianapolis:Hackett,1974), p. 103.
③ Ibid., p. 96.
④ Ibid., p. 106.

在于，不做明知不当做之事；不节制而受情欲支配的行为之根本特征在于，做明知不当做之事："缺乏自制的人，受情欲支配而做明知不当之事；反之，自制的人则受理智支配，而拒斥明知不当之欲望。"①

可见，人的行为无非节制与放纵两大类型。节制的特征，是理智支配情欲；因其受理智支配，故能做明知当做之事而不做明知不当作之事。反之，放纵的特征，是情欲支配理智；因其受情欲支配，故做明知不当作之事而不做明知当作之事。举例说，甲与乙肝病初愈，皆知饮酒有害。甲受理智支配而不做明知不当做之事：不再饮酒。乙则受情欲支配而做明知不当做之事：饮酒不止。因此我们说：甲节制而乙放纵。于是，我们可以得出结论说：所谓节制，亦即自制，是受理智支配而不做明知不当做之事的行为；反之，所谓放纵，亦即不节制、不自制，是受情欲支配而做明知不当做之事的行为。

节制是理智支配、控制、统治情欲的行为，意味着：节制的对象是情欲，节制无非是对情欲的节制。所以，蔡元培说："自制者，节制情欲之谓也。"② 情欲显系两物合成：情与欲。欲是欲望，如发财致富的物质欲望、当官致贵的社会欲望、著书立说的精神欲望等，我国传统文化将其归结为六欲：眼、耳、鼻、舌、身、意。情是欲望的满足与否所引发的感情，如苦乐、爱恨等，我国传统文化将其归结为七情：喜、怒、忧、思、悲、恐、惊。

这样一来，节制便可以分为两大类型：节欲与节情。节欲是理智支配欲望的行为。换言之，无论何事，当求则求，不当求则不求，欲求与否，唯理智是从，便是节欲。节情则是理智支配感情的行为。换言之，无论何事，当怒则怒，不当怒则不怒；当喜则喜，不当喜则不喜，喜怒"发而皆中节"，便是节情。不难看出，节制的根本，在于节欲。因为情不过是欲之满足与否的心理反应；欲是源，情是流。然而，问题的关键显然在于：究竟为什么应该节制欲望和感情呢？究竟为什么应该理智支配欲望和感情而不是相反？这就是节制的价值问题。

2 节制的价值

冯友兰曾说的"理智无力；欲无眼"③ 反过来也成立，理智有

---

① Aristotle, *Aristotle's Nicomachean Ethics*, Hippocrates G. Apostle (trans.) (Grinnell, Iowa: Peripatetic Press, 1984), p.117.
② 《蔡元培全集》（第二卷），中华书局，1984年，第176页。
③ 冯友兰：《三松堂全集》（第四卷），第518页。

眼，情欲有力：理智是行为的指导，情欲是行为的动力。这就是说，每个人的行为目的，都是为了满足其情欲：或是物质情欲，或是精神情欲，或是利己情欲，或是利他情欲。理智的全部作用，不过在于告诉人们应当怎样行为才能达到目的、满足情欲。所以，休谟说："理性是并且应该仅仅是情欲的奴隶，除了服务和服从情欲，绝不能觊觎任何其他职务。"①

既然理智是实现情欲的手段，那么二者似乎应该完全一致而不该互相冲突。然而，实际上，每个人的理智与情欲却经常发生冲突。这是因为，每个人的情欲都多种多样、极为复杂。这些情欲，依其与人己利害性质，可以分为两类。一类有利于人己，因而具有正价值，是应该的、合乎理智的，所以叫作"合理情欲"，如渴求健康、热爱生命、仁爱慷慨、感恩同情等。另一类则有害于人己，因而具有负价值，是不应该的、不合乎理智的，所以叫作"不合理情欲"，如沉溺酒色、贪婪吝啬、浮躁易怒、嫉妒狠毒等。不过，合理情欲与不合理情欲并非都是不同情欲，而往往是同一种情欲，如食色名货、喜怒哀乐等：当其适度时便是合理情欲；当其过度或不及时便是不合理情欲。

由此可见，如果一个人的情欲都是合理的，那么理智与情欲便完全一致，顺从理智与顺从情欲便是一回事，因而也就无所谓节制与放纵了。节制与放纵显然只存在于一个人怀有不合理的情欲之时：当此际，理智与情欲便发生了冲突——若顺从理智而节制，便必得压抑情欲；若顺从情欲，便必得违背理智而放纵。所以，节制并非压抑一切情欲，而只是压抑有害人己的不合理情欲；反之，放纵也并非顺从一切情欲，而只是顺从有害人己的不合理情欲。

这样，节制便可使人不做明知不当做之事，不致害己害人，因而极其符合道德终极标准"增进每个人的利益总量"，是一种极为重要的善；反之，放纵则使人做明知不当做之事，害己害人，因而极不符合道德终极标准，是一种极为重要的恶。所以，节制曾是希腊四主德——正义、勇敢、智慧和节制——之一。色诺芬在回忆苏格拉底时说："他又借着他的言论劝勉他的门人，要他们把自制看得比什么都重要。"② 斯

---

① David Hume, *A Treatise of Human Nature*, Ernest C. Mossner (ed.) (New York: Penguin Books, 1969), p. 462.

② 色诺芬：《回忆苏格拉底》，吴永泉译，商务印书馆，1988年，第171页。

宾诺莎也说："真正的美德就是纯粹按照理智的指导而生活。"① 节制如此重要，那么，一个人究竟应该怎样才能获得这种美德？

3 节制的原则

既然节制是压抑不合理情欲而顺从合理情欲，那么，要做到节制，显然首先必须正确认知自己的各种情欲，知道哪些是不合理的，哪些是合理的。否则，理智如果发生错误，把合理情欲当作不合理情欲，把不合理情欲当作合理情欲，便会使节制美德发生异化：压抑合理情欲而顺从不合理情欲。所以，节制首先应该正确认知情欲的价值：理智正确是节制的首要原则。对此，斯宾诺莎早有论述："头脑里不正确的观念越多，便越受情欲的奴役；反之，头脑里正确的观念越多，便越拥有自由。"②

如果一个人理智正确、对情欲的认知是正确的，他是否就能够压抑不合理情欲从而达于节制境界呢？举例说，一个酒鬼只要正确知道嗜酒有害，就能压抑酒瘾而不再饮酒吗？显然还不能。对此，斯宾诺莎曾援引阿维德的诗句感叹道："我目望正道兮，心知其善，每择恶而行兮，无以自辩。"③ 可是，为什么对情欲的正确认知，还不能克制情欲呢？梁启超答曰："理性只能叫人知某件事该做，某件事该怎样做法，却不能叫人去做事；能叫人去做事的只有情感。"④ 理智本身没有压抑克制情欲的力量，情欲只能被情欲所压抑克制。这个道理，斯宾诺莎论述甚明："理智不能控制情感"⑤，"一种情感只有通过另一种与其相反的较强的情感才能被控制或消灭"⑥。这就是说，不合理情欲只能被较强的合理情欲所控制或消灭。

因此，一个人有了正确理智，知道何种情欲合理、何种情欲不合理之后，要节制而克制不合理情欲，便必须培养理智所昭示的合理情欲，通过反复行动，使之从无到有、从弱到强、从不习惯到习惯：待到成为习惯或强于不合理情欲之日，便是克制、消灭不合理情欲而获得节

---

① Baruch Spinoza, *The Ethics and Selected Letters*, Samuel Shirley(trans.), Seymour Feldman(ed.)(Indianapolis: Hackett, 1982), p. 175.
② Baruch Spinoza, *The Ethics and Selected Letters*, p. 105.
③ Ibid., p. 209.
④ 转引自冯友兰：《三松堂全集》（第一卷），第556页。
⑤ Baruch Spinoza, *The Ethics and Selected Letters*, p. 176.
⑥ Ibid., p. 159.

制美德之时。举例说，一个人沉溺打牌不喜读书，那么，他仅仅知道打牌有害而读书有利，还不会去读书而不再打牌。怎样才能做到去读书而不再打牌呢？一开始必须尝试一次又一次地去读书，逐渐培养读书情欲，使之不断增强，待到强于打牌情欲时，便会读书而不打牌了。所以，洛克说：

> 好事或者较大的好事，即使被认识和得到承认，也不会使我们有追求它的意志；除非我们对好事的欲望达到一定程度，以致没有它我们就会感到痛苦不安。[①]

可见，正确认知情欲确是节制的首要原则，而培养合理情欲则是节制的根本原则。这些原则表明，节制与其说是减少情欲，毋宁说是增加情欲；与其说是给人以压抑，毋宁说是给人以自由。因为一个人越是具有节制美德，则他的合理情欲便越多，他的不合理情欲便越少，他便越不感到压抑而自由；反之，他越放纵，则他的不合理情欲便越多，他的合理情欲便越少，他便越感到压抑而不自由。当一个人的节制美德达到完善境界时，他的所有情欲便都是合理的，他便毫无压抑而获得了完全自由。达到这种境界，无疑是很难的。孔子说他七十岁时才达到这种境界："吾十有五而志于学，三十而立，四十而不惑，五十而知天命，六十而耳顺，七十而从心所欲不逾矩。"（《论语·为政》）但不论是谁，只要他遵循这些节制原则不断修养，便都会逐渐接近和达到这种境界。

节制是智慧、理智对于欲望、情感的支配。人生在世，最重要的节制，恐怕莫过于智慧对于勇敢的指导和支配。因为一个人要想有所作为，则不论是做学问还是干事业抑或求德行，其一生便注定充满艰难困苦、伤害危险，如果没有勇敢精神，是绝不会成功的。所以，在智慧和节制之后，应该研究勇敢。

七　勇敢

1　勇敢的概念

不难看出，给勇敢下定义是很难的。不过，谁都知道，勇敢与可怕

[①] Locke, John, *An Essay Concerning Human Understanding*, A. D. Woozley (ed.) (New York：New American library, 1974, 1964), p. 173.

的事物相关。柏拉图说:"勇敢就是一种保持,就是保持住通过法律和教育所灌输的关于什么事情可怕的信念。"① 亚里士多德说:"勇敢的人品就是不怕对于人是可怕的或人们害怕的东西。"② 所谓可怕事物,也不难理解,无非是危险、伤害、痛苦、艰难、孤独、耻辱、贫穷、疾病、死亡等。亚里士多德说:"我们所怕的对象显然是那些可怕的东西,总而言之,就是灾祸。……我们无疑害怕一切灾祸,如失宠、贫穷、疾病、孤独和死亡。"③

可见,勇敢就是对可怕事物的一种心理态度和行为表现,这种心理态度和行为表现显然就是:不怕。所以,孔子说:"勇者不惧。"(《论语·宪问》)亚里士多德说:"勇敢就是不怕可敬的光荣的死亡或突发的生命危险。"④ 西季威克说:"为了明白起见,看来'勇敢'一词适于表达面对任何危险都不退缩的品质。"⑤ 包尔生说:"勇敢是依靠理智意志抗拒痛苦、危险和可怕事物的能力。"⑥ 蔡元培说:"勇敢者,所以使人耐艰难者也。"⑦ 总而言之,可以得出结论:勇敢是不畏惧可怕事物的行为,怯懦则是畏惧可怕事物的行为。

2 勇敢的分类

《左传》说:"率义之谓勇"(哀公十六年),"死而不义,非勇也"(文公二年)。其实,不率义、死而不义也可以是勇敢,只不过不是义勇,而是不义之勇罢了。何谓义勇?蔡元培说:"勇敢而协于义,谓之义勇。"⑧ 义勇就是合乎道义的勇敢,是符合道德原则的勇敢,主要是有利社会和他人的勇敢,如董存瑞托炸药、黄继光堵枪眼、刘英俊拦惊马等。荀子称之为"士君子之勇":"义之所在,不倾于权,不顾其利,举国而与之不为改视,重死持义而不桡,是士君子之勇也。"(《荀子·荣辱》)反之,不义之勇,则是违背道德原则的勇敢,主要是损害社会和他人的勇敢,如月黑风高杀人越货的强盗之勇、拔剑而起挺身

---

① Plato, *Plato's Republic*, G. M. A. Grube(trans.)(Indianapolis:Hackett,1974), p. 94.
② Aristotle, *Aristotle's Nicomachean Ethics*, p. 51.
③ Ibid., p. 46.
④ Aristotle, *Aristotle's Nicomachean ethics*, p. 47.
⑤ Henry Sidgwick, *The Methods of Ethics*(London:Macmillan and Co. Limited, 1922), p. 309.
⑥ Friedrich Paulsen, *System of Ethics*, Frank Thilly(trans.)(New York:Charles Scribner's Sons,1908), p. 495.
⑦ 《蔡元培全集》(第二卷),中华书局,1980 年,第 180 页。
⑧ 同上书,第 182 页。

而出的市井流氓之勇等。荀子称之为"狗彘之勇":"争饮食,无廉耻,不知是非,不辟死伤,不畏众强,恈恈然唯利饮食之见,是狗彘之勇也。"(《荀子·荣辱》)

义勇与不义之勇是以勇敢是否合乎道义的性质为根据而对勇敢的分类。勇敢还以是否合乎智慧的性质为根据而分为英勇与鲁莽。亚里士多德认为,勇敢是一种中庸,过度则为鲁莽,不及则为怯懦:"怯懦的、鲁莽的和勇敢的人所面对的恰恰是同一件事情,但对待它的关系却各不相同:前两者分别是过度和不及;后者则为一种中庸状态。"① 确实,三者都与同一对象——可怕事物——相关;勇敢是不怕,怯懦是没有达到"不怕"的程度,是不怕的不及,是勇敢的不及。但鲁莽是不怕的过度吗?是勇敢的过度吗?是勇敢过了头吗?绝不是。

鲁莽与勇敢的程度无关,而与勇敢是否含有智慧有关:鲁莽是不智之勇,是违反智慧不受智慧指导的勇敢,是得不偿失的勇敢。例如,"暴虎冯河"(空手与虎搏斗、徒足涉水过河)的蛮干之勇、拍案而起不计后果的血气之勇、初生牛犊不怕虎的无知无识之勇等都是鲁莽;而其为鲁莽,显然并不是因其勇敢过了头,而是因其不智、不受智慧之指导。与鲁莽相反的勇敢则可以叫作英勇:"夫聪明者,英之分也……不得英之智,则事不立。"② 英勇是智慧之勇,是合乎智慧而在其指导下的勇敢,是"得"胜于"失"的勇敢。以此观之,不但诸葛亮空城计、关羽单刀赴会是英勇,而且董存瑞托炸药包和黄继光堵枪眼也是英勇,因为他们牺牲了自己而保全了众生:得胜于失。

3 勇敢的价值

从勇敢的定义和分类可以理解,为什么儒家把勇敢与智慧、仁义并列称之为三达德。勇敢如果背离道义和智慧,便是鲁莽和不义之勇,便有害于社会和他人以及自我而具有负道德价值,因而是不应该的、不道德的、恶的;勇敢只有与道义和智慧结合,才是义勇和英勇,才有利于社会和他人以及自我而具有正道德价值,因而才是应该的、道德的、善的。这就是说,勇敢只是在一定条件下才是应该的、道德的、善的。这个条件,一般地说,如上所述,符合道义与智慧;具体地讲,则如下所

---

① Aristotle, *Aristotle's Nicomachean Ethics*, p. 48.
② 潘菽、高觉敷主编:《中国古代心理学思想研究》,南昌:江西人民出版社,1983年,第221页。

述,是不怕不该害怕的可怕事物、害怕应该害怕的可怕事物。

人们若以道义和智慧为指导,便可以划分"可怕事物"为"应该害怕"和"不应该害怕"两类。举例说,月黑风高去救人是件可怕的事情,但它符合道义,因而是不该害怕的;反之,若是去偷盗,也是件可怕的事情,然而它不符合道义,因而是应该害怕的。排雷是可怕的事,但若是工兵去排雷,便符合智慧,因而是不该害怕的;反之,若是外行去排雷,便不合智慧,因而是应该害怕的。

不难看出,在可怕事物是不该害怕的条件下,勇敢是应该的道德的善的,而怯懦则是不应该的不道德的恶的。月黑风高勇于救人是应该的,怯而不救是不应该的。工兵勇于排雷是应该的,怯而不前是不应该的。反之,在可怕事物是应该害怕的条件下,勇敢则是不应该的、不道德的、恶的,而怯懦则是应该的、道德的、善的。怯于偷盗是应该的,而勇于偷盗是不应该的。外行怯于排雷是应该的,而勇于排雷是不应该的。因此,孔子说:"丘能仁且忍、辩且讷、勇且怯"(《淮南子·人间训》),"暴虎冯河,死而无悔者,吾不与也;必也临事而惧,好谋而成者也"(《论语·述而》)。曹操也说:"为将当有怯弱时,不可但恃勇也。"(《三国志·夏侯渊传》)

勇敢规则虽然是相对的而以其合于道义和智慧为前提,但其为人生应当如何的道德规范确是极为重要的、基本的。因为一个人要想有所作为,则不论是做学问还是干事业抑或求美德,其一生便注定充满艰难困苦、伤害危险,如果没有勇敢精神,是绝不会成功的。因此,蔡元培认为勇敢是人生成功的必要条件:"人生学业,无一可以轻易得之者。当艰难之境而不屈不沮,必达而后已,则勇敢之效也。"① 勇敢如此重要,所以被古希腊列为"四主德"之一,而我国古代则视之为"三达德"之一。

规范伦理学研究至此,即将完成它的漫长而丰富的行程。因为我们既详尽分析了全部普遍道德原则(善、公正、平等、人道、自由、异化和幸福等道德原则),又研究了近乎全部重要且复杂的普遍道德规则(勇敢、节制、智慧、谦虚、自尊、贵生和诚实等道德规则);而规范伦理学岂不就是关于人类社会普遍道德规范——普遍道德原则和普遍道

---

① 《蔡元培全集》(第二卷),第181页。

德规则——的科学体系？然而，问题还在于：每个人对于这些道德规范的遵守，是否越严格、越绝对、越极端、越不变，便越好？究竟应该怎样遵守道德规范？这就是规范伦理学体系的最后一个道德规则"中庸"所要解决的难题。

八　中庸

1　中庸的概念

不言而喻，无限事物，如宇宙，无所谓"中"。反之，凡有限事物，则都有其"中"。如一条六尺长的线，三尺处是"中"；一个圆，圆心是"中"；冷与热，温是"中"；等等。"中"虽多种多样，但大体说来，无非两大类型。一是自然界之"中"，一是人事界之"中"："人事界之中，名为中庸。"① 不过，严格说来，人的一切活动之"中"，也并不都是中庸。比如走路，六步是一步和十二步之"中"，便不能名之为"中庸"。

那么，中庸是人的什么活动之"中"？孔子说："中庸之为德也。"（《论语·雍也》）朱熹对此解释道："中以德行言之，则曰中庸。"（《四书章句集注·中庸》）这就是说，中庸是一种品德，是一种伦理行为：中庸是人的伦理行为之"中"。然而，反过来，伦理行为之"中"并不都是中庸。例如，我们不能因为不大不小的谎言是大谎和小谎之"中"，便美其名曰"中庸"。

许多人不懂得这一点，误以为伦理行为之"中"即中庸。罗素反对中庸论，正是基于这一误解："中道学说并不是完全成功的。例如，我们怎么界定诚实呢？诚实被看作是一种德性；但是我们简直不能说它是撒弥天大谎和不撒谎之间的中道，尽管人们觉得这种观念在某些方面不是不受欢迎的。不管怎么说，这种定义不适用于理智的德性。"②

对于中庸的这种理解是大错特错的。亚里士多德早就说过：不论是恶行与善行之"中"，还是大小恶行之"中"，都不是中庸。③ 我们可以补充说：大小善行之"中"，显然也非中庸。那么，中庸究竟是一种什么伦理行为之"中"？

---

① 严群：《亚里士多德之伦理思想》，商务印书馆，1933年，第26页。
② 罗素：《西方的智慧》，瞿铁鹏译，上海人民出版社，1992年，第114页。
③ Aristotle, *Aristotle's Nicomachean Ethics*, p. 22, 29.

原来，人的一切伦理行为，说到底，无非两类三种：一类是不遵守道德的行为，亦即所谓"不及"；另一类是过当遵守道德的行为，即所谓"过"；适当遵守道德的行为，即所谓"中庸"。举例说，一个人若言不信、行不果，未遵守信德，是"不及"。但他若在任何情况下都言必信、行必果，便是"尾生之信"，便是"过"了。他若当信则信，不当信则不信，守信与否，唯义是从，便是适当遵守信德，便是中庸。

可见，中庸既不是大小恶行之"中"，也不是大小善行之"中"，更不是恶行与善行之"中"，而是两种特殊的恶行——"不遵守道德"与"过当遵守道德"——之"中"：中庸是适当遵守道德的善行。过与不及合为"偏至"而与"中庸"相对立。

2 中庸的价值

"不及"或不遵守道德是恶，乃不言而喻之理。可是，为什么只有适当遵守道德之"中庸"才是善，而过于遵守道德之"过"却是恶呢？过于遵守道德岂不是更加道德、更加善吗？不是！因为物极必反。任何事物都有保持其质的稳定不变的量变范围。事物如在这个范围内变化，便不会改变事物的质；如超出这个范围，便会改变事物的质，使事物走向自己的反面，变成另一事物。

道德也如此。遵守某种道德，也是在一定范围内才是道德的、善的；超过这个范围，就会走向自己的反面，变成恶的、不道德的。试想，过于自尊，岂不就成了骄傲？过于谦虚，岂不就成了自卑？过于节制，岂不就成了禁欲？过于仁爱，岂不就成了姑息养奸？过于贵生，岂不就成了苟且偷生？显然，只有适当遵守道德的行为（中庸），才是道德的、善的；而过于遵守道德（过）与不遵守道德（不及）殊途同归：都是恶的、不道德的。因此，孔子说："过犹不及。"（《论语·先进》）亚里士多德说："过度与不及都属于恶，而唯有中庸状态才是美德。"[①]

可见，"不遵守道德的行为"与"过当遵守道德的行为"以及"适当遵守道德的行为"组成人类全部伦理行为。所以，一方面，不但一切中庸的行为都是善的，而且一切善的行为也都是中庸的："中庸"与"善"外延相等；另一方面，不但一切"过"与"不及"的行为都是恶的，而且一切恶的行为也都是"过"或"不及"的："过"加"不及"

---

① Aristotle, *Aristotle's Nicomachean Ethics*, p. 29.

与"恶"外延相等。

因此，亚里士多德说："美德是中庸状态的本性……唯有中庸状态才是美德。"① 孔子说："君子中庸，小人反中庸。"（《中庸》）荀子说："曷谓中？曰：礼义是也。"（《荀子·儒效》）王夫之说："天下之理统于一中：合仁、义、礼、知而一中也，析仁、义、礼、知而一中也。"② 一言以蔽之，中庸乃贯穿一切善行和美德的极其普遍、极其根本、极其重要的道德规范、道德品质："中庸之为德也，其至矣乎！"（《论语·雍也》）那么，怎样才能做到中庸而无过与不及呢？

3 中庸的方法

儒家说：时中而达权。何谓？朱熹说："盖中无定体，随时而在。"（《四书章句集注·中庸章句》）"权，称锤也，所以称物之轻重而取中也"，"道之所贵者中，中之所贵者权"。（《四书章句集注·孟子集注》）冯友兰说："'中'是相对于事及情形说者，所以'中'是随时变易，不可执定底。'中'是随时变易底，所以儒家说'时中'。时中者，即随时变易之中也。孟子说：'执中无权，犹执一也。'所谓执一者，即执定一办法以之应用于各情形中之各事也。"③

这就是说，一个人遵守某道德是否中庸、适当，并非一成不变，而是因时因事而异的。具体讲来，当遵守一种道德与遵守他种道德不发生冲突而可以两全时，则遵守此种道德便是适当的，便是中庸；而不遵守此种道德便是"不及"。当遵守一种道德与遵守他种道德发生冲突而不能两全时，如果此种道德的价值小于他种道德的价值，那么遵守此种道德便是"过"，不遵守此种道德而遵守他种道德便是中庸；如果此种道德的价值大于他种道德的价值，那么遵守此种道德便是中庸，而不遵守此种道德则是"不及"：两善相权取其重、两恶相权取其轻。

举例说。在正常情况下，我们应该诚实，诚实是中庸，说谎是不及。但是，如果出现像康德所说的那种情况，当凶手打听被他追杀而逃到我家的无辜者是否在我家时，诚实之善便与救人之善发生了冲突：要诚实便救不了人，要救人便不能诚实；不说谎就得害人性命，不害人性命就得说谎。但是，诚实是小善，救人是大善，两善相权当取其重：救

---

① Aristotle, *Aristotle's Nicomachean Ethics*, p. 29.
② 王夫之：《读四书大全说》（上册），中华书局，1975 年，第 59 页。
③ 冯友兰：《三松堂全集》（第四卷），第 435 页。

人。说谎是小恶,害命是大恶,两恶相权当取其轻:说谎。所以,当此际,便不应该诚实害命,而应该不诚实救人:"诚实"是"过",而"不诚实"是"中庸"。

可见,具体情况具体权衡,是实现中庸之道的基本方法。吴宓将这一方法很恰当地概括为"守经达权":"守经而达权等于中庸。经等于原则或标准。权等于这一原则之正确运用。"①

思考题

1 孔子说:"人而无信,不知其可也。大车无𫐐,小车无𫐄,其何以行之哉?"可是,他又说:"言必信,行必果,硁硁然小人哉!"这是否自相矛盾?孔子究竟倡导还是反对诚信?

2 在任何情况下是否都应当诚实?孟子认为在诚实与其他更大的善发生冲突不能两全时,则不应该诚实而应该欺骗,因而说:"大人者,言不必信,行不必果,惟义所在。"相反地,康德则认为在任何情况下都应当诚实:"在不可不说的陈述中,不论给自己或别人会带来多么大的伤害,诚实都是每个人对他人的不该变通的责任。"谁是谁非?

3 自尊是一种基本的善,而自卑是一种基本的恶。但是,阿德勒却认为自卑是人类进步的动力。他这样写道:"依我看来,我们人类的全部文化都是以自卑感为基础的。假使我们想象一位兴味索然的观光客来访问我们人类星球,他必定会有如下的观感:'这些人类呀,看他们各种的社会和机构,看他们为求取安全所做的各种努力,看他们的屋顶以防雨,衣服以保暖,街道以使交通便利——很明显,他们都觉得自己是地球上所有居民中最弱小的一群!'"请回答:阿德勒是否错了?错在哪里?试比较谦虚与自卑以及自尊与骄傲之异同。

4 柏拉图认为,节制是理智支配情欲:"理智起领导作用,激情和欲望一致赞成由它领导而不反叛,这样的人不是有节制的人吗?"可是,斯宾诺莎却认为理智支配情欲是真正的自由:"受情感或意见支配的人,与为理性指导的人……我称前者为奴隶,称后者为自由人。"柏林则进而将这种理智支配情欲的所谓真正的自由叫作积极自由。请回答:理智支配情欲究竟是节制还是自由抑或积极自由?所谓理智支配情欲,究竟是指合理的情欲支配不合理的情欲,还是指理智本身支配

---

① 吴宓:《文学与人生》清华大学出版社,1996年,第121页。

情欲？

5　孔子说他自己"勇且怯"。这是否意味着一个人应该既勇敢又怯懦？一个人不怕应该害怕的事情是勇敢吗？他若害怕应该害怕的事情是怯懦吗？

6　《智慧书》说恶人没有智慧。我们说诸葛亮有智慧而马谡无智慧。这些观点正确吗？试举例说明道德智慧与非道德智慧各自规律及其相互关系。

阅读书目

朱熹：《四书章句集注》。

《亚里士多德全集》（第八卷），中国人民大学出版社，1992年。

王海明：《新伦理学（第三版）》（中册），商务印书馆，2023年。

Sissela Bok, *Lying, Moral Choice in Public and Private Life* (New York: Vintage Books, 1989).

Louis P. Pojman, *Ethical Theory: Classical and Contemporary Readings* (Som Francisco: Wadsworth Publishing Company, 1995).

Wang Haiming, *The Principles of New Ethics III: Normative Ethics II* (London; NewYork: Routledge, 2021).

下 卷
美德伦理学

第十二章　良心与名誉：优良道德实现途径

> **提　要**
>
> 良心和名誉都是使人遵守道德的极其巨大的力量：名誉是人的外在名声，因而是使人遵守道德的外在力量；良心是人的内心信念，因而是使人遵守道德的内在力量。但是，良心使人遵守道德的力量是纯粹的、无负面作用的：它只会使人遵守道德而不会使人背离道德。相反地，名誉使人遵守道德的力量是不纯粹的、有负面作用的：它使人遵守道德往往以使人陷于恶德——假仁假义和自我异化——为代价。这种负面作用只有依靠良心来消解：一个人不应该昧着良心追求虚荣，而应该凭着良心追求光荣；不应该以自我异化、屈己从众的方式追求光荣，而应该以自我实现、实现自己创造性潜能的方式追求光荣。

一 良心与名誉概念

1 良心

良心,是个十分复杂难解的概念。在汉语中,"良"义为善、好:"良,善也。""心"义为思维器官及其心理、思想或意识:"古人以为心是思维器官,故把思想的器官和思想情况、感情等都说做心。"① 因此,"良"与"心"合为一个词"良心",也就是关于好、善或价值的心理、思想、意识,亦即关于道德价值的意识,说到底,也就是道德评价。在西方语言中,良心是"conscience"(英语)、"conscience morale"(法语)、"Gewissen"(德语)、"conscientia"(拉丁语)。它们的前缀"con-、Ge-"都是"共同""一起"的意思;而后半部分的词干"-science、-wissen、-scientia"都是"知""知识"的意思;合起来就是"共识""共同知晓"之意;进而引申为一种特殊的共识:道德价值意识或道德评价。

可见,从词源上看,不论中西,良心都是道德价值意识、道德评价的意思。那么,能否说这就是良心概念的定义?很多人都把良心的这种词源含义当作良心概念的定义。梯利就这样写道:"我们把所有这些事实归结为一句话,说人们在进行道德评价,区分正当与否,说人有一种道德意识或一颗良心。"② 包尔生虽然没有将良心完全等同于道德评价、道德价值意识,却将良心等同于个人道德评价、个人道德意识:"我们界定良心为习俗的意识或个人意识中的习俗。"③

诚然,定义良心为个人道德意识,比较于定义良心为道德价值意识,是一个进步。但是,这个定义仍然是不正确的。因为良心固然都是个人道德价值意识或个人道德评价;但个人道德价值意识或个人道德评价却不都是良心。例如,一个人知道偷盗是恶,并且谴责、痛恨某人偷盗。这是一种个人道德评价、个人道德价值意识。但是,我们却不能说这是他的良心发现,说他有良心;只有当他知道自己的偷盗是恶并且谴责自己、痛恨自己时,我们才能说这是他的良心发现,说他有良心。所以,洛克说:"良心只不过是我们自己对于自己行为的正当或邪恶的意

---

① 《辞海》,上海人民出版社,1997 年,第 1688 页。
② 梯利:《伦理学概论》,何意译,中国人民大学出版社,1987 年,第 18 页。
③ Friedrich Paulsen, *System of Ethics*, Frank Thilly (trans.) (New York: Charles Scribner's Sons, 1908), p. 363.

见或判断。"①

因此，良心乃是一种个人的、特殊的、具体的道德评价，它的种差、它区别于其他道德评价的根本特征乃是自我评价、自我意识：良心是每个人自身内部的道德评价，是自我道德评价，是对自己行为的道德评价，是对自己行为道德价值的反应。这就是良心的定义。这样，就词义来说，汉语的"良心"比西文的"conscience"更接近良心的定义。因为在汉语中，"良"与"心"合为一个词"良心"，也就是好的心理、思想、意识：良心就是好心。西文良心就没有这么明确，没有"好"的意思；而只是"共同知晓"。确实，中国的"良心"一词很妙，可以顾名思义："良心"，就是好心。这是良心的词义，大体说来，也是良心的定义。

诚然，并非任何好心都是良心，但是，良心一定是好心，属于好心范畴，是一种特殊的好心。那么，良心是一种怎样的好心呢？一个人如果做了好事，他知道这是好事，并且有愉快和自豪的心理，如果做了坏事，他知道这是坏事，并且有痛苦和内疚心理；这个人的这种心理无疑是好的，是一种好心。做坏事的心理固然不是好心，但做了坏事知道是坏事并且内疚的心理，却是好心。这种做了好事就快乐、做了坏事就痛苦的好心，就是良心；良心就是做了好事就快乐、做了坏事就痛苦的心理，更确切些说，就是每个人的自我道德评价，是对自己行为的道德评价，是对自己行为道德价值的反应。

不难看出如果以良心的正负性质为根据，良心便可以分为"良心满足"与"良心谴责"两大类型；如果以良心的知行性质为根据，良心则分为认知良心、情感良心、意志良心和行为良心四大类型。因为良心是自己对自己行为的道德评价，是对自己行为道德价值的反应，因而也就无非是对自己行为道德价值的意识反应和行为反应，说到底，也就是对自己行为道德价值的认知反应、情感反应、意志反应和行为反应，亦即认知良心、情感良心、意志良心和行为良心。我们不妨举两个例子来说明：

例1，我好说实话。每思及此，总觉得自己这样做是正确的（对自己好说实话的认知反应），并且不免为自己是个诚实坦荡的

---

① John Locke, *An Essay Concerning Human Understanding* (Oxford: Clarendon Press, 1975), p. 71.

人而自豪不已（对自己好说实话的情感反应）。于是，即使说实话于己有害，我也总是决定说实话（对自己好说实话的意志反应），我也总是说实话（对自己好说实话的行为反应）。

例2，我好说假话取悦于人。半夜醒来，扪心自问，觉得自己这样做是很不对的（对自己好说假话的认知反应），并且为自己是个逢迎谄媚的小人而惭愧不已（对自己好说假话的情感反应）。于是，我决心不再说假话（对自己好说假话的意志反应），我从此也确实做到不再说假话了（对自己好说假话的行为反应）。

例1是对于自己好说实话行为的道德价值的肯定性反应，是肯定性的自我道德评价，因而是正面的良心，亦即所谓良心满足；例2是对于自己好说假话行为的道德价值的否定性反应，是否定性的自我道德评价，因而是负面的良心，亦即所谓良心谴责。这两种类型的良心又都有知、情、意、行之分，因而又都可以进而分为认知良心、情感良心、意志良心和行为良心四类：

首先，"认为自己说实话正确而说假话错误"，是良心的认知评价，是对于自己行为道德价值的认知、认识，是对于自己行为道德价值的认知反应，因而可以称之为"认知良心"。

其次，"因自己说实话而自豪、说假话而惭愧"，是良心的感情评价，是对于自己行为道德价值的情感体验，是对于自己行为道德价值的情感反应，因而可以称之为"情感良心"。

再次，"决心说实话而不说假话"，是良心的意志评价，是对于自己行为道德价值的行为选择反应从确定到执行的心理过程，是对于自己行为道德价值的意志反应，可以称之为"意志良心"。

最后，"从此也确实做到了总是说实话而不说假话"，是良心的行为评价，是对于自己行为道德价值的行为选择反应，是对于自己行为道德价值的行为反应，因而可以称之为"行为良心"。

这样一来，良心岂不就分为良心满足与良心谴责以及认知良心、情感良心、意志良心和行为良心？认知良心属于"知"的范畴，行为良心属于"行"的范畴，因而尤为中国历代哲学家关注。孟子称二者为"良知"和"良能"："人之所不学而能者，其良能也；所不虑而知者，其良知也。"（《孟子·尽心上》）

2 名誉

良心是每个人的自我道德评价。那么，人们相互间的道德评价——

自己对他人和他人对自己的道德评价,是什么?显然就是所谓的"名誉"。名誉的英文是 fame 或 reputation,义为其他人或公众的评价、估价、报道、意见、判断,说到底,也就是舆论评价。汉语的名誉也是此意。"名"的基本词义是名称或说出。《说文解字》曰:"名,自命也,从口从夕。""誉"的基本词义是称扬、赞美、声名。《说文解字》曰:"誉,称也,从言与声。"因此,"名"与"誉"合为一个词"名誉",也是其他人或公众的评价之意,说到底,也就是舆论评价。那么,名誉可以被定义为其他人或公众的评价,可以被定义为舆论评价。因为不言而喻,一个人或寥寥几个人的评价,算不上名誉,只有众人的评价才是名誉。试想,如果只是一个人或几个人说我坏话,岂能说我名誉不好?只有众人都说我坏话,才能说我名誉不好。所以,名誉的本质就是舆论:名誉就是舆论评价,就是众人评价,说到底,就是社会评价:名誉与社会评价是同一概念。

诚然,所谓社会,不过是两个以上的人因一定的联系而结成的共同体。所以,社会和众人一样,都是由个人构成的。因此,一个人的评价虽然不是名誉,却是名誉的一分子,是名誉的成分或因素。更何况,一个人的评价并非绝对不是名誉;相反地,一个人的评价,在一定条件下,也可以是名誉,这个条件就是:他是领导人。一个老百姓的评价不是名誉;但一个领导人如村长、乡长、县长等,以领导人的身份所进行的评价却是名誉。一个老百姓说我坏话,并不意味着我的名誉坏;但一个县长以县长的身份说我坏话,我的名誉可能就坏了。原因很简单,领导是众人和社会的代表、代言人。因此,领导如果以领导的身份说我坏话,就代表了众人和社会说我坏话了。

总而言之,名誉就是人们的相互评价,是自己对他人和他人对自己的评价,就是舆论评价,就是社会评价,就是众人的评价和领导人的评价。那么,这些评价都是道德评价,名誉也属于道德评价范畴。因为名誉亦即社会评价、众人评价和领导人以领导人身份所进行的评价。这种评价的对象,当然不可能是与社会、众人或他人利益无关的价值,而必定是与社会、众人或他人具有利害关系的价值,因而必定都是可以言善恶的道德价值:名誉的对象是道德价值,因而属于道德评价范畴。这就是为什么名誉必定有褒贬善恶之分。

对于社会和他人不具有利害效用,因而不具有道德价值、不可以言道德善恶的东西,可能有名,却不可能有什么名誉。一个人头上长角，因而很有名，却不能说他有什么名誉。因为他头上长角，并不具有道德价值，不可以言道德善恶。反之，一个人是大艺术家，则不但有名，而且是一种名誉。因为一个人成为大艺术家有利于社会和他人，因而具有道德价值、可以言道德善恶。所以，包尔生说：

> 一般说来，任何增进一个人权力和影响的事情都增进他的荣誉，换言之，凡增进一个人的有助或有害于他人能力的事情都增进他的荣誉。①

精确言之，名誉就是人们相互的道德评价，是自己对他人和他人对自己的道德评价，是舆论的道德评价，是社会的道德评价，是众人的道德评价和领导人的道德评价。因此，一方面，名誉与良心是对立的，是划分具体道德评价的两种相反类型：名誉是外在呼声，是人们相互的、外部的道德评价，是自己对他人和他人对自己行为的道德评价；反之，良心是内在心声，是每个人自身内部的道德评价，是自己对自己行为的道德评价。另一方面，良心与名誉又是同一的，每一方都潜在于对方，每一方潜在地就是对方。因为当像自己评价他人那样，或者像他人评价自己那样来评价自己时，名誉便变成了良心：良心是名誉的内化。当像评价自己那样来评价他人时，良心便变成了名誉：名誉是良心的外化。

因此，名誉的类型也与良心的类型相似，分为肯定性的名誉（荣誉或光荣）与否定性的名誉（耻辱）以及认知名誉、情感名誉、意志名誉和行为名誉。我们不妨再用两个例子来说明：

> 例1，我对穷人和弱者有一种深切的同情，常常救济、帮助他们。别人都说我做得对（认知名誉、认知荣誉），钦佩之情溢于言表（情感名誉、情感荣誉），皆有与我结交之意（意志名誉、意志荣誉），结果多人与我结交（行为名誉、行为荣誉）。

> 例2，我妒忌张三，造谣以中伤。同行们都说我心术不正（认知名誉、认知耻辱），人人义愤填膺（情感名誉、情感耻辱），个个有让我公开道歉之意（意志名誉、意志耻辱），最终迫使我公开道歉（行为名誉、行为耻辱）。

---

① Friedrich Paulsen, *System of Ethics*, Frank Thilly (trans.) (New York: Charles Scribner's Sons, 1908), p. 571.

例1是众人对我行为道德价值的肯定性反应,是众人对我行为肯定性的道德评价,是正面的名誉,因而叫作荣誉:荣誉就是肯定性的名誉,就是肯定性的社会道德评价,就是社会、众人或领导人所进行的肯定性的道德评价。例2是众人对我的行为道德价值的否定性反应,是众人对我行为否定性的道德评价,是反面的名誉,因而叫作耻辱:耻辱就是否定性的名誉,就是否定性的社会道德评价,就是社会、众人或领导人所进行的否定性的道德评价。这两种类型的名誉又都有知、情、意、行之分,因而又都可以进而分为认知名誉、情感名誉、意志名誉和行为名誉四类:

首先,认为我的同情是对的和妒忌是错的,便是认知荣誉和认知耻辱,便是认知名誉:认知名誉就是名誉的认知评价,是社会、众人和领导人对我的行为道德价值的认知、认识,是社会、众人和领导人对我的行为道德价值的认知反应。

其次,对我的深切的同情心的钦佩之情和对我的造谣中伤的义愤填膺,便是情感荣誉和情感耻辱,便是情感名誉,是名誉的情感评价,是社会、众人和领导人对我的行为道德价值的情感反应、情感体验。

再次,与我结交之意和让我公开道歉之意,便是意志荣誉和意志耻辱,便是意志名誉,是名誉的意志评价,是社会、众人和领导人对我的行为道德价值的意志反应。

最后,多人与我结交和迫使我公开道歉,便是行为荣誉和行为耻辱,便是行为名誉,是名誉的行为评价,是社会、众人和领导人对我的行为道德价值的行为反应。

二 良心和名誉的客观本性

1 良心的起源:良心的目的与原动力

良心的起源,直接说来,源于人是个道德动物。人是道德动物,因为每个人或多或少都有道德需要,或多或少都有自己遵守道德规范,从而做一个合乎道德的人、做一个好人、做一个有美德的人的需要。试问,有谁不想做一个好人?有谁愿意做一个坏人?没有。每个人都想做一个好人,这是最深刻的人性。坏人也是人,也与好人同样具有人性,也与好人同样具有做一个好人的道德需要。即使是那些十恶不赦的道德败类,也并非没有做一个好人的道德需要。他们也是人,怎么会没有做一个好人的人性呢?他们同样想做好人而不想做坏人。只不过,他们做一个好人的道德需要比较弱小,而他们所怀有的那些欺诈拐骗、偷盗抢劫、杀人越货的欲望却比较强大,以致远远超过和压抑了他们想做一个好人的道德需要。

那么,一个人究竟怎样才能成为一个好人、有道德的人、有美德的人,从而满足其道德需要?无疑只有去遵守道德、去做好事。这个道理,亚里士多德说得很清楚:"德性的获得,不过是先于它的行为之结果;这与技艺的获得相似。因为我们学一种技艺就必须照着去做,在做的过程中才学成了这种技艺。我们通过从事建筑而变成建筑师,通过演奏竖琴而变成竖琴手。同样,我们通过做公正的事情而成为公正的人,通过节制的行为而成为节制的人,通过勇敢的行为而成为勇敢的人。"① 这样,每个人做一个好人的道德需要,便会推动他去做遵守道德的好事,推动他对自己行为是否符合道德规范进行判断、评价,从而因自己做一个好人的道德需要是否被自己的行为所满足而发生种种心理与行为反应,亦即良心的知情意行之反应:

如果看到自己的行为符合道德规范,便会认为自己是一个好人(良知、认知良心),便会因自己做一个好人的道德需要得到实现,而沉浸于良心满足的快乐(情感良心),便会有继续行善而遵守道德规范之意(意志良心),便会继续行善而遵守道德规范(行为良心);如果看到自己的行为不符合道德规范,便会认为自己不是一个好人(良知、认知良心),便会因自己做一个好人的道德需要得不到实现,而陷入良心谴责的痛苦(情感良心),便会有改过迁善而遵守道德规范之意(意志良心),便会改过迁善而遵守道德规范(行为良心)。

可见,良心这种自我道德评价源于每个人希望自己做一个好人、做一个有美德的人的道德需要,目的在于满足自己做一个好人、做一个有美德的人的道德需要。然而,一个人为什么会有自己做一个好人的道德需要?良心的最终源头、原动力是什么?

人是社会动物,每个人的生活都完全依靠社会和他人:他的一切利益都是社会和他人给的。所以,能否得到社会和他人的赞许,便是他一切利益中最根本最重大的利益:得到赞许,便意味着得到一切;遭到谴责,便意味着丧失一切。不言而喻,能否得到社会和他人的赞许之关

---

① Aristotle, *Aristotle's Nicomachean Ethics*, Hippocrates G. Apostle(trans.)(Grinnell, Iowa: Peripatetic Press,1984), p. 21.

键，在于他的品德如何：如果社会和他人认为他品德好，那么，他便会得到社会和他人的赞许和给予；反之，则会受到社会和他人的谴责和惩罚。所以，正如孟子所言，一个人是否有美德，乃是他一切利益中最根本的利益："夫仁，天之尊爵也，人之安宅也；莫之御而不仁，是不智也。"（《孟子·公孙丑上》）

这恐怕就是一个人最初会有美德需要的缘故：他需要美德，因为美德就其自身来说，虽然是对他的某些欲望和自由的压抑、侵犯，因而是一种害和恶；但就其结果和目的来说，却能够防止更大的害或恶（社会和他人的唾弃、惩罚）和求得更大的利或善（社会和他人的赞许、赏誉），因而是净余额为善的恶，是必要的恶。因此，美德乃是他利己的最根本、最重要的手段：他对美德的需要是一种手段的需要。但是，他逐渐会因美德不断给他莫大利益而日趋爱好美德、欲求美德，从而便为了美德而求美德，使美德由手段变成目的；就像他会爱金钱、欲求金钱、使金钱由手段变成目的一样。这时，他对美德的需要便不再是把它们作为一种手段的需要，而是把它们作为一种目的的需要了。

这样，每个人做一个有美德的人、做一个好人的道德需要——不论是以美德为目的的需要，还是以美德为手段的需要，说到底，都源于利己，源于社会和别人因他品德的好坏所给予他的赏罚。对于良心的这一终极源头、原动力，弗洛伊德曾有大量论述。通过这些论述，他得出结论说，良心起源于自己对于父母、养育者、教师、领导、党团、国家、舆论等权威的赏罚的恐惧，起源于对社会生活的恐惧："良心起源于'对社会生活的恐惧'而不是别的什么。"① 那么，对于这些外在权威赏罚，恐惧究竟是怎样形成良心的？

原来，每个人最为恐惧的，既然是这些外在权威——父母、养育者、教师、领导、党团、国家和舆论等的赏罚，那么，他自然便会常常以这些外部权威自居，亦即从这些外在权威的立场来评价自己行为。这些外在权威逐渐成了他自己内心世界的一部分，成了他自己的另一个自我：

我自己仿佛分成两个人；一个我是审查者和评判者，扮演和另

---

① 弗洛伊德：《弗洛伊德论创造力与无意识》，孙恺祥译，中国展望出版社，1986年，第211页。

一个我——被审查和被评判者——不同的角色。①

这个作为评判者的自我对于另一个自我——作为行为者的自我——的道德评价非他，正是所谓的良心：良心就是自我道德评价。这样，在一个人的内心世界，作为评判者的自我的形成，也就是良心的形成。因此，良心是自己以父母或其养育者以及教师、领导、党团、国家、舆论等外在权威的立场来看待自己行为的结果，是以这些外部权威自居的结果，是这些外部权威的内化。

比较良心的直接起源（良心的目的）与良心的最终起源（良心的原动力）可知，良心直接源于每个人做一个好人的道德需要，目的在于满足自己做一个好人的道德需要；而最终则源于利己，源于自我利益，源于社会和他人因自己品德好坏所给予自己的赏罚。

因此，一方面，每个人，不论他如何高尚还是如何卑鄙，便都因其是社会动物而不能不具有做一个好人的道德需要，不能不具有良心；只不过其强弱有所不同罢了。另一方面，每个人良心的强弱，固然与他自己的道德修养等偶然因素有关；但就其必然性因素来看，直接说来，则取决于他希望自己做一个好人的道德需要的多少，根本说来，则取决于他因自己品德好坏而得到的赏罚利害之多少：

他因品德好而得到的赏誉越多，他因品德坏而遭到的惩罚和损失越多，他做好人而不做坏人的道德需要便越强，他的良心便越强；反之，他做好人而不做坏人的道德需要便越少，他的良心便越弱。

换言之，每个人良心的强弱，他的做一个好人的道德需要的多少，固然与他自己的道德修养等偶然因素有关；但是，就其必然性因素来看，根本说来，却取决于他生活于其中的社会，取决于他的品德好坏的赏罚者，亦即童年时代的父母或养育者、长大以后学校的老师和同学、工作单位的领导和同事、国家的管理和教育等：赏罚公正，人们的良心就强；赏罚不公，人们的良心就弱。

2 名誉的起源：外在根源与内在根源

名誉的起源有内外或供求之分：名誉的内在根源或追求名誉的根源，名誉的外在根源或给予、供给名誉的根源。名誉的内在根源是追求名誉的根源，是每个人追求自己名誉的根源，是每个人自己的名誉心、

---

① Adam Smith, *The Theory of Moral Sentiments* (Oxford: Clarendon Press, 1976), p.113.

求名心、好名心的根源,说到底,也就是每个人追求荣誉、光荣而避免耻辱或舆论谴责的根源。反之,名誉的外在根源则是给予名誉的根源,是自己给予他人和他人给予自己名誉——荣誉或耻辱——的根源,是人们相互给予名誉的根源,说到底,也就是社会、众人和领导人给予每个人名誉的根源。

名誉的外在根源,原本在于每个人都具有希望他人做一个好人的道德需要,特别是社会、众人和领导人具有希望每个人都做一个好人的道德需要。因为每个人的道德需要都是双重的:他不仅有自己遵守道德规范、做一个合乎道德的人、做一个好人的道德需要,而且还有希望他人遵守道德规范、做一个合乎道德的人、做一个好人的道德需要。试想,有谁不希望他周围的人是好人,有谁愿意他周围的人是坏人?就是盗贼也是如此。他也不希望同伙是一些彼此不讲义气的坏盗贼,而同样希望同伙是好盗贼:"盗亦有道"此之谓也!

这是被道德之为社会契约的深刻本性决定的。道德无疑是一种社会制定或认可的关于每个人行为应该如何的社会契约。而任何契约的每一位缔结者必定都是:一方面,自己要遵守契约;另一方面,则要他人遵守契约。因此,每个人作为道德契约的缔结者,便不但自己有遵守道德规范从而做一个好人的道德需要,而且必定还有希望他人遵守道德规范从而也做一个好人的道德需要:他自己遵守道德做一个好人的道德需要越强烈,他希望别人遵守道德做一个好人的道德需要也就越强烈;他自己遵守道德做一个好人的道德需要越淡漠,他希望别人遵守道德做一个好人的道德需要也就越淡漠。这就是古今中外那些志士仁人皆疾恶如仇的缘故。

这样,名誉外在的直接源头便与良心的直接源头一样,源于每个人的道德需要:他不仅有自己做一个好人的道德需要(良心的直接源头),还有希望他人做一个好人的道德需要(名誉外在的直接源头)。那么,一个人究竟怎样才能满足他希望别人做一个好人的道德需要呢?他满足自己做一个好人的道德需要的唯一途径,如前所述,是自己遵守道德做好事。同理,他满足自己希望别人做一个好人的道德需要的唯一途径,当然是看到别人遵守道德做好事。这样一来,每个人希望别人做好人的道德需要,便会推动他对别人的行为是否符合道德进行判断、评价,从而因自己希望别人做好事的道德需要是否被别人的行为所满足而发生种种心理和行为反应,亦即名誉(荣誉与耻辱)的知情意行之反应：如果看到他人的行为符合道德规范，便会认为他人是好人（名誉或荣誉的认知评价，认知名誉或认知荣誉）；便会因自己希望他人遵守道德的需要得到实现而快乐，进而对他人心存敬爱之忱（名誉或荣誉的情感评价，情感名誉或情感荣誉）；便会产生向他人学习之意（名誉或荣誉的意志评价，意志名誉或意志荣誉）；便会向他人学习（名誉或荣誉的行为评价，行为名誉或行为荣誉）。反之，如果看到他人的行为不符合道德规范，便会认为他人不是什么好人（名誉或耻辱的认知评价，认知名誉或认知耻辱）；便会因自己希望他人遵守道德的需要得不到实现而痛苦，进而对他人怀有厌恶之心（名誉或耻辱的情感评价，情感名誉或情感耻辱）；便会产生批评、谴责他人之意（名誉或耻辱的意志评价，意志名誉或意志耻辱）；便会批评、谴责他人（名誉或耻辱的行为评价，行为名誉或行为耻辱）。

可见，从名誉的外部或名誉的相互给予来看，名誉源于每个人自己希望他人做一个好人的道德需要，目的在于满足这种道德需要。然而，每个人为什么会有希望别人也做一个好人的道德需要呢，名誉最终的外部源头是什么？不难看出，这个问题可以转换为如下正反两方面问题：一方面，如果一个人所打交道的人都是损人利己的坏人，他会得到什么？他无疑会处处遭受损害与不利。另一方面，如果一个人所打交道的人都是仁爱公正的好人，他会得到什么？他无疑会处处得到帮助与利益。这就是说，每个人希望别人做一个好人，说到底，无非是因为别人是好人对自己有利，而别人是坏人对自己有害：利己、自我利益、他人品德的好坏对自己的利害关系，是引发每个人希望别人是好人的道德需要产生的原因，从而也就是最终引发名誉的外部原因、根源、原动力。那么，名誉的内在根源是什么？

不难看出，名誉的内在根源——每个人自己的求名心的根源——在于名誉攸关自己最为根本的利害。因为人是社会动物，每个人的生活都完全依靠社会和他人：他的一切利益都是社会和他人给的。但是，他究竟能从社会和他人那里得到多少利益，无疑取决于社会和他人对他的毁誉：荣誉、光荣意味着他将能从社会和他人那里得到他所能够得到一切利益；耻辱、恶誉则意味着社会和他人将可能拒绝给予他一切利益。于是，名誉便是他的一切利益之本，便是他的最为根本最为重大的利益：荣誉、光荣是每个人求得自己利益的根本手段。因此，斯密说："就能够立即和直接影响一个无辜者全部的外在不幸来说，最大的不幸无疑是名誉不应有的损失。"① 这恐怕就是"名"与"利"会合为"名利"一个词的缘故。因此，人，只要他生活于社会和他人之中，便无不有极为深重的名誉心。

诚然，古往今来，确实有些伟大的智者蔑视名誉、荣誉。然而，这并不是因为他们没有名誉心、没有对荣誉的渴求；而只能表明他们压抑自己名誉心而不去追求荣誉。他们不但同样具有名誉心，而且同样具有极为深重的名誉心；否则，他们就不会因为遭到舆论谴责而极为痛苦了。西赛罗说：

> 许多人蔑视荣誉，却又因遭受不公正的谴责而感到莫大的羞辱和痛心：这岂不极为矛盾？②

其实，这并不矛盾。他们蔑视荣誉，并不是因为他们没有追求好名誉、避免坏名誉的极为强烈的欲望；而是因为他们为了其他在他们看来更为重大的欲望——如追求自由和自我实现，而不得不压抑、放弃与其冲突的追求荣誉的欲望。他们为了实现更为重大、更为强烈的追求自由和实现创造性潜能的欲望，而压抑、放弃了对荣誉的渴求，因而能够蔑视荣誉，不为荣誉所动。

但是，他们并没有压抑、放弃避免耻辱或坏名誉的欲望。这是因为，一方面，避免耻辱或坏名誉的欲望远比追求荣誉的欲望更为根本、更为重大：有没有荣誉，有没有好名誉，是一个人在社会中生活的好不好的问题，是一个人在社会中能否发展的问题。而有没有坏名誉，则是一个人能否在社会中生存的问题：坏名誉意味着社会生活的终结和死亡。所以，任何一个智者，任何一个人，只要他生活在社会中，他便只可能为了自由和自我实现等而压抑、放弃追求好名誉的渴求，但是，他不可能为了自由和自我实现等而压抑、放弃避免耻辱或坏名誉的欲望。另一方面，避免耻辱或坏名誉的欲望是每个人社会生活的最为根本、最低级的欲望，因而只有在这种欲望得到相对满足的条件下，每个人才可能产生追求自由和自我实现等比较高级的欲望。这样，一般说来，避免耻辱或坏名誉的欲望并不会与追求自由和自我实现等比较高级欲望发生冲突、不可两全。因此，避免耻辱或坏名誉的欲望在这些伟大智者的心

---

① Adam Smith, *The Theory of Moral Sentiments*, p. 144.
② Ibid., p. 128.

中同样极为深重地存在着。所以，他们固然因为压抑求名心或荣誉的追求而能够不为荣誉所动；却不能不为坏名誉而感到莫大痛苦。

可见，每个人必定因名誉攸关自己最为根本的利害而无不具有极为深重的名誉心，无不极为深重地渴求荣誉、光荣，无不极为深重地怀有避免耻辱或坏名誉的欲望；正如无不深重地好利恶害、趋利避害一样；只不过人们各自所求的荣誉和所避的耻辱往往大不相同，亦如他们所求的利和所避的害往往大不相同罢了。一言以蔽之，每个人的求名心源于求利心：求名是求利的手段。

但是，手段与目的是互相转化的。当一个人的好名誉、荣誉不断给他带来利益和快乐时，他便会逐渐爱上名誉——爱是对快乐和利益的心理反应，从而能够为荣誉而求荣誉、为名誉而求名誉、为名而求名。这时，荣誉和名誉便不再是求利的手段，而是目的本身；求利则不再是求名的目的，而只是产生求名目的之原因、原动力：为名而求名是因利而求名，而不是为利而求名。

这是不难理解的。因为我们到处都能够看到，那些极为珍爱自己名誉的人，他们某些行为的目的岂不往往是为名誉而求名誉？他们这些行为目的只是名誉、荣誉而不是利益；不但不是为利益，而且往往为了名誉而牺牲利益乃至牺牲性命。因此，利己绝不是这些行为的目的，而只是最终引发这些行为目的之原因、原动力：为名而求名不是为利而求名，而是因利而求名。这样，求利心（为求利而求名）和求名心（为求名而求名）便是名誉内在的双重直接根源，是名誉内在的双重目的；而利己心则是最终产生这些目的的名誉内在之终极根源、原动力。

纵观名誉的内外起源可知，一方面，每个人之所以都有对他人进行道德评价而给他人以毁誉的深重欲望，直接说来，是因为每个人都有希望他人做一个好人的道德需要；说到底，是因为别人是好人对自己有利，而别人是坏人对自己有害：利己是名誉外在的终极根源、原动力。另一方面，每个人之所以渴求光荣、避免耻辱而怀有深重的名誉心，直接说来，是因为名誉攸关自己最为根本的利害，因而每个人是为求利而求名，进而为求名而求名；说到底，每个人必定是因利而求名：利己是名誉内在的终极原因、原动力。

3 良心的作用

良心起源的研究表明，良心直接源于每个人做一个好人的道德需要，目的在于满足自己做一个好人的道德需要；而最终则源于社会和他人因自己品德好坏所给予自己的赏罚：赏罚越公正，自己做一个好人的道德需要便越强，自己的良心便越强；惩罚越不公正，自己做一个好人的道德需要便越弱，自己的良心便越弱。

那么，是否人们的良心越强，他们的品德便越高尚，社会的道德风气便越良好？是否人们的良心越弱，他们的品德便越恶劣，社会的道德风气便越败坏？良心的直接起源和目的在于满足每个人做一个好人的道德需要，意味着：良心具有使人达到最高道德境界"无私利人"的作用。因为一个人要成为好人、道德的人、高尚的人，实现其完善自我品德之心，只有去做好事、道德的事、高尚的事。那么，一个人究竟要做什么样的好事才能完善自我品德？最重要的，无疑是无私利人。因为无私利人无疑是最高尚的事，是品德的完善境界。所以，一个人受良心的驱使，便会无私利人，便会使人达到最崇高的道德境界。

不但如此，从良心的直接起源和目的——良心直接起源于做一个好人的道德需要，目的是做一个好人、有道德的人、有美德的人，还可以得出一个更为重要的结论：良心具有使人遵守道德规范的价值或作用。因为美德是长期遵守道德的结果："德者，得也，行道而有得于心者也。"（《四书章句集注·论语集注》）所以，一个人只有遵守道德规范做好事，才可能成为一个好人、有道德的人、有美德的人，从而才能实现良心的目的。反之，如果他不遵守道德做坏事，便不可能成为一个好人、有道德的人、有美德的人，便不可能满足自己做一个好人、有道德的人、有美德的人的道德需要，便不可能实现良心的目的。

这样，每个人的良心便会推动他去做遵守道德规范的好事、有道德的事、有美德的事，推动他对自己行为是否符合道德规范进行评价，从而因自己做一个好人的需要和目的是否被自己的行为所实现而发生种种情感反应：如果自己的行为符合道德规范、具有正道德价值，他便会因做一个好人的需要和目的得到实现而体验到自豪的快乐，沉浸于良心满足的喜悦；反之，如果他的行为不符合道德规范、具有负道德价值，那么，他做一个好人的需要和目的便得不到实现而归于失败，他便会陷入内疚感和罪恶感，便会遭受良心谴责的痛苦。

快乐与痛苦，众所周知，不仅是需要和目的是否得到实现的心理体验，而且是引发一切行为的原动力。因此，良心一方面通过产生自豪感和良心满足的快乐推动行为者遵守道德，以便再度享受这种快乐；另一方面,则通过产生内疚感、罪恶感和良心谴责的痛苦,阻止行为者违背道德,以便从这种痛苦中解脱出来。

人人皆有良心,只不过强弱不同;但良心不论强弱,毕竟都具有使人遵守道德的作用。那么,为什么人们还会不遵守道德呢?原来,每个人的行为都产生和决定于他的需要、欲望、目的;而任何人都绝不仅仅有"做一个好人、一个有良心的人"这样一种需要、欲望、目的:每个人的需要、欲望和目的都是多种多样的。富切斯说得好:

> 现在我们比过去更明白,良心并不是支配生活的唯一权威。决定我们生活中的行为、制约人类自由的权威是很多的。行为研究表明,举例说,人和动物的某些行为只是基于生理因素而并无伦理动机,然而却或多或少被当作是来自伦理的命令。……可以说,人们的善的、应该的行为往往同时源于伦理的和非伦理动机。①

这种所谓"伦理的"和"非伦理的"动机相一致从而共同引发善行的情况,确实存在。但二者也往往会发生冲突而不能两全。在这种情况下,若顺从和满足良心的欲望而遵守道德做一个好人,便不能顺从和满足与其冲突的需要和欲望。就拿小偷来说,他并不是没有良心,但他的良心与其贼心互相冲突而不能两全:若顺从良心的欲望、遵守道德而做一个好人,便不能顺从、满足其偷盗的需要和欲望。斗争的结果,正如达尔文所言,无疑是顺从、满足比较强大的起决定作用的需要和欲望:"人在行动的时候,无疑倾向于顺从更为强有力的那个冲动。"②

这样,当一个人的良心与其他欲望发生冲突时,如果他的良心比较强大,而与之冲突的欲望比较弱小,那么,他便会顺从良心的指令,遵守道德;而由此产生的自豪感和良心满足的快乐,又会推动他继续遵守道德。反之,如果他的良心比较弱小,而与之冲突的欲望比较强大,那么,他便会顺从这些比较强大的欲望而违背良心的指令,不遵守道德。但事后他会或多或少——多还是少取决于其良心强还是弱——感受到不遵守道德所产生的内疚感、罪恶感和良心谴责的痛苦,从而或多或少会阻止他继续违背道德,以便从这种痛苦中解脱出来。

---

① Gerhard Zecha and Paul Weingartner, *Conscience: An Interdisciplinary View* (New York: Sprinyer,1987), p.28.

② Charles Darwin, *Descent of Man and Selection In Relation to Sex* (London: John Murray, 1922), p.174.

坏人不断干坏事而不断违背道德，并不是因为他事后感受不到违背道德所产生的内疚感、罪恶感和良心谴责的痛苦，也并不是因为这些痛苦不阻止他继续违背道德；而是因为他的良心比较弱，因而他违背道德所产生的内疚感、罪恶感和良心谴责的痛苦比较小，这些痛苦比起他干坏事所得到的快乐和满足是微不足道的，因而不足以阻止他继续违背道德干坏事。

可见，良心因其源于每个人都有做一个好人的道德需要，因其为美德而求美德的本性，不但具有使人可能达到无私利人的道德最高境界之作用，而且具有使每个人遵守道德规范的作用：事前，它通过每个人追求做好人的需要和目的，而推动每个人遵守道德规范做好事，以便成为一个好人；事后，则通过遵守道德规范所产生的良心满足快乐，而使行为者继续遵守道德规范，通过违背道德所遭受的良心谴责的痛苦，而阻止行为者违背道德规范。

一个人的良心具有使他遵守道德规范和达到无私利人的崇高境界之作用，因而便极其有利于社会和他人。那么，它也有利于自己。因为，一方面，良心能够使自己遵守道德，显然意味着，良心能够使自己具有美德：美德是经常遵守道德的结果。另一方面，良心能够使自己达到无私利人的崇高境界，显然意味着，良心能够使自己具有最崇高的美德。这样，良心对自己的作用，与美德对自己的作用便是一样的：良心就其直接作用来说，无疑是对自己的某些欲望和自由的压抑、侵犯，因而是一种害和恶；但就其间接的、最终的作用来说，却能够防止更大的害或恶（社会和他人的唾弃、惩罚）和求得更大的利或善（社会和他人的赞许、赏誉），因而是净余额为利的害，是净余额为善的恶，是必要的害和恶。所以，根本地、长远地看，良心对自己是极其有利的，是自己在社会安身立命之本，是自己的最根本、最重大的利益。这一点早为达尔文说破："人在他的良心的激励下，通过长期的习惯，将取得一种完善的自我克制能力……这对于他自己是最有利的。"①

于是，总而言之，可以得出结论说：社会对于每个人品德好坏的赏罚越公正，他做一个好人的道德需要便越强，他的良心便越强，他遵守道德所带来的自豪感和良心满足的快乐便越强大，他违背道德所产生的内疚感、罪恶感和良心谴责的痛苦便越深重，他便越能够克服违背道德

---

① Charles Darwin, *Descent of Man and Selection In Relation to Sex*, p. 177.

的欲望而遵守道德,他的品德便越高尚,他便越有利于社会和他人,长远地看,他自己从中所得到的利益也就越多,最终社会的道德风气便越良好;反之,社会对于一个人品德好坏的赏罚越不公正,他做一个好人的道德需要便越弱,他的良心越弱,他遵守道德所带来的自豪感和良心满足的快乐便越弱小,他违背道德所产生的内疚感、罪恶感和良心谴责的痛苦便越浅薄,他便越容易顺从不道德的欲望而违背道德,他的品德便越卑鄙,他便越可能有害于社会和他人,长远地看,他自己从中所遭受的损害也就越多,最终社会的道德风气便越败坏。这就是被良心的起源和目的所决定的良心作用之定律。

4 良心与名誉的作用之比较

名誉起源的研究表明:一方面,每个人都有希望他人做一个好人的道德需要,因而便会对他人的行为是否符合道德进行评价,从而因自己希望他人做好人的道德需要是否被他人的行为所满足而赋予他人以荣誉或耻辱;另一方面,名誉攸关自己最为根本的利害,因而每个人无不具有极为深重的名誉心,最初是为求利而求名,进而势必为求名而求名。

这样一来,当一个人的行为符合道德规范、具有正道德价值,那么,他便会从社会和他人那里得到好名誉、得到荣誉及其所带来的巨大利益,他的极为深重的名誉心便会得到满足而体验到巨大的快乐;反之,如果他的行为违背道德规范、具有负道德价值,那么,他便会从社会和他人那里得到坏名誉、遭受耻辱和舆论谴责及其所造成的巨大利益损失,他的极为深重的名誉心便得不到满足而体验到巨大的痛苦。

于是,荣誉、好名誉便通过给予行为者以巨大的快乐、利益,而极有成效地推动他遵守道德;而耻辱、坏名誉则通过使行为者遭受巨大的痛苦、损害,而极有成效地阻止他违背道德。这就是被名誉的起源和本性所决定的名誉的基本作用。"众人所指,无病而死"与"众口铄金"两句格言,十分生动而准确地道出了名誉——荣誉和耻辱——使人遵守道德的巨大力量。

名誉使人遵守道德的力量之巨大,确实往往强大于良心。但是,就良心与名誉的本性来说,良心是一种使人遵守道德的无负面作用的力量;而名誉则是一种使人遵守道德的有负面作用的力量。这可以从两方面看:

一方面,良心是自我道德评价,是每个人自身内在的力量,因而是无可逃避的：它总是使人真诚地遵守道德。反之，名誉却是人们相互道德评价，是作用于每个人的外部力量，是可以逃避的：它既可能使人真诚地遵守道德，也可能使人假装遵守道德。更确切些说，面对名誉这种使人遵守道德的巨大力量，每个人可能有两种相反的选择。其一，名誉的巨大力量使他产生了与自己的良心一致的名誉心，亦即对光荣的渴求。他凭着自己的良心追求光荣，真诚对待社会和他人：老老实实遵守而不违背道德，从而赢得荣誉、避免耻辱和舆论谴责。其二，名誉的巨大力量使他产生了与自己的良心相反的名誉心，亦即虚荣心。他昧着良心追求虚荣，欺骗社会和他人：自己并不遵守道德，却设法使社会和他人相信自己遵守道德，从而赢得荣誉、避免舆论谴责。

另一方面，良心是对自己行为的意识，因而总是与自己行为事实相符；而名誉是对别人行为的认识，因而很容易发生错误。也就是说，一个人所得到的名誉与他的行为事实往往不符：或者徒有虚名，或者枉受诋毁。在这些错误中，最为普遍也最为重大的是：屈己从众、丧失自我的人总是得到荣誉；而热爱自由、富有创新精神的人却总是遭受耻辱和舆论谴责。这种错误的普遍性使它几乎成为名誉的必然负产品，从而使名誉几乎必然具有这样的负面作用，亦即使人们发生自我异化：不得不放弃自由、违背自我意志而屈从社会和他人意志，从而赢得社会和他人的赞誉。

如果一个人的名誉心使他追求的是虚荣，是名不副实的、与自己的良心相违的荣誉，那么，他不但会陷入卑鄙的说谎、欺骗、无耻，最终被社会和他人所蔑视和唾弃；而且会成为一个无所成就的浅薄轻浮之徒。因为一个人要满足其虚荣心、得到社会和他人的赞扬，不必有所作为、有所贡献、有所成就；而只要练就一套装模作样、厚颜无耻的本事就可以了。反之，如果他追求的是光荣，是真正的、名副其实的、与自己的良心一致的荣誉，避免的是真正的、名副其实的、与自己的良心一致的耻辱和舆论谴责，那么，他不但会因为真诚遵守道德而成为一个有道德的人，而且会成为一个卓有成就的人。

因为一个人要满足其真正的荣誉心，必须得到社会和他人的赞扬；而要得到社会和他人的赞扬，根本说来，必须有所作为、有所贡献、有所成就，这是从质上看。从量上看，一个人得到社会和他人赞扬的程度、他真正荣誉心的满足程度，根本说来，显然与他所作出的贡献、所取得的成就之大小成正比：他的贡献越大、取得的成就越多，他得到的赞扬便越多，他荣誉心得到的满足便越充分，他便越自豪、快乐；他的贡献越少、取得的成就越少，他得到社会和他人的赞扬便越少，他荣誉心得到的满足便越不充分，他便越羞耻、痛苦。所以，不论从量上看还是从质上看，真正的荣誉心都是推动每个人自强自立、有所作为、取得成就、创造价值的动力。

因此，梁启超在《纳尔逊逸事》中说："人无名誉心则已，苟有名誉心，则虽有千百难事横于前途，遮断其进路，终必能鼓舞勇气排除之。"历史印证了这一真理。试问历代伟大人物，不论是大政治家还是大学问家抑或大艺术家，有哪一个不怀抱强烈的荣誉渴求？当人们询问似乎十分淡泊名利的列夫·托尔斯泰，究竟是什么在推动他写出一部部著作时，托尔斯泰出人意料地答道：是对于荣誉的渴望。

可见，一个人不应该昧着良心追求虚荣；而应该秉承良心追求真正的光荣。但是，细究起来，追求真正的光荣、追求名副其实的荣誉，也有两种相反方式：自我异化和自我实现。自我异化方式的特点是：为了求得荣誉，便放弃自由、违背自我意志而屈从社会和他人意志，从而赢得社会和他人的赞誉。选择这种方式的人，与其说是按照良心不如说是按照名誉行事。反之，自我实现方式的特点是：虽然是为了得到荣誉，却仍然坚持自由、按照自己的意志，从而实现自己创造性潜能，成为一个可能成为的最有价值的人，最终赢得社会和他人的赞誉。选择这种方式的人，与其说是按照名誉不如说是按照良心行事。

自我实现的方式，不但能够使人真诚地遵守道德，而且还能使人实现自己的创造性潜能，成为一个可能成为的最有价值的人。所以，这种方式既极其有利自己，最终说来，又极其有利社会和他人。但是，以这种方式追求荣誉者，不论从名誉的本性来看，还是就历史和现实来说，往往要在他死后才能得到荣誉。而在他有生之年，却大都得不到社会和他人的理解而备受耻辱与舆论谴责之苦。

反之，自我异化的方式，固然能够使人真诚地循规蹈矩、遵守道德；但是，最终说来，却因其使人发生异化、丧失创造性而既不利于自己，又不利于社会和他人。但是，以这种方式追求荣誉者，却势必能够如愿以偿，得到社会和他人的理解和盛赞；在他有生之年，便可望享尽荣华富贵。这就是古往今来那些圣贤往往蔑视荣誉的缘故。显然，这种蔑视只意味着：荣誉往往导致自我异化。而并不意味着：不应该追求荣誉。人无疑应该追逐荣誉。但是，他不应该以自我异化的方式追求荣誉,而应该以自我实现的方式追求荣誉。

比较良心和名誉的作用,可以理解为什么先哲们无不盛赞良心却很少盛赞名誉。诚然,良心和名誉都是使人遵守道德的极其巨大的力量:名誉是人的外在名声,因而是使人遵守道德的外在力量;良心是人的内心信念,因而是使人遵守道德的内在力量。但是,良心使人遵守道德的力量是纯粹的、无负面作用的:它只会使人遵守道德而不会使人背离道德。反之,名誉使人遵守道德的力量是不纯粹的、有负面作用的:它使人遵守道德往往以使人陷于恶德——假仁假义和自我异化——为代价。名誉的负面作用几乎是不可避免的,因而只有依靠良心来消解:如果一个人遭受了不该得的谴责,如果他因为追求自由、创新、自我实现而遭受轻蔑,他的良心便应该自豪,从而化解这种错误评价的压力;如果他得到了不该得的荣誉,如果他因为屈己从众、追赶时髦而赢得赞誉,他的良心便应该惭愧,从而改弦易辙而追求自由、创新、自我实现。

三 对良心与名誉的主观评价

不言而喻,良心与名誉的评价过程,无非是运用一定的评价标准来评价自己的行为和他人的行为的过程。这两种评价的标准完全相同,区别只在于评价对象:良心是评价自己的行为而名誉是评价他人的行为。因为不论是评价自己的行为还是评价他人的行为,都同样是评价这些行为的道德价值,因而也就只能同样以道德规范作为评价标准:道德规范是良心与名誉的标准。

然而,问题是:行为由动机与效果构成,二者有时并不一致。那么,当我们运用良心与名誉的标准对行为进行评价时,究竟是依据行为动机还是行为效果?这就是从古到今一直争论不休的道德评价依据——良心与名誉的依据——之难题。解决这个难题的起点显然是:何谓动机与效果?

1 动机与效果概念

行为的研究表明,行为是有机体受意识支配的实际活动:行为是主观因素"意识"和客观因素"实际活动"的主客统一体。行为的主观因素就是所谓的"动机";行为的客观因素则叫作"效果":动机与效果是构成行为的两要素。对此,马克思在分析建筑师的行为时曾有十分精辟的论述:

> 最蹩脚的建筑师从一开始就比最灵巧的蜜蜂高明的地方，是他在用蜂蜡建筑蜂房以前，已经在自己的头脑中把它建成了。劳动过程结束时得到的结果，在这个过程开始时就已经在劳动者的表象中存在着，即已经观念地存在着。①

这就是说，建筑师的筑房行为由两要素构成。一个要素是筑房的观念，是头脑中、观念中的筑房行为，叫作筑房行为之动机；另一个要素则是观念中的筑房行为所引发的筑房实际，是实际的筑房行为，叫作筑房行为之效果。

更确切些说，动机是行为的思想意识、心理因素，是行为者对于所从事的行为的思想，也就是对行为目的和行为手段的思想，亦即对行为结果和行为过程的预想。它是行为的意识、思想、心理、观念、主观的方面，是意识中、思想中、观念中的行为。反之，效果则是动机的实际结果，是动机所引发的实际行为，是实际出现的行为目的与行为手段，是实际出现的行为结果与行为过程，是行为之实际，是行为的客观的、实际的方面。

举例来说，夏菲的母亲看到夏菲的学习成绩不良，认为痛打夏菲（这是对行为手段的思想，是思想中的行为过程）就可以使夏菲畏打而努力读书，从而成绩优良（这是对行为目的的思想，是预期的行为结果）。这些都是动机：动机就是对所从事的行为目的和行为手段的思想。在这种动机支配下，夏菲母亲便用铁棍痛打夏菲（动机所引发的实际行为过程），但不料打死（动机所引发的实际行为结果）。这些都是效果：效果就是动机的实际结果，就是实际出现的行为结果与行为过程。

2 行为本身与行为者品德：动机效果分别论

不论良心评价还是名誉评价，无疑都包括两个方面：一方面是对行为自身进行评价；一方面是对表现于行为的行为者的品德进行评价。那么，对行为本身和行为者品德进行道德评价的依据是否相同？

行为是有机体受意识支配的实际活动：行为本身虽受意识支配，却不是意识的、主观的、观念的活动，而是实际的、客观的、物质的活动。因此，行为本身的道德价值也就不是一种意识的、主观的、观念的活动的道德价值；而是一种实际的、客观的、物质的活动的道德价值。

---

① 《马克思恩格斯全集》（第四十四卷），人民出版社，2001年，第208页。

所以，判断行为本身的道德价值、对行为本身进行道德评价，便不应该依据行为之观念，看行为之观念如何；而只应该依据行为之实际，看行为之实际如何；便不应该依据思想中的行为，看思想中的行为如何；而只应该依据实际发生的行为，看实际发生的行为如何。一句话，良心与名誉对行为本身的评价不应该依据行为的动机，看动机如何；而只应该依据行为的效果，看效果如何。

我们不是常说好心办坏事吗？事是行为，心是动机。好心办坏事岂不意味着：对事、行为本身的好坏之评价是不依据动机、不看动机的？否则，如果对事、行为本身的好坏之评价依据动机，岂不就不会有好心办坏事，而只能有好心办好事吗？那么，当我们说好心办坏事时，我们是依据什么断定事是坏的？显然是依据事、行为之实际效果。试想，夏菲母亲痛打夏菲至死的行为是坏的，是依据什么说的？是依据动机吗？不是。因为其动机是为了夏菲学习好，是为了夏菲好，是好动机。那么，是依据什么呢？显然只是依据她痛打夏菲至死之实际效果：评价行为本身的好坏只应该依据行为效果。

但是，行为者的品德与行为相反，乃是一种主观的、观念的、意识的东西；而不是客观的、实际的、物质的东西：品德是一个人长期的伦理行为所表现和形成的稳定的、恒久的、整体的心理状态。所以，对行为者的品德进行评价，便不应该依据行为之实际，不应该看行为之实际如何，而只应该依据行为之观念，只应该看行为之观念如何；不应该依据实际发生的行为，看实际发生的行为如何，而只应该依据思想中、观念中的行为，看思想中、观念中的行为如何。一句话，良心与名誉对行为者品德的评价，只应该依据行为的动机、看动机如何，而不应该依据行为的效果、看效果如何。

我们都知道，好心办坏事的人是好人，而坏心办好事的人是坏人。为什么？岂不就是因为评价行为者的品德好坏只应该看行为者的心、动机，而不应该看事或行为之效果？否则，如果评价行为者的品德好坏看效果，那么，好心办坏事的人岂不就不是好人而是坏人？而坏心办好事的人岂不就不是坏人而是好人了？试想，一个孝子服侍病母，恨不能以自己性命换回母亲健康。可是，他过于劳累，因而给母亲吃错了药，使母亲死亡。对此，我们仍说他的品德是好的，是好人。为什么？岂不就是因为他给病母服药的效果虽是坏的，但动机却是好的：评价品德只看动机不看效果。反之，一个人以毒药害人，却不料以毒攻毒，竟医好被害人的多年老病。对此，我们仍说他的品德坏，是坏人。为什么？岂不就是因为他给别人服药的效果虽好，但动机却是坏的：评价品德好坏只看动机而不看效果。

可见，良心与名誉的评价依据应该分别而论：对行为本身的评价只应该看效果，对行为者品德的评价只应该看动机。换言之，对行为者品德的评价，只应看其"预想的行为目的或行为结果"与"预想的行为手段或行为过程"；对行为本身的评价，则只应看"实际出现的行为目的或行为结果"与"实际出现的行为手段或行为过程"。这就是"动机效果分别论"。

然而，良心与名誉评价究竟依据动机还是效果，毕竟是一个十分复杂而歧义丛生的难题。围绕这个难题，自古以来，伦理学家便一直争论不休。不考察这些争论，无疑算不上真正解决了这个难题。那么，人们争论的究竟是什么呢？

3 良心与名誉评价依据的理论

效果论 所谓效果论，众所周知，就是认为道德评价只应该以行为效果为依据的理论，说到底，也就是认为良心与名誉的评价只应该以行为效果为依据的理论。以往的功利主义论者几乎都主张效果论，其代表当推边沁、穆勒、包尔生和梯利。他们准确无误地看到，一方面，价值是客体对主体目的的效用，行为的道德价值是行为对道德目的的效用："道德是实现目的的一个手段，它存在的理由要归之于它的功用。"[1] 另一方面，道德目的是保障社会存在发展，最终增进每个人的利益，实现每个人的幸福："幸福是道德的终极目的。"[2] 因此，行为的道德价值，说到底，也就是行为对于社会和每个人利益的效用。这样一来，所谓道德评价，也就是评价行为对于社会和每个人利益的效用。因此，道德评价只应该依据行为对社会和每个人利益的效用，只应该看行为对社会和每个人利益的效用如何：增进社会和每个人利益的行为，便是道德的、善的行为；减少社会和每个人利益的行为，便是不道德的、恶的行为："将功利或最大幸福原则作为道德终极标准的学说，主张行为的正当性与其增进幸福的程度成比例；行为的不正当性与其减少幸福的程度

---

[1] 梯利：《伦理学概论》，何意译，中国人民大学出版社，1987年，第100页。

[2] Robert Maynard Hutchins, *Great Books of the Western World*, Volume 43 (Chicago: Encyclopedia Britannica, Inc, 1952), p. 456.

成正比。"①

这些观点无疑是真理。然而,遗憾的是,效果论却由此进而把"效用"与"效果"以及"行为效用"与"行为效果"等同起来,于是错误地得出结论说:道德评价只应该看行为效果,只应该以行为效果为依据。包尔生在论及他的效果论的观点时便这样写道:

> 目的论根据行为方式和过程对行为者及周围人的生活自然产生的效果来判断其善恶,将倾向于保全和增进人的福利的行为称作善的,而将倾向于扰乱和毁灭人的福利的行为称作恶的。②

诚然,我们刚刚引证过包尔生和穆勒的至理名言:客观的判断或对行为自身的评价看效果;主观的判断或对行为者品德的评价看动机。但是,他们并没有固守这一真理;相反地,却由这一真理错误地推论道:评价行为者品德虽然依据其动机好坏,但评价动机好坏还是依据动机的效用(这是对的),因而也就是依据动机的效果(这是错的);于是,归根结底,道德评价只应该依据效果:"道德评价的最终根据在于行为的效果。"③

这种推论是不能成立的。因为行为效用与行为效果根本不同。行为效果是一个特定的伦理学术语,不可望文生义:行为效果与行为动机是构成行为的两因素。因此,行为效果是相对行为动机来说的,与行为动机是对立面,行为效果是行为动机的效果、结果,而不是行为的效果、结果。

反之,行为效用则不是特定的概念,可以顾名思义:行为效用就是行为的效用,而不仅仅是行为动机的效用。因为行为效用是行为自身(动机与效果的统一体)与非行为的他物(这里是道德目的)的外部关系,是相对非行为的他物来说的,而不是相对行为动机来说的。所以,行为效用与行为动机不是对立面:行为效用是行为的效用,因而既包括行为动机的效用,又包括行为效果的效用。

因此,"道德评价只看行为效果"与"道德评价只看行为效用"根

---

① Robert Maynard Hutchins, *Great Books of the Western World*, Volume 43(Chicago: Encyclopedia Britannica, Inc,1952), p. 448.

② Friedrich Paulsen, *System of Ethics* Frank Thilly (trans.) (New York: Charles Scribner's Sons,1908), p. 222.

③ 梯利:《伦理学概论》,第103页。

本不同。"道德评价只看行为效果"是片面的、错误的，因为它意味着道德评价只看行为效果（对道德目的）的效用，不看行为动机（对道德目的）的效用。照此说来，坏心办好事的人就是好人：岂不荒谬？因为道德评价只看行为效果（好事）对道德目的的效用，而不看行为动机（好心）对道德目的的效用。

反之，"道德评价只看行为效用"则是全面的、正确的，因为它意味着道德评价既看行为效果（对道德目的）的效用，又看行为动机（对道德目的）的效用：对行为本身的评价看效果（对道德目的）的效用；对行为者品德的评价看动机（对道德目的）的效用。照此说来，坏心办好事的人就是坏人办好事：这显然是真理。

因为道德评价既看行为效果（好事）对道德目的的效用，又看行为动机（坏心）对道德目的的效用：对行为本身（事）的评价看效果（好事）对道德目的的效用；对行为者品德（坏人）的评价看动机（坏心）对道德目的的效用。效果论的错误显然就在于把行为效果与行为效用等同起来，从而由"道德评价只应该看行为的效用"的正确前提，得出"道德评价只应该看行为效果"的错误结论。

动机论 所谓动机论，众所周知，就是认为道德评价只应该以行为动机为依据的理论，说到底，也就是认为良心与名誉的评价只应该以行为动机为依据的理论。动机论的代表，主要是义务论者，如康德、布拉德雷、儒家思想家以及基督教伦理学家。细察他们的著作，可知动机论的论据乃是"道德起源和目的自律论"。

康德、布拉德雷、儒家思想家以及基督教伦理学家，如前所述，都是道德起源和目的自律论者，在他们看来，道德自身就是道德的目的，道德并非他物的手段。人创造道德的目的，便是为了道德自身，便是为了完善人的道德品质，使人与动物区别开来，实现人之所以为人者："道德说，她是为其本身之故而被欲求为一目的的，不是作为达到本身以外的某物的手段。"[①]

若果真如此，果真道德目的是完善行为者品德，那么显然，也就只有行为所表现的行为者品德才与道德目的有关，才有道德不道德之分，才有道德价值；而行为本身便与道德目的无关，便无所谓道德不道德，便没有道德价值了。因此，康德说，对行为进行道德评价，不是评

---

① 布拉德雷：《伦理学研究》（上册），谢幼伟译，商务印书馆，1946年，第76页。

价行为本身，而只是评价行为所表现的行为者品德："关于道德价值的问题，我们要考究的不是我们能看见的行为，乃是我们看不见的那些发生行为的内心原则。"①

行为者品德完全取决于行为动机，而与行为效果无关。所以，康德认为，行为的道德价值完全存在于动机中，而与行为效果无关："行为的道德价值不在于所期望于这个行为的结果……这样，我们行为的价值，假如不在于追求某种对象的意志，还能够在于什么呢？"② 于是，康德得出结论说，对行为的道德评价便只能看动机、只能依据动机，而不能看效果、不能依据效果："行为之所以是道德上的善，有赖于动机，与结果无关。"③

可见，道德目的自律论是动机论的前提，因而动机论能否成立，完全取决于道德目的自律论能否成立：如果道德目的自律论是真理，动机论也就是真理；如果道德目的自律论是谬误，动机论也就难以成立了。那么，道德目的自律论是真理吗？道德目的自律论，如前所述，是根本不能成立的：因为道德与美德，就其自身来说，不过是对人的某些欲望和自由的某种限制、压抑、侵犯，因而是一种害和恶；就其结果和目的来说，却能够防止更大的害或恶（道德能够防止社会崩溃，美德能够防止自己被社会和他人唾弃）和求得更大的利或善（道德能够保障社会的存在发展，美德能够使自己赢得社会和他人的赞许），因而是净余额为善的恶，是必要的恶。所以，道德目的不可能是自律的，不可能是为了道德和美德自身；而只能是他律的，只能是为了道德之外的他物：保障社会的存在发展和增进每个人的利益。

道德目的自律论不能成立，动机论也就不能成立了。因为道德目的既然不是自律的而是他律的，不是以完善人的品德为目的，而是以保障社会存在发展和增进每个人的利益为目的；那么显然，不但行为所表现的行为者品德与道德目的有关，具有道德价值，而且行为本身也与道德目的有关，具有道德价值。这样，对行为进行道德评价也就不仅仅应该评价行为所表现的行为者品德，而且也应该评价行为本身。于是，对行为进行道德评价便不仅应该依据动机，而且也应该依据效果：对行为者

---

① 康德：《道德形而上学原理》，苗力田译，上海人民出版社，1986年，第57页。
② 同上书，第49页。
③ 周辅成：《西方伦理学名著选辑》下卷，商务印书馆，1967年，第365页。

品德的评价依据动机，对行为本身的评价依据效果。

综上可知，动机论的错误，直接说来，是其道德评价对象的片面化：对行为者品德的评价绝对化了，而抹杀对行为本身的评价；根本说来，则是其以为道德起源和目的在于完善行为者品德的道德目的自律论。这样一来，动机论与效果论的直接分歧，固然在于道德评价的依据是动机还是效果；而根本分歧，则基于道德目的是道德自身，还是为了道德之外的他物？是为了完善每个人的品德，还是为了增进每个人的幸福？从直接分歧来说，双方都是片面的、错误的；就根本分歧来说，动机论是谬论，而效果论是真理。

动机效果统一论 半个多世纪以来，"动机效果统一论"一直是我国理论界占据统治地位的理论。它似乎已经成了绝对权威，因为直到今日，竟无一人提出异议。确实，认为道德评价只依据动机的"动机论"和只依据效果的"效果论"，既然都是片面的、错误的，那么，岂不只有既依据动机又依据效果的"动机效果统一论"才是全面的真理？

其实不然。细察动机效果统一论著作，不难发现，统一论根本不能成立：它把认识论问题与价值论问题混为一谈。它在认识论上，十分强调效果；但在价值论上，却倾向于动机论，默认道德评价只是对行为所表现的行为者品德的评价，而不是对行为本身的评价。从此出发，统一论便由"动机是什么，只有通过效果才能表现出来而加以检验和判断，因而对行为者品德的评价不能不看效果"的正确认识论前提，得出了错误的价值论结论：对行为者品德的评价既应看动机、依据动机，又应看效果、依据效果。

殊不知，对行为者品德的评价要看效果，并不意味着，仅仅因为动机只有通过效果才能检验和判断，仅仅为了弄清楚动机究竟是什么，而与对行为者品德的评价毫无关系：不管效果怎样好，只要动机是坏的，那么行为者品德便是坏的；不管效果怎样坏，只要动机是好的，那么行为者品德便是好的。所以，对行为者品德的评价虽然既看动机又看效果，却不依据效果而只依据动机。这就是说，对行为者品德评价的看效果的"看"，是认识论概念，是分析、研究、弄清楚的意思；而不是价值论概念，不是"依据"的意思。

可见，动机效果统一论的错误，一方面与动机论一样，片面地以为对行为进行道德评价，仅仅是对行为者品德的评价而不是对行为本身的评价；另一方面则在于把"看效果"的认识论意义的"看"偷换成价值论意义的"看",于是便由对行为者品德的评价"既看动机"又"看效果"(这个"看效果"的"看"是认识论概念,是分析研究的意思)的正确前提出发,得出了错误结论:对行为者品德进行评价应"既看动机、依据动机",又"看效果、依据效果"(这个看效果的"看"是价值论概念,是依据的意思)。

统一论在理论上不能成立,在实践上也行不通。试想,如果对行为者品德进行评价既依据动机又依据效果,那么,我们就既不能说好心办坏事者是道德的,也不能说他是不道德的,而只能说他既是道德的,又是不道德的:依据动机是道德的,依据效果是不道德的。这岂不荒唐?

总观良心与名誉的评价依据理论,可知动机论和效果论以及动机效果统一论都是片面的、错误的。真理只能是"动机效果分别论":评价行为者品德依据其动机,评价行为本身依据其效果。

如果人们不是一次、两次、偶尔的行为遵守道德,而是一系列的、长期的、恒久的行为遵守道德,那么,道德便会由社会的外在规范而转化为人们的内在美德。道德只有由社会外在规范转化为人们的内在美德,才算真正得到了实现。因为,一方面,如果一种道德没有由社会外在规范转化为人们的内在美德,那么,人们遵守这种道德便是被迫的、偶尔的、不可靠的;如果一种道德已经由社会外在规范转化为人们的内在美德,那么,人们遵守这种道德便是自愿的、恒久的、可靠的。另一方面,人们对道德的遵守,归根结底,取决于人们的品德如何:品德越高,行为越能遵守道德;品德越低,行为越不能遵守道德。

思 考 题

1 人们往往以为,一个人越有良心,或者说,他的良心越强,他便越吃亏;反之,他越没有良心,或者说,他的良心越弱,他便越占便宜。然而,达尔文却认为良心强对自己是极其有利的。达尔文的观点能成立吗?一个人良心的强弱与他自己的利益关系究竟如何?怎样才能使一个人有良心或良心强?

2 孟子曰:"人之不学而能者,其良能也;所不虑而知者,其良知也。"弗洛伊德却说:"良心无疑是我们身内的某种东西,但是,人之初并无良心。"究竟谁是谁非?

3 西塞罗说:"许多人蔑视荣誉,却又因遭受不公正的谴责而感到莫大的羞辱和痛心：这岂不极为矛盾？"果真矛盾吗？那么，为什么伟大智者往往蔑视荣誉？是因为他们没有名誉心，还是因为不应该追求荣誉？

4　一个人不应该昧着良心，追求虚荣；而应该秉承良心，追求名副其实的光荣。然而，是否只要秉承良心追求名副其实的光荣就都是应该的？

5　以自我实现——坚持自由和个性从而实现自己的创造性潜能——的方式追求荣誉者，往往要在他死后才能得到荣誉；而在他有生之年，大都得不到社会和他人的理解而备受耻辱与舆论谴责之苦。反之，以自我异化——放弃自由和个性而屈己从众——的方式追求荣誉者，大都能够如愿以偿，得到社会和他人的理解和盛赞；在他有生之年，便可望享尽荣华富贵。请躬心自问：自己以往究竟是以那一种方式追求着荣誉？今后自己将以何种方式追求荣誉？回答你的选择和选择的理由。

6　试比较"行为效果""行为结果"与"行为效用"之异同以及"行为动机"与"行为目的"之异同。动机论与效果论的分歧究竟何在？动机效果统一论是克服了动机论与效果论的片面性的真理吗？

阅读书目

梯利：《伦理学概论》，何意译，中国人民大学出版社，1987年。

张岱年：《中国哲学大纲》，中国社会科学出版社，1982年。

王海明、孙英：《美德伦理学》，北京大学出版社，2011年。

Adam Smith, *The Theory of Moral Sentiments* (Oxford: Clarendon Press, 1976).

Friedrich Paulsen, *System of Ethics*, Translated By Frank Thilly (New York: Charles Scribner's Sons, 1908).

Wang Haiming, *The Principles of New Ethics IV: Virtue Ethics* (London; NewYork: Routledge, 2021).

第十三章　品德：优良道德之实现

提　要

　　一个国家只要制度优良，那么，该国国民总体——绝大多数国民——必定品德良好高尚；而它的道德教育与道德修养不论如何松懈乃至等于零，充其量，也只能导致极少数国民品德低下败坏而已。反之，一个国家只要制度恶劣，那么，该国国民总体必定品德低下败坏；而它的道德教养不论如何努力，充其量，只能造就极少数有美德的国民而已。

一 品德的概念

1 品德的定义

品德与"德""德性""道德品质""道德自我""道德人格""道德个性"无疑是同一概念。从词源来看，中文"德"的古字是"悳"，从直从心，指一个人的心理特征。这种心理特征，可以用"得"字来概括：心有所得。德就是获得、占有某种好东西的意思。这就是为什么《广雅·释诂》和《释名·释言语》诸书皆训"德"为"得"。《说文解字》也这样写道："得即德也"。英文中的"德性"一词是Virtue，源于拉丁文Vir，本义为"力量""勇气"或"能力"，也有获得、占有某种好东西的意思。希腊文中的"德性"一词是arete，本义亦然，进而引申为事物之完善的、良好的、优秀的状态。

可见，就词源来说，不论中西，"德"与"得"都是相通的，德性或品德都有获得、占有某种好东西的意思；只不过中文略胜一筹，进而指明了这种好东西属于心理范畴，是一种心理品质、心理特征、心理状态。当然，这还不是德性或品德的定义。因为正如黑格尔所言，一个人一两次行为所表现的偶尔的、不稳定的内心状态、心理品质或心理特征，并不是他的品德。① 我们不能因为一个人做了一两次好事便说他品德好，也不能因为他做了一两次坏事便说他品德坏。品德是一个人在长期的、一系列的行为中所表现出来的习惯的、稳定的、恒久的、整体的心理状态：品德是个人的一种心理自我、一种人格、一种个性。那么，品德究竟是一种什么样的人格或个性？

品德与人格或个性的区别，粗略看来，乃在于品德是人格或个性的两大类型之一。因为人格或个性无疑可以分为两类：一类人格或个性，如思维型还是艺术型、急性还是慢性等，显然是不能进行道德评价、无所谓善恶的；反之，另一类人格或个性，如诚实还是虚伪、勇敢还是懦弱等，则可以进行道德评价、有所谓善恶。这些可以进行道德评价而有所谓善恶的人格或个性，便是一个人的道德人格、道德个性，便是所谓的"品德"。

但是，品德与人格或个性的区别，说到底，乃在于人格或个性可以形成于任何行为；作为一种特殊的人格或个性的品德则只能形成于一种

---

① 周辅成编：《西方伦理学名著选辑》下卷，商务印书馆，1987年，第428页。

特殊的行为。这种特殊的行为显然就是遵守或违背道德的行为,是受具有一定的道德价值、可以进行道德评价的意识支配的行为,也就是受利害人己意识支配的行为,说到底,亦即所谓伦理行为。一个人的品德,就是他这种遵守或违背道德的伦理行为积累到一定程度的结果。对此,亚里士多德讲得很清楚:

> 德性的获得,不过是先于它的行为之结果;这与技艺的获得相似。因为我们学一种技艺就必须照着去做,在做的过程中才学成了这种技艺。我们通过从事建筑而变成建筑师,通过演奏竖琴而变成竖琴手。同样,我们通过做公正的事情而成为公正的人,通过节制的行为而成为节制的人,通过勇敢的行为而成为勇敢的人。①

这就是说,一个人的品德不但表现于而且形成于他长期遵守或违背道德的行为,不但表现于而且形成于他长期的伦理行为。所以,一个人的品德水平与其长期伦理行为水平必定完全一致:长期伦理行为高尚者,品德必定高尚;长期伦理行为恶劣者,品德必定恶劣。反之,品德高尚者,长期的伦理行为必定高尚;品德恶劣者,长期伦理行为必定恶劣。

可见,一个人的品德是他的行为长期遵守或违背道德所得到的结果。因此,"德"的词源确实表达了"德"的概念:"德"就是"得",就是按照道德规范去行事而心有所得。于是,说到底,品德也就是道德由社会外在规范向个人内在心理的转化,是已经转化为个人人格和个性的道德规范,是道德规范在个人伦理行为中的实现,是道德规范在个人的人格和个性中的实现,说到底,也就是所谓的道德人格或道德个性:品德与道德人格、道德个性是同一概念。

但是,德性或品德并非尽如其词源所示:品德并非都是好东西,并非都是良好的、优秀的品质。因为德性或品德显然有优良的品德、美德与恶劣的品德、恶德之分。优良品德、美德,如节制、谦虚、诚实、勇敢等,乃是一个人的行为长期遵守道德所得到的结果,是已转化为一个人的人格和个性的应该如何的道德规范;而恶劣品德、恶德,如放纵、骄傲、欺骗、懦弱等,则是一个人的行为长期违背道德所得到的结

---

① Aristotle, *Aristotle's Nicomachean Ethics*, Hippocrates G. Apostle(trans.)(Grinnell, Iowa.: Peripatetic Press,1984), p.21.

果,是已转化为人格和个性的不应该如何的道德规范。

2 品德的结构

界定了品德的定义,也就不难解析它的结构了。因为心理学表明,一切心理活动都是由"知"(认识)、"情"(感情)、"意"(意志)三种成分构成的。品德是一个人长期的伦理行为所形成和表现出来的稳定的心理自我,是一个人长期遵守或违背道德的行为所形成和表现出来的道德人格和道德个性,属于心理、人格和个性范畴,因而也不能不由知、情、意三者构成:品德的"知"即个人道德认识或个人道德认知;品德的"情"即个人道德感情或道德情感;品德的"意"即个人道德意志。

个人道德认识 所谓"个人道德认识",当然与"道德认识"有所不同:"个人道德认识"乃是作为一个人的品德结构中的一种成分的"道德认识",是一个人所得到的人类道德认识,是一个人对于人类道德认识的"得"。因此,个人道德认识极为复杂多样,包括一个人所获得的有关道德的一切科学知识、个人经验和理论思辨;然而其核心无疑是对"一个人为什么应该做和究竟如何做一个有道德、有美德的人"的认识:它是品德的最重要的认知成分。那么,一个人究竟是怎样获得和形成这些道德认识的呢?

不言而喻,一个人的道德认识,与其他认识一样,说到底,只能来源于他的社会生活,来源于他所遭遇和所进行的道德实践活动。就拿为什么应该做一个有美德的人这一核心的个人道德认识来说,一个人对于这一认识的获得,说到底,显然源于社会和别人因他品德的好坏所给予他的赏罚:如果他品德好,那么,他便会得到社会和他人的赞许和给予,便会获得他能够从社会和他人那里获得他所能获得的一切;反之,则会受到社会和他人的谴责和惩罚,则会失去这一切。他所遭遇的这种赏罚实践活动逐渐地便会使他认识到,一个人是否有美德乃是他一切利益中最根本的利益,因而应该做一个有美德的人:"莫之御而不仁,是不智也。"(《孟子·公孙丑上》)

个人道德认识是个人道德行为的指导,因而一个人没有一定的道德认识,便不会有相应的道德行为及其品德。试想,一个人如果认为救助遇难者极可能被讹诈,因而不应该救助遇难者,那么,当他见到一个人受伤躺在马路上的时候,他会去救助这个人吗?显然不会。那么,一个人有了道德认识，便会有相应的伦理行为及其品德吗？不一定。因为任何认识都只是行为的指导，而不是行为的动力；行为的动力乃是欲望和需要。这样，一个人有了道德认识，知道什么是道德的和不道德的，懂得一个人为什么应该做和究竟如何做一个有道德、有美德的人；却未必想做、愿做、欲做符合道德的行为和不做违背道德的行为，于是也就未必会发生相应的伦理行为，因而也就未必会有相应的品德。试想，某些一辈子都在研究伦理学的专家，为什么也会干缺德的勾当，为什么他们远非品德高尚之人？岂不就是因为他们虽然深知为什么应该做一个品德高尚的人，却并没有做一个品德高尚的人的深切欲望？

可见，一个人没有一定的道德认识，固然不会有相应的伦理行为，不会有相应的品德；但他有了一定的道德认识，却也不一定会有相应的伦理行为，不一定会有相应的品德。因此，个人道德认识只是伦理行为的必要条件而非充分条件，从而也就只是品德的必要条件而非充分条件。那么，当一个人不但有了应该做一个好人的道德认识，而且有了做一个好人的欲望的时候，他就一定会进行相应的伦理行为从而逐渐具有相应的品德吗？或者说，个人道德欲望、个人道德感情是品德形成的充分条件吗？

个人道德感情 欲望等一切感情，是主体对其需要是否被客体满足的心理体验，是引发每个人行为的原动力。因此，所谓个人道德感情，说到底，也就是一个人所具有的引发自己伦理行为的感情。引发一个人伦理行为的感情，粗略看来，可以归结为四类：爱人之心（同情心和报恩心）和自爱心（求生欲和自尊心）以及恨人之心（嫉妒心和复仇心）和自恨心（内疚感、罪恶感和自卑心）。爱人之心（同情心和报恩心）和自爱心（求生欲和自尊心），就其自身来说，显然符合道德最终目的、道德终极标准——保障社会存在发展和增进每个人的利益总量，因而是善的个人道德感情；恨人之心（嫉妒心和复仇心）和自恨心（内疚感、罪恶感和自卑心），就其自身来说，显然违背道德最终目的、道德终极标准，因而是恶的个人道德感情。

然而，这些就是个人全部道德感情吗？不是。因为这些个人道德感情显然仅仅是人与其他社会性动物，如猩猩、猴子、猪鸡、猫狗和驴马等，所共有的感情。谁能否认，这些动物不是同样具有爱恨、同情、嫉妒感情呢？谁能否认，动物的这些感情不是同样会引发各种利它和害它等行为呢？

显然，每个人必定还具有人所特有而不同于其他动物的道德感情。这种道德感情，无疑是"良心和名誉"的情感评价，及其所由以产生的"做一个具有美德的人之个人道德需要、个人道德欲望、个人道德愿望和个人道德理想"。因为除了人，即使是那些高级哺乳动物，如大象、猩猩、猫、狗等，显然也绝不会有什么做一个有美德的象或有美德的猫狗的道德需要、道德欲望、道德愿望和道德理想，从而也就更不会有什么良心和名誉的情感道德评价了。因此，达尔文一再说："在人不同于低等动物所有差别之中，最重要的就是道德感或良心。"①

不难看出，个人道德感情——不论是人所特有的还是与其他动物共有的——直接源于、形成于个人道德认识，最终则源于、形成于个人道德实践。就拿一个人对他父母的爱来说，他的这种道德感情，无疑产生和形成于他长期从父母那里得到快乐和利益的道德实践：爱是对快乐和利益的心理反应。然而，我们看到那么多不孝儿女，他们虽然从父母那里得到了巨大的快乐和利益，却并不深爱他们的父母。原因之一，岂不就是因为不养儿不知父母恩？岂不就是因为他们没有真正理解和认识父母的深恩大德？及至他们自己有了儿女，他们才理解父母的养育之不易，才真正懂得父母之深恩大德，从而心中才充满对父母的深情挚爱。所以，只有对于父母的给予怀有正确的道德认识，一个人才能够真正深爱给予他莫大利益和快乐的父母：一个人对父母的爱直接源于、形成于诸如"父母之恩无与伦比"的道德认识；最终则源于、形成于他长期从父母那里得到快乐和利益的道德实践。

那么，当一个人的道德认识与道德实践结合起来，终于使他有了相应的道德感情，就会引发相应的伦理行为吗？一个人有爱人之心，就会引发无私利人之行为吗？如果撇开一个人众多的其他感情，从而孤立地只就他一种道德感情来看，答案是肯定的：他有某一种道德感情，就会有某种相应的伦理行为。因为感情是主体对其需要是否被客体满足的心理体验，是直接引发每个人一切行为的唯一原因和动力，因而道德感情便是直接引发每个人一切伦理行为的唯一原因和动力。

这样，一个人如果没有某种道德感情，便没有了进行相应伦理行为的原因和动力，当然也就绝不会有相应的伦理行为，从而也就绝不会有

---

① Charles Darwin, *Descent of Man and Selection In Relatiotn to Sex* (London: John Murray, 1922), p. 148.

相应的品德：这是毫无疑义的。但是，如果倒过来说，如果他有了某种道德感情，便一定会进行相应的伦理行为，从而最终会具有相应的品德吗？孤立地看，答案当然是肯定的。举例说，爱人之心是引发目的利人行为的原因。有了原因，便会有结果。所以，孤立地看，一个人只要有了爱人之心，他便会有目的利人之行为；这种行为积累到一定程度，他便会有无私利人之品德。

然而，问题在于，任何人都绝不会孤立地、孤零零地只有一种道德感情，只有一种爱人之心；而必定具有多种道德感情，必定还有自爱心、嫉妒心、复仇心等众多道德感情。这样一来，如果一个人有了某种道德感情，他一定想做、愿做、欲做相应的伦理行为；可是他却未必会实际做出这种伦理行为。因为他有多种需要、欲望和感情：他往往既想做一个英雄，又贪生怕死，既想将钱财孝敬父母，又想自己花用，既想复仇，又想自保，如此等等。于是，一个人如果有了某种道德感情，那么，只有当他的这种道德感情达到一定的强度，能够克服与其冲突的其他感情从而处于决定的和支配的地位，他的这种道德感情才会使他进行相应的伦理行为，才会使他具有相应的品德；否则，他便徒有某种道德感情而不会引发相应的伦理行为，不会有相应的品德。

想一想，谁不爱自己的父母？谁不想将钱财孝敬父母？可是，为什么一事当前，我们往往却舍不得这些钱财？为什么我们很少能够做出真正孝敬父母的行为？为什么孝子贤孙是这样稀有罕见？岂不就是因为我们更爱自己、更爱自己的儿女、更想把钱财花用到自己和儿女身上？这就是我们虽有"爱父母之心"却无相应的"利父母之行为"的真正原因，这就是为什么一个人有了某种道德感情却未必会有相应的伦理行为。

可见，虽然没有某种道德感情，必定不会有相应的伦理行为，必定不会有相应的品德；但是，有了某种道德感情，却未必会有相应的伦理行为，未必会有相应的品德。因此，道德感情虽然是伦理行为的原因和动力，却也仅仅是引发伦理行为的必要条件而非充分条件，因而也就仅仅是品德形成的必要条件而非充分条件。那么，品德形成的充分条件究竟是什么？既非个人道德认识，亦非个人道德感情，因而只能是个人道德意志吗？

个人道德意志 个人道德感情引发其伦理行为的整个心理过程，也就是所谓的个人道德意志：个人道德意志就是个人道德愿望转化为实际伦理行为的整个心理过程,就是一个人的伦理行为从思想确定到实际实现的整个心理过程,就是个人伦理行为目的与手段从思想确定到实际实现的整个心理过程,就是个人的伦理行为动机从确定到执行的整个心理过程。举例说,我买保健食品(伦理行为手段)以便使父母健康长寿(伦理行为目的)的伦理行为,从思想打算(伦理行为动机)到实际实现(伦理行为效果)的整个心理过程,就是我的个人道德意志。

这样,个人道德意志显然便包括两个阶段。第一阶段是伦理行为动机确定的心理过程阶段,亦即伦理行为目的与手段的思想确定阶段,可以称之为"做出伦理行为决定"阶段。第二阶段则是伦理行为动机执行的心理过程阶段,亦即将伦理行为目的与手段的思想付诸实现的心理过程阶段,可以称之为"执行伦理行为决定"阶段。我给父母买保健食品(伦理行为手段)以便使父母健康长寿(伦理行为目的)的想法和打算,属于伦理行为动机的确定阶段,亦即"做出伦理行为决定"阶段;我去药店买保健食品,并将这些食品给我父母送去的心理过程,属于伦理行为动机付诸实现阶段,亦即"执行伦理行为决定"阶段。

这两个阶段的完成,无疑都需要克服困难,都需要个人道德意志之努力。做出伦理行为决定阶段所要克服的困难,主要是解决动机冲突。动机冲突表现为两个方面。一方面,每个人都有多种欲望,因而便有多种目的,如,既想让父母生活富裕,又想自己尽情享乐等。于是,在多种欲望不能都满足、多种目的不能都达到时,便会发生目的的选择和冲突。试想,我如果把所得到的钱财给了父母,自己就不能尽情享乐;反之亦然。这样一来,我就面临着目的的选择与冲突:我究竟应该将钱财孝敬父母,还是应该留给自己尽情享乐?另一方面,同一目的又可以通过不同手段实现,于是又发生手段的选择和冲突。例如,赚钱有多种渠道和手段,因而难免会有手段选择上的冲突:我为了得到充足的钱财究竟是靠自己辛辛苦苦一点一滴去积攒好,还是靠巧妙地贪污受贿一下子就成个暴发户好呢,究竟如何是好?

面对动机的双重冲突,如果一个人善的欲望和动机,克服了恶的欲望和动机,或者层次较高、价值较大的善的欲望和动机,克服了较低较小的善的欲望和动机,那么,我们便说他有道德意志,或者说他的道德意志强。反之,如果他恶的欲望和动机克服了善的欲望和动机,或者层次较低、价值较小的善的欲望和动机克服了较高较大的善的欲望和动机，那么，我们便说他没有道德意志，或者说他的道德意志弱。

因此，如果一个人劳动致富的合乎道德的欲望和动机，克服了贪污发财的不道德的欲望和动机，从而选择了前者而放弃了后者，那么，他就有道德意志，或者说，他的道德意志较强；反之，他就没有道德意志，或者说他的道德意志较弱。如果一个人将钱财孝敬父母的利他的欲望和动机，克服了留下钱财自己享用的利己的欲望和动机，从而选择了道德价值层次较高较大的善的欲望和动机，而放弃了道德价值较低较小的善的欲望和动机，那么，他就有道德意志，或者说，他的道德意志较强；反之，他就没有道德意志，或者说他的道德意志较弱。

一个人的道德意志有无、强弱，不但表现于他采取道德决定阶段时，对于动机冲突的解决；而且表现在他执行道德决定时，对于所遭遇的各种困难的克服。执行道德决定阶段所要克服的困难，可以分为外部困难和内部困难：前者如环境的复杂、条件的恶劣和他人的阻挠等；后者如实现道德决定的过程和道路之漫长、曲折以及妨碍决定执行的习惯、懒惰、疲劳等。一个人在执行善的、道德的伦理行为决定阶段时，如果克服了这些困难，实现了所选择的道德动机，那么，他便具有道德意志，或者说他的道德意志强；否则，即使他选择和做出了善的、道德的伦理行为决定，他仍然缺乏足够的道德意志，或者说他的道德意志仍然是较弱的、不够强大的。

一个人的道德意志薄弱，有时恰恰是在执行道德决定阶段，而不是在采取道德决定阶段。因为立志或做出远大目标之决定易，而执行、实现这一远大目标的奋斗过程难。试问，谁不想成名成家，谁不想做一个道德英雄，谁不曾选择和做出成名成家之决定，谁不曾决定做一个道德英雄？然而，行百里者半九十，有几个人能够持之以恒地克服内外困难、百折不挠而终于实现了自己的远大目标呢？

不难看出，个人道德意志之强弱，归根结底，取决于个人道德感情、道德欲望之强弱而与其成正比例变化：如果一个人的道德欲望、道德感情比较强，那么，他善的欲望和动机就能够克服恶的欲望和动机，他就能够克服执行道德决定所遭遇的内外困难，因而他的道德意志便比较强；反之，如果一个人的道德欲望、道德感情比较弱，那么，他善的欲望和动机就不能够克服恶的欲望和动机，他就不能够克服执行道德决定所遭遇的内外困难，因而他的道德意志便比较弱。试看古今中外那些百折不挠的铮铮硬汉，他们之所以具有钢铁般的坚强意志，岂不就是因为他们怀抱极其强烈的渴望？所以，爱尔维修说：

> 当最伟大的计划对于强的情欲看来是容易的时候，弱的情欲就在最简单的计划中亦觉得有不可能者；在那一个面前，山岳都要低头；对于这一个，则小小丘陵也会变成大山了。①

因此，一个人即使有了做一个好人的道德认识和道德感情，因而懂得和愿做相应的伦理行为；但是，如果他的道德欲望、道德感情不够强烈，因而没有道德意志，或者说，他的道德意志比较弱，不能使道德动机克服不道德动机，不能克服执行道德决定的内外困难，那么，他实际上便不会做出相应的伦理行为，从而也就不会成为一个好人而具有相应的品德：个人道德意志与道德认识和道德感情一样，也是品德形成的必要条件。反之，一个人如果具有做一个好人的道德意志，或者说，他做一个好人的道德意志强，那么，他便不但一定具有相应的比较强烈的道德认识和道德感情，因而懂得和愿做相应的伦理行为，而且能够使道德动机克服不道德动机，能够克服执行道德动机的内外困难，从而做出相应的伦理行为，最终成为一个好人而具有相应的品德：个人道德意志与道德认识和道德感情不同，乃是品德形成的充分条件。于是，合而言之，个人道德意志乃是伦理行为的充分且必要条件，从而也就是品德形成的充分且必要条件。

综观品德结构三因素——个人道德认识、个人道德情感和个人道德意志，可以得出结论，一个人的品德形成于他长期的伦理行为，他的伦理行为形成于他的道德意志，他的道德意志形成于他的道德认识和道德感情，他的道德感情形成于他的道德认识：个人道德认识是伦理行为的心理指导、必要条件，是品德的指导因素、首要环节和必要条件；个人道德情感是伦理行为的心理动因、必要条件，是品德的动力因素、决定性因素、基本环节和必要条件；个人道德意志是伦理行为的心理过程、充分且必要条件，是品德的过程因素、最终环节和充分且必要条件。

3 品德的类型

品德的定义——品德是一个人长期遵守或违背道德的伦理行为所形成和表现出来的稳定的心理自我、道德人格或道德个性，显然蕴含着，品德分为美德与恶德两大类型：美德是一个人的行为长期遵守道德

---

① 爱尔维修：《精神论》，杨伯恺译，辛垦书店，1933年，第146页。

所得到的结果,是已转化为一个人的人格和个性的应该如何的道德规范;而恶德是一个人的行为长期违背道德所得到的结果,是已转化为人格和个性的不应该如何的道德规范。这意味着,品德与道德不过是存在于不同场合的同一东西:任何道德或品德,如"节制""放纵""谦虚""骄傲""勇敢""懦弱"等,究竟是"道德"还是"品德",只能看它们存在于何处:如果存在于个体心中已转化为个人的人格和个性,它们就是"品德";如果存在于个体心外而没有转化为个人的人格和个性,因而仅仅是外在于个人的人格和个性的社会规范,它们就是"道德"。因此,品德的类型便与道德的类型完全一致:品德的类型就是道德的类型。

道德总原则"善"在一个人的人格和个性中的内化或实现,无疑是一切美德的总汇,是一种完全的美德,我们不妨借用中国道家和西哲亚里士多德的用语,而称之为"全德"。但是,道家所谓的"全德"是指隐士的美德,亚里士多德的"全德"是指公正的美德,因而我们是用其词而异其指也。

普遍道德原则——"正义""平等""人道""自由"和"幸福",在一个人的人格和个性中的内化或实现,可以借用古希腊和基督教的用语而称之为"主德"。"正义""平等""人道"与"自由"是善待他人的四大道德原则,主要是国家治理的道德原则,因而四者在一个人的人格和个性中的内化或实现,乃是善待他人的美德,主要是国家治理的美德,是国家治理者的四大美德,可以称之为"国家治理四大主德"。反之,"幸福"则是善待自我的道德原则。这一道德原则当然不是指一个人事实上是否幸福:幸福之为道德原则显然是指一个人应该如何追求幸福。应该如何追求幸福的道德原则在一个人的人格和个性中的内化或实现,就是善待自我的主要美德,就是善待自我的主德。

普遍道德规则——"诚实""贵生""自尊""谦虚""勇敢""节制""智慧"和"中庸",在一个人的人格和个性中的内化或实现,可以借用儒家用语而称之为"达德"。"诚实""贵生""自尊""谦虚""勇敢""节制""智慧"和"中庸"八种道德规则在一个人的人格和个性中的内化或实现,是八种普通而重要的美德,可以称之为"八达德"。

显然,有多少道德,就有多少美德:道德无穷无尽,美德也无穷无尽。但是,要言之,这些美德——恶德是美德的反面——可以归结为一全德（善）、五主德（正义、平等、人道、自由和幸福）和八达德（诚实、贵生、自尊、谦虚、勇敢、节制、智慧和中庸）。然而，问题的关键无疑在于：究竟为什么一些人会长期遵守道德从而具有美德？反之，另一些人为什么会长期违背道德从而具有恶德？一个人究竟为什么应该具有美德而不应该具有恶德？这就是品德本性之难题，亦即今日西方美德伦理学的根本问题：一个人究竟为什么是道德的？

二 品德的本性

1 品德的价值：美德与恶德的效用

当我们深入探究一个人为什么长期遵守或违背道德从而具有美德或恶德时，将会发现，这是由美德和恶德的价值——美德和恶德对于其拥有者都既是一种"善"又是一种"恶"——所决定的："善"与"好"和"正价值"是同一概念，就是客体有利于主体的需要、欲望、目的的效用性；"恶"与"坏"和"负价值"是同一概念，就是客体有害于主体的需要、欲望、目的的效用性。所以，罗素说："当一个事物满足了愿望时，它就是善的。或者更确切地说，我们可以把'善'定义为'愿望的满足'。"① 不过，罗素这一真知灼见早在两千年前就已经被孟子极为精辟地概括为五个字："可欲之谓善。"（《孟子·告子下》）

不难理解，"节制""贵生""谨慎""刚毅""自尊""智慧"等善待自我的美德，就其自身来说，固然压抑、侵犯了自我的某些欲望和自由，但是，因其净余额是利和善，这种压抑和侵犯却是一种必要的害和恶，是一种真正的利和善。因为一方面，它可以防止自我的更大的欲望和自由被压抑、被损害；另一方面，它可以求得自我更大的欲望和自由之实现。反之，"放纵""轻生""任性""自暴自弃"等对待自我的恶德，就其自身来说，固然解放、实现了自我的自由和欲望；但是，因其净余额是害和恶，这种解放和实现，是一种得不偿失的利和善，说到底，是一种真正的害和恶。因为一方面，它会导致自我的更大的欲望和自由的被压抑、被损害；另一方面，则会阻碍自我的更大的欲望和自由的实现。

至于善待他人的美德，如"无私利他""正义""报恩""同情"

---

① 伯特兰·罗素《伦理学和政治学中的人类社会》，肖巍译，中国社会科学出版社，1992年，第66页。

"爱人""诚实""慷慨"等，对自己的欲望等利益的压抑无疑更为严重：它们压抑的是利己的欲望而实现的是利他的欲望。但是，它们却能够求得更大的利或善（社会和他人的赞许、赏誉），和防止更大的害或恶（社会和他人的唾弃、惩罚），因而净余额是更大的善和利，是更加必要的恶和害，说到底，便是一种更大的、真正的利和善而非害和恶。反之，对待他人的恶德，如"忘恩负义""临阵脱逃""损人利己""贪污受贿""敲诈勒索""杀人越货""不公正""欺骗"等，对自己的自由和欲望等利益的解放和实现，比起对待自己的恶德来说，无疑更为重大：它们不但不压抑自己的任何自由和欲望，而且侵犯他人的利益以实现自己的自由和欲望。但是，不言而喻，它们却会导致更大的害或恶（社会和他人的唾弃、惩罚）和丧失更大的利或善（社会和他人的赞许、赏誉），因而净余额是更为巨大的害和恶，说到底，便是一种真正的、更大的害和恶而绝不是什么利和善。[1]

可见，美德就其自身来说，是对于拥有美德的人的欲望的压抑，因而是一种害和恶；但这种害和恶却能够避免更大的害和恶或求得更大的利和善，因而是一种净余额为善的恶，是一种必要恶，说到底，也就是一种真正的利和善。反之，恶德就其自身来说，则是对于拥有这种恶德的人的欲望的解放、实现，因而是一种利和善；但是，这种利和善却必定导致更大的害或恶，因而是一种净余额为恶的善，说到底，是一种真正的害和恶。这就是品德（美德与恶德）对于它的拥有者的效用或价值，这是品德最深刻本性。

2 一个人究竟为什么是道德的？

美德与恶德的价值研究表明，一方面，一个人之所以追求美德而避免恶德，就是因为美德就其结果来说是善和利，而恶德就其结果来说是恶和害。试想，一个人追求"节制"的美德，说到底，岂不就是因为节制的结果可以实现自己的符合理智的欲望和自由，从而是一种利和善？他避免"放纵"的恶德，说到底，岂不就是因为放纵的结果必定会阻碍实现自己符合理智的欲望和自由，从而是一种害和恶？一个人追求"利人"的美德，说到底，岂不就是因为利人的结果会得到社会和他人的赞许、赏誉，从而是一种利和善？他避免"损人"的恶德，说

---

[1] Stevn M Cahn and Peter Markie, *Ethics: History, Theory, and Contemporary Issues* (Oxford: Oxford University Press, 1998), pp. 675-676.

到底，岂不就是因为损人的结果会受到社会和他人的谴责、惩罚，从而是一种害和恶？

另一方面，一个人之所以陷入恶德而背弃美德，就是因为恶德就其自身来说是利和善，而美德就其自身来说是恶和害。试想，一个人陷入"放纵"的恶德，说到底，岂不就是因为"放纵"就其自身来说是对自己不理智的欲望和自由——如吸毒、淫荡、吃喝嫖赌等——的实现和解放，从而是一种利和善？他背弃"节制"的美德，说到底，岂不就是因为"节制"就其自身来说是对自己的不理智的欲望和自由的压抑，从而是一种害和恶？一个人陷入"损人"的恶德，说到底，岂不就是因为"损人"就其自身来说是对自己损人利己的欲望和自由的实现，从而是一种利和善？他背弃"利人"美德，说到底，岂不就是因为这种美德就其自身来说是对自己损人利己的欲望和自由的压抑，从而是一种害和恶？

那么，一个人究竟应该追求和避免什么：美德还是恶德？答案无疑是：应该追求美德而避免恶德。因为恶德就其自身来说，固然是对欲望和自由的实现因而是一种利和善，但这种利和善却必定导致更大的害和恶，因而其净余额是恶和害，从而也就是一种真正的恶和害；反之，美德就其自身来说，固然是对欲望和自由的压抑因而是一种害和恶，但这种害和恶却能够避免更大的害和恶或求得更大的利和善，因而其净余额是利和善，从而也就是一种真正的利和善。因此，一个人应该追求美德而不应该陷入恶德：恶德是一个人害己的最根本、最主要的原因，而美德则是一个人利己的最根本、最主要的手段。这样，我们就找到了今日西方美德伦理学难题——一个人究竟为什么是道德的——的答案：一个人之所以追求美德，正如巴姆所言，乃是因为美德是一个人所能拥有的最好的东西。① 那么，究竟为什么还会有那么多人陷入恶德而背弃美德？

原来，恶德的净余额虽然是恶和害，但这种恶和害，只是恶德的结果而不是恶德自身：恶德自身乃是利和善。恶德自身是利和善，意味着：恶德只要存在便是一种利和善，恶德的存在过程——而不必等到结果出现——便是一种利和善，因而恶德的利和善是当下的、眼前的、近的、确实的。反之，恶德的结果是恶和害，则意味着：恶德的恶和害是

---

① Archie J Bahm, *Why Be Moral?* (Chicago: World Books, 1992), p. x.

尔后的、远的、不确实的。因为结果不但必定要经过一定的过程才能够达到，并且还会受多种因素影响，因而是不确实的。试想，"放纵"恶德的净余额固然是恶和害，但这种恶和害并不存在于放纵自身：放纵自身乃是自己的某些欲望——如吃喝嫖赌等——的实现，因而是利和善。放纵的恶和害只存在于其结果：放纵会导致身败名裂等恶果。放纵所导致的身败名裂等恶和害之结果，既然是结果，当然是要经过一定的过程才能出现，因而是尔后的、远的、不确实的。反之，放纵自身所实现的吃喝嫖赌等欲望之利和善，则显然是当下的、眼前的、近的、确实的。

这就是一个人陷入恶德的真正原因！他陷入恶德，是因为恶德虽然就其结果来说，会给自己带来更大的恶和害，但就其本身来说，却是对自己眼前的欲望和自由的解放和实现。这样，恶德对他虽然害多利少、恶多善少，但其利和善是眼前的、近的、确实的；而害和恶却是尔后的、远的、不确实的。一句话，为了当前的、近的、确实的利和善而不顾虽然更大但毕竟是尔后的、远的、不确实的恶和害：这就是一个人陷入恶德的原因和目的。试想，一个人为什么会去偷窃而陷入恶德？他知道，若被发现，便会身败名裂，便吃了大亏；但是，究竟能否被发现，是不确实的、尔后的、远的。可是，他偷窃所能够得到的利益，却是确实的、当下的、近的。所以，偷窃恶德之目的和原因，就在于为了享有偷窃所给予的眼前的、近的、确实的利益和快乐，而不顾偷窃所带来的虽然更大但毕竟是尔后的、远的、不确实的恶和害。

可见，一个人陷入恶德的目的和原因，说到底，可以概括为七个字"占小便宜吃大亏"：为了占有当前的、近的、确实的小利小善，而不顾尔后的、远的、不确实的大恶大害，为了眼前小利而不顾日后长远大害。相反地，一个人追求美德的目的和原因，说到底，也可以归结为七个字"吃小亏占大便宜"：为了占有尔后的、远的、不确实的大利大善，而宁愿承受当前的、近的、确实的小恶小害，为了日后长远大利而忍受眼前小害。因此，一个人追求美德还是陷入恶德，说到底，乃是他有无智慧的结果和标志：陷入恶德是"占小便宜吃大亏"，得不偿失，显然是一种真正的愚蠢和不智，是愚蠢和不智的结果；反之，追求美德是"吃小亏占大便宜"，得大于失，无疑是一种真正的智慧，是智慧的结果。所以，孟子曰："夫仁，天之尊爵也，人之安宅也。莫之御而不仁，是不智也。"

这样一来，美德的追求便因其是智慧使然而最终是学习的结果；反之，陷入恶德则因其是不智使然而最终是不学的结果。因此，恶德便比美德更接近人的本能：美德的形成是困难的，它是学习的结果，它必需一定的学习，必需一定的教育、经验和训练；反之，恶德的形成则是容易的，它是不学而能的，是人的自然倾向。因此，每个人一生下来，最初总是因其尚无智慧而自愿接受恶德，他接受美德而遵守道德实出于被社会和他人所迫：美德最初总是他律的，总是作为一种外在的东西强加于每个人。因此，皮亚杰在《儿童的道德判断》中一再说："原始的责任感实质上是他律的。"①

3　品德的境界

当美德或恶德的价值推动一个人追逐美德或陷入恶德达到一定程度时，他就进入了美德境界或陷入了恶德境界。所谓恶德境界，也就是一个人长期、恒久地违背道德总原则"善"的伦理行为所形成和表现出来的一种不道德的人格境界，是不应该如何的道德总原则"恶"已经转化为自己的人格和个性的品德境界。这就是说，一个陷入恶德境界的人，并非完全违背道德而全干坏事，而必定也会遵守道德干好事。不过，他的行为违背道德干坏事必定是恒久的，而遵守道德干好事则只能是偶尔的。否则，如果他的行为恒久遵守道德和偶尔违背道德，他就处于美德境界而不是处于恶德境界了。

反之，所谓美德境界，也就是一个人长期、恒久地遵守道德总原则"善"的伦理行为所形成和表现出来的一种善的、道德的人格境界，是道德总原则"善"已经转化为一个人的人格和个性的品德境界。这就是说，一个即使达到了美德最高境界的人，也绝不可能完全遵守道德而全干好事，而必定也会违背道德干坏事。只不过，他的行为违背道德干坏事只能是偶尔的；而遵守道德干好事则必定是恒久的。否则，如果他的行为偶尔遵守道德而恒久违背道德，他就不是处于美德境界而是处于恶德境界了。

美德境界比恶德境界复杂得多，因而进一步分为美德自律与美德他律两大境界。美德他律境界是为了美德之外的他物——自己的利益和幸福而追求和获得美德的美德境界，是为了自己的利益、幸福而追求和获得美德的美德境界，是为了利己而求得美德的美德境界，说到底，也就

---

① 让·皮亚杰：《儿童的道德判断》，傅统先、陆有铨译，山东教育出版社，1984年，第120页。

是一个人长期为了利己而求得美德的遵守道德的行为所形成和表现出来的美德境界。相反地，美德自律境界则是以美德为目的的美德境界，是受完善自我品德之心所驱动从而为了美德而求美德的美德境界，说到底，也就是一个人为了完善自己的品德而遵守道德的长期的行为所形成和表现出来的美德境界。

一个处于美德他律境界的人，既然是一种为了美德之外的他物——自己的利益、幸福而求美德，那么，他必不以拥有美德而快乐和幸福，而仅仅以拥有美德给自己所带来的利益而快乐和幸福：在他那里，美德与幸福、快乐是两回事。因此，他遵守道德、追求美德是有条件的：只有美德能够给自己带来利益和幸福，他才会遵守道德、追求美德；否则，如果美德不能够给自己带来利益和幸福，他就不会遵守道德、追求美德了。

反之，如果一个人达到了美德自律境界，则会以拥有美德而快乐和幸福：在他那里，美德与幸福、快乐原本是一回事。因为幸福无非是重大的快乐，无非是人生重大的需要、欲望和目的得到实现的心理体验。处于美德自律境界的人，其人生既然以美德为重大目的，那么，他求得了美德岂不就得到了快乐和幸福？当然，他得到的只是内在的"德性幸福"而不是外在的"非德性幸福"。因此，一个处于美德自律境界的人，他遵守道德和追求美德，并不以道德和美德是否带来外在的"非德性幸福"为条件：不论道德和美德能否带来这些快乐和幸福，他都会遵守道德、追求美德。

在美德境界与恶德境界之间，还存在一个过渡境界：无德境界。所谓无德境界，就是尚未形成品德、道德人格或道德个性的不稳定的心理状态，就是一个人遵守或违背道德总原则"善"的伦理行为还没有形成一种品德、道德人格和道德个性的不稳定心理状态。在这种状态中，善和恶两大道德总原则还都没有转化为一个人的个性和人格。因此，一个处于无德境界的人，必定断断续续交错地、半斤八两地遵守道德总原则和不遵守道德总原则，以致道德和不道德互相中和、抵消而皆未能内化为其人格或个性，从而他既不是一个具有恶德的坏人，也不是一个具有美德的好人，而摇摆于美德与恶德、好人和坏人之间，处于美德与恶德的中间状态。这样，他的道德境界便是不定的，他没有确定的品德：他是个名副其实的"无德者"。

显然，一个人最初既不会处于美德境界，也不会处于恶德境界，而只能处于无德境界。因为恶德与美德一样，都只能形成于一个人的长期的行为。所以，任何人都不可能一生下来就是个具有恶德的坏人或具有美德的好人。他最初必定因缺乏道德智慧而处于自愿逃避道德而接受恶德，又被迫遵守道德而接受美德的无德境界。从此出发，他既可能长期地、稳定地、恒久地不遵守道德，从而形成恶德、成为坏人而堕入恶德境界；也可能长期地、稳定地、恒久地遵守道德，从而形成美德、成为好人而进入美德境界：首先进入以美德为手段的美德他律境界，最终达到以美德为目的的美德自律境界。

总之，品德境界分为三类四种：恶德境界、无德境界和美德境界——美德他律境界与美德自律境界。恶德境界是坏人的品德境界，处于这一境界的人，恒久说来，是不遵守道德的。无德境界是品德的中立境界，是无恶德亦无美德的境界，主要是儿童的品德境界；处于这一境界的人，必定半斤八两交错地遵守道德和不遵守道德。美德境界是好人的品德境界，处于这一境界的人，必定恒久遵守道德：处于美德他律境界者大多数的行为必定遵守道德；而处于美德自律境界者的行为则近乎百分之百地遵守道德。因此，不论处于恶德境界，还是处于无德境界，道德都不会真正被遵守从而得到实现；只有处于美德境界，特别是美德自律境界，道德才能真正被遵守，从而得到实现。

那么，究竟怎样才能提高人的品德，使人从无德境界进入美德境界而不堕入恶德境界，怎样才能使人从恶德境界归依美德境界，怎样才能使人从美德他律境界达于美德自律境界？这些无疑是美德伦理学——关于道德实现途径的伦理学的核心问题。要科学地解决这些问题，显然必须弄清和遵循品德的发展变化规律。

三　品德的规律

考究历史和现实，往往令人困惑：为什么某个国家在一历史阶段道德风尚良好淳美，而在另一历史阶段却腐败堕落而出现所谓"道德滑坡"现象？为什么一些国家的国民品德高尚，而另一些国家的国民品德败坏？在这些道德现象的深处有没有规律可循？是有的。任何现象都是某种规律或本质的表现，绝对不存在不表现规律或本质的现象。隐藏在这些国人品德高低变化现象背后的规律，就是所谓"品德的规律"，亦即一个国家的国人品德高低发展变化的规律。这些规律可以归结为四条："德富律：国民品德与经济的内在联系"；"德福律：国民品德与政治的内在联系";"德识律:国民品德与文化的内在联系";"德道律:国民品德与道德的内在联系"。

1 德富律:国民品德与经济的内在联系

德富律是关于国民品德的个人道德感情方面发展变化的规律。个人道德感情,如前所述,分为两大类型:一类是人所特有的,它依赖于道德的存在,是每个人或多或少都具有的遵守道德从而做一个好人的道德需要、道德欲望、道德愿望和道德理想;另一类是人与其他一些动物所共有的,它不依赖于道德的存在,是每个人自然具有的爱恨心理反应,包括爱人之心(同情心和报恩心)和自爱心(求生欲和自尊心)以及恨人之心(嫉妒心和复仇心)和自恨心(内疚感、罪恶感和自卑心)。

不难看出,每个人所具有的做一个好人的道德需要和道德欲望,是决定性的个人道德感情,因而也就是品德发展变化的最根本的决定性因素。因为,如果一个人做一个好人的道德需要、欲望强大、多,那么,他自然具有的爱恨心理反应便会向善的方向发展,他个人道德感情便趋于善良,这些道德感情所引发的伦理行为便趋于善良,从而他的品德便趋于高尚;反之,如果一个人做一个好人的道德需要、欲望弱小、少,那么,他自然具有的爱恨心理反应便会向恶的方向变化,他个人道德感情便趋于恶毒,这些道德感情所引发的伦理行为便趋于邪恶,从而他的品德便趋于恶劣。一言以蔽之,人们的品德高低发展变化取决于他们做一个好人的道德需要、欲望的强弱、多少,二者成正比例关系。

那么,每个人做一个好人的道德需要和欲望的强弱、多少又取决于什么?现代心理学的回答是:取决于人的物质需要或生理需要——二者显然是同一概念——的相对满足是否充分。前引马斯洛关于人的五种需要时讲过,人的一切需要和欲望最终便都是在生理需要基础上产生的,都是生理需要相对满足的产物。[①]

因此,每个人做一个好人的道德需要、欲望便是在他的生理需要、物质需要基础上产生的,是他的生理需要、物质需要相对满足的结果:他的生理需要、物质需要满足越充分,他做一个好人的道德需要欲望便越多;他的生理需要、物质需要满足越不充分,他做一个好人的道德需要欲望便越少;他的生理需要如果得不到满足,他便不会有做一个好人

---

① Abraham H. Maslow, *Motivation and Personality*, 2nd ed. (New York:Harper & Row, 1970), p.59.

的道德需要和道德欲望；只有他的物质需要得到了相对的满足，他才会有做一个好人的道德需要和道德欲望。这个道理，我们的先辈早已知晓，故曰："仓廪实而知礼节，衣食足而知荣辱。"

可是，一个人的生理需要、物质需要相对满足的充分不充分又取决于什么？显然，一个人的生理需要、物质需要相对满足的充分不充分，不仅取决于他所拥有的物质财富的多少，而且取决于他的物质需要的多少：他的物质需要越少、物质财富越多，他的物质需要的相对满足便越充分；反之，他的物质需要越多、物质财富越少，他的物质需要的相对满足便越不充分。换言之，一个人的生理需要、物质需要相对满足的充分不充分，取决于物质财富和物质需要双重因素：一方面取决于他所拥有的物质财富的多少而与之成正比，另一方面则取决于他的物质需要的多少而与之成反比。

准此观之，也就并非只有在物质财富极大丰富的社会，人们的物质需要才会得到相对的满足。在任何社会，人们的物质需要都可能得到相对的满足，也都可能得不到相对的满足。因为社会发展的较高阶段，物质财富固然较多；但是，人们的物质需要也较多，因而他们的物质需要也可能得不到相对的满足。反之，社会发展的较低阶段，物质财富固然较少；但人们的物质需要也较少，因而他们的物质需要也可能得到相对的满足。

那么，人们的物质需要能否得到相对满足究竟取决于什么？取决于人们所生活于其中的社会经济发展速度：经济发展慢，财富的增加便慢，因而便不能适应人们物质需要的不断增长，不能满足人们不断增长的物质需要；经济发展快，财富的增加便快，因而便能够适应人们物质需要的不断增长，便能够满足人们不断增长的物质需要。那么，人们物质需要的相对满足，是否仅仅取决于经济发展速度呢？

不是的！人们的物质需要是否得到满足，还取决于物质财富的分配是否公平。因为，一个社会的经济发展迅速、物质财富增加飞快，但是，如果该社会对于这些财富的分配不公平，应该多得者得的却少，应该少得者得的却多，那么，人们也绝不会感到满足，即使他们拥有的财富并不算少；只有不仅经济发展迅速和社会财富增加飞快，而且分配公平，应该多得者得的多，应该少得者得的少，那么，人们才会感到满足，即使他们拥有的财富并不算多。因此，我们往往看到，一个社会虽然经济发展比以往快得多，物质财富增加比以往多得多，但人们还是不满足,虽然他们的所得比以前翻了几番。究其原因,岂不就在于分配不公?岂不就在于应该多得者得的却少,应该少得者得的却多?

因此,人们的生理需要、物质需要满足与否,一方面取决于经济发展、物质财富增加的速度而与之成正比,另一方面则取决于这些物质财富分配的公平性而与之成正比:社会的经济发展越快、物质财富增加的速度越快,对于这些物质财富分配越公平,人们的生理需要、物质需要相对满足的程度便越充分;社会的经济发展越慢、物质财富增加的速度越慢,对于这些物质财富分配越不公平,人们生理需要、物质需要相对满足便越不充分。

于是,总而言之,可以得出结论说:一个社会的经济发展越快,物质财富增加得越多,对于这些物质财富分配越公平,人们的生理需要、物质需要相对满足的程度便越充分,因而人们做一个好人的道德需要和欲望便越多,人们的品德便越高尚;反之,经济发展越慢,物质财富的增加越少,对于这些物质财富分配越不公平,人们生理需要、物质需要相对满足便越不充分,因而人们做一个好人的道德需要和欲望便越少,人们的品德便越恶劣。这个品德高低发展变化的规律,关乎人们的道德需要、道德欲望与经济以及财富的关系,属于品德的道德感情因素高低变化之规律,因而可以名之为"德富律:品德与经济的内在联系"。

2 德福律:国民品德与政治的内在联系

初读《孟子》会令人困惑。他既说富方能仁:"菽粟如水火,而民焉有不仁者乎?"(《孟子·尽心上》)又说为富不仁:"为富不仁矣,为仁不富矣。"(《孟子·滕文公上》)这岂不自相矛盾?并不矛盾。究其实,使菽粟如水火,从而使人们的物质需要得到相对满足,虽然可以使人们产生做一个好人的道德需要、道德欲望、道德感情,却未必使人们不断做好事从而成为好人。因为一个人有了某种道德感情,他一定想做、愿做相应的伦理行为;可是他却未必会实际做出这种伦理行为。

因为他有多种需要、欲望和感情,只有当他的某种道德感情达到一定的强度,能够克服与其冲突的其他感情从而处于决定的和支配的地位,他的这种道德感情才会使他进行相应的伦理行为,才会使他具有相应的品德;否则,他便徒有某种道德感情而不会引发相应的伦理行为，不会有相应的品德。

因此，人们做一个好人的道德需要、道德感情只有十分强大，足以克服与其冲突的其他欲望、感情，才会不断做好事而成为好人。使菽粟如水火，从而使人们的物质需要得到相对满足，虽然不是产生做一个好人的道德感情的充分条件，却无疑是产生做一个好人的强大道德感情的必要条件：没有菽粟如水火，没有物质需要的相对满足，一个人便不会有做一个好人的强大道德需要；但有了物质需要的相对满足，一个人未必会有做一个好人的强大道德需要。

这就是为什么我们会看到"为富不仁"的现象：那些丰衣足食、生活富裕的人们，虽然有做一个好人的道德感情，却不够强大，以致被更为强大的邪恶欲望克服而成为"为富不仁"的坏人！因此，使人们具有强大的做一个好人的道德需要，除了必须做到使人们的物质需要得到相对满足，还必须具备一些其他条件。那么，这些条件究竟是什么？主要是德福一致：越有美德便越有幸福。

原来，物质需要的相对满足，只是产生做一个有美德的好人的道德需要的前提和基础；而获得幸福则是产生做一个有美德的好人的道德需要的目的和动力：幸福是美德的唯一动力。因为一个人所具有的做一个有美德的好人的道德需要，如前所述，表现为两个方面：一方面是把美德作为利己手段的需要，另一方面是把美德作为目的的需要。美德自身是对自我的欲望和自由的一种限制、约束、侵害，因而一个人最初绝不会以美德为目的，为美德而美德；相反，他最初只可能把美德作为求得利益和幸福的手段，为了利己而求美德。

美德之所以会成为一个人利己的手段，无非因为人是社会动物，每个人的生活都完全依靠社会和他人：他的一切利益都是社会和他人给的。所以，能否得到社会和他人的赞许，便是他一切利益中最根本最重大的利益：得到赞许，便意味着得到一切；遭到谴责，便意味着丧失一切。不言而喻，能否得到社会和他人的赞许之关键，在于他的品德如何：如果社会和他人认为他品德好，那么，他便会得到社会和他人的赞许和给予；反之，则会受到社会和他人的谴责和惩罚。

这就是一个人最初为什么会有做一个有美德的好人的道德需要：他需要美德，因为美德就其自身来说，虽然是对他的某些欲望和自由的压抑、侵犯，因而是一种害和恶；但就其结果和目的来说，却能够防止更大的害或恶（社会和他人的唾弃、惩罚）和求得更大的利或善（社会和他人的赞许、赏誉），因而是净余额为善的恶，是必要的恶。因此，美德乃是他求得幸福的最根本、最重要的手段：他对美德的需要是一种手段的需要。但是，逐渐地，他便会因美德不断给他莫大利益而日趋爱好美德、欲求美德，从而便为了美德而求美德，使美德由手段变成目的；就像他会爱金钱、欲求金钱、使金钱由手段变成目的一样。这时，他对美德的需要便不再是把它们作为一种手段的需要，而是把它们作为一种目的的需要了。

因此，一个人以美德为目的的道德需要，源于以美德为手段的道德需要；而以美德为手段的道德需要又源于利己，源于社会和别人因他品德的好坏所给予他的赏罚。因此，说到底，一个人做一个有美德的好人的道德需要，不论是以美德为手段的需要，还是以美德为目的的需要，均以利己为动因、动力。

可见，利己虽然不是一切美德的目的，却是一切美德的动因、动力。换言之，幸福虽然不是一切美德的目的，却是一切美德的动因、动力。这意味着：一方面，从质上看，如果德福背离，有德无福、无德有福，那么，美德便失去了动因、动力，人们便不会追求美德了；如果德福一致，有德有福、无德无福，那么美德便有了动因、动力，人们便必定会追求美德了。另一方面，从量上看，德福越一致——越有德便越有福和越无德便越无福，那么，人们追求美德的动力便越强大；德福越背离——越有德便越无福和越无德便越有福，那么，人们追求美德的动力便越弱小。

那么，实际上，生活于各个国家中的人们的德福一致或背离的情况究竟是怎样的？国家不同，人们德福一致的程度显然是不同的：有些国家人们德福一致的程度可能极高而接近德福完全一致，有些国家人们德福一致的程度可能极低而接近德福背离。细细考校，各个国家人们德福一致的程度，正如爱尔维修和卢梭所指出，主要取决于各个国家的政治状况，[①] 说到底，主要取决于各个国家的政治的正义性。

因为正义是等利（害）交换。这意味着，如果一个国家的政治是正义的，那么，一方面，一个人有美德从而增进社会和他人的利益，就等于增进自己的利益而有福，他越有美德，就会越多为社会和他人增进

[①] 爱尔维修：《精神论》，第116页；卢梭：《忏悔录》（第二部），黎星译，人民文学出版社，1980年，第500页。

利益，就等于越多为自己增进利益而越多福；另一方面，一个人缺德而损害社会和他人，就等于损害自己而有祸，他越缺德，就会越多损害社会和他人，就等于越多损害自己而多祸。

因此，政治越正义，人们的德福一致程度便越高，便越接近德福完全一致，以致每个人越有德便越有福，越无德便越无福；政治越不正义，人们的德福一致程度便越低，便越接近德福背离，以致一个人越有德却可能越无福，而越无德却可能越有福。

于是，国民品德高尚与否，归根结底，取决于国家的政治正义与否：一个国家的政治越正义，国人的德福便越一致，他们做一个有美德的人的动力便越强大，他们做一个有美德的好人的道德愿望便越强大，他们善的动机便越强大，以致能够克服恶的动机，能够克服实现善的动机的内外困难，他们的道德意志便越强大，他们的品德便越良好高尚；一个国家的政治越不正义，国人的德福便越背离，他们追求美德的动力便越弱小，他们做一个有美德的好人的道德愿望便越弱小，他们善的动机便越弱小以致难以克服恶的动机，难以克服实现善的动机的内外困难，他们的道德意志便越弱小，他们的品德便越低下败坏。

这一国民品德高低发展变化的规律，关乎每个人做一个好人的道德需要、道德欲望、道德意志与政治以及幸福的关系，属于品德的道德感情和道德意志因素高低变化之规律，主要属于品德的道德感情因素高低变化的目的和动力之规律——"德富律"则是关于国民品德的道德感情因素发展变化的前提和基础规律，因而可以名之为"德福律：国民品德与政治的内在联系"。

3 德识律：国民品德与文化的内在联系

一个国家国民品德高低变化，不仅取决于该国经济发展的快慢和财富分配的公平不公平以及政治的清明与否，而且取决于该国文化的发达程度：文化越发达，国民品德便越良好；文化越不发达，国民品德便越沦丧。因为品德原本由个人道德认识、个人道德感情和个人道德意志三因素构成。品德的个人道德认识成分极为复杂多样，包括每个人所获得的有关道德的一切科学知识、个人经验和理论思辨。它的核心问题是：一个人为什么应该做和究竟如何做一个有美德的人？

毋庸赘言，一个人只有具有为什么应该做一个有美德的人的道德认识，才可能具有相应的做一个有美德的人的道德愿望和道德感情，才可能进行相应的做一个有美德的人的道德行为，从而才可能具有相应的品德。一句话，个人道德认识是品德和道德愿望形成的必要条件、必要因素。因此，品德必定与个人道德认识成正相关变化：一个人的个人道德认识越高，他的品德便必定会越高；反之，他的个人道德认识越低，他的品德便必定会越低。

不难看出，就理论的推导来说，仅凭个人道德认识是品德的一个因素，显然就可以得出结论说：品德必定与个人道德认识成正相关变化。然而，实际上，我们却到处可以看到似乎恰恰相反的现象：个人道德认识比较高者，品德却比较低；品德比较高者，个人道德认识却比较低。一个终生都在研究伦理学的专家，道德认识可谓高深，但他也可能是个妒贤嫉能、忘恩负义的卑鄙小人。反之，一个目不识丁的农民，个人道德认识可谓低浅，但他却也可能是个极忠厚善良的好人。那么，由此岂不可以否定品德与个人道德认识成正相关变化？造成这种理论与实际的"悖论"的原因究竟何在？

原来，这种所谓"悖论"现象的成因在于：个人道德认识并不是构成品德的唯一因素，而仅仅是其因素之一；除了个人道德认识，构成品德的还有个人道德感情和个人道德意志两因素。特别是，个人道德认识虽然是品德的一个部分、因素和环节，却只是品德的必要条件、指导因素和首要环节，而不是品德的动力因素、决定性因素；品德的动力因素、决定性因素是个人道德欲望、个人道德感情。

这样一来，一个人品德的总体水平必定与其道德感情水平一致，而未必与其道德认识一致：个人道德感情高者，即使其道德认识低，品德必高；个人道德认识水平高者，但其道德感情低，其品德必低。因此，个人道德认识高的人所以品德低，完全不是因为他的道德认识高，而仅仅是因为他品德的其他方面如道德感情低。反之，个人道德认识低的人所以品德高，完全不是因为他道德认识低，而仅仅是因为他品德的其他方面如道德感情高。

如果人们的道德感情相同，如果人们品德的其他方面相同，如果人们只有个人道德认识不同而其余条件完全一样，那么毫无疑义，个人道德认识高者，品德必高；品德高者，个人道德认识必高。换言之，仅仅从个人道德认识与品德的关系来看，二者完全成正比例变化：个人道德认识越高，品德便越高；个人道德认识越低，品德便越低。

可见，个人道德认识越高，其品德必定越高；但是，个人道德认识高，其品德未必高。他的品德低，并不是因为他的道德认识高，而是因为他品德的其他因素低。反之，个人道德认识越低，其品德必定越低；但是，个人道德认识低的人，其品德未必低，却可能很高。他品德高，并不是因为他道德认识低，而是因为他品德的其他因素高。这样，个人道德认识高者品德反倒很低，或个人道德认识低者品德反倒很高的现象，并没有否定品德高低与个人道德认识高低成正相关变化：二者绝非悖论。

既然人们的品德高低必定与其个人道德认识高低成正相关变化，那么，人们的个人道德认识高低究竟又取决于什么呢？取决于他们所生活于其中的国家文化即精神财富的发展水平。诚然，某一个特定国民的个人道德认识水平的高低，与他所生活于其中的国家文化水平，没有必然的联系：一个人虽然生活于文化水平较高国家，他的道德认识水平却可能比较低；反之，一个人虽然生活于文化水平较低的国家，他的道德认识水平却可能比较高。试想，我国今日的文化水平，无疑远高于宋明时代；然而，今日有谁的道德认识水平，能够高于生活于那个时代的二程、朱熹和李贽呢？

但是，就一个国家国民普遍的个人道德认识水平来说，显然与该国的文化水平有必然联系。因为个人道德认识极为复杂多样，包括每个人所获得的有关道德的一切科学知识、个人经验和理论思辨。一个国家国民的这种个人道德认识水平，普遍讲来，无疑取决于该国国民普遍的科学知识水平。我们很难想象，一个国民普遍愚昧无知的国家，他们的道德认识和道德知识水平普遍会很高。国民道德认识和知识水平普遍高的国家，岂不必定是那些科学知识水平高的国家？而一个国家科学知识水平当然取决于该国文化发展水平：一个国家的文化越发达，该国国民普遍的科学知识水平便越高，国民普遍的道德认识水平便越高；反之，一个国家的文化越不发达，该国国民普遍的科学知识水平便越低，国民普遍的道德认识水平便越低。

于是，可以得出结论说，一个国家国民品德高低变化，不仅取决于该国经济发展的快慢和财富分配的公平不公平以及政治正义与否，而且取决于该国文化的发达程度：一个国家的文化越发达，该国国民普遍的认识水平便越高，国民普遍的道德认识水平便越高，国民的品德便越良好高尚；一个国家的文化越不发达，该国国民普遍的认识水平便越低，国民普遍的道德认识水平便越低，国民的品德便越低下败坏。这个规律，关乎国民的个人道德认识与其文化的关系，属于品德的个人道德认识方面的规律，因而可以名之为"德识律：国民品德与文化的内在联系"。

4 德道律：国民品德与道德的内在联系

一个国家国民品德高低变化，不仅取决于该国经济发展的快慢、财富分配的公平程度和政治的正义以及文化发达与否，而且最为直接地取决于该国所奉行的道德之优劣。因为品德亦即长期遵守或违背道德的行为所形成的道德人格，完全是遵守或违背道德的结果；而每个人究竟遵守还是违背道德，无疑直接取决于道德本身的性质，取决于道德本身之优劣：道德越优良，便越易于被人们遵守，人们的品德便越优良；道德越恶劣，便越难以被人们遵守，人们的品德便越败坏。那么，究竟为什么道德越优良就越易于被遵守？

原来，道德与法律一样，就其自身来说，不过是对人的某些欲望和自由的压抑、侵犯，因而是一种害或恶；就其结果和目的来说，却能够防止更大的害或恶（社会的崩溃和每个人的死亡）和求得更大的利或善（社会的存在发展和每个人利益的增进），因而是净余额为利的害，是净余额为善的恶，是必要的害和恶：道德的手段是压抑、限制每个人的某些欲望和自由；道德最终目的是保障社会——经济、文化、人际交往、法、政治的存在发展，增进每个人个人的利益。

因此，保障经济、文化、人际交往、法、政治的存在发展和增进每个人的利益总量，便是评价一切道德优劣之标准：哪种道德对人的欲望和自由侵犯最少、促进经济和文化发展速度最快、保障人际交往的自由和安全的系数最大、使法和政治最优良、最终增进每个人的利益最多、给予每个人的利与害的比值最大，哪种道德便最优良；反之，则最恶劣。

于是，道德越优良，它给予每个人的压抑和损害便越少，而给予每个人的利益和快乐便越多；因而人们遵守道德、做一个有美德的人的动力便越强大，他们做一个有美德的人的道德愿望便越强大，他们善的动机便越强大，以致能够克服恶的动机，能够克服实现善的动机的内外困难，从而他们的道德意志便越强大，他们的品德便越良好高尚。

反之，道德越恶劣，它给予每个人的压抑和损害便越多，而给予他的利益和快乐便越少；因而人们遵守道德、做一个有美德的人的动力便越弱小，他们做一个有美德的好人的道德愿望便越弱小，他们善的动机便越弱小，以致难以克服恶的动机，难以克服实现善的动机的内外困难，从而他们的道德意志便越弱小，他们的品德便越低下恶劣。

由此可以理解，为什么我们会看到这样一种奇怪的现象：一个国家所奉行的道德对人们的要求越高，人们的品德往往反倒越低；而对人们的道德要求较低，人们的品德往往反倒较高。这岂不就是因为，高调的道德可能恰恰就是恶劣道德，而低调的道德却可能偏偏就是优良道德？

试想，为什么国民品德败坏往往竟会与最高调的道德——利他主义道德——如影随形？岂不就是因为利他主义道德是最恶劣的道德？一方面，利他主义道德是对每个人行为的道德要求最高的道德：它认为只要目的利己——不论手段如何有利于社会和他人——便是不道德的，从而把道德的最高境界"无私利他"当作唯一道德的行为。这样一来，利他主义道德便是对每个人的欲望和自由侵犯最为严重的道德：它侵犯、否定每个人的一切目的利己的欲望和自由。另一方面，利他主义道德否定目的利己、反对一切个人利益的追求，也就堵塞了人们增进社会和他人利益的最有力的源泉，因而是增进每个人利益最慢最少的道德。

合而言之，利他主义道德便是给予每个人的损害最多而利益最小的道德，便是给予每个人的害与利的比值最大的道德，因而也就是最为恶劣的道德。这就是奉行利他主义这种最高调道德的国家，为何反倒会出现道德滑坡的原因：人们遵守这种对自己损害最多而利益最小的最恶劣的道德，从而做一个这种道德所要求的"无私利他"类型的好人的道德欲望必定最少，因而他们的品德必定低下。

国民品德之高低，取决于该国所奉行的道德之优劣，其根据尚不仅这些！因为道德之优劣不仅取决于是否符合道德最终目的，而且还更为根本地取决于是否符合人性，亦即是否符合人的行为事实如何之本性。因为，元伦理学表明，行为应该如何的优良道德规范，是通过道德最终目的，从行为事实如何的客观本性中推导出来的。因此，所制定的行为应该如何的道德规范之优劣，最终便取决于是否与行为事实如何的客观本性相符：优良道德必定符合行为事实如何的客观本性；违背行为事实如何客观本性的道德必定恶劣。所以，霍尔巴赫一再说："要判断某种道德体系的优劣，我们只能根据这种体系在怎样的程度上符合人性。"[1]

---

[1] 霍尔巴赫：《自然的体系》，管士滨译，商务印书馆，1977年，第134页。

于是，道德越优良，与人们行为客观本性便越相符；道德越恶劣，与人们行为的客观本性便越背离。而只有与行为客观本性相符的道德，才是人们能够遵守和实行的；背离行为客观本性的道德，必定是人们不能遵守和实行的。所以，越是与人们行为客观本性相符的道德，便越易于被人们遵守和实行，从而人们遵守和实行这种道德的行为便越多，人们的品德便越高尚；反之，越是与人们行为客观本性背离的道德，便越难于被人们遵守和实行，从而人们遵守和实行这种道德的行为便越少，人们的品德便越低下。

举例来说，在利他主义道德风行的社会，人们遵守和实行利他主义道德的行为极少，因而道德沦丧。究其原因，岂不就在于利他主义要求人们恒久乃至完全无私利他，背离了"每个人行为的必定恒久为自己而只能偶尔为他人"之客观本性？

综上可知，一个国家所奉行的道德越优良，它给予每个人的压抑和损害便越少，而给予他的利益和快乐便越多，从而人们遵守道德做一个有美德的人的动力、动机、道德欲望和道德意志便越强大，国民品德便越良好高尚；一个国家所奉行的道德越优良，与行为的客观本性便越相符，便越易于被人们实行，从而人们实行道德的行为便越多，国民品德便越良好高尚。（反之，一个国家所奉行的道德越恶劣，它给予每个人的压抑和损害便越多，而给予他的利益和快乐便越少，那么，国民遵守道德做一个有美德的人的动力、动机、道德欲望和道德意志便越弱小，因而他们的品德便越低下恶劣；一个国家所奉行的道德越恶劣，与行为的客观本性便越背离，便越难于被人们实行，从而人们实行道德的行为便越少，国民的品德便越低下恶劣。）这个规律，是关于国民的"道德感情以及道德行为或道德意志"与国家所奉行的道德之优劣的关系之规律，因而也属于国民品德的个人道德感情和道德意志两方面的复合规律，不妨名之为"德道律：国民品德与道德的内在联系"。

5 品德四规律：绝大多数国民品德高低变化的统计性规律

"德富律""德福律""德识律"和"德道律"四大规律，总而言之，无疑是一个国家国民总体即绝大多数国人品德变化的规律，是绝大多数国民品德高低变化的统计性规律；而不是国民个体品德变化的规律，不是国民个体、个人品德高低变化的非统计性规律。

为什么说四大规律是一个国家国民总体即绝大多数国民品德高低变

化的统计性规律？一个国家，只要经济发展迅速和分配公平、政治正义、文化先进、道德优良，那么，该国绝大多数国民品德必定良好高尚；只要经济发展缓慢和分配不公、政治不正义、文化落后、道德恶劣，那么，该国绝大多数国民品德必定低下败坏。

为什么说四大规律不是国民个体、个人品德高低变化的非统计性规律？一个国家，不论经济发展如何迅速、财富分配如何公平、政治如何正义、文化如何先进、道德如何优良，也总会有品德低下败坏者，只不过品德低下败坏者很少罢了；不论经济发展如何缓慢、财富分配如何不公、政治如何不正义、文化如何落后、道德如何恶劣，也总会有品德良好高尚者，只不过品德良好高尚者很少罢了。

品德的定义、结构、类型及其本性和规律的研究表明，每个人的个人道德认识都是可以提高的、个人道德感情都是可以陶冶的、个人道德意志都是可以锻炼的，因而完全由它们所构成的品德也就是可以提高、可以陶冶、可以锻炼的：品德是可以培养的。不言而喻，品德的培养如果遵循品德的客观本性和规律，便能够提高人的品德，从而既可以使人从无德境界进入美德境界而不堕入恶德境界，也可以使人由恶德境界回归美德境界。那么，遵循品德本性和规律的品德培养方法究竟是怎样的？

四　品德的培养

1　品德培养目标

君子：品德培养基本目标　君子与小人自春秋战国时代就明确作为两种对立人格而沿用至今。但是，这对范畴最初既指两种道德人格，又指两种社会阶层：君子指王侯、公卿和大夫等统治阶层；小人指庶民和奴隶等被统治阶层。从汉代以来，君子与小人分别才逐渐只有一种含义：君子就是善人、好人、合乎道德的人、处于美德境界的人；小人就是恶人、坏人、不道德的人、处于恶德境界的人。进言之，君子就是长期遵守道德总原则"善"从而使之内化为自己的人格和个性的人，就是长期遵守"无私利他""为己利他"和"单纯利己（不损人己）"三大善原则从而使之内化为自己的人格和个性的人，就是具有"无私利他""为己利他"和"单纯利己（不损人己）"三大美德的人："无私利他"是君子的最高美德;"为己利他"是君子的基本美德;"单纯利己(不损人己)"是君子的最低美德。反之,小人就是长期违背道德总原则"善"从而使不道德总原则"恶"内化为自己的人格和个性的人,就是使"纯粹害人""损人利己"和"单纯害己"三大恶原则内化为自己的人格和个性的人,就是具有"纯粹害人""损人利己"和"单纯害己"三大恶德的人:"纯粹害人"是小人最重恶德;"损人利己"是小人的基本恶德;"单纯害己"是小人最轻恶德。

于是,君子就是善人、好人、合乎道德的人:他可以是最善最好最道德的人,因而可以是具有无私利他人格的人;而不必是最善最好最道德的人,不必是具有无私利他人格的人。一个人的行为不论如何自私利己而罕见无私利他,不论他的行为目的是如何为自己,但是,只要他不损人,只要他是为己利他而不是损人利己,那么,他就是一个合乎道德的人,他就是一个君子而不是小人。即使他损人,即使他损人利己,只要这些不道德的行为还没有使他形成和具有损人利己的品德或人格,那么,他就仍然是君子而不是小人。只有当他损人利己的行为越来越多而终于使他形成和具有了损人利己的品德或人格时,他才是小人而不是君子。显然,君子是品德培养的基本目标,而不是品德培养的最高目标。那么,品德培养的最高目标是什么?是仁人。

仁人:品德培养的最高目标 仁是什么?冯友兰答道:"仁之事,即是爱人,即是利他。"① 不过,利他有为己利他与无私利他之分。从孔子对仁是"爱人"的解释来看,仁是无私利他,而不是为己利他。为己利人显然绝非爱他人而是爱自己;只有无私利他才是爱他人:爱人是无私利人行为的心理动因。从孟子的"仁也者,人也"《孟子·尽心上》的解释来说,仁也是无私利他而非为己利他。因为孟子的这一定义意味着,仁是实现人之所以为人者的原则;而在孟子和儒家看来,一个人只有无私利他,才能使自己的品德达到完善境界,从而实现自己的人之所以为人者。这一点冯友兰讲得很清楚:"求自己的利,可以说是出于人的动物的倾向,与人之所以为人者无干……为实现人之所以为人者,我们可以说,人应该求别人的利。"② 所以,郭沫若说:"仁的含义是克己而为人的一种利他的行为……他要人们除掉一切自私自利的心

---

① 冯友兰《三松堂全集》第四卷,河南人民出版社,1986年,第125页。
② 同上书,第608页。

机，而养成为大众献身的牺牲精神。"①

这样一来，所谓仁人，便是君子的最高境界，是最高尚的君子，是达到了君子最高境界无私利人的人，是具有最高美德或至善美德无私利人的人，也就是无私利人的道德楷模，是长期遵守至善原则"无私利人"从而使之内化为自己的人格和个性的人，是使"无私利人"至善原则在自己的人格或个性中得到实现的人，是具有无私利他人格的人，因而是品德培养的最高目标。

圣人：品德培养终极目标 圣人无疑是其词源含义富有智慧进一步升华、拔高和全面化的结果。因为圣人之为圣人，不仅具有"智慧"的美德，而且还必须具有其他美德，比如说，至少还必须具有"善"和"仁"的美德：圣人不仅是智者，还必须是一个道德的人，必须是君子和仁人。然而，一个人具有了"仁"和"智"的美德，称得上是君子、仁人和智者，但他还不是圣人。圣人是几乎将全部道德都内化为自己的人格的人，是几乎具有全部美德的人，是全德之人，是道德完人。所以，荀子说："圣人备道全美者也。"《荀子·非十二子》这就是说，圣人必定具有智慧的美德，而不必是天下最高智慧者。更何况，只是就词源含义来说，圣人才以智慧为本；而就概念定义来说，圣人则以善或仁为本。因为圣人是道德完人而不是智慧完人；并且圣人的美德并不高于仁人，而只不过比仁人更多、更全面：圣人不过是具有多方面美德的君子，不过是在美德诸方面得到全面发展的人罢了。因此，正如荀子所言，只要通过学习和实践的积累，人皆可以为圣人："涂之人百姓，积善而全尽，谓之圣人。"《荀子·儒效》

人皆可以为圣人，蕴含一个贯穿儒家哲学的伟大的命题：学为圣人。确实，既然人皆可以为圣人，那岂不应该人皆学为圣人？程颐曰："人皆可以至圣人，而君子之学必至于圣人而后已。不至于圣人而后已者，皆自弃也。"② 因此，跟君子和仁人一样，圣人也是适用于每个人的品德培养的普遍目标。只不过，君子是长期遵守"善"原则而使之内化为自己的人格的人，是善人、好人、合乎道德的人，因而是品德培养基本目标；仁人是长期遵守无私利人的"至善"原则而使之内化为自己的人格的人，是最善、最好、最道德的人，是品德培养最高目标；

---

① 郭沫若：《十批判书》，人民出版社，1959年，第213页。
② 程颢、程颐撰：《二程集》卷二十五，中华书局，2004年，第318页。

圣人则是长期遵守所有道德规范而使之内化为自己的人格的人，是几乎具有全部美德的人，是道德完人，因而是品德培养的终极目标。这就是品德培养的全部目标。那么，达到这些目标的方法是什么的？达到这些目标的方法可以分为"制度建设"与"教育修养"两大系列：制度建设是国民总体品德培养方法；教育修养是国民个体品德培养方法。

2 制度建设：国民总体品德培养方法

市场经济：提高国民品德道德感情因素的基本方法

"德富律"的研究业已表明，一个国家的经济发展越快，物质财富增加得越多，对于这些物质财富的分配越公平，国民物质需要的相对满足的程度便越充分，因而做一个好人的道德需要和欲望便越多，他们的品德便越高尚。可是，一个国家的经济发展速度和财富分配的公平程度又取决于什么？

不难看出，任何社会的经济发展速度和财富分配的公平程度，固然取决于劳动者和管理者的个人品质，但是，根本说来，则取决于国家的经济体制。因为一目了然，劳动者和管理者的个人品质不过是经济发展快慢和财富分配是否公平的偶然的、特殊的根源；而国家的经济体制则是经济发展快慢和财富分配是否公平的普遍的、必然的根源。那么，能够保障经济迅速发展和财富公平分配的经济体制究竟是怎样的呢？

是市场经济。因为市场经济是一种没有外在强制的自发的、自愿的经济，因而在这种经济体制下，每个人都享有经济自由；而经济自由无疑是经济繁荣昌盛的必要的、根本的条件。这就是我们到处看到，哪个国家实行市场经济而经济自由，哪个国家的经济便繁荣昌盛的缘故。不过，如果没有政府干预，仅凭市场经济自身不但不能完全实现经济公正，不能完全实现公正的收入分配；而且不能够完全实现经济自由：市场经济自身无法自动消除垄断。因此，为了实现自由而公正的市场经济，必需政府干预市场经济活动。但是，政府的干预应该只限于确立和实现市场经济自由且公正地运行的规范，而不应该指挥市场经济活动：政府应该是经济活动规范的制定者与仲裁者，而不应该是经济活动的指挥者。

因此，如果一个国家实行了市场经济，并且政府对市场经济的干预只限于对经济自由与经济公正等市场经济规范的制定和执行，因而只是充当市场经济的仲裁人而不是市场经济的指挥者，那么，该国便建立了自由而公正的市场经济体制。这样一来，该国的经济便必定迅速发展、物质财富必定迅猛增加，对于这些财富的分配必定公正，从而国民的物质需要必定得到相对充分的满足，因而做一个好人（君子、仁人乃至圣人）的道德需要和欲望必定强烈，最终势必导致国民品德的普遍提高，势必导致好人（君子、仁人乃至圣人）普遍增多。因此，建立自由且公正的市场经济体制是形成国民做一个好人的道德愿望的前提和基础之方法，是培养国民品德的道德感情因素的基本方法，是提高国民品德的基本方法。

自由民主：提高国民品德道德感情因素的主要方法

"德福律"的研究表明，一个国家的政治越清明，国民的德福便越一致，他们做一个有美德的好人的动力便越强大，他们做一个有美德的好人的道德愿望便越强大，他们善的动机便越强大以致能够克服恶的动机和实现善的动机的内外困难，他们的道德意志便越强大，他们的品德便越高尚：政治清明和德福一致是形成国民品德的道德感情因素之目的和动力。那么，一个国家的政治清明抑或腐败以及德福一致与否又取决于什么？

不难理解，只有民主的政治体制才可能保障政治清明和德福一致而防止政治腐败和德福背离。这可以从两方面看。一方面，只有民主政体才符合政治自由和政治平等两大社会治理道德原则。因为只有在民主政体中，每个人才能完全平等地共同执掌国家最高权力，从而完全平等地享有政治自由，亦即完全平等地使国家的政治按照自己意志进行。这就是民主政体能够保障政治清明的缘故：政治平等和政治自由——每个人完全平等地共同执掌国家最高权力——无疑是政治清明和德福一致的普遍的必然的根源。另一方面，民主政体意味着国家最高权力完全平等地共同掌握在每个公民手中，因而造成最高权力最大限度的分散和分立，使立法、行政和司法等政治权力互相分立、牵制、监督和抗衡，从而能够有效防止各级官员的腐败和德福背离而保障其清廉和德福一致。

不过，民主只是保障政治清明和德福一致而防止政治腐败和德福背离的必要条件，而不是其充分条件。因为民主的政权仍然可能被滥用而成为无限的（unlimited democracy），因而违背了自由与平等以及人道和公正等社会治理道德原则，从而导致民主的暴政。如果民主政权能够得到限制，亦即遵循自由与平等以及人道和公正等社会治理道德原则，那么，民主便不会沦为暴政，因而也就能够保障政治清明和德福一致而防止政治腐败和德福背离：受到自由等社会治理道德原则有效限制的民主，是保障政治清明和德福一致而防止政治腐败和德福背离的充分且必要条件。这种民主就是所谓"自由民主"：自由民主就是被自由与平等以及人道和公正等社会治理道德原则有效限制的民主，就是将这些原则作为宪法的指导原则和基本精神的民主，就是遵循这种宪法而受其限制的民主。

因此，遵循宪法而受其限制的所谓"自由民主"，真正讲来，也就是遵循名副其实的宪法之指导原则——自由与平等以及人道与公正诸社会治理道德原则——而受其限制的民主，因而也就是保障政治清明和德福一致而防止政治腐败和德福背离的充分且必要条件，是政治清明和德福一致的普遍的必然的根源。这样一来，如果一个国家实现了自由民主，那么，该国的政治必定清明，国民的德福必定一致，他们做一个有美德的好人（君子、仁人乃至圣人）的动力必定强大，他们做一个有美德的好人（君子、仁人乃至圣人）的道德愿望必定强大，他们善的动机必定强大以致能够克服恶的动机和实现善的动机的内外困难，他们的道德意志必定强大，最终势必导致国民品德的普遍提高，势必导致君子、仁人乃至圣人之普遍增多：自由民主是形成国民做一个好人的道德愿望的目的和动力之方法，因而是培养国民品德道德感情因素的主要方法，是提高国民品德的主要方法。

优良道德：培养国民品德道德感情和道德意志两因素的复合方法

"德道律"的研究表明，一方面，道德越优良，它给予每个人的压抑、限制和损害便越少，而给予他的利益和快乐便越多；于是，人们遵守道德从而做一个有美德的人的动力、欲望、动机和意志便越强大，因而他们的品德便越高尚。另一方面，道德越优良，与行为的客观本性便越相符，便越易于被每个人实行；从而人们实行道德的行为便越多，人们的品德便越高尚。然而，问题是，一个国家究竟奉行怎样的道德才算得上优良呢？

任何国家所奉行的道德无疑都是不胜枚举的，因而必定既有一些是优良的，又有一些是恶劣的，而不可能全部优良或全部恶劣。所以，我们说一个国家所奉行的道德是恶劣的或是优良的，只能是就其处于基础与核心地位的——具有决定意义——的道德来说的：如果一个国家处于基础与核心地位的道德是优良的，我们就说该国奉行优良道德；反之，如果一个国家处于基础与核心地位的道德是恶劣的，我们就说该国奉行恶劣道德。

在一个国家所奉行的道德规范体系中，处于基础与核心地位的无疑是普遍的道德原则，而不是推导于普遍道德原则的特殊道德原则和道德规则。人类社会普遍的道德原则无非四类。第一类是道德终极标准，亦即道德最终目的之量化："增进每个人的利益总量"；第二类是一切伦理行为应该如何的道德总原则，亦即所谓"善"；第三类是善待他人的道德原则，主要是社会治理的道德原则，亦即"公正（平等是最重要的公正）"和"人道（自由是最根本的人道）"；第四类是善待自我的道德原则，亦即所谓"幸福"。善待自我的道德原则在一个国家所奉行的道德规范体系中显然不可能处于基础与核心地位。因此，判断一个国家所奉行的道德是否优良，说到底，全在于该国所奉行的道德终极标准和道德总原则以及社会治理道德原则是否优良。那么，一个国家究竟奉行怎样的道德终极标准、道德总原则和社会治理道德原则才堪称优良？规范伦理学的研究表明：

首先，极端义务论道德终极标准和极端利他主义的道德总原则最恶劣。因为二者虽然坚持了无私利他，鼓舞了人们无私奉献的至善热忱；却反对一切个人利益的追求，抛弃了为己利他和自我实现原则，而以无私利他要求人的一切行为。这样，一方面，它们对每个人的欲望和自由压抑、限制便最为严重：它们压抑、否定每个人的一切目的利己的欲望和自由，而妄图使人的一切行为都达到无私利他的至善峰峦；另一方面，它们增进社会和每个人利益最为缓慢，因为它们否定目的利己、反对一切个人利益的追求，也就堵塞了人们增进社会和他人利益的最有力的源泉。于是，合而言之，极端利他主义和极端义务论道德便是给予每个人的害与利的比值最大的道德，因而也就是最为恶劣的道德。相反地，马克思主义的功利主义道德终极标准和马克思主义的己他两利主义道德总原则最优良，因其将无私利他和利己不损人（为己利他与单纯利己）一起奉为评价行为是否道德的多元准则。这样，一方面，马克思主义道德对每个人的欲望和自由的压抑和限制便最为轻微：它们仅仅压抑、否定每个人的损人的欲望和自由，因而只有在利益冲突时才要求无私利他、自我牺牲。另一方面，马克思主义道德增进全社会和每个人利益又最为迅速。因为它们不但提倡无私利他、自我牺牲，激励人们在利益冲突时无私利他、自我牺牲而不致损人利己，从而增进了社会利益总量；而且倡导为己利他与自我实现，肯定一切利己不损人的行为，鼓励一切有利社会和他人的个人利益的追求，也就开放了增进社会和每个人利益的最有力的源泉。于是，合而言之，马克思主义道德终极标准和道德总原则便是给予每个人的利与害的比值最大的道德，因而也就是最为优良的道德。

其次，专制主义社会治理道德原则最恶劣。因为，一方面，它维护一个人独掌国家最高权力，而违背政治平等、经济平等和机会平等原则，从而剥夺所有人应该享有的各种平等权利，使所有人生活于一个极端不平等、不公正和无人权的等级社会；另一方面，它维护一个人独掌国家最高权力，而违背政治自由、经济自由和思想自由原则，剥夺所有人应该享有的各种自由权利，使所有人都生活于一个遭受全面的奴役、异化和不自由的社会，完全丧失个性而不可能实现自己的创造性潜能，因而必定极端阻碍社会发展进步，造成社会停滞不前。合而言之，专制主义道德对每个人的欲望和自由的压抑、限制和侵犯最大，而增进全社会和每个人利益却最少：它是给予每个人的害与利的比值最大的道德，因而是最为恶劣的社会治理道德。相反地，人道与自由以及公正与平等的社会治理道德原则最优良。因为，一方面，它们对每个人的欲望和自由的压抑无疑最为轻微——它们甚至倡导每个人的自由应该广泛到社会的存在所能容许的最大限度——另一方面，它们增进全社会和每个人利益必定最为迅速，因为人道与自由以及公正与平等无疑是实现每个人创造潜能、调动每个人劳动积极性和保障社会繁荣进步的根本条件。于是，合而言之，人道与自由以及公正与平等的道德原则便是给予每个人的利与害的比值最大的道德，因而是最为优良的社会治理道德。

这样一来，如果一个国家奉行极端义务论和极端利他主义以及专制主义道德，那么，该国所奉行的道德，就其基础或核心来说，便是最恶劣道德，因而不论其余道德如何，该国所奉行的都是最恶劣的道德：一方面，它对于国民的压抑、限制和损害必定极大，而给国民的利益和快乐必定极少；另一方面，它势必背离行为的客观本性而难以被每个人实行。于是，人们遵守这种道德从而做一个有美德的人的动力、欲望、动机和意志便必定极其弱小，因而他们的品德必定极其恶劣。反之，如果一个国家奉行马克思主义的功利主义、己他两利主义以及人道、自由、公正和平等的道德，那么，该国所奉行的道德，就其基础或核心来说，便是最优良的道德，因而不论其余道德如何，该国所奉行的都是最优良道德：一方面，它对国民的压抑、限制和损害必定极少，而给予国民的利益和快乐必定极多；另一方面，它必定符合行为的客观本性因而易于被每个人实行。于是，人们遵守这种道德从而做一个有美德的人的动力、欲望、动机和意志必定极其强大，因而他们的品德必定高尚。

可见，马克思主义的功利主义、己他两利主义以及人道、自由、公正和平等之优良道德，乃是形成国民做一个有美德的人（君子、仁人乃至圣人）的强大的动力、动机、欲望和意志之方法，因而是培养国民品德道德感情和道德意志两因素的复合方法，是提高国民品德的基本方法。

思想自由：培养国民品德道德认识因素的基本方法

"德识律：国民品德道德认识规律"的研究表明，一个国家的科教文化越发达，该国国民普遍的认识水平便越高，国民普遍的道德认识水平便越高，国民的品德便越高尚。那么，一个国家的科教文化发达与否又取决于什么？

一个国家的科教文化发达与否，根本说来，无疑取决于该国是否有思想自由，亦即是否有获得与传达思想之自由，说到底，是否有言论与出版——言论与出版是思想获得与传达的主要途径——之自由：思想自由是科教文化迅速发展的根本条件，是精神财富繁荣兴盛的根本条件，是真理得以诞生的根本条件。因为不言而喻，任何人的思想，都不可能在强制和奴役的条件下得到发展。思想自由，确如无数先哲所论，是思想和真理发展的根本条件而与其成正相关变化：一个社会的言论和出版越自由，它所能得到的真理便越多，它的科学与艺术便越繁荣兴旺，它所获得的精神财富便越先进发达；一个社会的言论和出版越不自由，它所能得到的真理便越少，它的科学与艺术便越萧条荒芜，它所创获的精神财富便越低劣落后。

诚然，言论与出版自由往往会产生一些有害后果，如种种谬论流传而引人误入歧途。反对言论与出版自由的理由，说来说去，亦莫过于此：禁止错误思想。然而，这个理由是不能成立的。因为，一方面，禁者未必正确，被禁者未必错误，我们今天禁止的所谓错误，往往便是明天的真理；另一方面，就算被禁者是错误，也不应禁止，因为真理只有在同错误的斗争中才能发展起来，没有这种斗争，真理便会丧失生命力而成为僵死的教条。① 因此，正如诺兰所指出，如果因言论和出版完全自由的危害而限制其自由，那么，这种限制所带来的危害，便远远大于言论与出版完全自由所带来的危害。②

那么，有没有不通过限制言论和出版自由的方法来防止其危害呢？有的。一种方法是提高听众和读者的鉴别力。诺兰说："一种信息通畅的具有批判精神的社会，乃是免除言论自由危害的最好武器。"③ 而这样的社会显然只有通过思想完全自由才能建立起来。所以，思想完全自由的有害后果，通过思想自由本身便可逐渐防止。另一种方法是追究言论者和出版者的责任：每个人都必须对自己的言论和出版的有害后果承担责任。对自己言论和出版的危害性后果承担责任的恐惧，无疑既能有效防止自己言论和出版的危害性，同时又没有限制言论和出版自由。

可见，应该坚持思想自由原则：一个国家的思想、言论和出版越不自由，该国的科教文化便越不发达，该国国民普遍的认识水平便越低，国民普遍的道德认识水平便越低，国民的品德便越败坏，国中君子、仁人乃至圣人便越稀少；一个国家的思想、言论和出版越自由，该国的科教文化便越发达，该国国民普遍的认识水平便越高，国民普遍的道德认识水平便越高，国民的品德便越高尚，国中君子、仁人乃至圣人便越多。这岂不意味着：思想自由是培养国民品德道德认识因素的方法，是提高国民品德的首要方法？

综观国民总体品德培养方法可知，政治民主、市场经济、思想自由和优良道德四大制度建设均为国民总体品德或群体品德培养方法，而不是国民个体品德、个人品德培养方法；都是一个国家国民群体品德的统计性培养方法，而不是个人品德非统计性培养方法。因此，这些方法并不能保证具体提高某一个个人的品德境界，并不能保证提高一个具体的、特殊的个人的品德境界；而只能保证提高一个国家的国民总体的品德境界，只能保证提高一个社会的社会群体的品德境界。那么，一个人究竟怎样才能具有良好和高尚的品德？究竟怎样

---

① 参阅：John Stuart Mill, American State Papers the Federalist, in Robert Maynard Hutchins, *Great Books of the Western World*, Volume. 43. (Chicago: Encyclopedia Britannica, Inc 1980), p. 292。

② 参阅：Richard T. Nolan, Frank G. Kirkpatrick with Harold H. Titus, and Morris T. Keeton, *Living Issues in Ethics* (San Francisco: Wadsworth Publishing Comping, 1982), pp. 285-286。

③ Ibid., p. 286.

才能使一个人具有良好和高尚的品德？换言之，能够保证具体提高某一个个人的品德境界的品德培养方法究竟如何？说到底，国民个体品德培养方法究竟是什么？是道德教养，亦即道德教育与道德修养：道德教育是国民个体品德培养的外在方法；道德修养是国民个体品德培养的内在方法。

3 道德教育：国民个体品德培养外在方法

道德教育无疑是社会对每个人品德的培养方法，是国家对国民个体品德的培养方法，是社会或国家将外在的道德规范转化为每个人的内在品德从而使每个人遵守道德规范的品德方法。不过，社会或国家原本一方面由个人构成，他方面由个人——亦即社会或国家的领导者如父母、教师、各级行政长官乃至大总统等——代表。因此，所谓道德教育，所谓社会或国家对国民个人品德的培养，直接说来，便是社会和国家的代表或领导者对被领导者的品德培养；说到底，则是人们相互间的品德培养，是他人对自己和自己对他人的品德培养，因而是国民个体品德培养的外在方法。反之，道德修养则是个人的自我品德培养，是自己对自己的品德培养，是个人将社会道德规范转化为自己内在品德从而自觉遵守道德规范的方法，因而是国民个体品德培养的内在方法。道德教育的主要方法是言教、奖惩、身教和榜样；道德修养主要方法则可以归结为学习、立志、躬行和自省。

言教：提高个人道德认识的道德教育方法

教育者究竟应该如何对受教育者进行道德教育？首先应该进行言教。因为个人道德认识乃是品德的指导因素和首要成分，受教育者之所以背离美德而陷入恶德，正如孟子所言，首要原因便在于他缺乏道德智慧，便在于对美德的利益和恶德的不利之愚蠢无知："夫仁，天之尊爵也，人之安宅也。莫之御而不仁，是不智也。"《孟子·公孙丑上》所以，教育者的首要任务就是提高受教育者的个人道德认识、道德知识和道德智慧，从而使受教育者懂得为什么应该做和究竟怎样做一个有美德的人。道德认识、道德知识和道德智慧当然主要是通过语言表达、传授的。所以，教育者的首要任务就是通过语言向受教育者传授道德知识、道德认识和道德智慧。这就是所谓的言教：言教就是教育者通过语言向受教育者传授道德认识、道德知识和道德智慧以提高其个人道德认识的道德教育方法。

然而，几乎无人不说：言教不如身教。岂不有轻视言教之意？他们竟然忘记，言教乃是最高级的教育形式！难道不是唯有人类才拥有第二信号系统——语言——因而才拥有言教？而身教岂不是人类与其他动物所共有的教育方法？言教不如身教，只是就某一方面，如道德践履、实行道德或确定和执行道德行为动机来说才能成立；而就另一方面，如传授道德认识和道德智慧来说则是不能成立的。因为，道德认识和道德智慧岂不主要是通过语言，而不是通过行动传授的？

诚然，品德的决定性因素是个人道德感情而不是个人道德认识或道德智慧。但是，一个人如果没有一定的个人道德认识和道德智慧，他绝不会有相应的个人道德感情：个人道德认识和道德智慧是个人道德感情的必要条件。因为个人道德感情固然最终源于和形成于个人道德实践，却直接源于和形成于个人道德认识、道德智慧。

就拿一个人对他父母的爱来说。他的这种道德感情无疑产生和形成于他所承受的父母长期给予他的快乐和利益：爱是自我对快乐和利益的心理反应。然而，我们看到那么多不孝儿女，他们虽然从父母那里得到了巨大的快乐和利益，却并不深爱他们的父母。原因之一，岂不就是因为不养儿不知父母恩？岂不就是因为他们没有真正理解和认识父母的深恩大德？及至他们自己有了儿女，他们才理解了父母的养育之不易，才真正懂得了父母之深恩大德，从而心中才充满了对父母的深情挚爱。所以，只有对于父母的给予怀有正确的道德认识，一个人才能够真正深爱给予他莫大利益和快乐的父母；一个人对父母的爱直接源于、形成于诸如"父母之恩无与伦比"的道德认识；最终则源于、形成于他长期从父母那里得到的快乐和利益的道德实践。

可见，个人道德认识不仅是品德的指导因素、首要成分，而且是个人道德感情，从而也就是个人道德意志形成的必要条件。这样一来，言教岂不就因其是提高受教育者个人道德认识的主要途径而既是个人道德认识的主要的、首要的教育方法，同时又是品德其他因素的首要教育方法？这就是言教是道德教育首要方法的缘故。但是，言教充其量只能使受教育者知道为什么应该做和究竟应该怎样做一个有美德的人；却不能使受教育者真正想做、愿做、欲做一个有美德的人。使受教育者想做、愿做、欲做一个有美德的人的教育方法，是奖惩。

奖惩：形成个人道德感情的道德教育方法

奖惩作为一种道德教育方法，顾名思义，就是使受教育者的美德得到奖励和恶德受到惩罚的道德教育方法，就是教育者通过使受教育者的美德得到奖励和恶德受到惩罚而使其欲求美德的道德教育方法。这种道德教育方法的主体、实施者或教育者，固然主要是社会及其代表者，亦即领导人；而奖惩的客体、对象或被教育者，固然主要是社会的成员、被领导者。但是，每个人既是受教育者同时又是教育者，因而每个人既是奖惩的主体或施予者，同时又都是奖惩的客体或对象。只不过，只有领导者拥有权力，因而领导者给予被领导者的奖惩，大都是权力奖惩，如职务之升降、大会表彰等等；反之，被领导者就其被领导来说，必无权力，因而被领导者给予领导者的奖惩，必定是非权力奖惩，因而主要是舆论奖惩，如说长道短、毁誉领导者的名声等等。然而，为什么奖惩可以使人欲求美德？奖惩之为使人欲求美德的道德教育方法的根据究竟何在？

原来，人是个社会动物，每个人的生活都完全依靠社会和他人：他的一切利益都是社会和他人给的。所以，能否得到社会和他人的赞许，便是他一切利益中最根本最重大的利益：得到赞许，便意味着得到一切；遭到谴责，便意味着丧失一切。能否得到社会和他人的赞许之关键，显然在于他的品德如何：如果社会和他人认为他品德好，那么，他便会得到社会和他人的赞许和奖励；反之，则会受到社会和他人的谴责和惩罚。

这就是一个人最初会有做一个有美德的人的道德需要的缘故：他需要美德，因为美德就其自身来说，虽然是对他的某些欲望和自由的压抑、侵犯，因而是一种害和恶；但就其结果和目的来说，却能够防止更大的害或恶（社会和他人的唾弃、惩罚）和求得更大的利或善（社会和他人的赞许、赏誉），因而是净余额为善的恶，是必要的恶。因此，美德乃是他利己的最根本、最重要的手段：他对美德的需要是一种手段的需要。但是，逐渐地，他便会因美德不断给他莫大利益而日趋爱好美德、欲求美德——爱就是对于利益和快乐的心理反应——从而便为了美德而求美德，使美德由手段变成目的；就像他会爱金钱、欲求金钱、使金钱由手段变成目的的一样。

因此，每个人以美德为目的的道德需要，源于以美德为手段的道德需要；而以美德为手段的道德需要又源于社会和别人因他品德的好坏所给予他的奖惩。于是，说到底，每个人做一个有美德的人的道德需要——不论是以美德为手段的需要还是以美德为目的的需要——均以奖惩、利益和快乐为根本动因、根本动力。奖惩是每个人做一个有美德的人的道德需要的根本动因、根本动力：这就是奖惩必定使人欲求美德而避免恶德的原因，这就是奖惩之为使人欲求美德的道德教育方法的根据。

可见，奖惩是每个人做一个有美德的人的道德需要、道德欲望形成发展的根本的源泉和动力，因而是形成和增强受教育者做一个有美德的人的道德需要、道德欲望的道德教育方法，是使道德由社会外在规范成为受教育者自身内在需要、欲望的教育方法，说到底，是陶冶受教育者个人道德感情的道德教育方法。不过，奖惩只能使受教育者愿做一个有美德的人；却不能保证受教育者实行道德从而实际成为一个有美德的人，不能使受教育者将成为一个有美德的人的道德愿望、道德理想付诸行动。保证受教育者实行道德从而实际成为一个有美德的人的道德教育方法是身教。

身教：形成个人道德意志的道德教育方法

所谓身教，顾名思义，就是教育者通过自己躬行道德而使受教育者实行道德的道德教育方法。不难看出，这种方法之真谛乃在于道德之最深刻的本性：道德是社会制定或认可的关于每个人的行为应该如何的社会契约，是对每个人的行为的一种规范、限制、约束。这样，对于道德来说，一个人虽然知道自己应该遵守，并且也确实愿意遵守，但是，如果别人都不遵守，那么，自己也就不会遵守了；否则，自己岂不枉受束缚？任何契约的每一位缔结者岂不都是如此？岂不都是如果自己遵守契约，则必定要求他人也遵守契约？如果他人不遵守，自己岂不枉受束缚而毫无意义？教育者与受教育者之间是否实际遵守道德契约的关系，岂不更加如此？

教育者通过言教和奖惩，使受教育者知道应该遵守道德、并且愿意遵守道德。但是，究竟怎样才能使受教育者的这种道德欲望强大到能够克服其他欲望，从而引发遵守道德的实际行为呢？如果教育者不仅言教和奖惩，而且还身教，不但要求受教育者实行道德，而且自己率先躬行道德。那么，受教育者便会与教育者发生情感共鸣，便会认为教育者诚实公正、言行一致：让别人做的事自己首先做。这样一来，受教育者欲求做一个遵守道德有美德的人的道德欲望和感情便会得到加强，因而能够克服与之冲突的其他感情和欲望，从而引发遵守道德的实际行为，乃至长年累月自觉自愿地实行道德而成为一个有美德的人。

相反，如果教育者仅仅言教和奖惩而不能做到身教，只要求受教育者实行道德而自己却并不实行道德，那么，受教育者便会产生反感，认为教育者言行不一、虚伪、欺骗和不公正：把自己不愿做的事让别人做。这样一来，受教育者欲求做一个遵守道德有美德的人的道德欲望和感情便会减弱萎缩，因而不能够克服与之冲突的其他感情和欲望，从而也就不会引发遵守道德的实际行为。诚然，他迫于教育者的奖罚而能够偶尔实行道德，那当然只是做样子给教育者看，而绝非其自觉自愿；因而只要教育者看不到，他必定溜之大吉，极力逃避实行道德。于是，他不会长年累月实行道德，从而也就不会成为一个有美德的人。

这个道理，不但是人人都有的体验，而且已为现代社会学家的实验证实。米斯切尔于1966年做了如下实验：让儿童们做小型滚木球游戏。做法是让儿童按一定的规则将木球投入球门，投中者得分，而得20分以上就可得奖。如果遵守规则，得奖的机会很少；如果偷偷违反规则就可把球投中，因而得分得奖。每个游戏者都有一个严格遵守规则和不守规则而用骗人方法得分的可能性。在实验开始阶段，儿童与成人一起玩。把儿童分为两组：第一组，成人不仅通过言教告诉儿童守规则，而且身教，以身作则、言行一致；第二组，成人仅仅言教却不能身教，仅仅告诉儿童守规则，自己却不守规则，言行不一。那么，成人之身教与否对儿童行为有何影响呢？于是实验者又设计了第二个实验，让儿童独自玩此游戏，研究者可通过观察孔看到儿童行动。结果发现第一组儿童得奖的次数很少，只占百分之一左右，说明大多数儿童深受成人以身作则之身教的影响因而是严守规则的；第二组儿童得奖次数达到百分之五十以上，说明他们深受成人不以身作则之身教的影响，因而一旦离开成人便会不守规则。

可见，就道德的实行来说，身教重于言教："其身正，不令而行，其身不正，虽令不行。"（《论语·子路》）身教是引导受教育者实行道德的道德教育方法，言教则不是。因而身教也就是引导受教育者确定道德行为动机、执行道德行为动机的道德教育方法，也就是锻炼受教育者道德意志的道德教育方法。这样一来，道德教育方法岂不止于身教？不！因为身教、言教和奖惩结合起来，虽然足可以使受教育者实际成为一个有美德的人，但是，这些教育方法却都是片面的，不能给受教育者以完整的影响。完整的道德教育方法，是模仿完整的人，亦即所谓"榜样"。

榜样：培养个人道德认识、道德感情和道德意志的综合道德教育方法

人是个道德动物，每个人或多或少必定都有遵守道德规范从而做一个好人的道德需要、道德欲望和道德愿望。这些道德需要、道德欲望和道德愿望经过言教、奖惩和身教等等道德教育方法便会逐渐强大而终成道德理想：道德理想岂不就是远大的道德愿望？岂不就是必经奋斗在较远的未来才能实现的远大道德愿望？道德需要、道德欲望、道德愿望和道德理想，无疑与其他需要、欲望、愿望和理想一样，乃是引发相应行为的动力。那么，一个人做一个好人的道德理想将引发怎样的行为呢？换言之，一个人怎样才能实现他做一个好人的道德理想呢？最佳的途径，就是模仿道德榜样，模仿无疑是每个人所固有的最深刻的人性。

因为道德理想如果是抽象的、笼统的、模糊的和非现实的，显然无法实现。问题的关键在于，言教、奖惩和身教使受教育者形成的，恰恰只是抽象的、笼统的、模糊的和非现实的道德理想；只有榜样，当其成为受教育者的道德理想或理想人格的时候，才能使这种道德理想现实化、具体化和明确化。试想，每个人做一个好人的道德理想，岂不只有通过模仿榜样从而转换为做一个像岳飞、文天祥和雷锋式的人，才能现实化、具体化和明确化吗？否则，如果没有任何道德榜样，做一个好人的道德理想岂不只能是抽象的、笼统的、模糊的和非现实的吗？它怎么可能现实化、具体化和明确化呢？

因此，道德榜样就是受教育者做一个好人的道德理想之现实化、具体化和明确化的模型；模仿道德榜样就是受教育者现实化、具体化和明确化自己的道德理想的唯一途径，因而也就是他实现自己的道德理想的唯一途径：当他通过模仿道德榜样而终于成为像道德榜样一样的人的时候，岂不就实现了自己的道德理想？所以，一个人的品德固然可以超过他所模仿的道德榜样，甚至成为更加伟大和独特的道德英雄，但是，模仿和学习乃是创造和独创的基础：模仿道德榜样乃是他之所以超过他所模仿的道德榜样的基础。这就是受教育者必定会模仿教育者所树立的道德榜样的缘故：模仿榜样是受教育者实现自己道德理想的必由之路。

可见，人的模仿本性及其做一个好人的道德理想，乃是榜样之为道德教育方法的前提和依据：榜样就是教育者引导受教育者模仿某些高尚者品德从而使受教育者的道德理想得到实现的道德教育方法。显然，榜样是一种全面的道德教育方法，与言教、奖惩、身教皆有所不同。一方面，榜样是一种全面的道德教育方法。因为言教、奖惩和身教所培养和提高的只是受教育者品德的某一种因素，或者是道德认识，或者是道德感情，或者是道德意志，因而皆为片面的道德教育方法。相反地，榜样所培养和提高的则是受教育者品德的全部因素。因为正如沛西·能所指出，此乃模仿本性使然："模仿趋势表现在行动、情感和思想三个方面。意识生活的这些因素是那么密切地相互结合在一起，以致在一个方面开始的模仿，通常会扩散到其他方面。所以，在女孩子中间，对一个被崇拜的女教师的模仿，可能开始是仿效她的笔迹、她的口吻和她的头饰，结果往往全盘地采取她的情操和意见。"① 所以，榜样是教育者引导受教育者模仿和学习某些高尚者品德各种因素的全面道德教育方法，是教育者引导受教育者模仿和学习某些品德高尚者的道德认识、道德感情和道德意志的综合道德教育方法。

另一方面，榜样是最具感染力的道德教育方法。因为不言而喻，言教、身教和奖惩的教育未必是具体的、感性的、直观的、形象的和生动的；反之，榜样的教育则必定是具体的、感性的、直观的、形象的和生动的：具体的、感性的、直观的、形象的和生动的教育岂不更具感染力？岂不更能够陶冶、增强和提高受教育者的道德感情、道德意志和道德认识？试想，有什么道德教育方法能够比文天祥为国为民而放弃荣华富贵直至牺牲性命的鲜活榜样更具感染力？他的一句"人生自古谁无死，留取丹心照瀚青"岂不比万卷德育学更具实效和力量？这恐怕就是说"榜样的力量是无穷"的缘故。

总而言之，榜样乃是一种最富感染力的陶冶、增强和提高受教育者道德感情、道德意志和道德认识的全面的道德教育方法。这种道德教育方法对于品德培养的重要意义，曾被苏霍姆林斯基概括为一句名言："人只能用人来建树"②。因此，道德教育方法从培养受教育者品德某一种因素的言教、奖惩和身教到培养受教育者品德全部因素的榜样之研究，实乃从片面到全面和从分析到综合，因而便走完了自己行程，便完成了教育者对被教育者的品德培养，亦即完成了人与人相互

---

① 沛西·能：《教育原理》，王承绪、赵端瑛译，人民教育出版社，1964年，第161页。
② 苏霍姆林斯基语，转引自崔相录：《德育新探》，光明日报出版社，1987年，第132页。

间的、外在的个体品德培养。那么，相反地，每个人自己对自己的品德培养方法——道德修养方法或个体品德培养的内在方法，究竟是怎样的呢？

4 道德修养：国民个体品德培养内在方法

学习：提高个人道德认识和形成品德所有因素的道德修养方法

学习心理学的研究表明，所谓学习，亦即习得，就是有机体后天获得的、有意识的、能够形成个性的反应活动，说到底，也就是有机体后天获得的有意识的能够形成个性的知、情、意、行之反应活动。[①] 准此观之，作为道德修养方法的学习岂不就是有机体后天获得的、有意识的、能够形成道德个性、道德人格或品德的反应活动？岂不就是每个人后天获得的能够形成其道德人格或品德的知、情、意、行之四大活动？

这一定义显然意味着：每个人的道德人格或品德是他后天获得的，是道德学习的结果。但是，这种学习，说到底，正如儒家所言，无非存心养性：一方面，压抑、减少自己生而固有的恶的人性，阻止其成为稳定的、恒久的心理状态，从而不致变成自己的品德和个性，使自己不致成为一个小人、坏人和不道德的人；另一方面，扩充、积累自己生而固有的善的人性，逐渐使之成为自己的稳定的、恒久的心理状态，从而变成自己的品德、人格和个性，使自己成为一个有美德的人。于是，孟子一言以蔽之曰："学问之道无他，求其放心而已矣。"《孟子·告子上》

这样，学习作为道德修养方法，不但是提高品德所有因素的全面的道德修养方法，而且真正讲来，道德学习原本就是道德修养：二者实乃同一概念。这不但是因为二者说到底都是存心养性，都是存养扩充自己心中所固有的善的人性，而且就二者的定义来说，岂不都是指后天进行的能够形成其理想道德人格的活动？可是，为什么人们通常都将道德学习当作道德修养的一种特殊方法，当作获得道德知识和提高道德认识的道德修养方法呢？

原来，学习是一个极为复杂的概念，有广义与狭义之分。学习是有机体后天获得的、有意识的、能够形成个性的反应活动；狭义上说学习

---

① 参阅：Edward L. Thorndike, *Human Learning*, (New York, London : The Century, 1931), p. 5; Stephen Sheldon Colvin, *The Learning Process* (New York : Macmillan, 1911), p. 1.

是获得知识和科学的活动，是有机体后天习得的有意识的能够形成个性的获得知识的反应活动。如果学习是获得知识的活动，那么，道德学习岂不就是获得道德知识、拥有道德智慧和提高道德认识的活动？道德学习就是获得道德知识、道德智慧的道德修养方法，就是提高个人道德认识的道德修养方法：这就是狭义道德学习的定义，亦即道德学习的通常定义。

从这个定义来看，道德学习固然不再是提高品德所有因素的全面的道德修养方法，却仍然是首要的、最重要的和最主要的道德修养方法。因为个人道德认识不仅是品德的指导因素、首要成分，而且是品德的其他因素即个人道德感情和个人道德意志形成的必要条件。试想，如果一个人不进行道德学习，没有获得和提高个人道德认识，不知道为什么应该做一个有美德的人，那么，他怎么可能有欲求做一个有美德的人的道德感情？他怎么可能有克服各种困难而实际成为一个有美德的人的道德意志？所以孔子说："好仁不好学，其蔽也愚；好知不好学，其蔽也荡；好信不好学，其蔽也贼；好直不好学，其蔽也绞；好勇不好学，其蔽也乱；好刚不好学，其蔽也狂。"（《论语·阳货》）

可见，即使就道德学习的定义来说，道德学习仍然不但是获得和提高个人道德认识的道德修养方法，因而是道德修养的前提与指导；而且因其是获得和提高个人道德认识的道德修养方法，也是形成个人道德感情和个人道德意志的必要条件与根本方法，因而也就是提高品德全部因素的全面的、全局的、普遍的道德修养方法，是首要的、最重要的和最主要的道德修养方法。

那么，究竟应该怎样学习呢？道德学习的方法多种多样，如攻读伦理书籍、听取他人传授、学习道德榜样、参观访问调查、反思社会生活、体验人生真谛等等。不过，一个人的道德知识有感性和理性之分：感性主要来自社会生活实践，理性主要来自伦理书籍。因此，反思社会生活是获取感性道德知识的主要形式；阅读伦理书籍是获取理性道德知识的主要形式。学习的主要目的无疑在于经过感性而达理性。正如朱熹所言，道德学习的最重要形式是读书："为学之道，莫先于穷理，穷理之要，必在读书。"一个人通过学习，一旦真正懂得了为什么应该做一个有美德的人，便会进而树立做一个有美德的人的道德愿望和道德理想：这就是立志。

立志：陶冶个人道德感情的道德修养方法

所谓"志"，无疑就是目标、愿望和理想，就是必须经过一定的努力奋斗才可能实现的比较远大的目标、愿望和理想。立志作为一种道德修养方法，就是树立做一个有美德的人的道德愿望、道德目标和道德理想。因此，立志所陶冶和形成的，不但是个人的道德感情，而且是个人的全局的、整体的、根本的道德感情。因为个人的道德感情无疑可以分为两类：一类是局部的、部分的、非根本的个人的道德感情，如做某一件符合道德的事的道德愿望；另一类则是全局的、整体的、根本的个人的道德感情，如做一个遵守道德的有美德的人的道德愿望和道德理想。所以，立志——树立做一个有美德的人的道德理想，乃是一种形成和陶冶个人整体的、全局的、根本的道德感情的道德修养方法。

这样一来，立志也就是驱使一个人的行为长期遵守道德从而使其内化为自己品德的全局的、整体的、根本的道德修养方法。如亚里士多德所言，一个人的行为只有长期遵守道德才能成为一个有美德的人。① 所以，一个人如果立志做一个有美德的人，那么，他便会为之而努力奋斗，他的行为便会长期地、恒久地、坚持不懈地遵守道德，从而使社会外在道德规范内化为自己的美德，最终实现自己的志向而成为一个有美德的人；反之，如果他没有立志，如果他不想做一个有美德的人，那么，他便没有长期遵守道德的全局的、整体的、根本的动因和动力，他便不可能长期地、恒久地、坚持不懈地遵守道德；而势必断断续续交错地、半斤八两地遵守道德和不遵守道德，以致道德和不道德互相中和、抵消而皆未能内化为其人格或个性，从而他绝不会成为一个拥有美德人格或个性的人。那么，一个人究竟怎样才能够立志？

人是个社会动物，每个人的生活都完全依靠社会和他人，因而能否得到社会和他人的赞许和给予，便是他一切利益中最根本最重大的利益；而其关键，根本说来，在于他的品德如何。因此，一言以蔽之，美德乃是每个人获得利益和幸福的必要条件：这是最重要的道德智慧。一个人能否立志做一个有美德的人，说到底，乃是他有无道德智慧的结果和标志。一个人有无道德智慧，说到底，显然又是道德学习的结果："好学近乎知"。于是，立志而做一个有美德的人，便因其是道德智慧

---

① 参阅：Aristotle, *Aristotle's Nicomachean Ethics*, Hippocrates G. Apostle(trans)(Grinnell, Iowa.：Peripatetic Press, 1984), p.21。

使然而最终是道德学习的结果；反之，陷入恶德而不能立志做一个有美德的人，则因其是不智使然而最终是道德学习不够的结果：学习是立志的唯一途径。如果一个人通过读书、实践和思考等道德学习活动而终于获得了"美德乃是每个人获得幸福的必要条件"等诸如此类的道德智慧，从而立志做一个有美德的人，那么，具体说来，他究竟应该树立怎样的道德志向呢？

不难看出，道德志向可以分为四类：第一类是"普通君子"，是芸芸众生，是普普通通的善人、好人、合乎道德的人，显然是立志的最低目标，是最低的道德志向；第二类是"伟大君子"，亦即各行各业的名家、大家、出类拔萃者，也就是那些为社会和他人做出了伟大贡献的善人、好人、合乎道德的人，因而是立志的最大目标，是最大的道德志向；第三类是"仁人"，是长期遵守无私利人的"至善"原则而使之内化为自己的人格的人，是最善最好最道德的人，因而是立志的最高目标，是最高的道德志向；第四类是"圣人"，是长期遵守所有道德规范而使之内化为自己的人格的人，是几乎具有全部美德的人，是道德完人，因而是立志的终极目标，是终极的道德志向。问题是，一个人究竟应该树立那一类道德志向呢？

诸葛亮说得好："志当存高远。"每个人都应该树立远大的道德志向：他应该树立最大的道德志向，做一个"伟大君子"，亦即成为本行的名家、大家、出类拔萃者，从而为社会和他人做出伟大贡献；他更应该树立最高的道德志向，做一个"仁人"，亦即长期遵守无私利人的"至善"原则而使之内化为自己的人格，从而成为最善最好最道德的人；他还应该树立终极的道德志向，做一个"圣人"，亦即长期遵守所有道德规范而使之内化为自己的人格，从而成为一个几乎具有全部美德的人。确实，每个人都应该树立最大的和最高的乃至终极的道德志向；即使最终他实现不了这些道德志向，但在他追求实现这些道德志向的过程中，一方面，他毕竟实现了自己的潜能，从而能够做出他可能做出的最大贡献和成为可能成为的最有价值的人；另一方面，他至少可以退而求其次，总能够实现最低的道德志向，亦即成为一个"普通君子"，做一个普普通通的善人、好人、合乎道德的人。

然而，不论如何，一个人一旦立志做一个有美德的人的道德愿望、道德目标和道德理想，那么，他就有了从事遵守道德的实际行为的根本动因和动力，就会从事遵守道德的实际行为，这就是所谓的躬行。

躬行：培养个人道德意志的道德修养方法

所谓躬行，顾名思义，就是亲自实行，就是实行道德，就是按照道德规范做事，就是从事符合道德规范的实际活动。一个人如果仅仅学习、立志而不躬行，那么，他便只可能知道为什么应该做一个有美德的人和树立做一个有美德的人的道德愿望、道德目标和道德理想，而绝不可能实际成为一个有美德的人；他要实际成为一个有美德的人，便必须躬行，必须实行道德，必须按照道德规范做事、从事符合道德规范的实际活动：躬行是培养个人道德意志的道德修养方法，是实现道德志向——做一个有美德的人——的唯一的途径和方法。

因为所谓品德，就是一个人长期遵守或违背道德的行为所形成和表现出来的稳定的、恒久的、整体的心理状态，就是一个人长期遵守或违背道德的行为所形成和表现出来的心理自我、道德人格："人从事什么，人就是什么。"① 不独品德，其他的人格和技能亦莫不如此，如游泳、开车、弹琴等，只有通过躬行实践，才能真正掌握，才能实际成为一个游泳健儿、一个司机、一个琴手。所以，亚里士多德说："德性的获得，不过是先于它的行为之结果；这与技艺的获得相似。因为我们学一种技艺就必须照着去做，在做的过程中才学成了这种技艺。我们通过从事建筑而变成建筑师，通过演奏竖琴而变成竖琴手。同样，我们通过做公正的事情而成为公正的人，通过节制的行为而成为节制的人，通过勇敢的行为而成为勇敢的人。"②

品德虽只有在躬行中形成，但偶尔的躬行还不能形成品德，只有经常的、长期的、一系列的从而成为习惯的躬行，才能形成品德。③ 所以，作为培养个人道德意志的道德修养方法的躬行，便不是偶尔的、易变的躬行，而是恒久的、经常的、成为习惯的躬行。这种能够形成美德的恒久躬行包括或历经三大阶段：正心、积善与改过、慎独。

所谓正心，亦即确定躬行动机阶段，就是端正自己的心，说到底，就是端正自己的欲望和感情，就是端正自己的道德欲望和道德感情，就是增强、扩充自己的善的欲望和感情而减弱、消缩自己的恶的欲望和感情。正心的最高且终极的境界，就是使恶的欲望和感情至弱至微

---

① 海德格尔：《存在与时间》陈嘉映、王庆节译，生活・读书・新知三联书店，1987年，第288页。
② Aristotle, *Aristotle's Nicomachean Ethics*, p. 21.
③ Ibid.

以致接近于零，从而使善的欲望和感情——用孟子的话来说——至大至刚以致接近于充塞心灵的全部而成为所谓"浩然之气"。如果一个人的欲望和感情能够达到或接近达到这种"浩然之气"的正心之境界，那么，他善的、遵守道德的行为动机必定能够恒久克服恶的、不道德的行为动机而得到恒久的执行和实现，从而能够恒久地躬行道德而使之成为习惯和美德。

可是，一个人究竟怎样才能正心而端正自己的欲望和感情？最主要的方法就是进行所谓"积善"或"集义"之道德实践。不过，"积善"或"集义"已经超越躬行的第一阶段——确定躬行动机阶段，而进入躬行的第二阶段：执行躬行动机阶段。该阶段主要是克服善的行为或躬行之偶尔性而使之具有恒久性，从而使之逐渐演进为习惯而终成美德。试想，一个人的善的欲望和感情即使不能至大至刚而成为浩然之气，但是，如果他持之以恒，不断地确定和执行一件又一件善的遵守道德的行为动机，那么，逐渐地，他这种一件又一件的善的遵守道德的行为或躬行岂不就会积累而成为恒久的习惯和美德？他岂不就会成为一个有美德的人了？这就是所谓的"积善"或"集义"："积善"或"集义"就是不断地确定和执行善的、遵守道德的行为动机，就是持之以恒地遵守道德的行为。

粗略看来，躬行由正心而至于积善，便能够形成美德而使一个人成为有美德的人，因而便完成了躬行的全过程。然而，细究起来，并不尽然。因为完全遵守道德，从而只行善事而不做恶事的人，是绝不可能存在的。人们常说："人非圣人，孰能无过。"正因为普通人并非圣人，必定也有违背道德而干诸如损人利己的不道德的、不应该的、恶的事情。只要他能够改过迁善，使这种不道德的行为比较少，只是偶尔的而不是恒久的，就不会形成和具有损人利己的品德或人格。所以，王阳明说："夫过者，自大贤所不免，然不害其卒为大贤者，为其能改也。故不贵于无过，而贵于能改过。"①因此，改过与积善实乃同一枚硬币的正反面，是躬行的相辅相成的两个对立面，是形成美德而避免恶德的充分且必要条件。

虽然躬行由正心、积善到改过，却并未真正完成躬行的全过程。因为，虽然躬行——正心、积善与改过——原本有两种形式或类型。一种

---

① 王阳明著：《王文成公全书》（卷二十六），中华书局，2015年，第1122页。

是在不但自己知道而且他人也知道的情况下，亦即在自己与他人共处而有人监督的情况下，实行道德、按照道德规范做事、从事符合道德规范的实际活动；一种是在他人不知而自己独知的情况下，亦即在自己独处而无人监督的情况下，仍旧实行道德、按照道德规范做事、从事符合道德规范的实际活动。后者便是所谓的"慎独"，而前者则可以称之为"非慎独的躬行"。慎独就是独处情况下的谨慎躬行，就是在个人独处的情况下仍旧谨慎地、不折不扣地实行道德、按照道德规范做事、从事符合道德规范的实际活动，就是在人虽不知而己独知的幽暗之中也谨慎从事符合道德规范的实际活动。

慎独显然是躬行的终极阶段。一个人如果达到了慎独境界，在人虽不知而己独知的情况下也遵守道德，那么，他遵守道德便是自愿的而不是被迫的；他遵守道德便是出于自愿做一个有美德的人的道德需要，为了使自己成为一个有美德的人，而不是迫于社会和别人的监督，不是为了做样子给社会和他人看的。这样，他便能够任何情况下都遵守道德，不论他人是否知道，他遵守道德的行为或躬行便必定是恒久的，他必定实际成为一个有美德的人。所以，叶适说："慎独为入德之方。"

这样一来，学习、立志与躬行便似乎构成了道德修养方法的完整体系。因为一个人的道德修养经过学习、立志和躬行，便可以使自己成为一个有美德的人了：躬行是美德形成和获得的充分且必要条件。其实不然。因为只有学习、立志和躬行，一个人固然可以实际成为一个有美德的人，却不可能知道自己实际上是不是一个有美德的人。这样，他的道德修养便没有依据，便是无的放矢。道德修养必须依据于自己的品德实际，必须依据于自省。

自省：培养个人道德认识、个人道德感情和个人道德意志的综合道德修养方法

作为道德修养方法的自省，亦即道德自省、道德内省、道德反省，是一个人对自己的品行是否合乎道德的自我检查，是一个人对自己的行为及其所表现和形成的品德的道德价值之自我检查，说到底，也就是一个人对自己的行为动机与行为效果及其所表现的个人道德认识、个人道德感情和个人道德意志的道德价值之自我检查。这样，通过自省，一个人的道德修养便有了依据，便知道自己的品德之优劣善恶究竟是在哪些方面——是个人道德认识还是个人道德感情抑或个人道德意志，便可有的放矢地扬善抑恶和去恶从善，从而自觉地使自己实际成为一个有美德的人。因此，自省乃是一个人的品德形成和修养的依据与基础，是培养个人道德认识、个人道德感情和个人道德意志的综合道德修养方法。那么，一个人如何才能勤于道德自省？

道德自省显然源于道德意志，源于做一个有美德的人的道德志向，说到底，源于每个人所具有的做一个有美德的人的道德需要、道德欲望和道德感情。因为一个人要成为一个有美德的人，无疑只有去做遵守道德的好事、道德的事、高尚的事；这些遵守道德的好事积累到一定程度，道德便会由社会外在规范而内化为他的品德，他就会成为一个有美德的人了。所以，一个人有了做一个有美德的人的道德需要、道德感情和道德志向，便会不断驱使他遵守道德做好事，便会不断驱使他察看、自省自己的行为和品德是否合乎道德，便会不断驱使他察看、自省自己是不是一个有美德的人，从而因自己做一个有美德的人的道德需要、道德感情和道德意志是否被自己的行为所满足而快慰和悔恨。

因此，一个人做一个有美德的人的道德需要、道德感情和道德意志，乃是驱使他进行道德自省的源泉和动力。这样一来，一个人自省的勤奋程度便必定与其做一个有美德的人的道德需要、道德感情和道德意志的强弱程度成正比例关系：一个人做一个有美德的人的道德需要、道德感情和道德意志越强大，驱使他进行道德自省的动力便越强大，他便越勤于进行道德自省；一个人做一个有美德的人的道德需要、道德感情和道德意志越弱小，驱使他进行道德自省的动力便越弱小，他便越懒于进行自省；如果一个人做一个有美德的人的道德需要、道德感情和道德意志逐渐弱小而接近于零，他就失去了进行道德自省的动力，他就可能不知道道德自省究为何物了。所以，一个人要想勤于进行道德自省，便必须强大自己做一个有美德的人的道德需要、道德感情和道德意志。那么，当一个人具有了这样的道德感情、道德意志和道德智慧从而能够进行道德自省时，他究竟应该怎样进行道德自省？或者说，道德自省的具体方法究竟如何？

孔子将道德自省的方法归结为"自讼"，亦即自己与自己打官司；亚当·斯密则相当详尽地阐发了道德自省的这种自讼方法。[①] 融会两位大哲的理论可知，自讼就是将自我一分为二，分为两个自我：一个是作为被审查者、被评判者的自我，亦即作为行为者的自我，说到底，就是

---

① 参阅：Adam Smith, *The Theory of Moral Sentiments*, (Oxford: Clarendon Press, 1976), p.113.

自己的品行，也就是自己的行为动机与行为效果及其所表现和形成的个人道德认识、个人道德感情和个人道德意志；另一个则是作为审查者、评判者的自我，亦即自己的良心。这样一来，自讼的具体过程，也就是自己的良心运用社会的外在道德规范和自己内在的道德理想，来衡量和审查自己的品行——行为动机与行为效果及其所表现的个人道德认识、道德感情和道德意志——之过程：

如果看到自己的行为即动机和效果符合道德规范，看到自己的品德即自己所具有的道德认识、道德感情和道德意志逐渐接近君子、仁人乃至圣人的道德境界，那么，良心这个法官就会宣判自己有德无罪和庄严地奖励自己，使自己陶醉于自豪感的极大快乐和良心满足的无比喜悦，从而推动自己更好地遵守道德，尽快达到君子、仁人乃至圣人的道德境界；反之，如果看到自己的行为违背道德规范，看到自己的品德逐渐背离自己的道德理想而日益堕入小人、坏人和恶人的境界，那么，良心这个法官就会宣判自己缺德有罪和严厉地惩罚自己，使自己遭受内疚感、罪恶感和悔恨的痛苦折磨，从而改过迁善、遵守道德，以便从这种心灵的痛苦折磨中解脱出来。

合观道德修养方法，可以得出结论：从逻辑上看，首要的方法是学习，因为学习使自己知道为什么应该做一个有美德的人，是每个人获得道德知识和道德智慧的活动，是提高个人道德认识的道德修养方法，是道德修养的前提与指导。而后是立志，因为立志使自己树立做一个有美德的人的道德愿望、道德目标和道德理想，是形成和陶冶个人整体的、全局的、根本的道德感情的道德修养方法，是道德修养的动因和动力。而后是躬行，因为躬行是实现道德志向——做一个有美德的人——的唯一方法，是培养个人道德意志的道德修养方法，是美德形成和获得的充分且必要条件，是道德修养的途径和过程。最后是自省，因为自省使一个人知道自己实际上是不是一个有美德的人，是一个人对自己的品行是否合乎道德的自我检查，是培养个人道德认识、个人道德感情和个人道德意志的综合道德修养方法，是道德修养的依据与终点。自省是道德修养的终点，道德修养至于自省，便走到了道德修养的尽头；但自省同时又是道德修养的新起点。因为经过自省，一个人便可以知道自己有哪些不道德的恶的品行和哪些道德的善的品行，知道自己道德认识、道德感情和道德意志的道德价值之实际情况，从而便可以有的放矢地修养自己的品行，便可以有的放矢地修养自己的道德认识、道德感情和道德意志，于是便否定之否定地回复和升华为新的学习、新的立志乃至新的躬行：如此循环往复，成为习惯，美德遂成。

5　两种品德培养方法——道德教养与制度建设——之关系

通观品德培养方法，可知道德教养与制度建设根本不同。因为道德教养都是国民个体、各个个人的品德培养方法，而不是国民总体、群体的品德培养方法；而制度建设则是国民总体、群体之品德的培养方法，而不是国民个体品德、个人品德培养方法。

制度建设是国民总体或群体品德培养方法，它虽然不能保证具体提高各个个人的品德境界，却能够保证提高一个国家的国民总体的品德境界；而道德教育与道德修养则是国民个体或个人的品德培养方法，它只能保证具体提高各个个人的品德境界，却不能够保证提高一个国家的国民总体的品德境界。

这样一来，一个国家或社会，只要制度优良，不论该国道德教育与道德修养如何，即使该国不进行任何道德教育与道德修养，该国国民总体来说必定品德高尚；而它的道德教育和道德修养不论如何恶劣松懈乃至等于零，充其量，也只能导致极少数人品德败坏而已。反之，一个国家或社会，只要制度恶劣，那么，不论道德教育与道德修养如何，即使有最优良最努力的道德教育和道德修养，该国国民总体来说也必定品德败坏；而它的道德教育和道德修养不论如何优良努力，充其量，只能造就极少数有美德的人而已。

因此，作为品德培养方法，制度建设远远重要于道德教养：制度建设是大体，是品德培养的根本的、主要的和决定性的方法；而道德教养——道德教育和道德修养——则是小体，是品德培养的非根本的、非主要的和非决定性的方法。所以，邓小平说："制度好可以使坏人无法任意横行，制度不好可以使好人无法充分做好事，甚至会走向反面。即使像毛泽东同志这样伟大的人物，也受到一些不好的制度的严重影响，以至对党对国家对他个人都造成了很大的不幸。……不是说个人没有责任，而是说领导制度、组织制度问题更带有根本性、全局性、稳定性和长期性。"[①]

---

① 《邓小平文选》第二卷，人民出版社，1994年，第333页。

思考题

1 洛克、休谟、费尔巴哈和弗洛伊德都一再说：爱就是自我对其快乐和利益之因的心理反应。可是，为什么那些不孝儿女，他们虽然从父母那里得到了极其巨大的快乐和利益，却并不深爱他们的父母？

2 孟子曰："夫仁，天之尊爵也，人之安宅也。莫之御而不仁，是不智也。"这意味着：陷入恶德是一种真正的愚蠢和不智；而追求美德则是一种真正的智慧。这种观点究竟是一种劝人为善的道德说教，还是一种不依人的意志而转移的客观真理？试回答今日西方美德伦理学的根本问题：一个人究竟为什么是道德的？

3 古人云：取法乎上，仅得乎中；取法乎中，仅得乎下。可是，为什么我们会看到这样一种奇怪的现象：一个国家所奉行的道德对人们的要求越高，人们的品德往往反倒越低？而对人们的道德要求较低，人们的品德往往反倒较高？为什么国民品德败坏往往竟会与最高调的道德——利他主义道德——如影随形？

4 有些伦理学家以为市场经济是一把双刃剑：虽发展经济却败坏道德。这样一来，市场经济便不可能是提高国民品德的方法；恰恰相反，它只可能败坏道德：败坏道德是它发展经济所不可避免的副作用。于是，伦理学家的任务就是：如何既搞市场经济又尽量避免它败坏道德的副作用，从而将这种副作用降自最低限度。这种观点能成立吗？

5 管子说："仓廪实而知礼节，衣食足而知荣辱。"孟子说："为富不仁矣，为仁不富矣。"谁是谁非？

6 爱尔维修说："在已证明大的报酬造成大的德行、荣誉之贤明的管理是立法家能够用以联结个人利益于公众利益而形成有德行的公民之最有力的纽带以后，在我想来，我是很正当地由此下结论说某种人民对德行之爱慕或冷淡就是他们的政体不同的结果。"他说得对吗？何种政体必定导致绝大多数国民品德低下败坏？何种政体必定导致绝大多数国民品德良好高尚？

7 法国第戎科学院1749年发布征文，题目是：科学与艺术的复兴是否有助于敦风化俗？卢梭在应征论文中写道："我们的灵魂是随着我们的科学和我们的艺术之臻于完善而越发腐败……海水每日的潮汐经常受那些夜晚照临我们的星球的运行所支配，也还比不上风尚与节操的命运之受科学与艺术的支配呢。我们可以看到，随着科学与艺术的光芒在我们的天边上升起，德行也就消逝了。这种现象在各个时代和各个地方都可以观察到。"这些观点正确吗？

阅读书目

《亚里士多德全集》（第八卷），中国人民大学出版社，1992年。

朱熹：《四书章句集注》。

王海明：《新伦理学（第三版）》下册，商务印书馆，2021年。

Fhilippa Foot, *Virtues and Vices and Other Essays in Moral Philosophy*, (Oakland: University of California Press, 1978)

Archie J Bahm, *Why be Moral?* (Chicago: World Books, 1992)

Wang Haiming, *The Principles of New Ethics IV: Virtue Ethics* (London; NewYork: Routledge, 2021)

后 记

本教材第三版是由拙著《新伦理学》缩写而成，《新伦理学》我整整写了22年才完成，自以为不会再修改了。可是，当《国家学》和《中国经济特色》两书写完后，我深感《新伦理学》仍需修改，便又修改一年有余，于2020年10月完稿，约180万字，送交商务印书馆出版。尔后，我便将这180余万字，按照教材的要求，精简而成这本《伦理学原理（第四版）》：此书乃我呕心沥血24年之结晶也！

该版优于第三版之处还在于：它不但更加简明、精确和全面，在我看来还具有一种内在美，饶有风趣。虽然如此，错误和疏漏之处在所难免，恳请读者批评指正。需要强调的是，限于篇幅和教材的要求，很多伦理学问题没有得到论述或未能充分论证。对于这些问题有兴趣的读者，可以参看拙著《新伦理学》（第三版，商务印书馆2023年版）。

感谢中央民族大学马克思主义学院院长、北京高校思想政治理论特级教授孙英博士，她不但撰写了第十章"幸福"的内容，而且本书的每个难题解析都凝结着她的见解和心血。感谢本书的责编田炜女士，2020年12月16日，她给我写信说："我们努力把第四版打造得更好！"诚哉斯言：本教材得以再版，饱含她的辛劳。绪论和第一章完稿后便请她审阅，她提出很多中肯建议，其余各章都是按照她的这些指教写成。她的修改增删，她写的广告词，等等，也都令我赞叹不已：田炜真乃北大哲学系才女也！

王海明
2023年3月11日

博雅大学堂·哲学书目

楼宇烈等	东方哲学概论	王海明等	美德伦理学
赵家祥等	历史唯物主义新编	张志刚等	宗教研究指要
赵家祥等	马克思主义哲学教程	陈　波	逻辑哲学
张世英	哲学导论	叶　朗	美学原理
张文儒等	现代中国哲学	邢滔滔	数理逻辑
赵敦华	西方哲学简史	胡　军	知识论
赵敦华	现代西方哲学新编	程　炼	伦理学导论
陈来等	中国哲学史	杨立华	中国哲学十五讲
王　博	庄子哲学	杨立华	宋明理学十五讲
孙尚扬	宗教社会学	吴天岳	古代中世纪哲学十五讲

王海明　伦理学原理（第四版）